2128 | ALFA | KİŞİSEL GELİŞİM | 96

Kendi Everest'inize Tırmanın

ALİ NASUH MAHRUKİ

21 Mayıs 1968'de İstanbul'da doğdu, ilk ve orta öğrenimini Şişli Terakki Lisesi'nde tamamladıktan sonra 1992 yılında Bilkent Üniversitesi İşletme Fakültesi'nden, 2004 yılında Milli Güvenlik Akademisi'nden mezun oldu. Profesyonel sporcu, Milli dağcı, yazar ve fotoğrafçı olan Mahruki dağcılık, mağaracılık, yamaç paraşütü, aletli dalış, motor sporları, yelken ve bisiklet sporları yapmaktadır.

Sovyet Asya'nın 7000 metreden yüksek beş tırmanışını da tamamlayarak, Rusya Dağcılık Federasyonu tarafından, hala Türkiye'de tekrarı olmayan KAR LEOPARI unvanı verilen Mahruki, Everest Dağı'na tırmanan ilk Türk ve dünyadaki ilk müslüman dağcı ve YEDİ ZİRVELER projesini tamamlayan dünyanın en genç dağcısı oldu. 8000 metreden yüksek Cho Oyu (Türkiye'nin en yüksek solo tırmanışı), Lhotse ve K2 (Türkiye'nin en yüksek oksijen desteksiz tırmanışı) dağlarına oksijen desteksiz olarak tırmandı. 15 yıl aradan sonra Everest Dağı'na bir kez daha tırmandı. Türkiye, İran, Pakistan, Hindistan, Nepal, Sıkkım, Tibet, Bhutan, Moğolistan ve Avrupa'nın çeşitli ülkelerinde motosiklet yolculukları yaptı.

Liderlik, takım çalışması, kişisel gelişim, kendini tanıma, hedef odaklılık, kararlılık, disiplin, risk yönetimi gibi konularda motivasyon konuşmaları ve seminerler düzenlemektedir ve bir üniversitede "Takım Çalışması ve Liderlik" dersi vermiştir. Çeşitli gazete ve dergilerde köşe yazarlığı yapmıştır ve çeşitli televizyon kanallarında belgesel programları hazırlamıştır.

Kurtarma çalışmalarındaki öncü sosyal girişimciliği nedeniyle Amerika'dan ASHOKA Vakfı'na seçilmiştir (2004). Filipinler'den ULUSLARARASI GUSİ BARIŞ ÖDÜLÜ'ne (2009), Bilkent Üniversitesi'nden Sosyal Bilimler alanında FAHRİ DOKTORA'ya (2012) layık görülmüştür.

Arama Kurtarma Derneği (AKUT) Kurucu Üyesi ve Başkanı, Ulusal Güvenlik ve Stratejik Araştırmalar Derneği (UGSAD), Türkiye Milli Olimpiyat Komitesi, Sualtı Araştırmaları Derneği (SAD), Gezginler Kulübü Derneği üyesi ve Ortak İdealler Derneği kurucu üyesi ve Türkiye'deki ASHOKA Vakfı'nın Yönetim Kurulu üyesidir.

Eserleri: *Bir Dağcının Güncesi, Everest'te ilk Türk, Bir Hayalin Peşinde, Asya yolları, Himalayalar ve Ötesi, Yeryüzü Güncesi, Vatan Lafla Değil Eylemle Sevilir, Kendi Everest'inize Tırmanın.*

Nasuh Mahruki, 2009 yılında, Himalayalar'da Bhutan Krallığı'na yaptıkları bir motosiklet yolculuğu sırasında geleneksel bir düğün töreniyle Mine Mahruki'yle evlenmiştir ve 2013 yılında oğulları Barlas dünyaya gelmiştir.

nasuhmahruki.com
kendieverestinizetirmanin.com
oncevatan.org

Kendi Everest'inize Tırmanın

Yayıncı ve Genel Yayın Yönetmeni M. Faruk Bayrak
Genel Müdür Vedat Bayrak
Yayın Yönetmeni Mustafa Küpüşoğlu
Kapak Tasarımı Gökhan Burhan
Sayfa Tasarımı Kamuran Ok

ISBN 978-605-106-255-6
1. Basım: Ekim 2010
19. Basım: Aralık 2015

Baskı ve Cilt
Melisa Matbaacılık
Çiftehavuzlar Yolu, Acar Sanayi Sitesi, No: 8 Bayrampaşa-İstanbul
Tel: (0212) 674 97 23 Faks: (0212) 674 97 29
Sertifika no: 12088

Alfa Basım Yayım Dağıtım San. ve Tic. Ltd. Şti.
Alemdar Mahallesi, Ticarethane Sokak No: 15 34110 Cağaloğlu İstanbul
Tel: (0212) 511 53 03 (Pbx) Faks: (0212) 519 33 00
www.alfakitap.com - info@alfakitap.com
Sertifika no: 10905

KENDİ EVEREST'İNİZE TIRMANIN

Hayatın İçinde Kendi Yerinizi Arayın

ALİ NASUH MAHRUKİ

ALFA®

ZAFER, ZAFER BENİMDİR DİYEBİLENİN; BAŞARI, BAŞARILI OLACAĞIM DİYE BAŞLAYANIN VE BAŞARDIM DİYEBİLENLERİNDİR.

Bu kitap,
yaşam yolculuğunda kendi zirvelerine ulaşarak
gerçek değerini ortaya çıkarmak isteyenler için
kaleme alındı.

dört ay, yirmi bir bin kilometre yol,
sekiz bin iki yüz bir metre dağ,
altı ülke, sayısız inanç,
sonsuz renk, koku, tat, doku,
farklı insanlar, farklı kültürler,
farklı coğrafyalar.
Farklı......?
Orada......?
Uzakta......?
Hayır !

Her şey ve her yer,
burası ve orası özde aynı
ve aslında hepsi bir...

kendi yoluna gitmeli,
kendi dağına tırmanmalı,
kendi denizine dalmalı,
kendi göğünde uçmalı,

kendi gözlerinle görmeli,

kendine gitmeli,
kendine tırmanmalı,
kendine dalmalı,
kendine uçmalı,

kendini görmeli,

gittim, tırmandım, daldım, uçtum,

görülmek için çok büyük, ama
görmek için çok küçükmüş.

ASYA YOLLARI, HİMALAYALAR VE ÖTESİ kitabımdan...

BİR ŞEYİ İYİ ANLAMANIN VE İYİ ANLATMANIN EN ETKİLİ YOLU YAPMAKTIR...

Duydum Unuttum,
Gördüm Hatırladım,
Yaptım Öğrendim.

Konfüçyüs

İÇİNDEKİLER

ÖNSÖZ

Bir pazar sabahı eşim Yıldız ve onun anababasıyla Sapanca'da göl kıyısında kahvaltıya gittik. Masamıza hizmet eden genç, konuşmalarımıza kulak kabartıyor, bizim sohbetimizle ilgileniyordu. Bu ilgi hoşuma gitti; içimden, kitaplarımdan birini imzalayarak ona vermek geldi. Yanımda kitap yoktu, ama 'İmzalayıp adresine gönderebilirim,' diye düşündüm. Aramızda şöyle bir konuşma geçti:

"Kitap okur musun?"

"Ara sıra okurum."

"İstersen sana bir kitap gönderebilirim."

Sanki yüzünde, beklemediği bir durumla karşılaşmış insanın rahatsızlığı belirdi. Tereddütlü bir sesle, "Iıı... Kitap... Yani buranın adresini falan bilmiyorum," dedi. Anlayamadığım bir kaygısı vardı.

Annesi, Yıldız'a daha sonra demiş ki: "Ne kadar enteresan. İnsanlar hiç farkına varmadan kendi kaderlerini tayin edecek seçimler yapıyorlar. Belki bu gencin eline geçecek kitap, onun hayatını değiştirecekti. Ama buna fırsat vermedi."

Yaşamımız her gün yaptığımız binlerce seçimden oluşuyor. Her seçim bir kapı açar ya da kapatır. Şimdi elinize bu kitabı aldınız ve alayım mı, almayayım mı diye düşünüyorsunuz. Karar verme durumundasınız. Sıkıcı bir kitap olabilir ve boşuna para ve zaman harcamış olursunuz. Ama belki de yaşamınızı zenginleştiren önemli bir kaynağa sahip olursunuz.

Şimdi elinizde tuttuğunuz bu kitabı almanız ve okumanız için yukarıdakileri yazdım. Bu kitabı okumanızı istiyorum.

Niçin?

Önemli bir kaynak olduğuna inandığım için. Gerçekten yaşamak isteyen, *'ruhuna gereken özeni gösterir.'* Kitapta okuyacağınız gibi Sokrates, "*Bir insanın hayattaki en önemli faaliyeti ruhuna gereken özeni göstermesidir,*" der. Bu kitabı okuyarak ruhunuza özen göstermiş olacağınızı biliyorum.

Hiç dağa tırmanmadım, dağa tırmanmakla hiç ilgilenmedim, şimdiden sonra ilgileneceğimi de sanmıyorum. Elinizde tuttuğunuz bu kitabı, dağa tırmanmayla ilgili bir kitap sanarak almayabilirdim. Nasıl oluyor da dağa tırmanmayı büyük bir başarı olarak gören birinin yazdığı kitaptan bu kadar etkileniyorum? Üniversite öğrencilerinin, öğretmenlerin, yöneticilerin ve anababaların okumasını niçin istiyorum?

İnsanlar niye dağa tırmanır? Bu soru üzerinde pek düşünmemiştim. Nasuh Mahruki, dağa tırmanma gibi çok somut bir şeyden bahsederken bu eylemin altında yatan gerçek sürecin gizemini sergilemiş. Okurken ara sıra soluğumu tuttum, tüylerim ürperdi, gözlerim nemlendi. Dağa tırmanmanın ruhsal bir yolculuk olabileceğini gördüm. **"Ölümün olduğu bir dünyada yaşam çok ama çok değerlidir. ... Dağ beni istemezse saygıy-**

la kabul ederim ve sağ salim gitmeme izin verdiği için ona teşekkür ederim." Yaşamın gizemi bu yolculuğa bakışta saklı; Nasuh Mahruki'nin dağlara bakışında bu gizemi buldum. Etkilendim.

Bu kitabı okumak benim için ruhsal bir yolculuk oldu.

Yaşanmamış yaşamlar dünyasındayız. Ya sen hayatı yaşarsın ya da hayat seni yaşar. İnsanların çoğu bunun farkında değil. Yani konu benim dağa tırmanmam değil, konu yaşamımın hakkını vererek yaşamam. Ve bu dunyada buyuk bır çogunluğumuz yaşamadan ölüyoruz. Erich Fromm, *"Yaşanmamış yaşamlar tüm savaşların ve kötülüklerin kaynağıdır,"* der. Kötülükler ve savaşlar devam edip gittiğine göre...

İnsan kendi yaşamını yaşamayı nasıl seçer? Olabileceğinin en iyisi olma yolunu nasıl seçer? İlk adım farkına varmaktır. İlk adımı atmak isteyenler için bu kitap önemli bir kaynak.

***

Nasuh Mahruki sakin, alçakgönüllü biri. Kendine saygısı var, ama kendini beğenmiş biri değil. Anladığım kadarıyla Nasuh'un isminin, *nush* kökünden gelen ve 'nasihat eden' şeklinde yorumlanabilecek bir anlamı da var. Bu kitapta, olabileceğinin en iyisi olmak isteyenlere gerçekçi altmış dört öğüt var. Unutmamak gerekir ki bu, kırk iki yaşında ve bugüne dek çok az insanın başarabileceği birçok şeyi başarmış bir insan tarafından kaleme alınmış bir kitap. Bence bu gerçek Nasuh'a, isminde de saklı olan, insanlara öğüt verme hakkını veriyor.

***

Kitap, yaşarken yaptığımız seçimlerle ilgili. Yaşadığımız yaşamı seçiyoruz; hepsi bu. Sanki ince bir buğuyla kaplı gözlük camları kitabı okudukça temizlendi. Kitap Kutupyıldızı gibi yol gösterecek altmış dört temel kavramı işliyor. İşte size birkaç örnek: *"Hayatımızla ilgili seçimlerimizin sorumluluğu, seçtiğimiz hayatı yaşamaktır. Ve bu geri döndürülemez ve devredilemez bir sorumluluktur." "En önemli seçim kendimiz olmayı seçmemizdir. Bu dünyada sizden sadece bir tane var. ... Yaşamın bizden beklediği budur: Olabileceğimizin en iyisi olmak."*

Şimdi muhtemelen tuhafınıza gidecek bir şey söylemek istiyorum; söylemem gerekiyor. Ben kişisel gelişim kitaplarının çoğunu ciddiye almam. Kendisi gelişmemiş insanların yazdığı gelişim kitapları sadece aklımı değil, ruhumu tırmalıyor. Birçok kitap şişkin bir ego yaratmanın, kendine güvenen, 'ben her şeyi yapabilirim' duygusu içinde bir insan olmanın istenilen bir şey olduğunu bar bar bağırıyor. Ve 'kişisel gelişim eğitimi' olarak bu şişkin ego geliştirmenin tekniklerini anlatıyorlar. Evet, kişisel gelişimden şişkin ego geliştirmeyi anlayan yerli ve yabancı yazar çok. Bu yazarların 'kişisel gelişim eğitimi' dediğine ben 'ego geliştirme teknikleri' diyorum.

Yaşamın gerçeği ise, bu tür şişkin egolu insanların pek sevilmediği ve sürdürülebilir başarılara imza atamadığı; gerçek bu. "Kimse sevmezse sevmesin, ben kendimi seviyorum, o bana yeter!" demek bu gerçeği değiştirmiyor. Gördüğüm kadarıyla *'ben bilinci'* bu dünyanın baş belası. Hep böyle olmuştur ve böyle olmaya devam ediyor. Ben bilincindeki insanların çokluğu dünyada ve kendi toplumumuzda daha çok sorun yaratıyor. Çoğu gelişimcinin bu gerçeği görmeden veya umursamadan daha 'gelişmiş ben'ler için teknikler, uygulamalar, felsefeler önermesi sorunları çözmeyecektir; aksine artıracaktır.

Memnuniyetle görüyorum ki, Nasuh Mahruki onlardan biri değil. *"Herkes Everest'e tırmanamayabilir, ama herkesin tırmanabileceği bir Everest'i vardır. Asıl olan birimizin diğerinden daha iyi olması değil, her birimizin kendi içimizde taşıdığımız potansiyeli, kendimiz için en iyi ve en doğru olanı bulmasıdır. Kendi potansiyelinin doruğuna ulaşan insan, zaten yaşam içinde diğerlerinin arasındaki doğru yerini de bulmuş olur."* İşte bu gelişmiş insanın *biz bilinci*. O nedenle, kitap aslında bir *ruhsal yolculuğu* anlatıyor diyorum.

Değişik alanlarda beni aydınlatan, yukarıda söylediğim gibi 'Kutupyıldızı cümleler' oldu. Onlardan bazılarını sizinle birlikte gözden geçirmeden edemiyorum:

Kendi Everest'ine çıkmış biri olan John Wooden, UCLA'da (University of California, Los Angeles) basket koçu olarak çalışırken üniversitesinin basket takımını (UCLA Bruins) on iki yıllık bir dönem içinde on kez ulusal şampiyon yapmıştır. Kendi alanında efsanevi bir kişi olarak algılanan John Wooden başarı tanımını tekrar tekrar gözden geçirerek iyileştirmiştir. Üzerinde karar kıldığı başarı tanımı şudur: *"Başarı bir iç huzurdur; yapabileceğinin en iyisini yapmış olmayı bilmekten gelen bir iç huzur."*

Aşağıdaki satırları okurken bizim toplumun efsane kişisi olan Nasuh Mahruki'nin de başarı tanımının aynı olduğunu gördüm. *"Profesyonel dağcılık kariyerimde zirvesine varamadan geri dönmek zorunda kaldığım çeşitli dağlar oldu, ama hiçbiri iyi hazırlık ve iyi bir planlama yapmamış olmamdan veya yetersizliğimden kaynaklanan bir sebeple olmadı. Bugün geriye dönüp baktığımda kendimi başarılı bir dağcı olarak kabul etmemin en önemli sebebi budur. O gün eğer o tırmanışı dağın nesnel koşullarından dolayı sonuçlandıramadıysak, zaten başka kimse de sonuçlandıramazdı."*

Bu kitabı okurken sık sık kendi yaşamımdaki seçimleri ve o seçimlerdeki cesaret konusunu düşündüm. Seçimlerimde disiplin ve cesaret var mıydı? Bu konuda karar verebilmem için önce cesaret ve disiplinin ne olduğunu bilmem gerekiyor. Kitabı okuduktan sonra, şimdi, daha açık seçik değerlendirebiliyorum: *"Kolaya kaçmadan insanın kendine yakışanı seçmesinin adı disiplindir. Yaşamdaki disiplinimizin en büyük kaynağı, kendimize duyduğumuz saygıdır..."*

"Disiplinli bir yaşam, önce özsaygıyı ve özgüveni, sonra da her durumda doğruları ve haklılığı savunabilme cesaretini getirir. ... Cesaret, hayatın dinamikleriyle kumara oturmak değil, kendi güçlü taraflarımızla, hayatın içinde hak ettiğimiz yeri elde etmek için harekete geçmektir. Cesaret, korkunun olmaması değil, korkunun kontrol edilmesidir. ... Yaşamdaki cesaretimizin ölçüsü yaptığımız seçimlerde görülür. Sonuçları belirleyen de aslında bu seçimlerdir."

Bu önsözü kitaptan aldığım bir cümleyle bitirmek istiyorum:

"İnsanı diğer canlılardan ayıran en önemli fark, kendi tercihlerini yapabileceği ve kendi yolunu çizebileceği özgür bir iradeye sahip olarak yaratılmış olmasıdır. Bu nedenle insanlar yaptıkları ve bazen de yapmadıkları şeylerden sorumludurlar."

Umarım bu kitabı okurken benim kadar haz alırsınız.

Doğan Cüceloğlu

İstanbul, Sonbahar, 2010

İLK SÖZ

20 yaşından bu yana aktif olarak doğa sporlarıyla ilgileniyorum. Bilkent Üniversitesi İşletme Fakültesi'nde okurken başladığım dağcılık ve diğer doğa sporları, kişisel gelişim sürecimin bambaşka bir ivme ve derinlik kazandığı, daha önce hayalini bile kurmadığım yepyeni fırsatların açıldığı muhteşem bir yolculuk oldu benim için. Deneyimsiz, ama meraklı ve tutkulu bir üniversite öğrencisi olarak en alt basamağından başladığım bu yolda oldukça hızlı bir ilerleme kaydederek, profesyonelliğin en üst seviyelerine kadar çıktım ve ülkem adına birçok ilke ve başarıya imza atma onuruna eriştim.

Biraz da yaradılışım gereği her zaman kendime büyük ve iddialı, sınırlarımı zorlayacak ve kendimi geliştirecek hedefler koydum, ama her seferinde son derece dikkatli ve planlı hareket ettim. Bu tehlikeli, ama bir o kadar da çekici sporların kurallarına ilk günlerden itibaren büyük saygı duydum. Tıpkı Allah'a olduğu gibi doğanın yüceliğine de, koyduğu kurallara da hiçbir rahatsızlık duymadan kendimi teslim ettim. Doğayla, dağlarla

❄ 20 yaşında Aladağlar'da ilk kış dağcılığı eğitimimdeyken.

Hürriyet, 6 Ekim 1994

hiçbir zaman yenişmeye, dövüşmeye kalkışmadım; dağ izin verirse tırmandım, vermezse, sağ salim dönmeme müsaade ettiği için teşekkür edip, gelecekte tekrar buluşmak üzere evime geri döndüm.

Dağları, alt edilmesi gereken rakipler, zirveleri de fethedilmesi gereken kaleler olarak değil, yüce gövdelerinde kendimi geliştirebileceğim varlıklar olarak algıladım. Dağların fethedilmediğine, sadece zirvelerine tırmanıldığına inandım. Sanırım benim dağları sevdiğim kadar onlar da beni sevdi ve hemen her seferinde zirvelerine ulaşarak onların dostu olma onurunu bana yaşattılar. Bu sıradışı dostluklarım, hayatımın en özel ve en büyük mutluluklarından oldu, hâlâ da öyledir...

Bilinçli bir doğa sporcusu, doğada girdiği bu mücadelede, mücadele ettiğinin doğa değil de kendisi olduğunu bilir. Doğayla savaşılmaz, onunla ancak bir uyum yakalanabilir; sizi sadece seyreden bir şeyle nasıl savaşabilirsiniz ki? Savaş kişinin kendi içinde, ruhunda, bedenindedir. Çünkü dağcının, kişinin yenmesi gereken kendisidir. Dağcı, her zirveye ulaştığında kendini aşmış, geliştirmiş olur, bu gelişim sürecinde bir de dost kazanmıştır; O dağ.

BİR DAĞCININ GÜNCESİ, s. 52

Yirmi yılı aşan bütün bu süreç; hem öğrenme, kendimi tanıma, kendimi geliştirme, varlığıma bir anlam katma, yaşamda doğruları bulma ve bu doğrularla yolumu çizmemin hem de ülkeme, insanıma, insanlığa hizmet etmemin öyküsü oldu.

Kitap boyunca bir bütün olarak sizlerle paylaşmak istediğim bu yolculuk birbirini izleyen 64 adımdan oluşuyor. Bu adımları görsel olarak da izleyebilmeniz için kitabın içine başarı ve mutluluğun yol haritası ile zihin haritası olarak iki ayrı poster ekledim.

Yolculuğumuzun ilk adımı aramaktır.

HAYATIN İÇİNDE KENDİ YERİNİZİ ARAYIN

Günümüzün karmaşık, kaotik ve çok hızlı dünyasının birey üzerinde yarattığı en büyük tahribat, yaşamın anlamsız görünmesi, anlamını yitirmesi riskidir. Yaşamın ritmini yakalayıp onunla birlikte uyum içinde akabilmemizi, yaşamın olasılıklarını ve fırsatlarını coşkuyla kucaklamamızı ve kendimizi gerçekleştirme yolunda emin adımlarla ilerlememizi sağlayan şey, yaşama verdiğimiz değer ve yüklediğimiz anlamdır. Yaşamlarına bir anlam yükleyemeyen ve bir varoluş sebebi bulamayan insanlar, bütün bu olan bitenin anlamsız, değersiz olduğu duygusuna kapılabilir ve bir varoluş boşluğuna düşebilirler. Bu talihsiz durum insanın bütün dengesini altüst eder. İnsanı özünden, ruhundan uzaklaştırır, kendine ve toplumuna yabancılaştırır. Kimini her şeye karşı hırçınlaştırır, kimini uyuşturucu gibi, televizyon gibi, internet gibi çeşitli şeylere bağımlı hale getirir, kimini depresyona sokar, kimini inançsız biri yapar, kimini dogmaların ve batılın kucağına

❇ Sıkkımlı derviş kendi yoluna gidiyor.

iter, kimini boşvermişliğe ve tembelliğe çeker, kimini eğlencede ve zevkte aşırı uçlara savurur, kimini ise intihara sürükler.

Yaşamın anlamını yitirmek her şeyi yitirmek demektir.

Unutmayın ki;

Hayatın provası olmaz.

Ne yapmak ve ne başarmak istiyorsanız bunu her an ve her durumda, şimdi ve şu anda zaten yapıyor olmalısınız. Hayatın dinamiklerinin farkında, kendi yerini arayan insan kendini tüm bu hastalıklardan uzak tutmayı da başarır. İnsan kendine yakışanı, kendisine uygun olanı aramalıdır. Hayatın içinde kendi yerimizi aramak demek, hayata, sonucu değiştirebilecek aktif bir oyuncu olarak katılmak ve bir yaşam boyu bunun için mücadele etmek demektir. Hayatın içindeki sorumluluklarının farkında olan insan, hayatın içinde kendi yerini de bulabilecek ve varlığına sonucu değiştirebilecek bir anlam katabilecektir. İnsan hedeflerinin ve ideallerinin büyüklüğü ölçüsünde büyük olur. Hayatın içinde bir yer değil, hayatın içinde kendi yerinizi istemelisiniz. Kendinizi nereye layık görüyorsanız orayı aramalısınız.

Çünkü;

İnsanın değeri aradığı şeydir.

Mevlânâ

İnsan Nasıl İnsan Oldu adlı ünlü kitaplarını Gorki'ye anlatırken İlin ve Segal şöyle der:

> *"Uçsuz bucaksız uzayı gözünüzün önüne getirin. Yıldızların, bulutsuların doldurduğu uzayı. Bu devler devi bulutsulardan birinde, güneş alev alev yanıyor. Güneşten gezegenler kopuyor. Küçücük bir gezegende madde canlılaşıyor, kendi bilincine varmaya çalışıyor. Bunun sonucunda ortaya insan çıkıyor."*

Evrenin mütevazı bir yaratımı olarak ben de kendimi; kendi bilincine, kendi özüne, kendi değerine varmaya çalışan bir insan olarak görüyorum. Kendimi, dolayısıyla insanı, dolayısıyla hayatı, dolayısıyla varoluşu anlamaya çalışıyorum. Öğrenmek için dağları, doğayı, hayatı, insanları, kültürleri, güzellikleri, kitapları, duyguları, uzak coğrafyaları, acı deneyimleri, hoş hatıraları, kısacası insana ait olan her şeyi kendi payıma düştüğü kadarıyla yaşıyor, merak ediyor, soruyor, sorguluyor, anlamaya çalışıyor ve bunlardan dersler çıkarıyorum.

Yaşamın içinde doğru soruları sormak ve doğru cevapları aramak, her yolculuğumuzun ilk adımı olmalıdır.

Aslında hepimizin cevap araması gereken en temel sorular bence şunlardır:

Ben kimim?
Burada ne yapıyorum?
Burada ne yapmalıyım?

Sokrates, "*Bir insanın hayattaki en önemli faaliyeti, ruhuna gereken özeni göstermesidir,*" der.

Her insan kendine has bir ruhtur. Bu ruhun yaşamının kendine ait deneyimleri, acıları, mutlulukları, başarıları, sorunları vardır. Bazı gelişmiş ruhlar arayış içindedirler ve yaşamlarındaki deneyimlerinden sürekli bir sonuç çıkarmaya çalışırlar, hep daha iyiyi, daha mükemmeli ararlar. Mutasavvıflar dünya hayatını gerçeğe –Allah'a– ulaşmak için yapılan bir ruh yolculuğu olarak görürler, bu yol da kişinin kendini tanımasından geçer. Aynı şekilde Zen Budizmi de kişinin gerçeğe ulaşması için kendini tanıması gerektiğini salık verir. Çünkü gerçek, kişinin kendi içindedir, öğretilemez ve anlatılamaz, bunun ortak bir yolu yoktur. Buna göre herkes kendini dinlemeli ve kendi yolunu kendi içinde bulmalıdır.

BİR DAĞCININ GÜNCESİ, s. 44

Her ne ararsan kendinde ara.

Hacı Bektaş-ı Veli

Kendini arayan gezgin

Nasuh Mahruki, 'Asya Yolları, Himalayalar ve Ötesi' adlı son kitabında, dört ay süren zorlu yolculuğu sırasında tuttuğu gezi notlarını içeren güncesini okurlarıyla paylaşıyor

SEMA ULUDAĞ

İSTANBUL - 7.4 büyüklüğündeki sarsıntıdan sonra adını sadece Türkiye'de değil dünya kamuoyunda da duyuran AKUT'un Başkanı Nasuh Mahruki'nin seyyah ve dağcı yönü neredeyse unutuluyordu ki yeni bir kitabı çıkageldi. Daha önce 'Bir Dağcının Güncesi', 'Everst'te İlk Türk', 'Bir Hayalin Peşinde'yi okumuştuk. 'Asya Yolları, Himalayalar ve Ötesi'nde Mahruki, uzun yıllar hayalini kurup gerçekleştirdiği karayoluyla Doğu'ya yapılan yolculuğun öyküsünü anlatıyor.

Spor denince akıllara 'futbol'un geldiği ülkemizde, spor sahası olarak kendine doğayla iç içe kaldığı dağları seçen Mahruki, yurtiçi ve yurtdışında pek çok dağa tırmandı ve 'Kar Leoparı' unvanı kazandı. 1992'de katıldığı ve ilk yurtdışı deneyimi olan Khan Tengri tırmanışı tabir yerindeyse Mahruki'nin yazarlığının da ilk adımı; "1992'de katıldığım ekspedisyonda kendim için tuttuğum bir günce vardı. Oradaki tek Türk bendim. Yaşadıklarımı bir şekilde bir yerlere aktarmam gerekiyordu." Mahruki'nin yalnızlığı nedeniyle başlayan yazma süreci Everest yolculuğu sırasında da devam eder. 'Everest'te İlk Türk' kısmen günce tarzında kısmen de Everest'ler hakkında bilgi içeren bir kitap oldu. Derken ben bu yazı işinden çok zevk almaya başladım. Gittiğim her yerde, katıldığım tırmanışlarda günce tutuyordum. Türkiye'ye döndüğümde, Enis Batur 'günceni basalım' teklifinde bulundu.

Ben yazmaktan

Radikal, 2009

Bütün çabam, bütün uğraşım, hatta yaptığım her şey kendimi ve doğayı ve doğanın içindeki kendi yerimi anlamak ve öğrenmek için. Artık 40 yaşını geçtim. Özellikle doğa sporlarıyla yoğun olarak uğraştığım son 20 yılda dünyanın dört bir yanında bambaşka coğrafyalarda, birbirinden son derece farklı şartlar altında, bazen insanoğlunun tahammül edebileceği en aşırı uçlarda, bazen çok az kişiye nasip olan büyük başarı ve mutluluklarda, bazen büyük ihanetler ve haksızlıklarda, bazen de büyük acılara ve muazzam yıkımlara yol açan doğanın ezici gücü karşısında yaşadığım tecrübeler, yıllar içerisinde sıradışı ve özgün bir birikim oluşturdu.

Tecrübeyi eksiksiz aktarmak ve doğrudan yansıtmak, çok bileşenli doğası gereği pek mümkün değildir, bunun farkındayım. Yine de bugüne dek yazdığım 6 kitapta ve çok sayıda makalede, parça parça da olsa elimden geldiği kadarıyla bu birikimimi paylaşmaya çalıştım.

Bu kez sizlere, daha derin ve daha analitik bakmaya çalışarak yaşamı tamamen bir kişisel gelişim ve kişisel büyüme süreci olarak ele aldığım, kendi kişisel gelişim ve büyüme sürecimi adım adım izleyerek çözümlediğim bu çalışmayı sunmak istedim. Hoşunuza gideceğini ve kendinizden de birçok şey bulacağınızı umuyorum.

KENDİ HAYATINIZIN ÖNCÜSÜ OLUN

Kendi yaşamının öncüsü olmak demek kendi yaşamının lideri olmak demektir. Bugünün sonuçlarının yarının sebepleri olduğunun farkında olmak demektir. Yarının sebeplerinin de bir sonraki günün sonuçlarına dönüşeceğini bilmektir. Gelecek kendi kendine gelen bir şeydir, ama nasıl geleceği bizim bugünümüze, bugünkü tercihlerimize ve seçimlerimize bağlıdır. Kendi yaşamının öncülüğünü, bir diğer deyişle liderliğini üstlenebilenler, geleceklerini, kendi beklentileri ve ihtiyaçları doğrultusunda şekillendirmek için bugünden planlar, stratejiler ve hamleler yaparlar. Diğer bir deyişle, geleceklerini kendileri yaratırlar. Geleceği tahmin etme dönemi artık sona ermiştir, bundan sonra geleceği yaratma rekabeti vardır. Bu anlamda kendi yaşamının öncülüğünü, liderliğini üstlenebilenler diğerlerine karşı muazzam bir rekabet avantajına sahip olacaklardır. Bu *proaktif* duruşu gösteremeyenler ise diğerlerinin gerisinde kalacaklardır ve ne yazık ki yaşamlarının potansiyelini heba edeceklerdir.

❁ Dağcı ve dağ.

Hayat bana dağcılıkta, sivil toplum çalışmalarında, afetler ve acil durumlara müdahalede ve bu konular hakkında toplum bilinçlendirme çalışmalarında, benim gibi düşünen dostlarımla birlikte öncülük, ufuk açıcılık ve yol göstericilik sorumlulukları da verdi. Büyük bir onurla kabul ettim ve kabul ettik. Öncülük beraberinde liderliği getirdi, gönüllülük ve karşılıksız yardımseverlik ise örgütlenmenin gücünü ve gerçek vatan ve insan sevgisinin kutsallığını öğretti. Dağcılık zaten ekip olmayı, birlikte hareket etmenin sinerjisini, ip arkadaşlığını, riskli süreçlerdeki gerçek dostluğu, zorluklar ve tehlikelerle omuz omuza mücadele etmeyi, güvenmeyi ve güvenilir olmayı, planlamayı ve hazırlıklı olmayı, özveriyi ve fedakârlığı çoktan hücrelerime kadar işlemişti bile. İyi bir liderin, önce iyi bir takım oyuncusu olması gerektiğini daha üniversite yıllarında kavramıştım. Öğrendiklerimin çoğunu yaparak, yaşayarak, deneyerek, bazen de mücadele ederek, zorlayarak ve bedellerini ödeyerek öğrendim. Benim için bütün bunları değerli kılan ve başkalarıyla paylaşılması gerektiğini düşündüren de aslında budur.

Zor bir şeyin ilk kez yapılması ile onuncu kez veya yüzüncü kez yapılması arasındaki asıl fark zorlukların psikolojik tarafında, algılanma biçiminde hissedilir. *Everest*'e tırmanmak, gelişen teknolojiye, artan yüksek irtifa fizyolojisi birikimi ve antrenman bilgisine ve ticari tırmanışlar ortamının sağladığı tüm güvenlik çemberi ve kolaylaştırıcı etkilerine rağmen her zaman fiziksel ve teknik olarak belirli zorluklar içerecektir. Gelecekte de her dağcı bu zorluklarla kendi başına karşı karşıya gelmek ve onları gereğince aşmak durumunda olacaktır. Ancak onu ilk kez başarmak, insanoğlunun sahip olduğu yeteneklerle yapılıp yapılamayacağının belirsizliğinden gelen, aşılması çok zor olan psikolojik sınırlarla da başa çıkabilme iradesini gerektirir. Çoğumuz iyi ve güvenilir kılavuzların yol göstericiliği ve desteğiyle büyük mesafeler kat edebiliriz, ama zor ve değerli konularda ilkleri başarmak ancak bazılarımız için mümkündür.

Bir şeyde *en iyi* olmak büyük başarıdır, ama *ilk* olmak daha değerlidir. *En*'ler eninde sonunda aşılır ve gün gelir yeni bir *en* ortaya çıkar; oysa ilkler sonsuza dek sahibine ait kalırlar. Bu yüzden *Edmund Hillary*, *Tenzing Norgay* ve *Reinhold Messner* gibi isimler dağcılık tarihine altın harflerle yazılmıştır.

Allah'a şükür sağ salim çıkıp indim, doğrusu bu onuru gerçekten istiyordum, önümüzdeki yıllarda Khan-Tengri'ye pek çok Türk dağcısı çıkacak, ancak ona ilk tırmanan Türk dağcısı olma unvanı hep benim olacak.

BİR DAĞCININ GÜNCESİ, s. 79

Has Seyahat dergisi

1995 yılında, *Everest* Dağı'na tırmanmayı başaran ilk Türk ve dünyadaki ilk Müslüman dağcı oluncaya dek, 8000 metreden yüksek dağları hedef olarak görmek Türk dağcıları için ulaşılması uzak bir hayaldi. Ben bu tırmanışı başarıyla tamamlayınca bu hayal hepimiz için gerçek oldu. Daha önce belirsizlikler ve bilinmezlerle dolu olduğu için gizemli ve ürkütücü görünen bu hedef, iyi hazırlanmak koşuluyla ulaşılabilir hale geldi. Bizden biri başarabildiyse başkaları da başarabilirdi. Yıllar içerisinde Türkiye'den başka dağcılar da 8000 metrelik dağları kendilerine hedef olarak seçmeye başladılar. *Everest* Dağı'na ikinci Türk tırmanışı bundan 6 yıl, ilk Türk ekibi tırmanışı ise 11 yıl sonra yapıldı. Bugün *Everest*'e tırmanmayı başarmış, içlerinde kadınlar da olmak üzere 15 dağcımız var Türkiye'de. Tırmanışlarımda ilk olmanın ötesinde, Türk dağcılığına ve sporuna yaptığım en büyük hizmet *Everest* gibi, *K2* gibi, *Pobeda* gibi üst düzey tırmanışların da Türk dağcılar tarafından yapılabileceğini göstermiş olmamdır.

Tenzing Norgay'la birlikte, 1953 yılında *Everest* Dağı'na tırmanmayı başaran ilk dağcı *Edmund Hillary*, *EVEREST'TE İLK TÜRK* adlı kitabımın önsözüne şunları yazmıştı:

Sir Edmund Hillary

Sevgili Enis Batur,

Lütfen, Bay Nasuh Mahruki'ye, Everest'in zirvesine erişen ilk Türk olması nedeniyle, en içten tebriklerimi iletebilir misiniz? Bu, kuşkusuz onun, korkunç Tien Shan ve Pamir dağlarının en yüksek beş zirvesine tırmanan ilk Türk olmayı da içeren, geçmişteki enerji dolu dağcılık çabalarının hak edilmiş bir ödülü oldu.

Eminim ki, Bay Mahruki'nin tırmanışının öyküsü, bugünün modern dağcısının, mükemmel donanımı ve gelişmiş tekniğiyle, hava koşullarına ve kaçınılmaz teknik zorluklara meydan okuyarak zirveye başarıyla erişmesinin etkileyici öyküsü olacaktır. Bir kez daha tebrikler Bay Mahruki!

Sir Edmund Hillary

NASUH MAHRUKİ İLE
LİDERLİK VE TAKIM ÇALIŞMASI
Halka açık ve ücretsiz seminerimize okurlarımız davetli
Ocak ayı etkinliğimize, Everest'e tırmanan ilk Türk dağcısı Nasuh Mahruki katılıyor. Mahruki, deneyimlerini paylaşacak
9 Ocak 2007 Salı günü, Ege Üniversitesi Atatürk Kültür Merkezi'nde düzenlenecek eğitim semineri, saat 17.00'de başlayacak

Yeni Asır İnsan, 7 Ocak 2007

Hayat bana ülkemde birçok ilke imza attırdı, bazılarında hâlâ tek olma onurunu verdi. İlk olmak, beraberinde ona layık olmak ve öğrendiklerini paylaşmak sorumluluğunu da getirir, bunu hiçbir zaman aklımdan çıkarmadım.

Çünkü;

Öncü olmanın sorumluluğu vardır.

Zirveye Doğru adını verdiğim seminerlerimden 1

1995 yılında *Everest* Dağı'nın ilk Türk tırmanışını gerçekleştirdikten sonra yavaş yavaş *kişisel gelişim, kendini tanımak, hedef odaklı olmak, kararlılık, risk yönetimi, motivasyon* gibi konuları da kapsayan, *takım çalışması* ve *liderlik* konularında söyleşiler yapmaya başladım. Bu söyleşiler kısa sürede *ZİRVEYE DOĞRU* adını verdiğim seminerlere dönüştü ve giderek kendini geliştirdi; her seminerimin sonundaki etkileşimli soru-cevap bölümlerinde benim de yaşadığım öğrenme süreçleriyle birlikte giderek zenginleşti, bugünkü halini aldı ve bu kitabı oluşturdu. İleride yine yeni deneyimler ve paylaşımlarla, daha iyi ve daha doğru bir noktaya ulaşacağına eminim. Öznel yaşam deneyimlerimi paylaştığım, tamamen yaşam odaklı bu sürecin kendisi de, tıpkı yeni şeyler öğrenen bir insan gibi sürekli uyum, değişim ve gelişim süreçleri yaşamaya benimle birlikte devam edecek. Bence işin güzel tarafı da bu.

Ama en güzeli paylaşmaktır...

Hava Harp Okulu'nda verdiğim seminerden

Bilkent Üniversitesi'nde yaptığım bir konuşmadan

Çevre ve doğa hakkındaki bir konuşmamdan

Zirveye Doğru adını verdiğim seminerlerimden 2

Zirveye Doğru adını verdiğim seminerlerimden 3

ÖĞRENDİKLERİNİZİ PAYLAŞIN

Başından beri hayatın bana sunduğu çok özel bir ayrıcalık olarak değerlendirdiğim yaşadıklarımı, deneyimlerimi ve öğrendiklerimi hep başkalarıyla da paylaşmaya, böylece benden sonrakilerin benden birkaç adım önde başlamalarına yardımcı olmaya çalıştım. Benim böyle bir fırsatım ve şansım hiç olmadı. Hep deneyerek, belirsizlikler ve bilinmezlerle dolu yollara, çoğu zaman da tek başıma girip çıkarak, yüksek riskler üstlenerek, ama şükürler olsun az hata yaparak öğrendim. Öncü olmanın tüm saygınlığı ve onurunun yanı sıra, zamanının önünde olmanın getirdiği böylesi bir zorluğu da vardır ve aslında tüm değeri de buradan gelir.

Yaşam paylaşıldıkça zenginleşir ve kendini çoğaltır. Yaşam gerçek değerini ancak paylaşılırsa bulur. Gereği gibi paylaşılmamış bütün sıradışı yapmalar ve yaşamalar bence biraz eksiktir.

Yapmak, yaşamak bir değerse, paylaşmak da sürecin tamamlayıcısıdır.

❆ Aladağlar'da fotoğraf çekerken.

24 yaşında, ilk yüksek irtifa tırmanış denememi başarıyla tamamladıktan hemen sonraki duygularımı günlüğüme şu şekilde not etmiştim:

Cho Oyu Dağı'nda ana kampta dizüstü bilgisayarıma notlarımı alırken

Şu anda Khan Tengri'nin duvarının dibinde, 4200 kampında, uyku tulumumun içinde, sıcak çayımı içip, kurabiye yiyorum. Ve dün 7010 metrelik bu olağanüstü güzel dev piramitle dost olduk. İşte bunun adı "self actualization"; kendi kendine mutlu olma, yetme, yaptığı işten tatmin olma, özbeğeni ve bütün bunların ötesinde kendini gerçekleştirme. 3-4 aydır düşüncelerimdeydi Khan Tengri, mezun olup buraya gelecektim ve başardım. Kendime, daha önceki yaptıklarımdan daha iyisini yapabileceğimi ispat ettim, bir adım daha ileriye ulaştım.

Çok yorgunum, ayaklarım acıyor, dört gündür dişlerimi fırçalamadım, banyo yapmayalı on günü geçti, ama mutluyum, yağmurdan sonra toprağın kokusu, ciğerlerimi dolduran sabahın serinliği, denizi seyretmek, güzel bir kitabı bitirmek gibi, paylaşmaya ihtiyaç duymadan, içten içe de yaşanan bir mutluluk, bunları sevdiklerimle paylaşınca bir kat daha artacak bir mutluluk.

BİR DAĞCININ GÜNCESİ, s. 80-81

Sıkkım'da Pemayangtse Manastırı'nda dizüstü bilgisayarımla çalışırken

Her tırmandığım dağa ve her çıktığım yolculuğa günlüğümü, fotoğraf makinemi ve video kameramı da yanımda götürdüm. Yaşadıklarımın kayıt altına alınması gerektiğine baştan inandığım için, sürece eklediği zahmeti, zorlukları, tehlikeleri sorgulamadım bile. Döndüğümde de yaşadıklarımı elimden geldiği kadarıyla yazarak, anlatarak, sergiler açarak, belgeseller hazırlayarak paylaşmaya çalıştım. Üniversitelerde, liselerde, çok çeşitli seviyelerde çeşitli kurumlarda sayısız seminer verdim, söyleşilere katıldım.

Bugüne dek çok sayıda makale ve elinizde tuttuğunuz bu kitapla birlikte 7 kitap yazdım. İlk kitabımı 24 yaşında yazmış ve müthiş bir doygunluk ve mutluluk yaşamıştım. Kendime saygım, güvenim ve inancım bir kat daha artmıştı. Yazmaya, yazanlara ve kitaplara her zaman saygı duydum ve yazmayı, paylaşmanın en kalıcı ve en etkili yöntemlerinin başında görerek yazdıklarıma büyük özen gösterdim.

İnsanlara dağcılığın yalnızca fiziksel bir tırmanma eylemi olmayıp aynı zamanda sosyal, kültürel, felsefi bir yolculuk olduğunu göstermek istiyorum. Bu yüzden gezdiğim yerleri, tırmandığım dağları, gördüğüm kültürleri ve yaşadığım deneyimleri paylaşmak için her türlü kaynağı kullanacağım. Eğer bir kişinin bile doğayla barışmasına yardımcı olabilirsem ne mutlu bana.

EVEREST'TE İLK TÜRK, s. 139

İlk iki kitabımda, dağlara ve doğaya olan tutkum ve özlemimdi satırların arasındaki. 3 ve 4. kitaplarımda yaşamı, kültürleri ve dünyayı merak eden gezgin ruhum kendini gösterdi. 5. kitabım, bütün bunların yaşamdaki kurguları ve felsefesi üzerine yazdıklarımdan, yorumladıklarımdan oluştu. 6. kitabım, bir yandan hayatla, kendimle ve her şeyle yaptığım 40 yaş hesaplaşmam, öte yandan da vatanıma ve milletime olan koşulsuz sevgimin ve bağlılığımın vücut bulmasıydı. Bu kitabım ise 15-16 yıldır sayısız kuruma verdiğim liderlik, takım çalışması ve kişisel gelişim konularındaki seminerlerimden ve Bahçeşehir Üniversitesi'nde verdiğim dersin notlarından ortaya çıktı. Bu son kitabımda, diğer 6 kitabımda çeşitli yerlerde daha önceden dile getirmiş olduğum kavramları ve duyguları yeniden kaleme almak yerine, doğrudan alıntılayarak kullanmayı tercih ettim. Bunun sebebi,

yaşamda istikrarın, tutarlılığın ve doğruları biriktirmenin gücünü göstermek istememdir.

20 yaşında dağcılığa başlayan, 24 yaşında ilk kitabını kaleme alan Nasuh Mahruki'nin, kendisini, hayatı ve her şeyi sorgulayarak, yaşamı çeşitli açılardan deneyimleyerek, bazen de zorlayarak geleceğin Nasuh Mahruki'sini önce düşünceleriyle, hayalleriyle, inançlarıyla ve sonra da tercihleriyle, kararlarıyla ve eylemleriyle nasıl bir bütünlük içerisinde inşa ettiğini göstermek istedim.

Gelecekte kendinizi nerede görmek istiyorsanız, ilk önce ve en önce bunu gerçekten ve içten, tüm ruhunuzla, her şeyinizle, her hücrenizle istemelisiniz.

BAŞARIYI İSTEYİN

Zirveye tırmanmanın ilk adımı zirveye ulaşmayı istemektir. Ama öylesine istemek değil, gerçekten istemek; ruhumuzla, bedenimizle, yüreğimizle, aklımızla, tepeden tırnağa bizi biz yapan her şeyimizle istemektir. Ona ulaşma arzusu içimizde kor gibi yanmalı ve bizi hep hareket halinde tutmalı. İçten gelen böylesi güçlü ve gerçek bir istek, bu isteğimize ulaşmak için tüm gerekenleri de beraberinde hayatımıza çağırır. İnsan gerçekten istediği bir şeye ulaşmak için kendisini değiştirebilir. Hayatını, önceliklerini, zamanını, açıkçası her şeyini buna göre ayarlayabilir ve bunun için gerekli disiplin, cesaret, kararlılık, motivasyon gibi tüm özelliklerini ve yeteneklerini de hayatına çağırabilir. Tutkuyla isteyeceğimiz, onun için pek çok şeyi göze alabileceğimiz, uğruna şevkle çalışacağımız ve elde edinceye dek peşinden gidebileceğimiz hedeflerimiz olmalıdır. Böylesi heyecanlandıran hedefleri olursa insan kendisini bile aşar.

❄ Antarktika'da Winson Masifi'ne tırmanan dağcılar, arka planda Shinn Dağı.

Unutmayın ki;

Nerede bir istek varsa
orada bir yol vardır.

Lobsang Rampa

Yapmanın ve başarmanın ilk adımı elbette ki bunu istemektir, ama burada önemli olan bizim için doğru olan şeylere istek duymaktır. Kendimiz için en iyisini istemek, kendimiz için en doğrusunu istemektir aslında. Bizim için doğru olan şeyler yapabileceğimiz, sınırlarımız ve olanaklarımız dahilinde olan, başardığımızda bizi mutlu edecek, gururlandıracak, geliştirecek ve büyütecek şeylerdir. Bizim için doğru istekler araba, yat, kat, şan, şöhret gibi egomuzu şişirecek şeyler değil, kişisel gelişimimizi yükseltecek, ruhumuzu besleyecek, yaşamdaki gerçek yerimize ulaşmamıza yardımcı olacak şeylerdir. Böyle bir şeye ulaşmak için gereken motivasyon, cesaret, kararlılık ve disiplinle birlikte, bütün bunlar için gerekli enerjiyi içimizde daha kolay buluruz. İnsan istediği, sevdiği şeyi yaparken işin zorlukları daha kolay gelir, daha çok keyif alır, dikkati, yaratıcılığı artar, daha çabuk dinlenir ve daha hızlı kendini toparlar. İnsan istediği şeyi daha kolay öğrenir ve daha başarılı olur. İçtenlikle istediğimiz bir şeyi elde etmenin mutluluğu ise çok daha derin, etkisi çok daha anlamlı olur.

Yaşamda bir şeyi içten ve derinden istemek, gerçekten istediğimiz bu şeyle aramızda bir aşk ilişkisi kurmak gibidir. Üzerimizdeki etkisi de öyle olur. Bu istek bitmek tükenmek bilmeyen bir enerji kaynağına dönüşür, bizi hareketli, uyanık ve hep yolda tutar. Hem yolda olmak keyif verir, hem hedefe yaklaşmak. İnsanın derinden sevdiği ve istediği bir şeye ulaşması ise aşkın bir mutluluk yaşatır kişiye.

İnsan bir şeyi içtenlikle ve açık yüreklilikle, ona özel bir anlam ve değer yükleyerek isterse, o zaman kendi hayatını da yaşamın doğal akışı içerisinde bu hedefine ulaşacak şekilde düzenleyecektir. Yaşamın sonsuz olasılıkları ve fırsatları arasından kendisini hedefine en çok yaklaştıracak olanları görebilecektir. İstediği şeye ulaşmaya çalışırken karşılaşacağı tüm zorluklara kendisini baştan hazırlayabilecek ve zorluklar üstüne geldiğinde onlarla başa çıkabilecek inanca sahip olarak gereken iradeyi de gösterebilecektir. Doğru bir şeyi doğru olarak istemek, beraberinde gerekli tüm açılımları da hayatımıza çağıracaktır.

Başarılı olmayı her birimiz kendimize göre gerekçelerle isteyebiliriz. Ben bu yaşamda başarılı olmayı, kendime ve yaşama duyduğum saygıdan dolayı istedim ve bilinçli insanoğluna en yakışanın, sıradanlıkları aşmış, çalışarak ve üreterek gerçek değerine ulaşmayı başarmış faydalı bir yaşam olduğuna inandığım için arzu ettim. Aslında yaptıklarım ve yapmaya çalıştıklarımın hepsinin özünde, hatta bu kitabı kaleme almaya karar vermemde bile bu inanç ve önkabul var. Yaşamın hem öğrenerek, deneyimleyerek ve yaparak, insanın kendisini potansiyelinin sınırlarına kadar geliştirebileceği hem de diğerleri için de faydalı şeyler yapabileceği muhteşem bir oyun-sınav olduğunun farkına vardım. Bu oyun-sınavın en temel ve kutsal kuralının da, yaşamın bütüncüllüğü gereği insanların birlikte büyümesi ve gelişmesi gerektiği olduğuna inandım.

Yaşam baştan sona bir öğrenme oyunudur.

Yaşam oyununu iyi oynamak demek, deneyimlerle ve öğrenmelerle geliştirdiğimiz farkındalığımızla, yaşamın içinde yaşamı güzelleştirmek demektir. Oyunun keyfi ve heyecanı oyunu oynarken çıkar, yaşamın güzelliği de yaşarken. Sınavı iyi vermek ise, bir yandan yaşam oyununun güzelliklerini biriktirirken öte yandan da varlığımızın en üst potansiyelini ortaya çıkarmak ve kendi *Everest*'lerimize tırmanarak kendimizi gerçekleştirmektir.

Herkes bu yaşamda bir şeyler başarmak ister. Herkes dünyaya izini bırakmak ister. Her can bilinmek ister. Ancak bunu elde etmek için yeteri kadar gayret etmesi gerektiğini unutur. İster, ama arkasından koşacak inancı ve enerjiyi gösteremez. Bir iki denemeden sonra işler umduğu gibi gitmezse hayata karşı yılgınlık gösterir, daha azıyla idare etmeye çalışır, küçük düşünür. Kendi potansiyelinin altında kalır ve yaşamına, kendine bence yazık eder. Oysa yaşamın olağanüstü fırsatlarının ve azı çok, iyiyi çok iyi, hatta mükemmel yapabilme ve kötüyü iyileştirebilme mucizelerinin farkında olanlar, yaşamlarında hak ettiklerine inandıkları yeri gerçekten de hak etmeleri gerektiğini bilirler. Oraya ancak başararak ulaşılacağının farkındadırlar ve öyle yaparlar...

Başarılı olmak bir ihtiyaçtır.

Başarı ihtiyacı güçlükleri yenmek, gücünü denemek, zor olan bir şeyi mümkün olan en kısa sürede ve en iyi biçimde yapmaya gayret etme isteği olarak tanımlanır. İnsanların yaşam içinde tutum ve davranışlarındaki temel duyguları ve motivasyonları anlamaya çalışan araştırmacılar, bu yönelimlere göre birtakım sınıflandırmalar yapmışlar. En basit temel fiziksel ihtiyaçlardan en üst kendini gerçekleştirmeye ve yaşamda koyduğumuz hedeflere ulaşmaya kadar geniş bir aralıkta bu ihtiyaçları tanımlamışlar.

Bu güdülerin en sonunda yer alan özbeğeni ve kendini gerçekleştirme, dağcılığın ve seyircisi olmayan diğer doğa sporlarının, bazılarını dayanılmaz bir istekle kendine çekmesini sağlayan yüksek ihtiyaçlardır. Bu insanlar artık başkalarının takdirine gereksinim duymayı çoktan aşmışlardır, onların tatmin etmesi gereken şey kendi öz ruhlarıdır ve bu ancak daha iyiye, daha ileriye doğru olabilir. Eğer tatmin etmeniz, bir şeyler ispat etmeniz gereken şey kendi ruhunuzsa işiniz çok zor, çünkü kendinizi kandıramazsınız, mutlu olmak için gerçekten daha iyi olmak zorundasınız.

BİR DAĞCININ GÜNCESİ, s. 51

RÖPORTAJ

KENDİNİ GERÇEKLEŞTİREN ADAM: NASUH MAHRUKİ

Deniz Magazin, Eylül-Ekim 2008

Farklı şekillerde tanımlansa da, bu yönelimlerin en üstünde de başarılı olmak, kendini gerçekleştirmek, hayatta kendi koyduğu hedeflere ulaşmak, daha iyisini-en iyisini yapmak, bir başka deyişle kişinin kendi potansiyeline ulaşması yer alır.

Kendi seviyemizin sınavını yaşamımızda başarıyla geçmek, tersi durumun sonuçlarına katlanmaktan kurtulmamızı sağlar. Bunun için de hem iyi bir oyuncu hem de iyi bir öğrenci olmak gerekir. Yaşam oyununu iyi kavrayan ve doğru yerde doğru hamleler yapabilen, doğruları seçebilen ve doğru şeyler isteyen biri, içindeki sürekli öğrenen ve kendini geliştiren öğrenciyle bir gün kendini gerçekleştirmeyi hedefler ve çoğu kendine, birazı da çevreye bağlı birtakım gelişmelere göre büyük olasılıkla bunda da başarılı olur. Bu müthiş yolculukta yaşamı çeşitli açılardan deneyimleyebilmek çok besleyici ve çok yaratıcıdır.

ÇOK YÖNLÜ OLUN

Hayatın karmaşık yapısı içinde başarılı olabilmek için onu bütünüyle kucaklamanız gerekir. Kendinizi yeteneklerinize uygun alanlarda geliştirmeli, rekabet avantajına sahip olduğunuz alanda veya alanlarda uzmanlaşmalısınız ve aynı zamanda da çok yönlü olmalısınız. Hem yaptığınız işi çok iyi yapmalısınız hem de hayatın çeşitli alanlarını da tanımalısınız. İş yaşamınızın dışında da çeşitli konulara hâkim olmalı ve yaşamınızı zenginleştirecek hobilere ve ilgi alanlarına sahip olmalısınız. Aynı zamanda dünyanın gidişatını takip edebilecek kadar da olan bitenin farkında ve onun içinde olmalısınız.

Farklı ilgi alanlarını kendi bünyesinde birleştirebilenler, hayatın sonsuz etkileşimli doğasında daha ileriye giderler. Eğitim, ekonomi, kültür, sağlık, spor, sosyal yaşam, aile, vb tüm alanlar, birbirlerine de doğrudan ya da dolaylı etki ederler. Bu etkileşimi bizim için verimli kılabilmek çok yönlülük gerektirir. Bugün iş dünyasında bile çok yönlülük tercih edilme sebebidir.

❄ Everest Dağı'nın ana kampına motosikletimle giderken Rongbuk Manastırı'nda.

AKUT, BUGÜNE KADAR 700'ÜN ÜZERİNDE İNSAN HAYATI KURTARDI

Enkaza uzanan umut eli

Özellikle 17 Ağustos depremiyle adını duyuran AKUT, 9 yıldır insan hayatı kurtarıyor. 450 kişilik bir personel ile 6 bölgede örgütlenen dernek, bugüne kadar 200 arama kurtarma operasyonuna katıldı

ÖNLEM ALINMIYOR

DÖRT AŞAMALI MÜCADELE

TAKSİCİLİK YAPMIYORUZ

AKUT İHBAR HATTI

İdealist, 10-16 Eylül 2004

Nasuh Mahruki ile Deprem ve Sivil Toplum

Mahruki'yi evinde bulduk. Tabi deprem dendiğinde ilk akla gelenlerden olduğu için onunla hem kitabını hem depremi konuştuk. Biz sorduk Mahruki cevap verdi.

Deprem, yıl 1, sayı 1

Kronik gezginler

Nasuh Mahruki

'Yaşamayı bir hediye olarak kabul ediyorum'

Emanname, Haziran 2003, sayı 4

Türkiye'nin Kar Leoparı

Küçükçekmece'de Hayat, Kasım-Aralık 2005, sayı 5

Doğa sporcusu, gezgin, yazar

VIP Diplomat, 2004, sayı 9

RÖPORTAJ

ZİRVELERDE DOLAŞAN BİR HAYAT

Türkiye Giyim Sanayicileri Derneği, Ekim 2007

Thema Yaz 2004, sayı 2

TÜRKSPOR

Mahruki'nin gözü artık denizlerde

Röportaj: Murat İLTER

Türkspor, Eylül 2003, sayı 21

Başarıdan ne anladığımızı da ortaya iyi koymak gerekir. Gerçek başarı hayatın sadece bir yüzünde hedeflerimize ulaşmak değildir elbette. Hayatta gerçek başarı için, kariyer hedeflerinde başarıyı yakalayan bu profili eğitim, iş, aile, sosyal yaşam, sosyal sorumluluk ve bedensel, zihinsel, ruhsal hayatımızın tüm alanlarına dengeli ve uyumlu bir şekilde yansıtmamız gerekir. Yaşamımızda bütünlüğe ulaşmamız ve gerçek bir başarıdan söz edebilmemiz için hayatın her alanında kendi *Everest*'lerimize tırmanmayı başarmamız gerekir.

Başarılı insan hayatın her alanında kendi değerini ortaya çıkarmayı başarmış insandır.

Pazarola dergisi, Ağustos 2004

Dağlarda, doğada Tanrı'yı arayan Nasuh'la, sosyal hayatta erdemi, en üstün iyiyi arayan Nasuh ancak birlikte ilerlerse mutluluğu yakalayabiliyorum. Yalnızca birinin başarısı beni asla tatmin etmeyecek. Hiçbir zaman birinden kurtulup, yaşamımı ötekiyle sürdürmeyi istemedim. Yalnızca çok iyi bir dağcı olmak bana yetmeyeceği gibi, yalnızca ekonomik ve sosyal hayatta başarılı bir insan olmak da yetmeyecek. Her zaman yaşamımın çok boyutlu, üretkenliğimin çok çeşitli olmasını istedim.

BİR HAYALİN PEŞİNDE, s. 20

Kendini gerçekleştirmek, insanın kendi içindeki bütünlüğe ulaşarak özüne varması ve bu farkındalıkla gerçek değerini ortaya çıkarmasıdır, içindeki gizli potansiyelini gerçek performansa dönüştürmesidir. Ve bunu da ancak kendi içimizden gelen o sesi izlersek başarabiliriz.

KENDİ YOLUNUZU İZLEYİN

Yaşamda gerçek değerimize, ulaştığımız başarılarla yaklaşırız. Başarı güdüsünün en önemli özelliği ve üstünlüğü büyük oranda içten gelen bir motivasyonla ortaya çıkmasıdır. Bu içten gelen yüksek istek ve buna bağlı kişisel özveri, azim, gayret, fedakârlık gibi değerler ise başarılı olmak için gereken sürekli ve sürdürülebilir itici gücü oluştururlar. En güçlü kaynağını kendi içinde bulan bu tür bir motivasyon, karşısında hiçbir engel tanımayan kendini adamayı ve idealizmi de beraberinde getirir. İçsel motivasyon en değerli ve en güçlü olanıdır ve ancak kendi yolunuzu izlerseniz ortaya çıkar.

Doğu bilgeliğinin felsefi ve dini gelenekleri çok açık ve net olan ve pek çok yerde kullanılabilen bir kavram üretmiş; Patika-yol. Bu patika birtakım ahlaki değerlere göre kurulan belirli bir yaşam biçimini ve diyet, meditasyon, nefes alma teknikleri, savaş sanatları gibi günlük hayatın çeşitli alanlarına uyarlanan birtakım teknik uygulamaların oluşturduğu bir sistemdir. Bu patika'nın kurallarına uygun yaşamak kişiyi daha üst düzeyde bir erdem anlayışına ulaştırır ya da kararlı keşişlerde ve yogilerde olduğu gibi

❄ Tibet'te Everest Dağı'na yolculuk sırasında.

insanoğlunun kendi iç dünyasına ve çevresindeki dünyaya derinlemesine ulaşmasını sağlar.

Bu düşünceden hareket eden, Polonya'nın son 20 yıla damgasını vurmuş dağcılarından Voytek Kurtyka, dağcılığın, sahip olduğu olağanüstü özelliklerden dolayı, insanın fiziksel ve ruhsal gelişmesini getirdiğini söylüyor ve buna "Dağın Yolu" adını veriyor. Bu yol, insanı günlük hayatın küçük, anlamsız, değersiz çatışmalarından temizliyor, arındırıyor.

K2 Dağı'nda Voytek Kurtyka'yla

Son 10-12 yıldır, bu yolu ben de kendime oldukça yakın buluyorum. "Dağın Yolu" sayesinde belki de başka türlü hiçbir zaman öğrenemeyeceğim (ya da çok daha zor öğrenebileceğim) çok şey öğrendim. Bunu daha ne kadar sürdüreceğimi kestiremiyorum, ancak dağlardan öğreneceğim şeyler olduğu sürece tırmanmaya devam edeceğim.

'Dağcılık bir iç yolculuğudur'

Yeni Şafak, 12 Ağustos 1998

Gerçekte bu insanları -bizleri- dağlara tırmandıran, oradan oraya savuran şey, derin bir yaşama arzusudur; dolu dolu, soluk soluğa, özgürce, sonuna kadar yoğun, tutkulu ve güçlü bir yaşama arzusu. Nietzsche'nin dediği gibi belki de, "Yaşamdaki en üretken tecrübeleri bilmenin ve en derin zevkleri tatmanın sırrı tehlikeli yaşamaktır."

Elbette ki, dağlara tırmanmanın salt amacı riske girmek, tehlike duygusunu yaşamak olarak nitelendirilemez. Burada hedef; yaşam tecrübesini derinleştirmek ve zenginleştirmektir de. Aynı şekilde yalnızca adrenalini yükseltmek ya da spor yapmış olmak da değildir; kişinin kendi içine ve çevresine farklı açılardan bakabilmesidir.

YERYÜZÜ GÜNCESİ, s. 122

Kendimizi gerçekleştirmenin ve yaşamda kendimizi başarılı kılmanın yolu kendi seçtiğimiz, kendi istediğimiz hedeflere ulaşabilmektir. Elbette ki başkalarının koyduğu veya çevrenizin dayattığı başarı kıstaslarına göre de başarıyı hedefleyebilirsiniz, hatta bunlarda başarılı da olabilirsiniz. Ama bu, başkalarının hayallerini gerçekleştirmekten daha anlamlı bir sonuç ortaya çıkarmaz. Elde yine başarı, yine gerçekleşen hayaller olur, ama sizinkiler olmaz ve bir şeyler hep eksik kalır hayatınızda.

İşte bu nedenle;

Yaşamda gerçek başarı kendi koyduğumuz hedeflere ulaşmaktır.

Kendi değerimizi yükselteceğine inandığımız için seçtiğimiz kendi *Everest*'imize tırmanmayı başardığımızda, kendi potansiyelimizin de doruğuna ulaşarak hem arzu ettiğimiz başarıya ulaşıyoruz hem de kendi koyduğumuz hedefte kendimizi gerçekleştiriyoruz.

Örneğin dağcılık, izleyicisi olmayan bir spordur. Dağcı, bir zirveye ulaştığında kimseden tebrik almayı, övgü almayı beklemez - önce sağ salim aşağı inmelidir. O, kendi özbenliğine ispat etmiştir kendisini, onun mutluluğu, kendisinin daha iyisini yaptığını, başardığını görmektir. O, bir gün önceki kendisini aşmıştır ve bu kendine saygı duyma, takdir etme eylemi, diğer bütün insanların övgülerinin ve takdirlerinin üzerindedir.

BİR DAĞCININ GÜNCESİ, s. 51

Başarı güdüsü yüksek insanlar başarıyı, beceri ve gayret gibi iç etmenlerle görürken, başarı güdüsü düşük olanlar, başarısızlık nedenlerini o işi yapmanın imkânsızlığına ve dış şartların zorluğuna bağlayarak sorumluluğu üzerlerinden atmaya ve kendilerini rahatlatmaya çalışır. Bu ikinci yaklaşımın, sorunu görmezden gelmenin getirdiği sahte bir rahatlamanın dışında, elbette ki kişiye hiçbir pratik faydası olmaz.

Unutmamalıyız ki;

Hiçbir gerçek başarı kolay elde edilmez; başarıyı arzulayan zorluklarına da hazır olmalıdır.

Aslında başarma, başarılı olma güdüsü ama az ama çok hepimizin içinde vardır, çünkü hepimizin kendine göre hedefleri, hayalleri, umutları var. Hepimiz hayatın güzelliklerine mümkün olduğu kadar yaklaşmak ve hayatın bize sunabileceklerinden en iyi şekilde faydalanmak istiyoruz. Bunlara ulaşmak için elimizden geleni yapıyoruz veya yapmaya çalışıyoruz, kimimiz daha gayretli kimimiz daha az. Her şeyden önce bu gayreti çoğaltmamız ve hedeflerimize göre düzenlememiz gerektiğini kavramalıyız. İçimizden gelen bu itici güçten beslenen enerji eğer doğru terbiye edilir, doğru yönlendirilir ve doğru kullanılırsa sonsuz bir kaynağa dönüştüğü görülecektir. Güçlerinin asıl kaynağının kendi içlerinde olduğunu anlayan insanlar, dışarıdan daha az şeye ihtiyaç duyarak yaşamda büyük işler başarabilirler. Bu güç, yaşama karşı ne denli tutkulu olduğumuza bağlıdır.

TUTKULARINIZIN PEŞİNDEN GİDİN

Tutku, vizyonu eyleme dönüştüren enerjidir, bize hayallerimizin peşinde koşacak gerekli gücü verir. Yaptığımız şeye dair duygularımız ne kadar güçlüyse ve yaptığımızın bizim için doğru olduğuna ne kadar yürekten inanıyorsak, tutkumuz da o kadar güçlü olur. Hayatın zorlukları karşısında hayallerinin peşinden koşacak ve onu gerçeğe dönüştürecek gücü ve enerjiyi kendilerinde bulamadıklarını düşünenler, her şey bir yana, kendi içlerine dönüp arzularının ve tutkularının derinliğine bakmalıdır ve sorunu da, çözümü de burada aramalıdır.

Çünkü;

Başarılı olmak, bir tutku ve inanç meselesidir.

Tutku, yaşama tutulmak, âşık olmak demektir. Yaşamı hep daha fazla kucaklamak istemektir. Tutku, insanı içten harekete geçiren bir enerjidir ve bizi hedefimize yaklaştıracak tüm olumlu duyguları da beraberinde getirir, olumsuz duyguları ise bizden uzak tutar. Ha-

❄ Everest Dağı'nda 3. kampa doğru tırmanırken.

yallerimizin gerçeğe dönüşmesindeki en önemli itici gücümüz olan tutkunun ödülü, biraz da kendisidir. Tutkulu bir insan olmak, hayatın fırsatlarına daha açık olmamızı ve her şeye daha olumlu ve yapıcı bakmamızı sağlar. Tutku hareket kabiliyetimizi artırır, bize büyük bir mücadele gücü verir ve bu sayede sınırlarımızı da geliştirir.

Tutku içten gelir,
eylem yalnızca onun dışavurumudur.

Yaşamı dolu dolu yaşayabilmek için bilinçli olarak seçtiğim yollar, fiziksel ve ruhsal pek çok büyük ve zorlu, hatta bazen de çok tehlikeli mücadeleyi de beraberinde getirdi. Her seferinde daha iyisini de yapabileceğime, daha fazlasını da kaldırabileceğime inancım tamdı. Bu tutku ve inanç en zor, en tehlikeli zamanlarda bile en güçlü dayanağım oldu. Aştığım her zorlukta, geçtiğim her engelde, elde ettiğim her başarıda yaşadığımı, var olduğumu, iz bıraktığımı, ben olduğumu hissederek ilerledim.

İnsanın idrak etme gücü ile
elde etme yeteneği arasında
ancak tutkuyla birleştirilebilen bir aralık vardır.

Halil Cibran

Riskli sporlar sayesinde öğrendiğim veya fark ettiğim ve bu kitap boyunca sizlerle paylaşmaya çalışacağım sonuçları aslında konuyla ilgili kitaplarda da benzeri şekillerde bulabilirsiniz. Burada ilginç olan; takım çalışması gerektiren, dayanıklılık, kararlılık, disiplin, yüksek konsantrasyon ve içerdiği yüksek risk faktörü nedeniyle de risk yönetimi ve kritik süreçlerde karar verme becerileri isteyen bir sporda, başarılı olmak için ihtiyaç duyacağımız her şeyin, iş hayatında, kendimize seçtiğimiz herhangi bir kariyerde, hatta gündelik hayatımızda başarılı olmak için ihtiyaç duyacağımız özelliklerle büyük bir paralellik göstermesidir.

Başarının yolları, yaşamın her alanında birbirine benzer.

DOĞRU ADIMLAR ATIN

Kendimizi geliştirmek için hangi disiplini, hangi alanı, hangi konuyu seçersek seçelim; başarıya ulaşmak için hayatı doğru açılardan görebilmeli ve hayatla ilişkimizi doğru ve sağlıklı kurabilmeliyiz. Başarının formülü yetenek + hazırlıktır ve başarı bunları en verimli şekilde kullanarak sürekli ve düzenli avantaj biriktirerek elde edilir. Başarılı olmak isteyen kişinin algı ve düşüncelerinin doğru kaynaklardan beslenmesi, tercih ve eylemlerinin de doğru yolları izlemesi gerekir. Bizi hedefimize ulaştırması için seçeceğimiz yol ve yöntemler hem ekonomik hem verimli hem de sürdürülebilir olmalıdır.

Yaşamdaki artılarımızı ve doğrularımızı geliştirebilmeli, çoğaltabilmeli ve bunu sürekli olarak yapabilmeliyiz. Yaşam içindeki değerlerini ortaya çıkarmayı başarmış insanların, ne kadar farklı kişilikleri ve hayat öyküleri olsa da, başarıya giden yollarında büyük benzerlikler vardır. Yaşamda başarıya ulaşmanın, başarılı olmanın, hepimizin öğrenebileceği belirli kuralları vardır.

❄ Bir buz köprüsünü geçerken.

Unutmamalıyız ki yaşadığımız bu sebepler ve sonuçlar dünyasında, sebepleri bilirsek sonuçları öngörebiliriz ve sebepleri değiştirerek sonuçları değiştirebiliriz.

Başarının temel kuralı, doğru yaklaşım ve doğru yöntemlerin kullanılmasıdır.

insan

ZİRVEDEKİ BAŞARIDAN İŞ HAYATINA ATILACAKLARA ÖĞÜTLER

Başarının sırrı doğru yaklaşım ve metodlarda

Yeni Asır, *İnsan*, 18 Eylül 2005

İşte bu kitapta sizlere, yıllarca çok farklı coğrafyalarda, çok farklı şartlar altında, hatta bazen çok tehlikeli süreçlerde deneyimleyerek ve yaşayarak öğrendiğim, yaşamda bizi hedeflerimize yaklaştıracak yaklaşım ve yöntemlerden söz edeceğim. Bu yaklaşım ve yöntemler, özünde başarılı olmak ve hedeflerimize ulaşabilmek için yaşam içinde izlediğimiz düşünce biçimleri ve düşünme yollarından oluşuyor. Belirli bir amaca ulaşmayı hedefleyen bu düşünce biçimleri ve yolları da, davranışlarımızda olumlu ve gerekli değişiklikler yapabilmemizi sağlıyor. Yaşamın karmaşık dinamikleri ve fırsatları arasında bunları ne kadar doğru ve verimli kullanabilirsek, bizi o kadar ileriye götürüyor. Bence esas olan, kendi farkındalığımızla zenginleşen, başarıya odaklı bu düşünce yapısını kavrayabilmek ve tüm becerilerimizi kullanarak yaşamda fark yaratmaya ve yaşama değer katmaya çalışmaktır.

Yaşam içinde hak ettiğimiz yere ulaşabilmek için kendimizi ve yapabileceklerimizi çok iyi tanımalıyız. Bunun en doğru yolu kendimizi diğerleriyle kıyaslamak ve çeşitli hedeflerle sınamaktır. Çağdaş dünya bireyleri belli rol ve sorumluluklar için değerlendirirken; ırk, cinsiyet, etnik yapı gibi değiştiremediğimiz özellikleri kullanmaz. Bunların yerine, sınavla kanıtlanmış meziyetleri ve üstlendiğimiz çeşitli rol ve sorumluluklardaki performans ve beceri gibi ölçülebilir ve kıyaslanabilir başarı göstergelerini kullanır. Bu sayede de nesnelliklerini koruyabilirler.

Unutmayın ki;

Ölçemediğiniz hiçbir şeyi yönetemezsiniz.

Buna kendi hayatımız da dahildir. Hedefimizle aramızdaki mesafeyi azaltabilmek için değişim ve gelişimimizi düzenli olarak takip edebilmeliyiz. Bütün yeteneklerimizi hedefimize odaklayabilmeli ve kararlılıkla yolumuzda ilerleyebilmeliyiz. Yaşamımızda bütünlüğe ulaşarak, gerçek değerimizi ortaya çıkarmak, hepimizin öğrenebileceği belirli beceriler, belli bir algı, belli adımlar ve belli bir duruş gerektirir. Bu süreçte, sağlıklı bir değerlendirme yapabilmemize olanak veren doğru referans noktalarına sahip olmak çok faydalıdır.

Dağcılıkta kendime güvenimin ve başarılarımın hızlandığı dönem, ciddi bir spor disiplini ve ahlakı, yüksek bir yetenek ve profesyonel bir yaklaşımla dağcılık sporunu yapan Rus dağcılarla kendimi kıyaslama imkânı bulduğum, 7000 metrelik tırmanışları yaptığım dönemdir. Güçlü Rus dağcılarla birbirinden zorlu dağlara tırmanırken, kendi yeteneklerimin ve bu spordaki potansiyel yerimin de farkına varmaya başlamıştım. Bundan hem çok heyecanlanmış hem de büyük keyif almıştım ve adımlarımı da bu farkındalıkla atmıştım.

Zirveye Doğru başlığı altında yıllardır verdiğim seminerlerimin ve bu konuyu *Kendi Everest'inize Tırmanın* adıyla kitaplaştırmamın amacı, kendi başarı yolumu anlatarak, başkalarının kendi zirvelerine tırmanma ve kendi başarı öykülerini yazma yolculuklarında, onlara bir nebze olsun yol gösterebilmek ve onları cesaretlendirebilmektir.

Bu konuyu bir kitap haline dönüştürme fikri uzun zamandır aklımdaydı. Benzer konularda elbette ki çok sayıda, hem de oldukça nitelikli kaynaklar mevcut. Bu kadar kaynak bolluğu olan bir konuda bu tür bir çalışmaya girişmemin sebebi; bilineni tekrar etmek değil, bambaşka bir yerden ve bambaşka bir açıdan bakınca bile, zirvelere oynamanın ve daha önemlisi orada kalmayı başarmanın, hayatın her alanında belirli kuralları olduğunu sizlere gösterebilmeyi istememdir.

Bu kitabı hazırlarken bu tür birçok kaynaktan ben de yararlandım, özellikle teorik açılımı iyi kurgulanmış bazı ifadeleri doğrudan alıntılayarak konuların içine ekledim. Bunlara ekleyebilecek pek bir şeyim olduğunu düşünmüyorum; iyi fikirler her zaman değerlidir. Ama söyleyeceklerimin hepsini bu beden, bu ruh, bu can bilfiil yaşadı; her şeyi kendi seçimleriyle isteyerek, kendi kararlarıyla yaşayarak ve bedellerini ödeyerek öğrendi. Bence bu kitabı benzer konularda yazılmış diğerlerinden daha iyi ya da daha kötü yapan değil, ama ayıran en önemli fark bu olacak.

Çünkü;

Yolu bilmek ile yolu yürümek arasında çok fark vardır.

Kişisel gelişim, hedef odaklılık, risk yönetimi, motivasyon, takım çalışması ve liderlik gibi hayatın içindeki pratik süreçlerle doğrudan ilişkili konuları, işin teorisine ve bilimine hâkim uzmanların anlatmasıyla, bütün söylediklerini, kendi farkındalığıyla birlikte öğrenirken yaşamış, yaşarken öğrenmiş bir insanın anlatması farklı olacaktır. Bu farkın yorumunu siz değerli okuyuculara bırakıyorum.

Keyifli okumalar dilerim...

Mayıs 2010

ZİRVEYE DOĞRU

İNSANIN POTANSİYELİNİ KAVRAYIN

İnsana ve insanın içindeki eşsiz potansiyele her zaman inanan biri olarak, kendi zirvelerimize doğru yolculuğumuza önce insanla başlamak istiyorum. Her şey ancak insanla bir anlama kavuşur; çünkü bu dünyada her şeyin başı, her şeyin sonu insandır. İnsanları kaba genellemelerle ayırmaktan çok hoşlanmasam da, pratik faydalarından dolayı bazen kategorik ayırımlar süreçleri daha anlaşılır yapabiliyor.

Bernard Shaw insanları üçe ayırmış:

- Bir şeyleri gerçekleştirenler,
- Gerçekleşen şeyleri seyredenler,
- Gerçekleşen şeylere hayret edenler.

Bir de ne yazık ki, olan bitenin farkında bile olmayanlar var aramızda.

Bizler elbette ki kendimizi birinci kategoride algılıyoruz. Çünkü bir şeyleri gerçekleştirmek, bir şeyleri başarmak istiyoruz,

❆ McKinley Dağı'nda dağcılar.

bunun için bu dünyaya geldiğimize inanıyoruz. Yaşamın içinde üzerimize düşeni yapmak istiyoruz. Bu yüzden bu tür kitapları alıp okuyoruz, seminerlere katılıyoruz, başkalarının birikiminden, deneyimlerinden yararlanmaya, öğrenmeye, kendimizi geliştirmeye çalışıyoruz. Yani bizler üretenlerden, yapanlardan, gerçekleştirenlerden olmak istiyoruz. Ancak burası bile insanın yetenekleri karşısında, son çözümlemede tek başına yeterli değildir. Esas ulaşmak istediğimiz yer, bunun da ötesinde, farkındalık ve fark yaratmak olmalıdır.

Eğer farkında ve fark yaratanlardan olabilirsek, sıradanlığın ötesinde hayatımıza bir değer, varlığımıza bir anlam katabiliriz, hem kendimizin hem de başkalarının hayatında olumlu ve yararlı değişimler yaratabiliriz. Önce kendimiz, çevremiz, bu çevredeki kendi yerimiz ve olan biten hakkında farkındalık geliştirebilir ve sonra bu farkındalıkla sonucu etkileyebilir ve fark yaratabiliriz. Yeter ki kendi niteliklerimizin bilincinde, kendi gerçekliğimizle örtüşen, bizi geliştirecek doğru hedefler seçelim ve her aşamada tercih edeceğimiz doğru yaklaşım ve yöntemlerle kaynaklarımızı ve zamanımızı, daha doğrusu hayatımızı fark yaratanlardan olmak için kurgulayalım.

Unutmayın ki, sonsuz potansiyele sahip bu yaşamda fark yaratabilmenin de sonsuz yolu vardır.

İnsan bir potansiyeldir.

Bu basit cümle bence son derece derin anlamlar taşıyor. İnsanın bir potansiyel olduğu konusuna özellikle vurgu yapmak istiyorum, çünkü genellikle bu açıdan bakmayı pek düşünmeyiz ve bu tarafını gözden kaçırırız. Biri hakkında bir değerlendirme yapmaya çalışırken o kişinin bugüne dek yaptıkları, özgeçmişinde yazanlar, mezun olduğu okullar, bildiği yabancı diller, bitirdiği projeler, başardıkları, kariyeri gibi, bir anlamda arkasında bıraktığı verilerle değerlendirmeye çalışırız. Geçmişe dayalı bu veriler, söz konusu kişiyi elbette ki belirli ölçüde tanımlamaya yeter, ancak esas olan bu kişiye, uygun koşullar ve fırsatlar verildiği takdirde içinde taşıdığı potansiyeli, gerçekleştirme kapasitesine sahip olduğu gizli gücü, ortaya koyabileceği üretkenliğinin sınırları nedir diye bakmaktır.

İçimizdeki potansiyel konusunu daha iyi anlayabilmek için size farklı bir örnek vermek istiyorum. Bir meşe palamudunu gözünüzün önüne getirin. 5-6 cm boyunda, doğanın çok hoş ve estetik bir güzelliğidir. Bu meşe palamudunu eğer uygun şekillerde toprağa ekerseniz ve gerekli bakımını düzenli olarak sağlarsanız, filizlenir, fidan olur ve büyüyüp koca bir meşe ağacına dönüşür. O meşe ağacından yine elde ettiğiniz meşe palamutlarını aynı özenle toprağa eker ve yine düzenli bir şekilde bakımını yaparsanız, yüzlerce

meşe ağacına ve sonunda bir meşe ormanına ulaşırsınız. Bir tek meşe palamudunun içinde, gözünüzün görebildiği bütün ovaları, yamaçları meşe ormanına dönüştürme kapasitesi, potansiyeli, saklı gücü vardır. Ancak bunun gerçekleşebilmesi için uygun koşulların yaratılması gerekir.

> **Binlerce ormanın özü tek bir tohumda saklıdır.**
>
> Ralph Waldo Emerson

Bu meşe palamudunu toprağa ekmek ve bakımını yapmak yerine bu kez çakıl taşlarının arasına koyar ve orada bırakırsanız zamanla çürür, yok olur gider, içindeki potansiyeli gerçekleştiremez, performansa dönüştüremez. İşte insan da tıpkı böyledir. İçinde sonsuz olasılıklarla dolu bir potansiyele sahip olarak dünyaya gelir, ama bu olasılıklardan hangisinin, hangilerinin gerçekleşeceği çevresindeki imkânlara, koşullara, fırsatlara, daha da önemlisi bu fırsatları kendisinin ne ölçüde yakalayabildiğine ve bu fırsatlarla ne yaptığına bağlıdır.

28,8 yaş ortalaması ve toplam nüfusumuzun yarısı kadar genç nüfusumuza rağmen, bu sayıyla doğru orantılı olamayan spor, sanat, edebiyat, bilim ve benzeri alanlardaki düşük başarı grafiğimiz, ne yazık ki bu basit gerçeğin gereklerini, gençlerimiz için tam olarak yerine getiremediğimizdendir. Daha da ötesi ulus olarak yaşadığımız bütün sıkıntıların ana kaynağı bu durumdur. Yetmiş milyonu aşmış, orta büyüklükte ve köklü devlet gelenekleri olan bir ülke olmamıza rağmen, hemen her alanda yanlışlıkların ve kirlenmişliğin yaygınlığı, eğitim sistemimizdeki ve hukukun üstünlüğü konularındaki sorunlar, iş ve istihdam olanaklarının çarpık dağılımı nedeniyle, nüfusumuzun içindeki oranı giderek gençleşerek artan büyük bir kitlenin enerjisini ve üretkenliğini, bir türlü tam olarak toplumsal yaşantımıza katamıyoruz. Bu gücü olumluya ve verimliye çevirememe hali, ne yazık ki yaşamın diyalektiği gereği kendi karşıtını da içinde barındırıyor.

Sahip olduğumuz bu genç ve çalışabilir nüfus, hayalimizdeki büyük, aydınlık ve güçlü Türkiye özlemi doğrultusunda büyük bir fırsat olduğu gibi, çağdaş ölçülerde, rekabet gücü yüksek, kaliteli ve yaygın eğitim politikalarıyla destekleyemezsek, bir diğer deyişle eğitim sistemimizi bu ihtiyaçlarımıza göre yeniden ve süratle tasarlayamazsak, bu fırsat rahatlıkla bir tehdite dönüşebilir ve doğal olarak sunduğu fırsatlar ölçüsünde, geleceğimiz için büyük bir tehlike olabilir.

VATAN LAFLA DEĞİL EYLEMLE SEVİLİR, s. 519

Devletlerin gücü, onları var etme konusunda kararlı olan yurttaşından gelir. Devlet vatandaşıyla var olur. Tarık Buğra'nın ünlü romanı *Osmancık*'ta, Osman Gazi'ye öğüt veren Şeyh Edebali'ye söylettiği gibi; *İnsanı yaşat ki Devlet yaşasın.* Unutmamalıyız ki bu iki taraflı bir denklemdir ve tersi de doğrudur. Gençlerimizin yiten potansiyeli aslında yiten geleceğimizdir de bir yandan. İnsanın içindeki potansiyelin değerini bilmemek ve onu ortaya çıkaracak hazırlıkları yapmamak, hem kişisel anlamda her türlü kayba yol açıyor hem de toplamda milli gücümüzde büyük kayıplar ve fırsat maliyetleri yaratıyor.

Unutmamalıyız ki;

Bir ülke, evlatları kendi Everest'lerine tırmanmayı başardığı nispette yücelir.

Ben Everest'e iki kere tırmandım, ama Atamızın bize çizdiği hedefe, ülkemizi çağdaş medeniyetler içerisinde layık olduğu yere ulaştırmak için sadece benim gibilerin Everest'lerine tırmanmış olması yetmez. Hepimizin, özellikle gençlerimizin kendi Everest'lerine tırmanmayı başarması gerekir ki biz ülke olarak ilerleyelim, gelişelim, büyüyelim, dünya üzerinde layık olduğumuz yere ulaşalım. Bu kitabı yazmayı bu kadar çok istememin sebebi aslında budur.

Bir ulusu özgür, bağımsız, şanlı, yüksek bir toplum olarak yaşatan eğitim, köleliğe, yoksulluğa düşüren de eğitimsizliktir. Eğitimden amaç, bireyi nitelikli ve bilinçli kılmak, yeteneklerini açığa çıkarmak, var olanlarını geliştirmek, yenilerini kazandırmak ve yaşamın içinde rekabet edebilecek şekilde onu donatmak, yetiştirmektir. Nitelikli, çalışkan ve üretken bireylerin katılımıyla mutlu, kalkınmış, güvenli ve çağdaş bir toplum yaratmaktır. Çağdaşlık, insana yapılan yatırımla doğru orantılıdır.

> *Millî eğitimin gayesi, yalnız hükümette memur yetiştirmek değil, daha çok memlekette ahlaklı, cumhuriyetçi, inkılapçı, olumlu, atılgan, başladığı işleri başarabilecek kabiliyette, dürüst, düşünceli, iradeli, hayatta rastlayacağı engelleri aşmaya kudretli, karakter sahibi gençler yetiştirmektir.*
>
> ATATÜRK

Çin atasözünde geçtiği gibi;

Eğer bir yıl sürecek refah istiyorsanız tahıl yetiştirin. On yıl sürecek refah istiyorsanız ağaç yetiştirin. Yüz yıl sürecek refah istiyorsanız insan yetiştirin.

Kişinin içinde taşıdığı potansiyeli, bir diğer deyişle gerçek değerini bulmaya çalışmak ve bu değeri ortaya çıkarmayı hedeflemek esas olmalıdır. Sadece kendimiz için değil, ülkemiz için de. Herbirimizin içinde bize özgü ve sadece bize ait bir potansiyel var. Bütün yapmamız gereken, bu potansiyelin farkına vararak, onu ortaya çıkaracak nesnel koşulları ve fırsatları yakalamaya veya yaratmaya çalışmak ve tüm yaşamımızı gerçek değerimize ulaşacak şekilde düzenlemek aslında. Potansiyelimizi performansa böylece dönüştürebiliriz.

Muktedir olduğumuz şeyleri yapmış olsaydık, kelimenin tam anlamıyla yaptıklarımıza bakıp hayretler içerisinde kalırdık.

Thomas Edison

Potansiyelimizi gerçekleştirmek için içimizdeki *en iyi ben*'i aramalıyız.

İÇİNİZDEKİ "*EN İYİ BEN*"İ ARAYIN

Ben özgür iradenin gücüne inanırım ve hayat bizim gibi yüksek organizmalar için baştan sona bir karar verme ve seçim yapma sürecidir. Bugünden geleceğimize baktığımızda, kendi kararlarımıza ve seçimlerimize bağlı olarak kendini gerçekleştirebilecek, her birimiz için birçok olası gelecek senaryosu, birçok olası hayat var. Bunların içinden bir kısmı doğal olarak diğerlerinden daha iyi, bir kısmı ise daha kötü; ancak biri en iyisi. İşte bence akıllı insanın hedeflemesi gereken şey, içindeki en iyiyi bulmak ve onu ortaya çıkartmak, onu yaşamak ve o olmak olmalı...

Unutmayın ki;

Hayatımızla ilgili seçimlerimizin sorumluluğu, seçtiğimiz hayatı yaşamaktır.

Ve bu, geri döndürülemez ve devredilemez bir sorumluluktur.

❁ Hindistan'da dev Buddha heykeli.

Bu potansiyeli bulup çıkarabilmek, kendimizi ve gerçek değerimizi keşfedebilmek, içten ve kararlı bir gayret, uzun ve zorlu bir mücadele gerektirir. Sabır ve sebat göstermemiz ve en önemlisi kendimize inanmamız gerekir. 7. kitabımın asıl mesajı da aslında budur: İçinizdeki en iyi sizi bulup çıkarma ve kendi mükemmelliğinize ulaşma konusunda sizleri cesaretlendirmek ve kendi yolunuzu seçip o yolu izleyecek gücü yine kendi içinizde bulmanıza ve kendi *Everest*'lerinize tırmanmanıza yardımcı olmak...

Eğer yapabileceğinizden daha azını yapmayı planlıyorsanız, hayatınızın sonuna kadar mutsuz olacağınız konusunda sizi uyarmak isterim.

Abraham Maslow

İçimizdeki *en iyi ben*'i bulabilmek aslında *en iyi ben*'i inşa etmektir. Bunun için dış görünüşünüzden giyiminize, duruşunuzdan tutumunuza, inancınızdan gayretinize, düşüncelerinizden söyleminize, tercihlerinizden çevrenize ve ilişkilerinize kadar her şeyinizi bu yönde koşullandırmanız, şekillendirmeniz ve en önemlisi bütün bunları davranışlarınıza yansıtmanız gerekir. Yaptığınız ve yapmadığınız her şeyin kendi yaşamınızı inşa etme sürecinde etkisi vardır. Anlamlı ve değerli hayat, sonsuz olasılıklardan *en iyi ben*'i yaratabilmiş hayattır.

En önemli sanat yaşama sanatı; en önemli sanat eseri insandır.

Anonim

Güzel yaşamak, üretken yaşamak, doğru yaşamak, başarılı yaşamak bir sanattır. Yaşama sanatı, güzel yaşarken bir yandan da tekamül etmektir, gelişmek, büyümek, ilerlemek, olgunlaşmaktır. Sahip olduğunuz potansiyeli gerçekleştirebilmek için yaşamınızı bir sanat eseri gibi ince, detaylı, özenli ve dikkatli işlemelisiniz ve kendinizi gerçekleştirme yolunda kendinizi yetiştirmelisiniz. Sadece kendiniz için, kendi geleceğiniz için değil, aileniz için, ülkeniz için, milletiniz için, hatta dünya için de...

Sistem nasıl olursa olsun, insanın yaratabileceği çarpan etkisi sınırsızdır. Yaşamda kendi zirvelerine tırmanarak içindeki *en iyi ben*'e ulaşmayı hedefleyen insanların çoğunlukta olduğu milletler, aralarındaki bu sinerjiyle çok daha ileriye gideceklerdir. Kendilerine bu tür yüksek hedefler koyamayanlar ise, boş inançların ve boş heveslerin peşinde kayıplarla dolu bir ömür geçireceklerdir. Hem kendi geleceklerini hem de ülkelerinin geleceklerini, diğerlerinin karşısında pek çok riske ve tehlikeye atacaklardır. Unutulmamalıdır ki hayat bu tür gevşekliklere en küçük bir müsamaha göstermeyecektir. Bu nedenle her an dikkatli, özenli, uyanık, çalışkan ve atılgan olmalısınız. Hayatın içinde bir kez geride kalmaya başlarsanız yeniden eski yerinize ulaşmak çok daha fazla çaba gerektirecektir. Ancak çoğu insan konuya bu bilinçle bakamadığı için bu tür bir açığı bir daha kapatamaz. Kendimiz ve çevremiz için yapabileceğimiz en doğru davranış, içimizdeki *en iyi ben*'i ve kendi potansiyelimizi keşfetmeye ve adım adım onu inşa etmeye çalışmak olacaktır.

İnsanın potansiyelini daha iyi kavramak için önce insanı ve insanın bileşenlerini anlamamız gerekir.

Sürekli değişim ve gelişim içinde bulunan, yapıcı-yıkıcı ve yaratıcı-yok edici özellikleri, biyolojik ve kültürel ögeleri, her bireyinde kendine özgülük nitelikleriyle insan, yapısı itibariyle oldukça karmaşıktır. Doğal olarak yaşamını sürdürme ve diğer canlılara göre önemli bir üstünlük olarak yaşamını geliştirme arzusu ve potansiyeliyle dünyaya gelen insan bu amacına ulaşabilmek için, kurduğu toplumsal düzenlerde hep bu yönde çalışmak zorunda olmuştur.

VATAN LAFLA DEĞİL EYLEMLE SEVİLİR, s. 507

İnsanoğlu bio-psiko-sosyal bir varlıktır.

İnsanoğlu boyu, göz rengi, saç rengi, kilosu gibi biyolojik özellikleri olan; iç dünyası, ruh dünyası, hayalleri, tutkuları, endişeleri gibi psikolojik özellikleri olan ve en önemlisi bütün yaptıklarını diğer insanlarla birlikte, diğer insanların arasında yapan sosyal bir varlıktır. Diğer insanlarla bir arada hareket eder, yaptıklarımızı, yaşadıklarımızı, çoğu zaman bizim seçmediğimiz diğerleriyle birlikte yapar, hedeflerimize de yine, bazen seçtiğimiz bazen de seçmediğimiz diğerleriyle birlikte ulaşmaya çalışırız.

Her birimizin kendine özgü bir kişiliği var. Bizi diğerlerinden ayıran, farklı kılan duygusal, düşünsel, ruhsal ve fiziksel özelliklerimizin bütünü olarak tanımlayabileceğimiz bir kişiliğe sahibiz. Ayrıca içsalgı bezlerimizin az veya çok çalışması gibi soyaçekimle getirdiğimiz fizyolojik özelliklerimizin oluşturduğu, otonom sinir sistemimize bağlı psikolojik tutumlar olarak tanımlayabileceğimiz, değiştirmemizin de pek mümkün olmadığı bir mizaca da sahibiz. Bunların dışında bir de kişiliğimizin, yaşadığımız toplumun sosyo-kültürel değerleriyle yorumlanarak, bu yargılarla değerlendirilerek tanımlanan bir karakterimiz var.

Ayrıca yine kendimize özgü yeteneklere ve becerilere sahibiz. Bu yeteneklerin bir kısmı atletik özellikler, sportif etkinliklerdeki beceriler, duyu organlarımıza ilişkin yetenekler gibi fiziksel yapımızla ilgili yeteneklerdir. Bir kısmı da dikkat, yaratıcı düş gücü, bellek, matematik, mekanik gibi alanlarda kendini gösteren zihinsel yeteneklerdir. Bunların bir kısmını doğuştan getiriyoruz, bir kısmını sonradan kazanıyor ve geliştiriyoruz, kullanmadıklarımızı ise kaybediyoruz. Sonuç olarak bütün bunları üst üste koyduğumuzda ortaya biz çıkıyoruz.

“Yeteneklerinizi keşfedin”

Başarılı dağcı, AKUT’un kurucusu Nasuh Mahruki, herkesin kendisini tanıyıp yeteneklerini keşfetmesinin önemini anlattı

Nasuh Mahruki

DAĞCILIĞIN ülkemizde en önemli isimlerinden biri olan Nasuh Mahruki, aynı zamanda profesyonel sporcu, yazar ve fotoğrafçı. Mağaracılık, yamaç paraşütü, aletli dalış, motor sporları, yelken ve bisiklet sporlarını da yapan Mahruki, 1992 yılında Bilkent Üniversitesi İşletme Fakültesi’ni, 2004’te Milli Güvenlik Akademisi’ni bitirdi. Sovyet Asya’nın 7000 metreden yüksek beş tırmanışını da tamamlayarak, Rusya Dağcılık Federasyonu tarafından ‘Kar Leoparı’ unvanı verilen Mahruki, Everest Dağı’na tırmanan ilk Türk dağcı.

Mahruki, aynı zamanda Arama Kurtarma Derneği kurucu üyesi ve başkanı, Ulusal Güvenlik ve Stratejik Araştırmalar Derneği Türkiye Milli Olimpiyat Komitesi, Sualtı Araştırmaları Derneği Gezginler Kulübü üyesi ve Ortak İdealler Derneği kurucu üyesi. Mahruki’yle takım çalışması üzerine keyifli bir sohbet gerçekleştirdik... ■ SAYFA 4’TE

Yeni Asır, 01.11.2012

Unutmayın ki;

Kullandığımız yeteneklerimizi geliştirir, kullanmadıklarımızı kaybederiz.

Bu niteliklerimizin farkına varmak, bunları nasıl kullanabileceğimizin ve geliştirebileceğimizin de farkına varmak demektir. Sonuçta her birimiz, bizi diğerlerinden ayıran ve bizi biz yapan bu özelliklerin bütününden oluşuyoruz. Bu bütünün risk ve fırsatlarını, avantaj ve dezavantajlarını, kuvvetli ve zayıf taraflarını çok iyi kavramamız, çok iyi tanımamız gerekir.

KENDİNİZİ TANIYIN

Kişisel gelişimle ilgili hemen hemen bütün konuşmalarımda, seminerlerimde ilk ve en önemli nokta olarak bu konuya vurgu yapmaya özen gösteriyorum. Her şeyden önce ve ilk önce kendimizi tanımalıyız. Yunan filozoflar 2800 yıl önce inşa ettikleri Delfi'deki Apollon Tapınağı'nın girişine *GNOTHI SEAUTON*, yani *KENDİNİ BİL* öğüdünü yazmışlar. Farklı kültürlerin kendilerine özgü felsefelerinde de, farklı dinlerin batıni öğretilerinde de kendini bilmekle başlar bilgelik yolu. Kişinin kendini bilmesi çok önemli değil, en önemlidir ve bence yaşam yolculuğumuzun ilk yasasıdır. Peygamberimizin hadisinde de geçtiği gibi; *Nefsini bilen Rabbini bilir.* Kişi kendini tanıma yolculuğunu düzenli ve sürekli olarak yaşına ve konumuna göre sağlıklı bir şekilde yaşayabilirse, yaşam içindeki seçimlerini de kendisine en uygun şekilde yapabilir. Kendini bilmek kim olduğunu, ne istediğini ve ne yapabileceğini bilmektir.

❄ Ganj Nehri kenarında meditasyon duruşunda Hindu Sadhu.

Ne yapabileceğini bilmek gücünü bilmektir, ne yapamayacağını bilmekse haddini...

Bilkent Üniversitesi İşletme Fakültesi'nden 1992 yılında mezun oldum. Üniversitede okuduğum dönemlerde, yirmi yaşındayken dağcılık ve diğer doğa sporlarıyla tanıştım ve müthiş keyif aldım. Dağcılık ve diğer doğa sporlarıyla aramda çok güçlü bir uyum ve tamamlanma duygusu yaşadım. Doğada ve doğada yapılan sporlarda kendimi çok iyi ifade edebildiğimi, varlığıma sıradışı bir üretkenlik ve benim için değerli bir anlam katabildiğimi gördüm. Akademik öğretimin dışında kalan neredeyse bütün zamanımı bu konulara ayırdım; dağlara tırmandım, mağaralara, kanyonlara girdim, dalışlar yaptım, yamaç paraşütüyle tepelerden uçtum, sayısız doğa etkinliğine, kampa, yürüyüşe katıldım. Bir yandan akademik eğitimdeki konuları bir öğrenci olarak takip ederken, öte yandan doğaya yaptığım bu yolculuklarda, Nasuh Mahruki'nin nasıl bir adam olduğunu, kuvvetli ve zayıf taraflarımı, yaşam içindeki avantaj ve dezavantajlarımı, sınırlarımı, yaşamdan ne beklediğimi, ne yapmak ve nereye varmak istediğimi çözümlemeye çalıştım.

Jetlife, Mayıs 2008

Dağcılık ve diğer doğa sporlarıyla tanıştıktan sonra geçirdiğim 4 yılı, kendimi tanıdığım ve yeteneklerimi, sınırlarımı, kapasitemi iyice öğrendiğim, yaşamdan ne beklediğimi, ne yapmak istediğimi çözümlemeye ve anla-

maya çalıştığım bir dönem olarak görüyorum. Başlangıç olarak en önemli olduğunu düşündüğüm nokta; kişinin kendini tanıması. İnsanın yeteneklerini, kuvvetli ve zayıf taraflarını, beklentilerini, kendisini mutlu ve mutsuz edecek şeyleri, gelecekle ilgili hayallerini kendi içine yapacağı yolculuklarla keşfetmesinin ve yeteneklerini geliştirme ve iyileştirme çabalarını bilinçli ve planlı bir şekilde gerçekleştirmesinin ve sürekli olarak öğrenen, değişen ve gelişen bir varlık olarak bunu düzenli olarak tekrar etmesinin ilerleyen süreçlerde büyük bir rekabet avantajına dönüşeceğine inanıyorum.

VATAN LAFLA DEĞİL EYLEMLE SEVİLİR, s. 18

Kendini bilmek her zaman birinci elden yaşanan deneyimlerin farkındalığıdır.

Aldoux Huxley

Üniversite sınavı öncesinde, 16-17 yaşında bir gencin eğitim göreceği bölümü seçmesi göründüğünden daha önemli bir karardır. Bu genç yaşında, ileride uzmanlaşacağı, hayatını kazanacağı branşı seçmesi beklenir. En doğru seçimi yapabilmesi için de, kendisini ve yeteneklerini iyi tanıması ve en önemlisi yaşamdan ne beklediğinin farkında olması gerekir. Kendini tanıma sürecine mümkün olduğu kadar genç yaşlarda başlamanın en doğrusu olduğunu düşünüyorum. Kendini tanıma, doğal olarak kişinin güçlü olduğu taraflarına odaklanarak kendini geliştirmesini de beraberinde getirir. Sil baştan yapma hakkına elbette ki her zaman sahipsiniz, ancak bu durum ciddi olarak zaman, emek ve enerji kaybına yol açacaktır. Zamanımızı ve emeğimizi boşa harcamak, enerjimizi verimsiz kullanmak, rekabetin bu kadar yoğun olduğu, böylesine süratli bir çağda hiç tercih edilecek bir şey değildir. Bu seçimlerimizde ne kadar az hata yaparsak o kadar ileri gidebiliriz.

Raillife dergisi, Eylül 2003

Yaşamda doğruları bulmanın yolu doğru soruları sormakla başlar.

Kendimizden bahsederek kişisel de bakıyor olsak, bir kurumdan bahsederek kurumsal da bakıyor olsak durum özünde değişmiyor. Önce elimizdekini, sahip olduklarımızı tanımalıyız. Elinize bir kâğıt kalem alarak sizi tanımladığını düşündüğünüz özelliklerinizi yazabilirsiniz. Kişisel özellikleriniz, davranış biçimleriniz, değer ve inançlarınız, önemsedikleriniz, tutucu yönleriniz, güçlü ve zayıf taraflarınız, yetenekli olduğunuz alanlar, korkularınız, endişeleriniz, vb. Kendinizi nasıl buluyorsunuz; yeterli-yetersiz, güçlü-zayıf, atak-ürkek, hızlı-yavaş, vizyon sahibi, azimli, riski göze alabilen veya çekingen, vb. Yaşamdan beklentileriniz, istekleriniz, hedefleriniz, tutkularınız neler? Nasıl bir gelecek hayal ediyorsunuz? 5 yıl sonra, 10 yıl sonra, 20 yıl sonra kendinizi nerede görmek istersiniz? Nasıl bir yaşam sizi tatmin eder? Avantajlı ve dezavantajlı olduğunuz alanlar hangileridir? Hangi alanlarda kendinizi geliştirebilirsiniz? Hangi alanlardan uzak durmanız daha doğru olur? Bu ve benzeri sorular kendinizi daha iyi tanımanızı ve bu farkındalıkla güçlü taraflarınıza dayanarak yolunuzu daha doğru çizmenizi sağlayacaktır.

Kendinizi tanıma yolculuğunuza geniş bir bakış açısıyla yaklaşmanızı öneririm. Nasıl öğrendiğinizden hangi tür zekâya sahip olduğunuza, fiziksel özelliklerinizden ruhsal yapınıza, sağ beyninizi mi yoksa sol beyninizi mi kullanıyorsunuzdan kariyer eğilimlerinize kadar, hatta mizacınızdan burcunuzun özelliklerine, doğduğunuz günle getirdiğiniz numerolojik özelliklerinize kadar çok geniş bakabilmelisiniz. Kendinizi de dahil edebildiğiniz her sınıflama, kendinizle ilgili yeni bir farkındalığı ve yeni potansiyelleri de beraberinde getirecektir.

Bizi biz yapan tüm bu özellikler kendi içlerinde de etkileşirler. Biyolojik özelliklerimiz psikolojik özelliklerimizi de etkiler, duygularımız davranışlarımızı, davranışlarımız duygularımızı etkiler, sahip olduğumuz zekâ türü olayları muhakeme etme şeklimizi de etkiler, beynimizin hangi yarısını kullandığımız, olaylar karşısındaki duygusallığımızın ölçüsünü de etkiler ve bunların tersi de doğrudur.

Yaşamdaki bu bütünlüğün farkında olmalı ve her açıdan kendimize çok iyi bakmalıyız. Özellikle de vücudumuza.

Vücudunuz sizin tapınağınızdır, ona çok iyi bakın.

Bilmiyor musunuz ki vücudunuz, içinizdeki kutsal ruh için bir tapınaktır, bu kutsal ruhu Tanrı'dan aldınız ve bu nedenle siz aslında kendinize ait değilsiniz? Siz bir amaç için Tanrı tarafından getirildiniz. Öyleyse vücutlarınızla Tanrı'nızı onurlandırın.

KORİNTLİLER I, 6:19-20

Vücudunuza hak ettiği gibi davranmalısınız. Sağlıklı bir yaşam sürebilmesi ve sizinle bir ömür boyu sıkıntısız bir şekilde birlikte olabilmesi için vücudunuza çok iyi bakmalısınız. Onu iyi tanımanız, dengeli ve sağlıklı beslenmeniz, hafif de olsa düzenli egzersiz yapmanız, stresten korunmanız ve yeteri kadar uyumanız ve dinlenmeniz gerekir. Vücudunuza saygıyla, şefkatle ve anlayışla yaklaşmalı ve mutlaka iyi bakmalısınız. Siz vücudunuza iyi bakmazsanız o da size iyi bakamaz. Hayallerinizin peşinde koşacak enerjiyi, gücü, hızı, esnekliği, kıvraklığı ve dayanıklılığı size veremez. Vücudunuzun dış görünüşünün ötesinde gerçekten sağlıklı, dirençli ve işlevsel olabilmesine özen göstermelisiniz. Unutmayın ki insanın en iyi doktoru kendisidir. Çoğu insan sağlıklı bir yaşamın gerçekte en değerli şey olduğunu sağlıklarını yitirince anlar, kendinize bunu yapmayın. Sağlıklı ve zinde bir vücut, daha güvenli, daha üretken, daha mutlu ve daha başarılı bir hayat sürmenizi kolaylaştıracaktır. Bu nedenle lütfen sakın sigaraya başlamayın, vücudunuza bu kötülüğü yapmayın ve içiyorsanız da bir an evvel bırakmak için kendinize bir program yapın, gerekiyorsa destek alın.

Sağlığıma her zaman çok dikkat ederim, her ne kadar beynimle düşünüyorsam da ruhumun isteklerini bedenimle yerine getirdiğimin farkındayım, bu yüzden ona çok iyi bakmam gerektiğini düşünüyorum. Sigara içmem, içkiyi de ender içerim, hatta sigaranın bu kadar bilinen zararlarına rağmen içenlere de çok kızarım.

BİR DAĞCININ GÜNCESİ, s. 71

Aklımızla, irademizle, sağduyumuzla ve en önemlisi çok değerli ruhumuzla aslında vücudumuzdan çok daha fazlası olmamıza rağmen, vücudumuzun bağlayıcı kısıtlayıcılığı nedeniyle ancak onun sınırları kadarını yapabiliriz. Bu sınırları geliştirebilmek için vücudunuzu dinlemeyi öğrenin ve hareketli bir yaşam sürün. Yaşamdaki büyük amaçlarınıza sağlıklı bir vücutla daha kolay ulaşırsınız. Vücudunuz bu yüzden sizin tapınağınızdır ve bu yüzden en iyi şekilde bakılmayı ve saygıyı hak etmektedir.

Tabii ki bütün bunları kendinizi kandırmadan yapmalısınız. Kişisel zirve yolculuğumuzun ilk adımı, kendimizi tanımak ve bunu içtenlikle yapmak olmalı. Kendimizle ilgili farkındalığımız yükseldikçe, doğrularımızı çoğaltmaya, eksiklerimizi azaltmaya çalışırız. Beğendiğimiz taraflarımızı korumaya, kendimizde beğenmediğimiz tarafları da değiştirmeye çalışırız ve bu durum kendimizle daha barışık, daha dengeli ve daha sağlıklı bir ilişki kurmamızı sağlar. Kendimizi ve sınırlarımızı tanımaktan kaynaklanan bu farkındalık, beraberinde özgüven ve özsaygı değerlerimizi de kuvvetlendirecektir. Bütün bunları sağlıklı bir şekilde yapabilmesi için kişinin önce kendisiyle ve dünyayla barışık olması gerekir.

Çocukluğumdan itibaren kendimle çok barışık bir yapıya sahip oldum. En önemli şeylerden biri olarak, insanın kendine saygı duyması gerektiğine inandım. Kendime saygımı yitirtecek her şeyden büyük bir dikkatle uzak durduğum için kendimle her zaman dengeli ve huzurlu bir ilişki kurdum.

VATAN LAFLA DEĞİL EYLEMLE SEVİLİR, s. 42

Kendi gerçekliğimizi kavradıktan ve yeteneklerimizin farkına vardıktan sonra sıra içimizdeki gizli gücü, yaşamdaki gerçek değerimizi bulmaya gelir. Ancak kendimizi keşfedebilmek için önce, farkında olmadan üretkenliğimizi ve yaratıcılığımızı sınırlayan, gerçek değerimizi bulmamızı engelleyen içimizdeki prangalardan kurtulmamız gerekir. Bu prangalar zararlı alışkanlıklar, bağımlılıklar, şartlanmalar ve bağnazlıklar olarak kendini gösterebilir.

ZARARLI VE FAYDASIZ ALIŞKANLIKLARINIZDAN UZAKLAŞIN

Bize zarar veren, mutsuz eden ve başarısız kılan alışkanlıklarımızdan, özellikle bağımlılığa dönüşen kötü alışkanlıklardan ve bunların yarattığı kayıplardan kendimizi uzak tutmalıyız. Bu cümleyi ilk duyduğunuzda, benim bağımlılığım yok ki diyebilirsiniz. Acaba gerçekten öyle mi? Yaşamdaki bazı rutinlerimiz biz farkına varmadan alışkanlığa ve bağımlılığa dönüşebiliyor. Farkına vardığımızda ise çok geç olabilir. Yaşamdaki bazı kötü alışkanlıklarımız ve hatalı algılarımız bilmeden peşimizden sürüklediğimiz prangalara dönüşebilirler. Bunlardan kurtulmak ne yazık ki sanıldığından daha zordur. Ben hiç içmedim, ama en basit zararlı alışkanlıklarımızdan biri olan sigarayı bırakmak bile ne kadar zor olabiliyor; ya yaşamışsınızdır ya çevrenizdekilerden duymuşsunuzdur.

❄ Sıkkım'da bir manastırda eğitim alan çocuklar.

Kötü bir alışkanlığa hiç başlamamak onu bırakmaktan daha kolaydır.

Benjamin Franklin

Bir alışkanlıktan kurtulmaya, bir diğer deyişle değişmeye karar verme konusundaki en önemli belirleyici, bu alışkanlığın hayatımıza olan etkisidir. Erken kalkmak verimliliğimizi artıracağı için korunması gereken faydalı bir alışkanlıkken, akşamları evde uyuklayana kadar televizyon karşısında bir o kanala bir bu kanala atlayarak zamanımızı geçirmek, yarattığı zaman ve fırsat kayıpları nedeniyle hayatımıza bir maliyet ekleyecektir. Kurtulmamız gereken alışkanlıklarımız bu tür verimsiz ve faydasız, hatta hayatımızda çeşitli kayıplara yol açan zararlı alışkanlıklardır. Zararlı bir alışkanlıktan kurtulmanın en kolay yolu onun yerine başka ve faydalı yeni bir alışkanlığı geliştirmektir.

Alışkanlıklarımız kendine özgü bir mekanizmayla işler ve rutine dönüşen her süreç gibi, her geçen gün bizi kendine daha fazla bağlar. Her geçen gün kurtulması, geride bırakması daha zor olur. Alışkanlıklarımızın nasıl oluştuğunu, geliştiğini ve beynimizin işleyiş şekliyle bağımlılığa nasıl dönüştüğünü ve kurtulmanın neden zor olduğunu anlarsak, bence daha dikkatli davranabilir ve yaşamdaki süreçlerimizi daha kolay yönetebiliriz.

Bilim insanları beynimizin yaklaşık 100 milyar nörondan, yani sinir hücresinden oluştuğunu ve her sinir hücresinde 1000 ila 10.000 *sinapsis*, yani diğer sinir hücrelerine bağlandıkları parçalar olduğunu bulmuşlar. Sinir hücreleri, kendi aralarında oluşturdukları son derece karmaşık sinir hücresi ağlarını, bir diğer deyişle bilgi taşıma yollarını bu *sinapsis*lerle oluştururlar. Buna göre her duygunun, düşüncenin, deneyimin, öğrenmenin, inanışın, hayalin, becerinin, vs beyinde bir sinir hücresi ağı karşılığı oluşturulur. Beynin son derece karmaşık yapısı gereği, düşündüğümüz, hissettiğimiz, istediğimiz, yaptığımız her şeyle birlikte, bunların soyut ve somut anlamları, benzerleri, karşıtlıkları, çağrışımları ve etkileşimde bulunduğu diğer unsurlarla ilgili pek çok sinir hücresi ve sinir hücresi ağı da aynı anda harekete geçer, bir diğer deyişle elektriksel bir iletişime geçer. Her tekrar eden davranışla, duyguyla, süreçle birlikte aynı sinir hücresi ağları tekrar kullanılmış olur ve bu tekrarlarla birlikte aralarındaki bağ giderek daha güçlenir. Bu sinir hücresi ağlarının oluşturduğu yollar, daha sonraki benzer süreçlerde daha fazla tercih edilmeye başlar. Düzenli ve sık tekrarlarla rutine dönüştürdüğümüz kötü alışkanlıklardan ve istenmeyen davranışlardan kurtulmak bu nedenle zordur. Alışkanlıkların sözlük anlamı da bu gerçeğe işaret eder: *Otomatikleştiği için vazgeçilmesi zor olan davranış örnekleri.*

İşte bu yüzden;

Kendinizi otomatikleştirmeyin.

Duygularımızda, düşüncelerimizde, davranışlarımızda sıklaşan tekrarlarımızla birlikte daha fazla kullanılan belirli sinir hücresi ağları ve bunların yarattığı belirli algılar ve tepkiler, diğerlerinden daha etkili olmaya başlar hayatımızda. Bu sinir hücresi ağlarının oluşturduğu yollar, beynimizde diğer sinir hücresi ağlarından daha fazla tercih edildikleri için bu durum bir yerden sonra alışkanlığa ve daha sonra da kurtulması zor bir bağımlılığa dönüşür. Bir bağımlılıktan kurtulmanın yolu, sık tekrar ettiğimiz için artık beynimizde iyice kuvvetlenmiş bu bağımlılığa yol açan sinir hücresi ağlarını zayıflatmak ve artık onları kullanmamaya çalışmaktır. Bunun da yolu o davranışı, duyguyu, hissi veya eylemi yaşamımızda azaltmaktan geçer.

Öğrenmenin beyindeki oluşumu da tıpkı bağımlılığın oluşumu gibi işler. Bir şeyi tekrar tekrar yaparsak beynimizdeki bağlantılı sinir hücresi ağını sürekli seçerek güçlendirmiş oluruz. Bu sayede söz konusu davranış bizim için doğal hale gelir ve bir süre sonra bu şekilde davranmak kolaylaşır. Beynimizin işleyiş yapısı gereği alışkanlıklar ve bağımlılıklarla benzer şekilde işleyen, ancak olaylar karşısındaki duygularımızı ve davranışlarımızı doğrudan etkilediği ve şekillendirdiği için yaşamımızda daha fazla etkisi olan şartlanmalarımızı da mutlaka ciddiye almalıyız. Özellikle bize zararlı olabilecek şartlanmalarımızdan kurtulmalıyız.

ŞARTLANMALARINIZDAN KURTULUN

Yaşamdaki bazı rutinlerimiz biz farkına varmadan alışkanlığa ve bağımlılığa, bazı kabullerimiz ise tutuculuğa, önyargılara ve şartlanmalara dönüşebiliyor. Bunların farkına varmak oldukça zor olduğu gibi, geç kalınmış da olabiliyor. Bize zarar veren alışkanlıklardan, bağımlılıklardan, yaşamımızdaki şartlanmalardan ve bunların yarattığı kayıplardan kurtulmalıyız. Çevremizin bize dayattığı şartlanmalarımızın ve bu şartlanmaların oluşturduğu algı ve değerlerle oluşturduğumuz yaşam biçimimizin, bizi ne kadar özgür bıraktığını sorgulamalıyız.

Hep aynı şekilde aynı şeylere odaklanırsak yaratıcı yönümüzü kullanamayız ve kendi kendimizi sınırlandırmış oluruz. Oysa çağdaş insan soru sormalı, sorgulamalı, merak etmeli, merak ettiğinin peşinden gitmeli, şüphe etmeli, araştırmalı ve beynini yeni düşünce yollarına açık tutmalıdır. Soran, sorgulayan insan, dünyayı tanımaya çalışırken bir yandan da kendisini, kendi yeteneklerini keşfeder. Merak etmeyen, şüphe etmeyen, sorgu-

❄ Zorlu bir dağ geçidinde Baltistanlı taşıyıcılar.

lamayan insanlar varoluşu hiç anlamamış demektir, yok yere kendilerini kısıtlıyor, potansiyellerini köreltiyor ve gerçek değerlerini azaltıyorlardır.

Kendimizi mutsuz hissetmek, başarısız olduğumuzu düşünmek, çok stresli bir hayata sahip olduğumuza inanmak, haksızlığa uğradığımızı veya insanların bizi anlamadığını düşünmek, genel bir memnuniyetsizlik gibi olumsuz şartlanmalar da benzer şekilde işler. Bu duyguları alışkanlık haline getirirsek, beynimizdeki sinir hücresi ağlarının bu tercihlere göre şekillenerek güçlenmesiyle birlikte, bu duyguları hayatın içinde daha fazla tercih ederek onları yaşamımızın doğal hali olarak görmeye başlarız ve en kötüsü de alışır ve kabulleniriz. Benzer şekilde yaşama karşı iyimser olmak, olumlu düşünceleri, hisleri ve algıları tercih etmek de, yaşam enerjimizi artıracak, hayatımızı kolaylaştıracak ve yaşam kalitemizi yükseltmeye yardım edecektir.

Müzik dinleme zevkiniz bile yaşamda ulaşabileceğiniz yerleri bulma konusunda etkilidir. Ağlak, depresif, ezik, mutsuzluk yayan, insana yaşamda kaybedenlerden olduğu mesajı veren müzikler dinlemekten, filmler izlemekten zevk alan birinin, kendi potansiyelini gerçekleştirme olasılığı çok düşüktür. Oysa cıvıl cıvıl, hareketli, enerji dolu, coşkulu müzikler ve karşısına çıkan her tür zorluğu aşıp başarıya ulaşan insanların öykülerini anlatan filmler, bizi daha iyisini hedefleme ve daha fazlasını başarma yönünde motive ederler. Müzik, TV, sinema çok etkili motivasyon araçlarıdır ve buralardaki tercihleriniz tüm düşüncelerinizi, duygularınızı, inançlarınızı etkiler. Tercihlerimiz ve beğenilerimiz, bizim yaşamla ilgili inançlarımızla ve yaşamla kurduğumuz ilişkiyle belirlenir. İnsan biraz da tercihleri ve beğenileriyle kendisini yaratır. Kendimizi kaybedenlerden, yaşamın ağır yüküyle ezilenlerden, mazlumlardan biri olarak görürsek tüm hayatımızı da bu koşullanmalarla algılarız, zihnimizi buna göre şartlandırırız. Tüm bunlar karşılıklı olarak da birbirlerini etkiler ve bir yerden sonra alışkanlığa ve bağımlılığa da dönüşebilirler.

Hangi düşünceleri önde tutuyorsak hayatımızda onların etkisi fazlalaşacaktır. Bence kendine saygısı olan insan, hiçbir kötü alışkanlığı, bağımlılığı ve önyargılı şartlanmışlıkları kendine yakıştırmamalı ve isteyerek, inanarak bunlardan kurtulmak ve gerçek özgürlüğe yelken açmak için mücadele etmelidir. Yaşamdaki rutinlerimizin dışına çıkmak, yeni ve farklı ilgi alanları seçmek, hayata ve sunduğu fırsatlara farklı açılardan bakabilmek, daha önceden yapmadığımız, ama düşlediğimiz şeyleri denemek, yeni başlangıçlar, potansiyelimizin henüz farkına varmadığımız ve kullanmadığımız kapasitesini de ortaya çıkaracaktır. Burada önemli olan, yaşam içinde bizi kısıtlayan alışkanlıklarımızı ve önyargılarımızı azar azar veya kendimize güveniyorsak daha hızlı değiştirerek, henüz farkına varamadığımız yeteneklerimizi tanımaya ve geliştirmeye çalışmak, hayatı daha doğru anlayarak dolu dolu yaşamaktır.

Zararlı alışkanlıklar, bağımlılıklar ve şartlanmalar düzenli ve sürekli tekrarlarla oluşur. Bundan kurtulmak için bu tekrarlardan kendimizi uzak tutmamız gerekir. Bunları farkında olmadan kendimiz yaratırız ve geride bırakmayı zorlaştıracak şeyleri yine kendimiz yaparız.

Her zaman aynı şeyleri seçersek her zaman ulaştığımız sonuçlara ulaşırız.

Bizi yavaşlatan ve durağanlaştıran, kendimizi tekrar ettiren şeyleri hayatımızdan uzaklaştırmalı ve kendimizi özgürleştirerek, yaşamın sonsuz olasılıklar okyanusuna cesaretle dalmalıyız. Zaman zaman durup hayatımıza, yaşam biçimimize, seçimlerimize, düşüncelerimize bakmalı ve bunların içinden bizi ağırlaştıran, yavaşlatan ve geriye çeken yükleri azaltmalıyız. Aşırı kilo aldığımızda nasıl zayıflamak için egzersiz yapıyor ve beslenmemize dikkat ediyorsak, yaşamda artık yüke dönüşmüş alışkanlıklarımız ve bizi ağırlaştıran şeyler için de benzerini yapmalıyız.

Yaşamda bağımlılığa dönüşerek bizi yavaşlatan şeyler; zihnimizi, duygularımızı meşgul eden, unutmak istediğimiz tatsız anılar da olabilir, kendimizle ilgili olumsuz şartlanmalar veya yaşamın içinde bizi yavaşlatan ve bize hiçbir fayda sağlamayan, değiştiremediğimiz alışkanlıklarımız da. Yaşamda hafiflemenin ve bizi yavaşlatan yaşam alışkanlıklarımızı değiştirmenin bir yolu da bize sürekli bunları hatırlatan çevremizi değiştirmektir. Bu tür bir değişiklik bize yeni bir hareket alanı sağlayacak ve yeni şeyler deneyebilmek için gerekli enerjiyi verecektir. Bizi frenleyen ve kısıtlayan şeylerden kurtularak, yaşamın içine aktif ve dikkatli bir oyuncu olarak girdiğimizde sonucu da etkilediğimizi, hatta değiştirebildiğimizi göreceğiz. Yaşamın mucizesi de buradadır...

Yaşamda iyi, güzel, hoş ve keyifli yaşanmışlıkları çoğaltmak, biriktirmek ve tabii ki paylaşmak gerekir. Kötü, zararlı, itici, hoş olmayan yaşanmışlıkları ve olumsuz duyguları ise bir an önce geride, geçmişte bırakmalı ve tüm bunlardan gerekli dersleri çıkarıp yaşamı umutla karşılayarak önümüze temiz bir sayfa açmaya çalışmalıyız. Gereğinden fazla ne geçmişin yükünü taşımalı ne de geleceğin belirsizliğinden korkmalıyız. Bizi ağırlaştıran ve bir faydası olmayan bagajlarımızı geride bırakabilmeliyiz. Gereksiz yere kendimizi tekrar ederek yaşamdan geri kalmamıza yol açan ve potansiyelimizi, bir diğer deyişle yaşamdaki gerçek değerimizi keşfedip ortaya çıkarmamızı zorlaştıran bütün yüklerden kendimizi kurtarmalıyız.

21. yüzyılın cahilleri okuma yazma bilmeyenler değil, yanlış öğrendiklerini unutamayan, yeniden öğrenmeye, değişime ve dönüşüme açık olmayanlar olacaktır.

Alvin Tofler

Her türlü bağnazlıktan, tutuculuktan ve dogmalardan mutlaka uzak durmalıyız, çünkü bunlar insanın düşünme yeteneğini kaybetmesine yol açar. İnsan dogmalarının kölesi olur. Bu tür temelsiz ve boş inançlara, özellikle erken yaşlarda zihnimizi kaptırırsak, bir yerden sonra kurtulmamız çok zor olabilir. Önyargılarımız ne kadar çoksa, başkaları tarafından kandırılmaya ve kullanılmaya da o kadar açık hale geliriz.

Unutmayın ki;

En tutucu olanlar en kolay kandırılanlardır.

Yaşamımızdaki doğrulara dayanmayan şartlanmalardan kurtulduğumuz ölçüde özgürleşiriz. Einstein bir önyargıyı değiştirmenin atomu parçalamaktan bile zor olduğunu söylemiştir. Bunu başarmak için gerçekten çaba göstermeniz gerekir. Hele bu önyargıya sahip olan kendinizseniz...

Zararlı alışkanlıklar, bağımlılıklar ve şartlanmalar en kolay değişim ve gelişimle aşılır. Bunun için gereken tek şey araştıran, öğrenmeye çalışan, sorgulayan ve özgür düşünen bir insan olmayı seçmektir.

DÜŞÜNCELERİNİZİ ÖZGÜRLEŞTİRİN

Hangi sebeple olursa olsun, içinde bulunduğumuz çevrenin doğrudan ya da dolaylı baskıları nedeniyle isteklerimizi, hedeflerimizi, düşüncelerimizi, değerlerimizi, doğrularımızı, tutkularımızı değiştirirsek kendimiz olmaktan çıkarız ve bir daha da kendi özümüze dönebilmemiz çok ama çok zor olur. Kendi isteğiniz dışında çevrenin sizi değiştirmesine, kendine benzetmeye çalışmasına izin verirseniz, başka birisi olursunuz ve hep içinizde bir şeylerin eksikliği kalır. En kötüsü bir yerden sonra kendinizi buna alıştırabilirsiniz ve bu artık eksik bir hayat olur.

Shakespeare bir eserinde dünyayı, insanların birer oyuncu olduğu ve sıraları geldikçe girip çıktıkları bir sahneye benzetmiş. Bu sahnede benim rolümün yere sağlam basan prensipler üzerine kurulu, sonuna kadar gerçekçi, bütün şekilciliklerden ve kalıplardan arınmış, akla ve sağduyuya dayalı, yalnızca bana ait bir rol olmasını istiyorum.

BİR DAĞCININ GÜNCESİ, s. 93

❄ Aladağlar'da kış.

View dergisi, Sonbahar 1997

Herkes seçtiği hayatı seçtiği gibi yaşar. Kendinize yapabileceğiniz en büyük iyilik, özgür düşünme alışkanlığı kazanmanızdır. Yaşamda kendi farkındalığımızla ve hür irademizle yaptığımız seçimler, her zaman en doğru seçimler olamasa da, kendi seçimlerimiz olacaktır. Kararlarınızı siz istediğiniz için almalısınız, eylemlerinizi siz istediğiniz için yapmalısınız, istekleriniz siz istediğiniz için olmalı, düşünceleriniz siz gerçekten de o şekilde düşündüğünüz için öyle olmalı. Bu yaşamda ne seçiyor ve istiyorsanız, mümkün olduğu kadarıyla sizin seçiminiz ve sizin isteğiniz olmalı. Bu özgürlük öncelikle kendinize karşı en büyük sorumluluğunuzdur.

Özgürlük sorumluluktur.

İnsanoğlunun yaptıklarından sorumlu olmasının sebebi ise, diğer canlılardan farklı olarak akla ve hür iradeye sahip olmasıdır. Bu seçim özgürlüğü sonuçlardan sorumlu olmayı ve ona katlanmayı da beraberinde getirir. Her istediğini yapmakla özgürlüğü karıştırmamak gerekir. İçinde sorumluluk olmayan özgürlük, özgürlük değil başıboşluktur ve bu tür bir özgürlüğe sadece doğadaki hayvanlar sahiptir. Davranışlarını akıl ve zekâlarıyla, hür iradeleriyle değil içgüdüleriyle belirledikleri için de yaptıklarından sorumlu değillerdir, çünkü onların doğası öyledir, başka türlü davranamazlar. Oysa insan her yaptığını bir amaç için yapar. İnsanoğlunu diğer türlerden ayıran temel özelliklerden biri beynimizin ön lobu ve bu lobun beynin geri kalanına oranıdır. Bu lobun gelişmişliği özgür irademizi oluşturan şeylerden biridir. Bu sayede daha önceki kararlarımızdan farklı kararlar alabilir, farklı seçimler yapabiliriz. İnsana en yakışan, bilinçli tercihlerinden kaynaklanan her düşünce ve eylemin, sonuçlarıyla birlikte sorumluluğunu da üstlenebilen özgürlüktür. Sorumluluğuyla birlikte özgürlüğü taşıyabilmek ve gereğini yaşayabilmek özveri ve cesaret ister, ama karşılığı muazzamdır. Bizi asil ya da sıradan kılan da bu tercihtir.

Her zaman ruh asaletinin kan asaletinden daha güçlü olduğunu düşündüm, çünkü özgür iradenin gücüne inanıyorum. Nietzsche'nin dediği gibi; soyluluğumuzun geçmişimizden değil, gittiğimiz yoldan geldiğini düşünüyorum.

BİR DAĞCININ GÜNCESİ, s. 30

Atatürk öğretmenlere hitaben yaptığı konuşmada onlardan fikri hür, vicdanı hür, irfanı hür nesiller yetiştirmesini ister. Çünkü hür irade, yaptıklarının sonuçlarının farkında ve sorumluluğunu bilen iradedir. Büyük önderimizin tüm sözlerini severim ve hepsini bir yaşam düsturu olarak kabul ederim, ama çalışma masamda yalnızca bir sözü yazılıdır:

Özgürlük ve bağımsızlık benim karakterimdir.

ATATÜRK

Atatürk şöyle devam eder:

"Ben milletimin en büyük ve ecdadımın en değerli mirası olan bağımsızlık aşkıyla dolu bir adamım. Çocukluğumdan bugüne kadar ailevî, hususî ve resmî hayatımın her safhasını yakından bilenlerce bu aşkım malumdur. Bence bir millete şerefin, haysiyetin, namusun ve insanlığın vücut ve beka bulabilmesi mutlaka o milletin özgürlük ve bağımsızlığına sahip olmasıyla kaimdir. Ben şahsen bu saydığım vasıflara çok ehemmiyet veririm. Ve bu vasıfların kendimde mevcut olduğunu iddia edebilmek için milletimin de aynı vasıfları taşımasını esas şart bilirim. Ben yaşayabilmek için mutlaka bağımsız bir milletin evladı kalmalıyım. Bu sebeple milli bağımsızlık bence bir hayat meselesidir."

Atatürk özgürlüğü hepimiz için ister, çünkü özgür bir millet ancak özgür bireylerle var olur ve özgür olabilmek bir varoluş meselesidir.

Ancak unutmayın ki;

Özgürlük bedava değildir.

Gerçek özgürlük hem zihinsel hem duygusal hem de fiziksel olarak büyük bir mücadele gerektirir. Özgür düşünce, birey olmanın ve kendimiz olabilmenin önkoşuludur. Ne yazık ki çocukluktan itibaren çoğumuz, içimizden gelen tutkularımıza, hayallerimize, hedeflerimize değil de, içinde bulunduğumuz çevrede güncel olarak kabul gören hayal ve hedeflere yönlendiriliyoruz. Hem de çoğu zaman en yakınımızdakiler ve kendi yolumuzu bulma ve kendimiz olma konusunda bize en çok destek olması gerekenler tarafından. Ebeveynlerin kendi yaşamlarında erişemedikleri hayallerini çocuklarında gerçekleştirmeye çalışmaları da büyük bir bencilliktir aslında. Hepimiz kendi hayallerimizi kendimiz seçebilmeli, kendi *Everest*'imizi kendimiz bulabilmeli ve kendi zirvelerimize tırmanabilmeliyiz.

Seni diğerlerinden farksız yapmaya, bütün gücüyle gece gündüz çalışan bir dünyada kendin olarak kalabilmek, dünyanın en zor savaşını vermek demektir. Bu savaş bir başladı mı artık hiç bitmez.

e. e. cummings

Ne yazık ki bu konuda zaafları olan bir toplumsal yaşam kurgumuz ve kalıplaşmış alışkanlıklarımız var. Gençlerimiz, doğru olduğuna inandığı yolu inançla, cesaretle ve kararlılıkla izlemeye, hayallerinin peşinden gitmeye, sabır ve özveri göstermeye ve bütün bunlar için çok çalışmak gerektiğine değil de, TV starları gibi kısa yoldan bir yerlere gelebilmeye özendiriliyor.

TV yarışmaları, magazin, müzik ve futbol gibi belirli alanlarda medyada öne çıkarılan ve topluma rol model olarak sunulan, hepsi birbirine benzeyen başarı öyküleri ve yaşam biçimleri, gençlerin içlerindeki en büyük güç olan özgür düşünce ve özgür iradelerinin yaratabileceği potansiyelin önünü kesiyor. Gençler kendileri olmaya değil, başkaları gibi olmaya ve başkalarının boyalı başarılarına özendiriliyorlar. Kendi güçleri ve kapasitelerini öğrenmeden, denemeden, aramadan, farkına varmadan başkalarının, çoğu da şişirilmiş hayatlarına öykündürülüyorlar. Bunu kendinize yapmayın. Bu yaşamda değerli olan, herkes gibi değil kendi gibi olmaktır.

Bu denli hastalıklı bir topluma iyi eklemlenmiş olmak, sağlıklı olmanın bir ölçüsü olamaz.

Krishnamurti

Önyargılardan, dogmalardan, tutuculuktan, kısır kalıplardan, taklitlerden ve sizin için olmayanlardan uzak durmalısınız. Unutmayın ki yaratıcılığın baş düşmanı taklitçiliktir. Kim olursa olsun kimseyi taklit etmeyin. Taklit, tüm yaratıcı gücünüzü söndürecektir. Yaratıcı ve üretken yönünüzü daha genç yaşta kendi ellerinizle söndürmemelisiniz. Feyiz almak, örnek almak, değerli insanların güçlü, başarılı ve özgün taraflarından kendimize dersler çıkarmak başka şeydir, birine benzemeye çalışmak, kendi kimliğimizi bastırıp onun gibi olmaya çalışmak başka şeydir.

Bu nedenle kendiniz olun, siz olun, neyseniz o olun ve mutlaka gerçek olun, çünkü ancak bu şekilde özgün, biricik ve değerli olabilirsiniz. Her tercihiniz, her düşünceniz, her eyleminiz, her şeyiniz size uymalı, bir eldiven gibi, bir elbise gibi üzerinize oturmalı, üzerinize yakışmalı. Sizi her açıdan ifade etmeli, siz olmalı. Mevlânâ'mızın bu çok değerli öğüdünü de ciddiye almalıyız:

Ya olduğun gibi görün
ya da göründüğün gibi ol.

Mevlânâ

Aslı varken taklidi, ne kadar iyi bir taklit olursa olsun ancak ucuz, zayıf ve ikinci sınıf bir kopya olabilir. Bu yaşamda size belki geçici şeyler kazandırabilir, ama sizi kendinizden uzaklaştırır ve aslında olmadığınız başka biri yapar, başkasının kaderini yaşamanıza yol açar.

Hayat ve siz bundan çok daha iyisine layıksınız. Çünkü siz varlığınızla, kimliğinizle özelsiniz, ancak bu özelliklerinizi ortaya koyabilirseniz, gösterebilirseniz, gereği gibi kullanabilirseniz bunun bir anlamı ve sonucu etkilemeyi başaracak bir değeri olacaktır. Ancak gerçek, doğru ve hakiki bir temel üzerinde en yükseklere ulaşacak bir yaşam inşa edebilirsiniz. Bu nedenle sanki öyleymiş, böyleymiş, şöyleymiş gibi, mış gibi yapmayın ve davranmayın. Ne kadarını yapabiliyorsanız o kadarını yapın ve kabul edin, kendinizi bu gerçek zeminden yukarıya taşımaya çalışın. Unutmayın ki yine Sokrates'in dediği gibi; *Hakikate benzemekle hakikat aynı şey değildir* ve asla olamayacaktır.

İnsan yaşamının her anında şunu söyleyebilmelidir:

Kendi kaderimin efendisi benim

Kendi ruhumun kaptanı benim

William Ernest Henley, "Invictus"

Yaşam yolculuğumuzda kendimiz olabilmeyi seçmek ve yolumuzu kendimiz çizebilmek, en önemli ve en değerli tercihimiz olacaktır. Düşüncelerimizi ne kadar özgürleştirebilirsek gerçek benliğimizi o kadar keşfedebiliriz. Önyargılardan, dogmalardan ve kötü alışkanlıklardan kendini özgürleştirebilen bir zihin artık kendini keşfetmeye de hazırdır.

KENDİNİZİ KEŞFEDİN

Kendimizi sürekli ve düzenli olarak geliştirebildiğimiz ve güçlü taraflarımızı çoğaltabildiğimiz, zayıf taraflarımızı azaltabildiğimiz sürece gerçek değerimizi keşfetmeye yaklaşırız. Keşif, keşfetmek, var olan, ama henüz bilinmeyen bir şeyi bulup ortaya çıkarmaktır. Kendi doğamızda bulunan yeteneklerimiz keşfedilmeyi, açığa çıkarılmayı bekleyen gizli gücümüz, saklı hazinemizdir. Kendimizi keşfetmek de, içimizde gizlenmiş gerçek benliğimizi bulmaktır. Kendimizi keşfetmek ve gerçek doğamıza ulaşmak için önce kendimizi dinleyebilmeli, kendimizle konuşabilmeliyiz.

Düşünmek ruhun kendisiyle konuşmasıdır.

Platon

Dinlemeyi bilirsek iç sesimiz her zaman bizi uyarmaya, korumaya ve bize doğru yolu göstermeye çalışacaktır. Kendimizi keşfetmenin en etkili yollarından biri, gerçekte ne istediğimizi bulabilmek için iç sesimizi dinlemek ve yanlışlarımızı azaltmak için özeleştiri

* Küçük Demirkazık Dağı batı yüzü tırmanışından.

yapmaktır. Kendimizi dinlemeyi, iç sesimize kulak verebilmeyi ve özeleştiri yapabilmeyi öğrenebilirsek, yanlışlarımızı daha kolay düzeltebilir, kendimizi daha iyi tanıyabilir, daha çok sevebilir ve içimizde henüz farkına varamadığımız güçlerimizi keşfedebiliriz. Böylece kendi içimizde bütünlüğe ulaşarak, tüm yeteneklerimizi yaşamın içine katabiliriz ve hem daha güçlü hem de daha korunaklı oluruz.

'KENDİ EVERESTİNİ KEŞFET'

Gençlerle kampüs buluşmalarına devam eden Anadolujet, yeni eğitim öğretim döneminin ilk bulusmasında Osmangazi Üniversitesi'ndeydi. Gün boyu yoğun olarak takip edilen etkinliğe konuk olan Nasuh Mahruki, konusma ve videolarıyla gençlere unutulmaz mesajlar verdi. Mahruki, etkinlikte yaptığı konusmada, 'Herkesin tırmanabileceği bir Everest, hayatın içinde vardır. Mesele, her birimizin kendi içimize dönüp, kendi potansiyelimizin farkına varıp, bunu gerçek bir performansa dönüştürebilmektir' dedi. ● Kemal ATLAN/DHA

Nasuh Mahruki

Eskişehir Postası, 8 Aralık 2012

Sağlıklı akıl hayatı doğru algılayan akıldır. Kişinin hayat algısı gerçek hayatla ne kadar tutarlıysa, içinden gelen ses o kadar doğru, kişi de yaşam yolculuğunda o kadar rahat ve güvenli olacaktır. İç sesimiz bizi hatalardan uzak tutmaya çalışırken, bir yandan da yaptığımız hataları işaret edecektir. İçindeki sesi dinleyerek, kendini ve olaylar karşısındaki tutum ve davranışlarını bilinçli bir şekilde sorgulayabilen, kendini eleştirebilen insan yanlışlarını, eksiklerini daha kolay görebilir ve bunları düzelterek, değiştirerek, daha iyi yaparak içindeki potansiyele daha fazla yaklaşabilir.

Kendimizi keşfetmek için içimizdeki *ben*'i daha iyi tanımamız ve ona daha fazla kulak vermemiz gerekir. Zamanımızı bir şeylerle doldurmak yerine, yapmaktan keyif aldığımız ve içimizdeki mutlu, coşkulu, tutkulu tarafı ortaya çıkardığını düşündüğümüz şeyleri hayatımızda çoğaltmaya çalışmalıyız. İş anlamında bunu başaramıyorsanız bile, en azından kendinize ait zamanınızı daha kaliteli değerlendirerek, örneğin çeşitli hobiler edinerek bunu yapabilirsiniz. Böylece kendinizle, sevdiğiniz şeyleri yaparken daha fazla baş başa kalacak, kendinizde güzel bulduğunuz taraflarınızı daha çok yaşayabilecek ve onları çoğaltabileceksiniz. İnsan kendisiyle ne kadar barışık olursa kendine de o kadar iyi davranır.

İnsanoğlu sürekli öğrenen, değişen ve gelişen bir varlıktır.

Sokrates'in dediği gibi;

Bir insanın kendini tanıma uğraşı ömür boyu devam eder.

Sokrates

Seksen yaşında bile, değişen dünya ve değişen şartlarla birlikte, beynimizin olağanüstü yapısı ve yetenekleri sayesinde kendimizle ilgili yeni şeyler öğrenecek, keşfedecek ve değişeceğiz. Kendini tanıma ve keşfetme, tıpkı kendini geliştirme gibi bir yaşam boyu devam eder. İnsan kendini tanıdıkça geliştirir ve içindeki güçlü taraflarını keşfeder. Kendisiyle ilgili farkındalığı artan insan olumlu ve kuvvetli taraflarına daha fazla eğilebilir, geliştirmesi gereken taraflarına daha özenli davranabilir ve o kadar iyi olmadığı taraflarının hayatındaki etkisini de giderek azaltabilir. Böylece artan farkındalığını, artan verimlilik ve artan yaşam kalitesiyle birlikte yükselen kişisel büyümeye daha kolay dönüştürebilir ve gerçek doğasını, gerçekte kim olduğunu bulabilir, gerçek değerini ortaya çıkarabilir.

Siz varsınız ve buradasınız, sadece bu nedenle bile varlığınızın potansiyelini, gerçek değerinizi bulup ortaya çıkarmalısınız, bu güzel yaşamda iz bırakmalısınız. İnsanlar sizin bu dünyadan geçtiğinizi, arkanızda bıraktığınız güzel izlerden ve eserlerden bilmeli. İnsanların zihninde ölümden sonra da yaşamak ancak eserlerinizle ve geride bıraktığınız izlerle mümkün olur. İnsanın gerçek ömrü geride bıraktığı izlerin derinliği kadardır. Yaşarken bir iz bırakamamış hayat ise silinip gidecektir.

Descartes'ın *cogito ergo sum*'u *-düşünüyorum öyleyse varım-* bence tek başına eksik kalır. Varoluşumuzun bir kanıtı da düşünebildiğimizdir elbette, ama sadece düşünmek, varlığımıza sonucu etkileyecek bir anlam katmaya yetmez. Varlığımızı eylemlerimizle de ortaya koymalıyız. Söyleyecek sözü, yapacak gücü olana daha fazlası gerekir.

Bu nedenle yaşamımızla ve yaptıklarımızla kendimizi ifade etmeliyiz.

KENDİNİZİ İFADE EDİN

Kendini tanıma ve keşfetme; kendimizi kabullenmeyi ve kendimizle barışmayı, geçmişteki hatalar ve yanlışlar için kendimizi bağışlamayı, kendimizi sevmeyi, kendimizi bilinçli olarak geliştirebilmeyi ve değişebilmeyi de beraberinde getirir. Böylece gelişen bir duyarlılıkla kendimizle ilgili süreçleri ve sonuçları daha bilinçli izleyebilir ve daha geniş bir görüş açısı ve daha olumlu bir yaklaşımla artılarımızı çoğaltıp eksilerimizi azaltabiliriz. Bütün bu sürecin bizi götüreceği yer ise, yükselen kişisel büyüme olacaktır. Kendi farkındalığına ulaşan, güçlü taraflarını keşfeden ve içindeki bütünlüğe varan insan, kendi potansiyelini de ortaya çıkarmaya hazır demektir.

Unutmayın ki yaşamdaki tercihlerinizle, yaptıklarınızla, başarılarınızla, hatta parmak izlerinizle, gözünüzdeki retinanızla ve *DNA*'larınıza kodlanmış şifrelerinizle, kısacası sizi siz yapan her şeyinizle özgünsünüz, kendinize özgüsünüz, diğerlerinden tamamen farklı, biricik bir ruhsunuz, tıpkı diğer herkes gibi...

❄ 7010 metrelik Khan Tengri Dağı'nın zirvesinde.

Bu dünyada sizden sadece bir tane var.

Bu nedenle de değerlisiniz. Ancak hayatın her alanında kendi *Everest*'lerinize ulaşarak yaşamdaki gerçek değerinizi bulup ortaya çıkarmak ve kendinizi gerçekleştirmek, büyük oranda sizin tercihlerinize ve gayretinize kalmış bir şeydir. Bu yoldaki birinci ve en önemli tercih kendiniz olmayı seçmektir. Unutmayın ki siz hiç kimsenin hayatının yardımcı oyuncusu veya figüranı değilsiniz. Siz bu dünyaya kendiniz için, kendi sınavınız için geldiniz ve bu yaşamda asıl odaklanılması gereken de budur.

Bugüne dek dünyadan gelmiş geçmiş yaklaşık yüz milyar insandan biriyiz ve sonlu, ama sınırsız evrende minicik bir gezegenin üzerinde yaşıyoruz. Evrene kıyasla sonsuzca küçük bir yaşam formu olduğumuz halde, yaşamı etkileyebilen ve sonucu değiştirebilen varoluşumuz bizi değerli kılmaya yetiyor. Buna karşılık her birimizin yaratılışa karşı bence en büyük sorumluluğu, varlığımızın en üst potansiyelini gerçekleştirmek ve yaratılış planından gelen tüm tekilliğimiz ve özgünlüğümüzle, hayatın içindeki gerçek yerimize, yani hayatın bize mümkün kıldığı her alandaki en yüksek zirvelerimize ulaşmaktır. Hayatın her alanında kendi *Everest*'lerimize tırmanmak, bir yandan da hayatın bizimle birlikte kendi olasılıklarını gerçekleştirmesi ve yaşam denilen mucizeyi meydana getirmesidir.

Yaşamla bütünleşerek yaşam içindeki kendi değerinizin ve rolünüzün farkına vardığınızda, tüm yapmanız gerekenin bu değeri ortaya çıkarmak olduğunu da kavrayacaksınız. Bence bize tüm bu olağanüstü özgünlüğü bahşeden yaşamın bizden beklediği de budur; içimizdeki *en iyi ben*'i ortaya çıkararak, yaşamın içinde gizlenmiş bir potansiyelin daha performansa dönüşmesini, bir diğer deyişle, olabilecek bir başka en iyi halin daha gerçekleşmesini sağlamaktır...

> **Sen kendini ufak bir nesne sanırsın, oysa sende koca bir cihan dürülmüştür.**
>
> Hz. Ali

Yaşamak, doğup büyümekten, soyumuzun devamı için çoğalmaktan ve yaşlanıp ölmekten daha yüksek anlamlar taşımalıdır. Sartre'ın, '*kazayla doğmuş, yanlışlıkla yaşayan ve bilgisizlik içinde ölen insanı*'ndan daha fazlasını yapmanın anahtarı aslında kendi ellerimizde bulunuyor. Yeter ki o anahtarı kullanacak cesareti gösterelim ve seçimlerimizi, biz öylesini istediğimiz, öylesini tercih ettiğimiz için yaparak bu yaşamda kendimizi, kendi varlığımızı düşüncelerimizle, başarılarımızla, yaptıklarımızla ifade edelim ve arkamızda kendi izimizi bırakalım.

Her insanın bir hikâyesi vardır ve dünyada ne kadar arayan insan varsa o kadar da doğru yol vardır. Plotinus, Tanrı'ya giden üç yol vardır demiş: Sanat, sevgi, felsefe. Sanatçı doğanın duyularla algılanan güzelliğinde; seven insan ruhundaki ve bedenindeki görülebilir güzellikte; filozof ise doğal olarak sahip olduğu düşünme yeteneği sayesinde gerçekleri görebilmesiyle Tanrı'ya ulaşır. Ben bu yolların sınırsız sayıda olduğunu düşünüyorum. Hepimiz ruhumuz ve yaşadığımız tecrübeler itibariyle farklı yetenekte insanlarız. Bunun sonucu olarak da istediğimiz şeyler, bize mutluluk veren şeyler birbirinden farklıdır. Ben dağlara tırmanmaktan, mağaralara girmekten, denize dalmaktan, tepelerden uçmaktan, fotoğraf çekmekten; kısacası doğayı ve kendimi özgürce-doludizgin yaşamaktan büyük zevk alıyorum, çünkü sahip olduğum-geliştirdiğim yeteneklerim doğrultusunda kendimi en iyi ifade edebildiğim ve mutluluğa şimdilik en çok yaklaştığım alanlar bunlar. Herkesin de kendine özgü, yapmaktan zevk aldığı, mutluluk duyduğu ilgi alanları vardır. Bir ressamın resim yaparken ya da bir müzisyenin eserini yaratırken duyduğu hazzı ben doğayı yaşarken yakalayabiliyorum.

Bir sanatçı ancak kendinden bir şeyler yaratarak mutluluğu yakalayabilir, bir koleksiyoncu koleksiyonunu zenginleştirerek, bir bilim adamı araştırmalarının sonucunu aldığında, bir din adamı ise insanlara yardımcı olduğunu gördüğünde; kısacası her insan kendi üretkenliğini ortaya koyabildiğinde bunun mutluluğunu yaşar, bu evrensel bir yasadır. Kant'ın ödev ahlakı da bu düşünceyi dile getirir; başka hiçbir şeyi düşünmeksizin, bir şey yalnızca yapılması gerektiği için yapılmalıdır. İnsan kendi özgür iradesiyle, istenciyle ve bilinciyle doğal olarak ortaya koyduğu işlerde kendini gerçekleştirebilir. Var olmak için yalnızca düşünmek yeterli değil, yapmak da gerekli...

İnsanlığın gelişim zincirine katkıları açısından yapılan işin önemini tartışmak bence son derece yersiz. Herkes bu zincire ancak kendi yetenekleri doğrultusunda katkıda bulunabilir, ne eksik ne fazla ve size en önemsiz gibi gelen şeylerin bile birileri tarafından yapılması gerekir. Birinin nefesini tutarak 118 metreye dalması size görünürde bir şey vermeyebilir. Ancak gelişim bir bütündür ve bu bütün küçük küçük sayısız parçacıkdan oluşur, biri olmazsa bir sonraki de olmaz. İnsanlığın gelişimi bireylerin tek tek gelişimi değil, bireylerin gelişimlerinin bütünde yansımasıdır. Her zaman çağının ilerisinde insanlar olmuştur, ancak ne zaman insanlık onları anlar ve özümserse, gelişimini o zaman ortaya koyar. Bu özümseme ne kadar çabuk olursa bir sonraki adım da o kadar erken atılır.

BİR DAĞCININ GÜNCESİ, s. 47-48

Bence her birimizin yaşama karşı sorumluluğu elimizden gelenin en iyisini yapmaktır.

Olabileceğinin en iyisi ol,
yapabileceğinin en iyisini yap.

Yaşamda ne yaparsanız yapın, en iyisini yapın, en iyisini yapmaya gayret edin. Yaşamda gerçek değerimize ulaşmanın ve iz bırakmanın yolu, kendi farkındalığımıza ulaşıp düşüncelerimizi, hayallerimizi gerçekleştirmekten geçer. Yaşamımızın içinde, tercihlerimizde, kararlarımızda ve tüm yaptıklarımızda, ulaşmak istediğimiz hedeflere bizi götürecek eylemsel bir bütünlük olmalıdır. Düşüncelerimiz, hayallerimiz ne kadar asil olursa olsun, eyleme dönüşmedikleri takdirde sonucu değiştiremez. Sonucu değiştirmeyen, eylemle taçlanmayan hayaller sadece düşüncede kalırlar.

Park Magazin dergisi, Eylül 2009

Unutmayın ki;

Kader harekete geçmeyen kişiye asla yardım etmez.

Sofokles

Katıldığım sayısız doğa aktivitesinde kendimi diğerleriyle kıyaslama fırsatları buldum; hangi alanlarda rekabet avantajım olduğunu, hangi alanlardaysa bu tür bir avantaja sahip olmadığımı gözlemledim. Nasıl bir kariyer ve nasıl bir gelecek hayal ediyorum, bunun için hangi konulara yakın, hangi konulardan uzak durmam daha doğru olur gibi soruları kendime sordum. Bir yandan da doğanın çok çeşitli ortamlarında kendimi daha iyi tanıma, sınama, geliştirme ve diğerleriyle karşılaştırma fırsatları buldum. Böylece üniversiteyi bitirdiğimde, kendimle, yeteneklerimle ve yaşamdan beklentilerimle ilgili bugünküne yakın bir farkındalığım vardı. Bu nedenle yolumu kendimden emin çizmiş ve hayatın içerisinde kendimi nasıl ifade etmek ve varlığıma nasıl bir anlam katmak isteyeceğimi daha yirmili yaşlarımın başında bulmuştum.

İnsanoğlu daima kendisi ve çevresi hakkında hissettikleriyle uyumlu bir tavır ve davranış sergiler ve yaşar.

Dr. Maxwell Maltz

Üniversiteyi bitirdim ve mezuniyet törenimin üzerinden daha üç dört hafta bile geçmeden, dünyanın en güzel piramitlerinden biri olan 7010 metrelik *Khan Tengri* Dağı'nın ilk Türk tırmanışını yapmak üzere Kırgızistan'a gittim. Nitekim 24 yaşında yazdığım *BİR DAĞCININ GÜNCESİ* adlı ilk kitabımda anlattığım hikâye, bu tırmanışın ve toy, ama son derece atılgan bir dağcı olarak zorlu, tehlikeli ve benim için yepyeni ve muhteşem bir alanda yaşadığım iç yolculuğumun da hikâyesi oldu.

O günlerde bu tırmanışa katılmak isteyen 7-8 dağcı arkadaşım daha vardı, ama son günler yaklaştığında hepsinin bir şekilde engeli çıktı ve o uçağa yalnız bindim. Bu tırmanıştan önce Türkiye'de tırmandığım en yüksek dağlar 3900 metreden biraz daha yüksek olan Erciyes ve Kaçkar dağlarıydı. Benim için pek çok bilinmezlik, belirsizlik ve tehlikeyle dolu olan bu süreçte ilk adımı atmamı sağlayan en önemli şey içimdeki bastırılamaz istek, heyecan ve tutkuydu. İyi bir üniversitenin iyi bir bölümünden mezun olmama rağmen o günlerde hayatımda her şeyden daha çok istediğim şey 7000 metrelik, 8000 metrelik dağların doruklarına ulaşmaktı.

Khan Tengri Dağı'yla ilk kez böylesine bir yüksekliğe çıkmıştım. Haftalar süren zorlu tırmanışta, daha önce hiç yaşamadığım ölçekte harcadığım güç ve çaba, dayanılmaz soğuk ve insanın içine işleyen fırtınalarla dolu günler ve dağlarda ilk kez gördüğüm ölüm, hayatımda yeni ve çok özel bir sayfanın açılışı olmuştu.

Khan Tengri Dağı

Bu tırmanıştan sonra dondurduğum parmaklarımı altı hafta hissedememiş ve iki hafta canımın acısından yürüyememiştim. Ama bedenimi ve ruhumu böylesine zorlamak ve kendimi aştığımı hissetmek, hele bir de bunu başaran ilk Türk olmak, 24 yaşındaki Nasuh Mahruki'yi bambaşka bir seviyeye yükseltmiş ve bambaşka bir boyuta geçirmişti. Yüksek dağların kışkırtıcı çekiciliğini çok ama çok sevmiştim. Vücudumun yüksek irtifa koşullarına ve düşük oksijenli ortama nasıl tepki vereceğini bilmediğim halde ve benim için tamamen yabancı ve belirsizliklerle dolu bir ortamda kendi adıma büyük bir risk üstlenerek, tek başıma dahi olsa bu tırmanışa katılmaya karar vermekle çok doğru yapmıştım.

Doğrusu düşünüyorum da, Khan Tengri'ye çıkıp çıkmamak çok önemli değil. Neticede performans, antrenman ve metabolizma işi. İyi hazırlanan ve vücudu reddetmeyen her dağcı uygun hava koşullarında çıkabilir, ancak Türkiye'den tek başına kalkıp da buralara gelmek kararlılığını ve cesaretini göstermek bence çok daha önemli. Bunu yapmış olmak kendime saygımı artırıyor.

BİR DAĞCININ GÜNCESİ, s. 30

Takip eden kış ayında Kafkaslar'a gittim ve *Elbruz* Dağı'nın 5621 metrelik doğu zirvesine tırmanarak, Türkiye'nin en yüksek kış tırmanışını gerçekleştirdim. Kış tırmanışları, koşulların çok daha sert ve zahmetli olmasından dolayı daha prestijli tırmanışlar olarak kabul edilir. Aynı dağın yaz ve kış tırmanışları zorluk ve tehlikeleri açısından birbirinden çok farklıdır. Bu bölgede, şans eseri atlattığımız son onyılların en büyük çığ faciasının da yaşandığı ve sadece üç ekipten çok az dağcının zirveye ulaşabildiği o sezon, ölümle yollarımız bir kez daha kesişmişti.

Elbruz'da bir Türk

HEDEF 8000 METRE

Nasuh Mahruki, Rus dağcısı Nicolay Totmyanin ile tırmanışı gerçekleştirdi. Genç dağcının bundan sonraki hedefi 1995 ya da 1996'da 8000 metrelik bir zirveye tırmanmak..

KIŞ TIRMANIŞI

Türkiye Dağcılık Federasyonu tarafından 1992'nin en başarılı dağcısı seçilen Bilkent Üniversitesi mezunu 25 yaşındaki Nasuh Mahruki, Kafkasya'nın Rusya topraklarındaki Elbruz Dağları'nda 5621 metrelik Doğu zirvesine ilk kış tırmanışını gerçekleştiren Türk oldu.

AŞIRI SOĞUK

Nasuh Mahruki, aşırı soğuk, hiç dinmeyen şiddetli rüzgâr ve cam kadar sert buz zemine direnerek çıkışını gerçekleştirdi.
Bir gece de "buz mağarası"nda sabahladı.
Mahruki, geçen yılın ağustos ayında Tiyenşan Dağları'nın 7100 metre yüksekliğindeki Khan Tengri Zirvesi'ne çıkmıştı.

Hürriyet, 9 Nisan 1993

Lenin Dağı

Korjenevskoy Dağı

Komünizm Dağı

Pobeda Dağı

Aynı yıl 7134 metrelik *Lenin* Dağı'na tırmandım. Bir sonraki yıl önce Pamir Dağları'nda bulunan 7105 metrelik *Korjenevskoy* Dağı'na, arkasından Sovyet Asya'nın en yüksek dağı olan 7495 metrelik *Komünizm* Dağı'na tırmandım ve son olarak da dünyanın en kuzeyinde yer alan ve dünyanın en zor ve tehlikeli 7000'lik dağlarından biri kabul edilen, zirvesine ulaşan her altı dağcıdan bir dağcının hayatını kaybettiği 7439 metrelik *Pobeda* Dağı'na tırmandım. Bu gerçekten zorlu ve tehlikeli dağa çok iyi antrenmanlı ve yüksek irtifanın düşük oksijenli ortamına çok iyi uyum sağlamış bir şekilde giderek *solo,* yani tek başıma tırmandım. *Pobeda*'nın dünyadaki sekizinci, Türkiye'nin ise en yüksek *solo* tırmanışını gerçekleştirmiştim.

Zirveden döndüğümdeki süreci ve duygularımı şu şekilde dile getirmiştim günlüğümde:

Gürcü dağcıların Rock Tiger - Kaya Kaplanı rozeti

Dün gece 01:00 gibi kampa vardığım halde Türk dağcının Pobeda'ya solo çıkışı herkes tarafından duyulmuş. Sabah daha uyku tulumumdan çıkmadan bizim kamptakilerden tebrik etmeye gelenler oldu. Buradaki kampları dolaşırken de herkes içten tebriklerini sundu. Benim doğduğum yıl Peak Komünizm'de yeni rota açan ve altı Pobeda çıkışı olan meşhur dağcı Borodkin ve Pobeda'yı bu yıl denemek isteyen dağcılar bana uzun uzun tırmanışı anlattırıp dinlediler. En çok da traversi bir saat yirmi beş dakikada, zirveyi ise dört saat on dakikada yaptığıma şaşırdılar. Bizim kampın şefi bir yarışmada kazandığı Gürcü dağcıların Rock Tiger rozetini, kabul edemeyeceğimi söylediğim halde herkesin içinde göğsüme taktı. Bir de bu buzulda kaldığım 18 gün ve tırmanış için benden hiç para almadılar.

Sonradan öğreniyorum ki Pobeda'nın bilinen yedi solo çıkışı varmış. Buna inanamıyorum, ama dünyanın en zorlu ve tehlikeli 7000'liklerinden birinin sekizinci solo tırmanışını gerçekleştirmişim.

BİR DAĞCININ GÜNCESİ, s. 124

Müthiş bir manevi tatmin duyduğum, özgüven ve özsaygı duygularını sonuna kadar içtiğim, kendimi aştığımı hissettiğim bu beş 7000 metrelik dağ tırmanışı sonucunda, 26 yaşında, *Rusya Dağcılık Federasyonu*'nun verdiği, henüz Türkiye'den tekrarının da yapılmadığı *Kar Leoparı* unvanını aldım. Bu unvan o güne dek kendime koyduğum en büyük hedefti, benim için çok anlamlı ve çok değerliydi. Varlığından haberdar olduğumda, ilk önce bunun olup

Maxim, Şubat 2009

Kar Leoparı unvanı, 1994

olamayacağı konusunda kendimi şöyle bir tarttığımı hatırlıyorum. Serinin ilk tırmanışını gerçekleştirdikten sonra da, onu alacağıma dair kendime söz vermiş ve elde edene dek uğraşmıştım. Dağcılık ve dağlar uzun yıllar yaşamda kendimi en iyi ifade edebildiğim alanların başında geldi. Bu nedenle yaşamdaki en büyük hedeflerimi uzun yıllar zorlu ve yüksek dağlardan seçtim.

HEDEF BELİRLEYİN

Kendimizi tanıma sürecini ve kendimizle ilgili farkındalığımızı sağlıklı bir seviyeye eriştirdikten sonra yapacağımız şey; hedef belirlemek olmalı. Hedeflerimizi doğru belirlemede kendimizle ilgili farkındalığımız çok önemli olduğu için bu konuda gerçekten çok özenli olmamız gerektiğini vurgulamak isterim. Her hedef bir hayalle başlar önce, hayaller somutlaşmaya başlayınca hedefe dönüşür. Hayalsiz, hedefsiz, amaçsız bir hayat ise rüzgârdaki yapraklar gibi kendi isteği dışında oradan oraya savrulup duracaktır. Bir yerlere varması ise kişinin kendisine değil tesadüflere bağlı olacaktır.

Öncelikle hedefiniz gerçekten istediğiniz, sizin için anlamı ve değeri olan bir şey olmalıdır. Çünkü ona ulaşmak için muhtemelen çok çalışmanız, çok gayret göstermeniz ve birçok zorlukla mücadele etmeniz gerekecektir. Bunun için gerekli enerjiyi içimizde bulmanın en kolay yolu, gerçekten bizim için anlamlı ve değerli olan şeylerin peşinden koşmaktır. Hedefle, dilek ve temenniyi de

❄ Cho Oyu Dağı'nın zirvesinden Everest, Lhotse ve Nuptse Dağları.

birbirine karıştırmamak gerekir. Bir şeyin bizim için hedef haline gelmesi demek, olsa da olur olmasa da olurun ötesine geçmektir. Ulaşmak istediğimiz şeyin hedefimize dönüşmesi için mutlaka içimizde düşünce ve eylem bütünlüğü de olmalıdır.

Başarıdan başarıya koşuyor
Tien-Şan ve Pamir Dağları'ndaki 7000 metrelik tüm tepelere ulaşan Kar Leoparı ünvanlı genç dağcımız Nasuh Mahruki dünyanın çatısına çıkmaya hazırlanıyor
Hedef Everest
Türk bayrağı dikilecek

Sabah, 18 Eylül 1994

Hedefimizi, hedeflerimizi seçerken yükseklerde bir hedefi de gözümüze kestirebiliriz. Bir yandan kendimizi geliştirmemizi de sağlayacak şekilde zor, ama ulaşılabilir hedefler, kolay hedeflere göre bizi daha yükseklere taşır. Kendi gerçekliğinizle örtüştüğü sürece *Everest* Dağı'nı bile hedef olarak seçebilirsiniz, ancak burada önemli olan herkesin kendi *Everest*'ine, kendi zirvesine tırmanmasıdır. Herkes *Everest*'e tırmanamayabilir, ama herkesin tırmanabileceği bir *Everest*'i vardır. Asıl olan, birimizin diğerinden daha iyi olması değil, her birimizin kendi içimizde taşıdığımız potansiyeli, kendimiz için en iyi ve en doğru olanı bulmasıdır. Kendi potansiyelinin doruğuna ulaşan insan zaten yaşam içinde diğerlerinin arasındaki doğru yerini de bulmuş olur.

Everest Dağı gibi, *Kar Leoparı* unvanı gibi ya da kurumsal anlamda herhangi bir sektörün lideri olmak gibi iddialı hedefler ancak bazılarımız için mümkündür. Bir başkasının yeteneklerine göre bir başka zirve de o kişinin zirvesi olacaktır. O da kendi zirvesine ulaştığında kendi *Everest*'ini bulmuş, bu alanda kendi potansiyelini gerçekleştirmiş olacaktır. Bu süreç tamamen öznel bir durum ve öznel bir ölçek olduğundan, odaklanmamız gereken hedef bence kendi potansiyelimizi, içimizdeki en iyi ve en üstün kendimizi ortaya çıkarmak ve adım adım ona doğru ilerlemek olmalıdır.

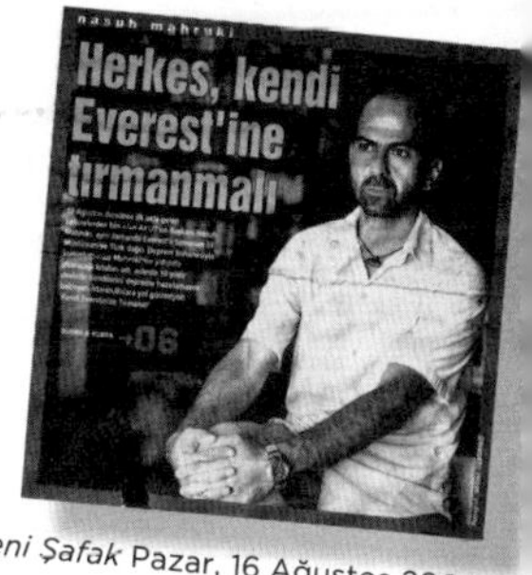
Nasuh Mahruki
Herkes, kendi Everest'ine tırmanmalı

Yeni Şafak Pazar, 16 Ağustos 2009

Başkalarının hedeflerini değil, kendi hedeflerimizi görmeliyiz, başkalarının sınırlarını değil kendi sınırlarımızı aşmalıyız, başkalarıyla değil kendimizle yarışmalıyız. Bunu yapmanın en kolay yolu da kendimize benzemek, kendimiz olmaktır. Yaşam içindeki hedeflerimiz ne olursa olsun ve nasıl görünürse görünsün, esas hedefimiz kendimizi aşmaktır aslında.

25 yaşında, *Kar Leoparı* unvanının peşinde, *Pobeda* Dağı'nı ilk denemem için eteklerine vardığımda ona şöyle seslenmiştim:

> *Pobeda, benim mücadelem seninle değil, senin kayanla, buzunla, karınla, soğuğunla değil, benim mücadelem kendimle, bırak senin üzerinde kendimle yarışayım; kim bilir belki kendimi bir kez daha geçerim...*
>
> BİR DAĞCININ GÜNCESİ, s. 102

Hedef belirleme şu anlamda çok önemlidir:

Hedefler motivasyon için temel oluşturur ve davranışlarımızı yönlendirir.

Ancak hedefleri olan insanlar nereye, ne zaman ve neden gitmek istediklerini bilirler. Aslında bütün yapmamız gereken, motivasyonumuzu ve sahip olduğumuz imkân ve kabiliyetleri seçtiğimiz hedefe ve ona ulaşacak yollara odaklayabilmek ve bunu gerektiği kadar sürdürebilmektir.

"Hedefler motivasyon için temel oluşturur"

Yeni Asır, 14 Ekim 2012

HEDEFİNİZE ODAKLANIN

Dikkatimizi tam olarak belirli bir yöne verebilmek çok önemli bir beceridir aslında ve bu dikkat ve özeni hedeflerinde kullanabilenlere önemli avantajlar sağlar. Hedef odaklı hareket etmek hem çok önemli hem çok gereklidir. Yöneticilikte zamanı ve kaynakları ekonomik kullanmanın başarının sırrı olduğu söylenir ki, buna elbette ki kimse itiraz etmez, ancak bu tek başına yetmez.

Asıl olan, hedefi doğru seçmek ve bütün imkân ve kabiliyetlerimizle, kaynaklarımızla bu hedefe odaklanmaktır.

Bir hedefe odaklanan zihin, bu dikkati ve özeni sayesinde her türlü değişikliği ve zor fark edilebilecek fırsatları yakalayabilir, tüm süreci farkında olarak takip edebilir ve diğerlerinden daha fazla etkileyebilir. Hedef odaklı olmak, gerektiğinde kendi içinizdeki henüz farkına varmadığınız size özgü güçlerinizi de yardıma çağırır ve sadece elinizden geleni değil gerekeni

❆ Everest Dağı tırmanışında Khumbu Buzulu'nda tırmanan dağcı.

yapabilmenizi de olanaklı kılar. Eğer hedefinizi doğru seçtiyseniz, içinizdeki gücün bu hedefe ulaşmayı başarabilmesi gerekir. Ne kadar özenli, gayretli ve özverili olursanız, hedefinize de o kadar yaklaşırsınız.

Yeteri kadar gayret ederseniz, gerçekçi tüm hedeflerinize ulaşabilirsiniz.

Üniversiteden mezun olduktan hemen sonra gittiğim ve ilk 7000 metrelik tırmanışımı gerçekleştirerek yüksek irtifa dağcılığına başladığım *Khan Tengri* Dağı tırmanışında, zirveden indikten sonra yarı donmuş parmaklarımla bitkin bir halde dinlenirken, o güne dek kendime koyduğum en büyük ve iddialı hedefi seçmiş ve kendime bir söz vermiştim.

Eski zamanlarda savaşçılar bir olayı kutlamak için içki içerken tanrılara da sunarlarmış, bardaklarının, dudaklarının değmediği, kirletmediği tarafından saygıyla toprağa dökerlermiş şarabı. İki yıl önce, Khan Tengri'nin duvarının dibinde hissedemediğim parmaklarımla bitkin bir halde otururken, o dev piramide çıkabildiğim için Tanrı'ya teşekkür ettim ve mütevazı çayımı Onunla paylaştım, bardağın dudaklarımla kirletmediğim tarafıyla. Ve o gün 24 yaşında, bu dağlara tekrar geleceğime dair kendime söz verdim, ta ki Kar Leoparı'nı buluncaya dek. O günden sonra da dağların bu güçlü ve özgür hayvanını aradım yükseklerde.

BİR DAĞCININ GÜNCESİ, s. 113-114

Başarıya ulaşmak için hedefleriniz olmalı

Ünlü Dağcı Nasuh Mahruki, "**Yeni Asır İnsan**"ın seminerinde liderliği anlattı

Yeni Asır İnsan Gazetesi tarafından üçüncüsü düzenlenen 'İnsan Etkinlikleri'nin bu ayki konuğu Nasuh Mahruki oldu. Takım Çalışması ve Liderlik hakkındaki bilgi ve deneyimlerini Yeni Asır İnsan okurlarıyla paylaşan Mahruki'yi kalabalık bir katılımcı topluluğu izledi. Kişinin hayata **dair hedef** ve beklentilerinin olması gerektiğini belirten Mahruki, bu sayede başarıya daha çabuk ulaşılabileceğini belirtti ve liderlik özelliklerinin doğru işler için kullanılması gerektiğini söyledi.

Yeni Asır, İnsan, 14 Ocak 2007

İyi bir dağcı, tırmanışı mevcut koşullar altında yapması gerektiğini bilir ve koşullara değil tırmanışa odaklanır. Koşullar sadece dağcının tırmanıştaki tutum ve davranışlarını, izleyeceği yolu ve alacağı kararları belirler. Dağlarda yaşadığım zorluklarda ve sıkıntılarda, hatta ölümlü olaylarda bile hiçbir zaman dağla, fırtınayla, rotayla, soğukla veya dağın zorluklarıyla, daha doğrusu dağın kendisiyle bir sorunum olmadı. Tırmanışlarımda en sert fırtınaların ortasında bile kalsam, fırtınaya veya soğuğa kızmadan ve isyan etmeden sürdürürüm rotada ilerlemeyi. Şartlarla kavga etmeye değil, o şartlara uyum sağlamaya çalışarak, o şartlar altında hedeflerime ulaşmaya çalışırım. Bu hedef elbette ki zirveye ulaşmaya çalışmak kadar, tek parça halinde geriye dönmek, fırtınanın ortasında kamp yerini hazırlamak veya sıkıntılı bir durumdan kendimizi kurtarmaya çalışmak gibi durumlar da olabilir.

Ne zaman dövüş performansınızın doruğunda olmanız gerekebileceğini asla bilemezsiniz.

Bir süre sonra 7439 metrede, yıllardır peşinde koştuğum Kar Leoparı'na ulaşıyorum. Başardığım işten müthiş bir haz duyuyorum, ancak hava bozmak üzere, bir an önce aşağıya inmek zorundayım. Fazla oyalanmadan son derece dikkatli ilk 400 metreyi iniyorum. Traverse girdiğimde ise Pobeda'nın pek çok dağcının canını almış olan fırtınasıyla yüzleşiyorum. Bu yükseklikte kesinlikle ölümcül olan bu fırtına ve tipiyle üç saat boğuşmak zorunda kalıyorum, ancak bundan pek şikâyetçi değilim, hatta bu durumdan gizli bir zevk aldığımı bile söyleyebilirim. Bedenimin ve ruhumun sınırlarına yaptığım en muhteşem yolculuk oluyor bu tırmanış.

Yalnızlık, yorgunluk, zorluklar, tehlikeler, acı, yaşama içgüdüm ve sevdiklerimi tekrar görme arzusu, bunların hepsi benim için büyük bir tecrübe oluyor. Artık kendimi daha iyi tanıyorum ve sınırlarımın çok daha ötede olduğunu anlıyorum. Harika bir solo tırmanış yaptım ve finalinin uygun olduğunu düşünüyorum; fırtınayla, tipiyle hiçbir sorunum yok, onlara kızmıyorum bile ve onlarla savaşmıyorum; inmek zorundayım ve ben de öyle yapıyorum. Kendimi son derece güçlü hissediyorum ve bu fırtınaya böyle bir anımda denk geldiğim için şanslı olduğumun farkındayım.

EVEREST'TE İLK TÜRK, s. 76-77

Hayatın içinde sosyal, ekonomik veya çok çeşitli sıkıntılarınız, kişisel zorluklarınız, hatta özel dezavantajlarınız bile olabilir. Bunları birer bahane olarak kullanmamanızı ve hedefinize ulaşmak için bu şartlar altında yollar aramanızı ve yöntemler geliştirmeye çalışmanızı öneririm.

Şu an sahip olmadığınız şeyleri düşünme zamanı değildir, elinizdekilerle neler yapabileceğinizi düşünün.

Ernest Hemingway

Şartlara kızmanın bize hiçbir faydası olmaz, ama yeteri kadar esnek davranıp mevcut duruma iyi uyum sağlayabilirsek, hedefine odaklanmış bir zihin, her şart altında kendini hedefine yaklaştırabilecek bir yol bulacaktır. Önemli olan, dış dünyayla ilişkisini tamamen kapatıp dimdik bir kaya duvarında tırmanan dağcının, önündeki minicik tutamaklara ve basamaklara odaklandığı gibi hedefimize odaklanabilmektir.

Ballıkayalar'da tırmanırken

Unutmayın ki aslında;

Her hedef bir projedir.

Ve bir proje gibi planlanmalı ve yönetilmelidir. Bütün hedeflerimizi belirli, ölçülebilir, ulaşılabilir ve bizim yeteneklerimize göre gerçekçi ve uzun dönemli yaşam hedeflerimizle örtüşen bir yaklaşımla tanımlamalı ve zamanı belirli bir plan dahilinde kurgulamalıyız. Önümüzdeki hedefe odaklı ilerlerken, bir yandan da gelecek odaklı olmayı ihmal etmemeliyiz. Sürdürülebilir başarı ancak bugünkü hedeflerimizle gelecekteki hedeflerimiz arasında doğrusal bir ilişki ve tamamlayıcı bir etkileşim kurgulayabildiğimiz zaman elde edilebilir. Çünkü bugün ve gelecek ayrılamaz bir şekilde birbirine bağlıdır.

Bugün bebek olan yarın çocuk, öbürgün genç olacaktır; bugün genç olanlar yarın olgun, öbürgün ihtiyar olacaktır. Bizler ne yazık ki bugüne gereğinden fazla bağlandığımız için; geçmişi geride kalmış eski bir anı, geleceği ise kendi kendine gelmekte olan bir süreç olarak değerlendirme yanılgısından kendimizi bir türlü kurtaramıyoruz. Oysa bunların hepsi bir bütünün (hayatımızın) bizim yaradılışımız itibariyle algılama eksikliğimizden kaynaklanan tam olarak birleştiremediğimiz parçalarını oluştururlar. Biz dünün koşullarının zorunluluğu gereği bugünü bu şekilde yaşıyoruz ve aynı şekilde bugünkü yaşamımızın yaratacağı etkileşimler gereği de yarınımızı, yine bugüne ve düne bağlı olan zorunluluklar nedeniyle belirli bir plan dahilinde yaşayacağız.

VATAN LAFLA DEĞİL EYLEMLE SEVİLİR, s. 522

Hedefi seçenle hedefi arasındaki ilişkiyi ve süreçleri de sağlıklı bir şekilde tanımlamamız gerekir. Kendi örneğimden yola çıkacak olursak hedefin belirli olması; *Kar Leoparı* unvanını elde etmek. Ölçülebilir olması; Sovyet Asya'da *Pamir* ve *Tien Shan* dağlarında bulunan 5 tane 7000 metreden yüksek dağın tırmanışlarını tamamlamak. Ulaşılabilirliği ve gerçekçiliği; daha önce de iyi dağcıların ulaşabildiği bir hedef olduğuna göre, yine iyi bir dağcının ulaşabileceği bir hedef olduğu ve benim dağcılık yeteneklerimle ve bu sporda yapabileceklerimle örtüştüğü. Uzun dö-

Akşam, 19 Ocak 1995

nemli hedeflerimizle örtüşmesinden ise; hedeflerimizin birbirini izleyen ve destekleyen bir yapısı olması gerektiğini anlamalıyız. Nitekim bu projeyi takip eden yıl, Türkiye'nin ilk 8000 metrelik tırmanışı için *Everest* Dağı'na gitmiştim. Zamanı belirlenmiş ifadesi ise yine aynı şekilde benim yeteneklerime ve o dönemin fırsatlarına göre, bu örnekte üç yaz dönemini kapsayan bir süreci gösteriyor.

Hedefimizi kendimize göre detaylı olarak tasarladıktan ve somutlaştırdıktan sonra aklımızı, duygularımızı ve zihnimizi hedefimize odaklayarak, bizi ona ulaştıracak strateji ve planlamayı geliştirmeliyiz.

STRATEJİNİZİ OLUŞTURUN

Strateji, çok yönlü amaçlarımıza ulaşabilmek için mevcut ve geliştirilebilecek kaynaklarımızı en verimli şekilde sevk ve idare edebilmemizi sağlayan yol haritamızdır. Stratejimizin fark yaratması ve bize rekabet avantajı sağlaması esas olmalıdır. Nihai hedefimize ulaşabilmemizi sağlayacak iyi bir strateji kurabilmek için güçlü ve zayıf taraflarımızı ve süreç içindeki tehditleri ve fırsatları doğru olarak okuyabilmeliyiz. Bizi hedefimize ulaştıracak alternatif yolları görmemizi ve bunları planlamamızı sağlayacak şey stratejik düşünmedir.

1995 yılında gerçekleştirdiğim *Everest* tırmanışından bahsederken, tırmanışın sportif değeri, Türkiye'de ve İslam aleminde bir ilk olması ve yüksek irtifaya özgü fiziksel zorlukları ön planda algılanır genellikle. Oysa bu projenin gerçekleşebilmesi için gerekli maddi kaynak tarafının nasıl çözüldüğünün üzerinde pek durulmaz. *Everest* tırmanışı öncesinde, bu tırmanış için gerekli maddi koşulları yaratabilmek, asıl hedefime ulaşabilmek için

❄ Khumbu Buzulu'nda tırmanan dağcılar.

geliştirmem gereken stratejimin ilk ve en önemli, belki de en sıkıntılı parçasıydı. Tırmanışın kaynağını bulma konusunu çözmem gereken bir problem ve ulaşmam gereken bir ara hedef olarak değerlendirmiş ve gereğini de ona göre yapmıştım.

Projeyi anlatan bir yazı hazırlayıp ilgileneceğini düşündüğüm birtakım yerlere ulaştırmaya çalışmıştım. Başbakanlığa yazı yazmaktan tutun da, sponsor olabilecek kurumlarla görüşmeye kadar birtakım kapıları zorlamam gerekmişti. Hakkında pek az bilgimin olduğu sponsorluk arayışı süreci gerçekten de zor olmuştu, hatta tırmanıştan bile daha stresli olduğunu söyleyebilirim. Bu ölçekte hem de riskli bir proje, her ne kadar çok çekici de olsa, kolay kolay herkesin altına imza atabileceği bir proje değildi. Hem zamanlaması itibariyle detaylı hazırlıklar için yetersiz zaman vardı hem de alışılmışın dışında, çeşitli riskleri olan bir proje olarak da pahalıydı. Birtakım başarısız denemelerden sonra Yapı Kredi Bankası'ndan Genel Müdür Yardımcısı Sayın Ömer Kayalıoğlu'na ulaştım ve Ömer Bey'le çok iyi anlaşarak ve kendimi de iyi ve doğru ifade etme fırsatı bularak projenin onayını aldım.

Bu projede başka seçeneğim olmadığı için sponsorluk konusuna ağırlık vermiştim. Önceki yıllarda dağcılık kariyerim açısından çok doğru ve hızlı adımlar atarak ilerlemiştim, ancak artık ulaştığım yer itibariyle bir üst aşamaya çıkma sırası gelmişti ve onun da tek yolu, bu projenin yüksek masrafları için sponsorluk bulabilmekti. Sponsorluk kavramının daha emekleme döneminde olduğu, basketbol, futbol ve müzik organizasyonları gibi

Sn. Ömer Kayalıoğlu'yla yıllar sonra birlikte.

belli başlı birkaç konunun haricinde, pek az sponsorluk örneğinin bulunduğu bir süreçte, *Everest* Dağı'na tırmanmak için sponsorluk aramak da kendine göre zorlukları olan, stresli bir projeydi.

Everest tırmanışı ilk kez bir sponsora ihtiyaç duyduğum tırmanış oldu. Bana *Kar Leoparı* unvanını getiren ve üç yaz süren tırmanışlardan birini Türkiye Dağcılık Federasyonu'yla, diğerlerini kendi imkânlarımla gerçekleştirmiştim. Bu tırmanışların başarısı üzerine yeni projemi hazırladığımda, sırtımı çok sağlam bir yere dayıyordum; geçmişte yaptıklarım gelecekte yapabileceklerimin bir teminatıydı. Yolumu da buna güvenerek çizmiştim. Ömer Bey'le masaya oturduğumuzda en güçlü kartım, ne istediğini bilen, özgüvenli duruşum kadar, o güne dek her birini başarıyla tamamladığım, çoğu ilk Türk tırmanışı olan tırmanışlarımdı da.

Dokuz Eylül Üniversitesi İşletme Ana Bilim Dalı Pazarlama programında verilen bir yüksek lisans projesinde, *"Bir Tutundurma Aracı Olarak Sponsorluğun Türk Bankacılık Sektöründeki Yeri"* konu olarak seçilmiş ve *"Everest'te İlk Türk"* projemiz detaylı olarak incelenmişti. Bu bitirme projesinde Ömer Bey'in görüşleri aşağıdaki şekilde yer aldı:

> *Yapı Kredi Bankası'nda genel müdür yardımcısıyken bir genç benden randevu almak istedi. Bir projesiyle ilgili benimle görüşmek istediğini söyledi. Bu genç adam Nasuh Mahruki idi. Bilkent Üniversitesi İşletme mezunu, sporcu bir genç. Bana gelip projesini anlattı, heyecanlı, ama dozunda; hayalleri yüksekte, ama ayakları yere basıyor. Dengeli ve ne istediğini bilen bir adam. Macera sever, ama maceraperest değildi. Bana proje için ne kadar paranın gerekli olduğunu, malzemeler için ne kadar paraya ihtiyacı olduğunu söyledi. Ancak elinde mevcut olan malzemeleri de bana söylüyor, tevazusu da var. Bu*

benim için çok önemli ve çok güven vericiydi. Ben o an kararımı verdim. Sadece genel müdürümle bu konuyu paylaşıp, onu ikna etmem gerekiyordu. Genel müdürüm ve tüm çalışma arkadaşlarım bu projeyi gönülden destekledi.

Olayın benim için iki boyutu var. Birincisi kurumsal boyutu ikinci boyutu ise tamamen bireyseldi. Bireysel boyutu benim sezgilerimle, tecrübelerimle ilgili bir şeydi. Nasuh projesini bana anlatırken ikna olmuştum.

Kurumsal noktaya gelince, doğru bir zamanda gelen bir projeydi. İki noktadan da çok önemliydi. Kurum duruşu aynı insanların duruşu gibi çok önemlidir. Bizim duruşumuzda gençlikle iletişim çok önemliydi. Gençlerle çok iyi bir iletişim fırsatıydı. O dönemlerde Yapı Kredi Yatırım'ın reklamları vardı. Reklamda bir dağ var ve dağa bayrak dikiliyor, bu görüntüler de projeyle çok güzel oturuyordu.

Bu projenin alanında ilk olması da bizim için çok önemliydi. Projenin hedefleriyle bizim hedeflerimiz birbiriyle uyuşmuştu. Kurumunuzun iş hedeflerine uyduğu zaman sponsorluk değerlidir. Biz o dönemde bireysel sponsorluk çalışmaları yapmıyorduk. Ancak Nasuh da bizim için çok doğru bir adamdı. Nasuh'un başarıları vardı, daha öncesinde de Türkiye'de ilk olan Kar Leoparı unvanını almıştı, bununla da oturuyordu. Parçaları birleştirdiğim zaman kafamda herhangi bir soru işareti yoktu.

Her hedefimde olduğu gibi, *Everest* projesinde de stratejim, adım adım ilerlemek ve bir sonraki adıma geldiğimde, öncekilerden güç alarak artık yeni bir adım atmaya hazır olduğuma olan inancıma ve özgüvenime dayanmak olmuştu. Bir de tabii ki bu sefer, başkalarını da artık bunun sırasının geldiğine ikna etmem gerekmişti. Başaracağımıza önce kendimiz inanmalıyız ki başkalarını da inandırabilelim...

Strateji konusu şu anlamda da çok önemlidir:

Stratejik hatalar taktik başarılarla düzeltilemez.

Bu saptamanın daha kapsamlı hali şu şekildedir: *Politik hatalar stratejik başarılarla, stratejik hatalar taktik başarılarla düzeltilemez.* Buna göre hangi seviyede hata yaptıysanız, o sorunu çözmenin önşartı olarak yine o seviyedeki değişiklikler, iyileştirmeler veya müdahalelerle çözüm yolları aramanız gerekir. Bence Türkiyemizin büyük hatalarının ve yanlış yaklaşımlarının altında yatan nedenlerden biri de budur. Politik seviyede veya stratejik seviyede yapılan hataları düzeltebilmek için bunların bir alt seviyesinde büyük fedakârlıklar yaparız, maliyetler üstleniriz, çaba gösteririz, ama geçici bir rahatlamanın ötesinde, orta-uzun vadede kalıcı bir başarı elde edemez ve sonucu değiştiremeyiz. Daha da kötüsü, sıkıntılı süreci ve çözümü zaten zor olan problemi, sonraki kuşaklara daha zor çözülecek bir halde bırakır ve ne yazık ki onların da hayatını bu yıkıcı ipoteğin altına sokarız.

Bugün toplumsal hayatımızda bu saptamaya en uygun düşen durum bence, bölücü terör örgütüne karşı 30 küsur yıldır verdiğimiz amansız mücadeledir. Güvenlik güçlerinin her türlü fedakârlığı ve Türklere özgü kahramanlığı göstererek verdiği mücadele, politik seviyede de eşgüdümlü bir mücadele stratejisiyle yeteri kadar desteklenemediği için, bölücü terör örgütüyle en kapsamlı mücadelenin ana ekseni güvenlik güçlerinin üzerine düşen taktik seviyede kalmakta ve bu durum da doğal olarak sorunu kökten çözmekten uzağa düşmektedir. Türkiye yıllardır politik seviyede terörle değil, taktik seviyede dağdaki teröristle mücadele etmektedir. Hatta düzenli bir ordunun gerilla savaşında başarılı olmasının hemen hemen imkânsız olduğu bu tür bir mücadelede üstün başarı da göstermiştir. Ancak politik ve stratejik seviyelerde de terörle, terörün kendisiyle, terörü yaratan, besleyen ve destekleyen unsurlarla da, eşgüdümlü olarak siyasi, ekonomik, kültürel ve sosyal mücadeleler verilmelidir. Sadece Silahlı Kuvvetlere ve güvenlik güçlerine bırakılmamalıdır. Türkiye bir gün güvenlik güçlerinden gördüğü taktik seviyedeki kararlılığı politik seviyede de gösterir ve gereğini de ulusal ve uluslararası arenada yerine getirirse, bu kanlı sorun kendi kendine çözüm yoluna girer ve bir yerden sonra da çözülür.

Strateji kadar önemli olan bir diğer konu da planlamadır.

PLANLAMANIZI YAPIN

Planlama süreci, geleceğin bugüne yansımasını yapabildiğimiz sürece çok verimli olarak kullanılabilir. Gelecekte kendimizi görmek istediğimiz hedefi, örneğin *5 yıl sonra kariyerimde şöyle bir noktaya ulaşmak istiyorum* hedefini önümüze koyarak, oraya ulaşabilmek için 4 yıl sonra asıl hedefle uyumlu bir başka ara hedefte ve 3 yıl veya 2 yıl sonra da yine asıl hedefimizle uyumlu başka ara hedeflerde olmamız gerektiğini düşünebiliriz. 5 yıl sonraki gerçek hedefimiz için 4 yıl, 3 yıl, 2 yıl ve 1 yıl sonrasında ulaşmamız gereken yerleri, bugünden göründüğü kadarıyla tespit ederek, asıl hedefimizle uyumlu bu ara noktaları bulabilir ve bugünden başlayarak, önce düşüncelerimizde çözdüğümüz süreci, bu kez gerçek hayatta ve gerçek zamanla adım adım yaşayabiliriz.

Yine kendi örneğime dönecek olursam, 1992 yılında Rus dağcılarla ve onların dağcılık gelenekleriyle tanıştığım süreçte, *Kar Leoparı* unvanını ve anlamını öğrenmiş, bundan çok etkilenmiş

❁ Ballıkayalar'da sel eğitiminde AKUT Gönüllüleri.

ve bu unvanın peşinden gitmeye karar vermiştim. O günlerde bu hedefle ilgili bir zaman planı yapmıştım. Bu 7000 metrelik beş dağın birine 1992 yılında zaten tırmanmıştım. 1993 ve 1994 yazlarında kalan tırmanışları tamamlayıp, 1995 yılında da artık bir 8000 metrelik tırmanış deneyebilirim diye düşünüyordum. 1994 yılında bu tırmanışları tamamlayabilmek ve *Kar Leoparı* unvanını alabilmek için 1993 ve 1994 yıllarında bu dağlara bir program dahilinde tırmanmam gerekiyordu. O yıllarda bütün zaman planımı, hatta askerlik görevimin zamanlamasını bile 1995 yılındaki 8000 metrelik tırmanış hedefime göre yapmıştım. Dolayısıyla aslında planlama dediğimiz şey, gelecekte kendimizi görmek istediğimiz hedefimizden bugüne bakarak, bütün bu süreci ve olası adımlarını zihnimizde canlandırmaya çalışmamız anlamına geliyor.

Çünkü;

Planlama geleceği bugüne getirmek demektir.

Planlamanın önemli bir avantajı da, makro planınıza uygun mikro planlar yaparak belirlediğiniz ara hedeflere ulaşırken, bulunduğunuz konuma göre daha yakın erimli olması sebebiyle, daha gerçekçi ve daha kolay ulaşılabilir olan bu ara hedeflerle motivasyonunuzu daha kolay sağlayabilmektir. Bir yandan da her ulaşılan ara hedefte, yeniden bir durum değerlendirmesi yaparak kendinizi ve hedefinizi yeniden konumlandırarak ve buna göre gerekli düzeltmeleri yaparak, hatalı bir uzun vadeli yol haritası yapmaktan da kendinizi koruyabilirsiniz. Sırf bu özelliğiyle bile planlama aslında paha biçilmez bir mekanizmadır.

Unutmamalıyız ki;

Bugün için hazır olan iyi bir plan, gelecekte hazır olacak ideal plandan daha faydalıdır.

Yarının ideal planı bugünün iyi planı geliştirilerek hazırlanacaktır. Planlamamız, hedefimize ulaşabilmek için elimizde bulunan her seviyedeki bütün imkân ve kabiliyetleri, bütüncül bakış açısıyla değerlendirebilmelidir. Yönetsel süreçlerde de politik, stratejik ve taktik seviyelerdeki karar ve uygulamalarımızın, birbirlerini destekleyecek ve birbirlerinin etkilerini kuvvetlendirecek şekilde olması hedeflenmelidir. İyi bir planlama ve hazırlık yapmamaktan dolayı başarısız olmak, gereksiz bir zaman, enerji, emek ve para kaybı olacaktır. İnsan her zaman ve her konuda elbette ki başarılı olmayabilir, ama başarısızlığımızın sebebi plansızlığımızsa en basit ifadeyle yazık olur. İyi bir plan yapmadığımız için başarı şansımızı bile bile azaltmak çok yanlış bir tercih olacaktır. Profesyonel dağcılık kariyerimde zirvesine varamadan geri dönmek zorunda kaldığım çeşitli dağlar oldu, ama hiçbiri iyi hazırlık ve iyi bir plan yapmamış olmamdan veya yetersizliğimden kaynaklanmadı. Bugün geriye dönüp baktığımda kendimi başarılı bir dağcı olarak kabul etmemin en önemli sebebi budur. O gün eğer o tırmanışı dağın nesnel koşullarından dolayı sonuçlandıramadıysak zaten başka kimse de sonuçlandıramazdı.

Planlama, yönetsel süreçlerde karşımıza çıkabilecek ani ve beklenmedik değişimlere göre güncellenen doğru karar mekanizmaları ve doğru risk yönetimi uygulamalarıyla birlikte, bizi olası zarar ve kayıplardan da korur. Karşı karşıya kalabileceğimiz riskli ve tehlikeli süreçlerde, bir plana bağlı olarak müdahalede bulunanlar, herhangi bir planlaması bulunmayanlardan daha az zarar görürler.

Bundan 2500 yıl kadar önce yaşamış olan Çinli savaş stratejisti Sun Tzu *Savaş Sanatı* adlı kitabında, bugün bile geçerliliğini koruyan çok değerli saptamalar yapar. Bunlardan biri de aşağıdaki sade, ama çok anlamlı cümledir:

> **Savaş karargâhta kazanılır.**
>
> Sun Tzu

Buna göre daha mücadeleye başlamadan, hedefinizin peşine düşmeden önce, strateji ve planlama aşamasında yaptığınız ve yapmadığınız her türlü hazırlık, o mücadelenin, o hedefe ulaşma çabasının sonucunu ciddi anlamda belirleyen unsurlardır. Bir noktadan sonrası ise, hayatın içinde karşılaşacağınız ancak planlamalarınız ölçüsünde önceden hazırlıklı olduğunuz, süreç içerisinde karşınıza çıkacak fırsatlarla birlikte, zorluklar, engeller ve sıkıntılara karşı vereceğiniz taktik seviyedeki mücadele olacaktır.

HEDEFİ PARÇALARA BÖLÜN

Hayatta kendimize büyük ve iddialı hedefler seçebiliriz, hatta bence her birimiz kendi *Everest*'imizi seçmeliyiz de. Kendi sınırlarımızı doğru olarak tanıyabildiğimiz sürece, bu tür hedefler kendimizi de düzenli olarak geliştirecektir. Hedeflerimiz, sınırlarımızı zorlayacak ve kendimizi geliştirecek şekilde zorlu ve aynı zamanda kişisel gerçekliğimizle de örtüşerek ulaşabileceğimiz yerlerde olmalıdır. Burada bütün yapmamız gereken, bu büyük hedefi bizim yutabileceğimiz ve altından kalkabileceğimiz parçalara bölmektir aslında.

Kar Leoparı unvanını elde etmek için Sovyet Asya'da bulunan beş 7000 metrelik dağın tırmanışını yapmak gerekiyor ki bir sezonda hepsini tamamlamak neredeyse imkânsız. Ne fizik gücünüz, ne de dağların tırmanış sezonu bütün bu tırmanışları bir seferde yapmaya yeter. Ama bunu parçalara bölüp benim gibi üç yazda yapabilirsiniz. Makro hedefiniz olan asıl hedefinizi size uygun parçalara, bir diğer deyişle mikro hedeflere bölüp

❄ K2 Dağı'nda 2. kamp yerinde çadır kurmaya çalışan dağcılar.

ilerleyerek, bu parçaların birleşiminden de nihai büyük hedefe ulaşabilirsiniz. Yüksek dağlara bir seferde değil etap etap, adım adım tırmanılır. Her dağcı kendine göre bir zaman tutturur. Uzun bacaklılar büyük adım atar, kısa bacaklılar küçük adım...

Tırmanışlarımda, saatler süren uzun ve zorlu etaplarda, ulaşmayı hedeflediğim son noktayı aklımdan çıkarmadan, daha yakınımda olan, görebildiğim ve kabaca da olsa mesafesini ve oraya ulaşacağım zamanı kestirebildiğim ara noktalara ulaşmayı hedefleyerek ilerlerim. Tırmanışı da kafamda etaplara bölerim. Bunlar rota üzerinde bir dönüş, bir yol ayırımı, dikkat çekecek bir doğa formasyonu veya eğimin değiştiği yerler olabilir. Bu tür bir noktadan öbür noktaya ulaşmak, tırmanışın tamamından daha az zaman alır ve daha kolay olur. Etapların bittiğini ve geride kaldığını görmek, kalan yolu azaltmanın yanı sıra, zorlukları aşıyoruz, geride bırakıyoruz düşüncesiyle de çok motive edicidir. Bir de toplamda belki 10-12 saat sürecek uzun bir etabın bitişinde yaşayabileceğim hedefime varma ve etabı tamamlama duygusunu, belki de 6-7 veya daha fazla ara hedefle yaşayarak, hem tek ve uzun olan etabı parçalara bölerek etapları kolaylaştırıyorum hem de aştığım, geride bıraktığım etapların farkındalığıyla kendimi daha kolay motive edebiliyorum.

Aştığımız engeller, aşabileceğimiz engelleri de gösterir.

1972 yılında Uruguaylı genç bir rugby takımından oluşan yolcularıyla *And* Dağları'na düşen uçakta, kazadan kurtulanların bir buz cehenneminin ortasında 61 gün boyunca açlıkla ve soğukla mücadelelerinde, ölen arkadaşlarının cesetlerini yemek zorunda kalarak sağ kalmayı başardıkları hikâyeyi duymuşsunuzdur. Haftalar süren sağ kalma mücadelelerinin son haddinde, kurtarma ekiplerinin kendilerini aramaktan vazgeçtiklerini ve artık başka çarelerinin kalmadığını anlayınca, içlerinden ikisi önlerindeki aşılmaz görünen dağları geçmeyi ve arkadaşlarına yardım getirmeyi denemeye karar verirler.

Çaresiz, umutsuz bekleyişin son haddine geldiğinde Nando, dağları aşmayı denemeye karar verir. Günlerce önündeki büyük dağı aşmak için karların, buzların arasında tırmanır. Yarı aç, donmak üzere, önündeki zirvenin arkasında yeşil vadileri ve kendilerini kurtuluşa götürecek olan patikaları göreceği inancıyla son bir gayretle dağın zirvesine ulaşır. Ancak görebildiği bütün ufuk karlarla örtülü dağlarla kaplıdır.

Nando hayal kırıklığı, acı ve kızgınlık içinde ağlamaya başlar, neredeyse çözülmek üzeredir. Fakat geriye dönüp baktığında, aştığı o uzun mesafeyi ve karlı tepeleri görünce, aslında ne kadar çok şey başardığını anlar. Öfkesinin ve umutsuzluğunun yerini gurur ve kararlılık alır. Kişisel bir zirveye ulaşmıştır. İçini zafer ve kendini gerçekleştirme duygusu sarar. Nando yaşamayı başaracaktır. Önündeki dağların hepsini teker teker aşacak ve ölmek üzere olan arkadaşlarına yardım getirecektir.

YERYÜZÜ GÜNCESİ, s. 36

KOLAY HEDEFLERDEN ZOR HEDEFLERE DOĞRU İLERLEYİN

Kendimize göre parçalara böldüğümüz hedefimize ulaşmak için görece kolay hedeflerden zor hedeflere doğru ilerlediğimizde işimiz yine göreceli olarak kolaylaşacaktır. Ancak bu ifadenin içinde gizli bir anlam daha var: Hedef odaklı hareket ederken ve görece kolay hedefleri öne alıp zorlarını sonraya bırakarak ilerlerken, aslında bir yandan da eğitim, deneyim ve birikim sürecimizi de yaşıyoruz. Görece kolay hedefler bizi daha zorlarına hazırlıyor.

Yüksek irtifa dağcılığına, hakkında çok zor, çok soğuk ve çok tehlikeli olduğunun dışında hemen hiçbir şey bilmeden başlamıştım. *Kar Leoparı* unvanı ve hemen arkasından da Türkiye'nin ilk 8000 metrelik tırmanışını gerçekleştirme hedeflerine odaklı zaman planımda, tırmanmak istediğim dağların sırasını bu anlayışa göre belirlemiştim. Daha az teknik ve zorlu olanlarını önceye almış ve zorlarını sonraya bırakmıştım. Serinin sondan bir

❄ McKinley Dağı'nda tırmanan dağcılar.

önce tırmandığım dağı, 7495 metrelik *Komünizm* Dağı en yüksek olanıydı, en son tırmandığım *Pobeda* Dağı ise, dünyanın en zor ve tehlikeli 7000'lik dağlarından biriydi. Ardından da *Everest* Dağı'na sıra gelmişti. *Everest* Dağı'na gitmeden önce altı defa 7000 metrenin üzerine çıkmıştım. Bu dağlarda edindiğim deneyim, gelişim ve uyum, *Everest* Dağı'nın zirvesine varmamı sağlayan en önemli hazırlıklarımdı.

Bir yandan teker teker ulaştığım ara hedeflerimle her seferinde asıl hedefime yaklaştım, öte yandan bütün bu süreç, adım adım dağcılık yeteneklerimi, kapasitemi, antrenman, metabolizma ve yüksek irtifa fizyolojisi hakkındaki bilgilerimi geliştirmemi sağlamıştı. Her geçen yıl, hem görece daha güvenli bir şekilde hedefime yaklaştım hem de daha deneyimli, daha iyi ve daha kuvvetli bir dağcı oldum. Öyle ki, en sona bırakarak tırmandığım zorlu *Pobeda* Dağı'nda, Türkiye'nin en yüksek *solo* tırmanışını gerçekleştirerek bu seriyi tamamlamıştım.

HAYATINIZ BOYUNCA HEDEFLERİNİZ OLSUN

Sokrates'in dediği gibi insanın kendini tanıma uğraşı nasıl ömür boyu devam ediyorsa, yaşamın doğasına uygun olarak hedeflerimiz de öyle olmalı. Yaşamda üretenlerden ve yapanlardan olmak, hatta bunun da ötesinde farkında olanlar ve fark yaratanlardan olmak istiyorsak, hedef odaklı hareket etmenin gereklerini de benzeri şekilde hayatımızın içinde sürdürmemiz gerekir. Kişisel gelişim ve büyüme çabamız bir yaşam biçimi ve yaşam boyu olmalıdır. Elbette ki zamana, koşullara ve fırsatlara göre olacaktır bu gelişim. Burada önemli olan durmadan ilerleyebilmektir. Her zaman yeni hedefler ve yeni projelerle kendimizi hareketli tutmalı ve yaşamın dinamikleriyle aramızdaki uyumu kaybetmeden, yaşamdan kopmadan onunla birlikte hareket edebilmeli, kendimizi geliştirmeli ve bir yaşam boyu öğrenebilmeliyiz. Hayatımız boyunca çeşitli hedeflerimizin olması aslında bu nedenle çok önemlidir, çünkü öğrenmemiz durduğunda gelişmemiz de durur.

❄ Everest Dağı'nda sarı bandı asan dağcılar.

Dağlarda bir fırtına sırasında güvenli bir yere ulaşmadan duramazsınız; ya bulunduğunuz yerde kendinize fırtınayı geçirecek bir yer hazırlamanız ya da güvenli bir yere ulaşıncaya dek ilerlemeniz gerekir. Bu şartlar altında durmak ölmekle eş anlamlıdır. Hayatın içinde de hedeflerimiz ve bu hedeflere doğru ilerleme çabamız sürekli olmalıdır, yavaş dahi olsa sürekli olarak hareket halinde olmalı ve hedeflerimize yaklaşmaya çalışmalıyız. Eğer durursak, yavaşlarsak üretkenliğimiz de durur ve yavaşlar. Üretken olmayan bir hayat beklentisiz, soluk, renksiz ve etkisiz bir hayat olacaktır ve diğerlerinin gerisinde kalacaktır. Böyle yaşayan insan, sıradanlığın ötesine geçemez, yaşamında kendi zirvelerine ulaşamaz, potansiyelini performansa dönüştüremez ve kendini gerçekleştiremez.

Sana hiçbir dilek verilmemiştir ki, onu gerçekleştirecek güç de beraberinde verilmemiş olsun, ancak bunu elde etmek için çalışman gerekebilir.

Richard Bach, *Mavi Tüy*

Herkesin yürekten inandığı kendine göre hedefleri, hayalleri, umutları olmalıdır. İdealleri olan insan kendini düzenli ve sürekli olarak geliştirir. İdeallerimize ulaşmak için ihtiyacımız olan enerji ne kadar yüksek olursa olsun, belirleyici olan, ideallerimizle aramızda kurduğumuz bağın gücüdür. Hedeflerimiz, ideallerimiz, hayallerimiz yaşam enerjimizin kaynağıdır da bir yandan. Kişisel kariyerimizde, hedeflerimizle birlikte tıpkı bir merdiven çıkar gibi basamak basamak yükselmeli ve kendi zirvemize, kendi zirvelerimize adım adım yaklaşmalıyız. Ulaştığımız her hedef bizi biraz daha yukarıya taşıyacaktır.

GERÇEKLEŞTİRDİĞİNİZ HEDEFLERLE BÜYÜYÜN

Yaşamın doğal hızı ve diyalektiğiyle sürekli olarak değişen, gelişen ve büyüyen bir dünyada, yaşamın ve diğerlerinin gerisinde kalmamak ve kendi yerimizi daha yukarılara taşıyabilmek için, bizi geliştirecek ve büyütecek hedefler koymalı ve bütün bu süreci kendi hızımızda yaşamalıyız. Ulaştığımız her hedeften sonra bizi yine yaşamın içinde etkin bir oyuncu olarak tutarak yaşama bağlayacak, yaratıcı ve üretken tarafımızı ateşleyecek yeni hedefler bulmalıyız. Bu hedefler hayatın değişik kulvarlarında olabilir, hatta bence olmalıdır da. Çok yönlülük bize muazzam bir uyum yeteneği kazandırır ve geleceğin belirsizliklerine karşı esneklik ve mücadele gücü verir. Hayatımızın her döneminde bize yakışacak ideallerimizin olabilmesini sağlar.

Basamak basamak, adım adım yükselerek daha büyük hedeflere ulaşma düşüncesini bir de şöyle hayal edebiliriz: Durgun bir göldeki suyu gözünüzün önüne getirin ve bir taş atın ortasına.

❄ Everest Dağı'nın zirvesine varmak üzere olan dağcı.

Taşın düştüğü yeri kişisel kariyerinizin başlangıç noktası kabul edin. Taşın suda yarattığı hareket nasıl halka halka, dalga dalga gittikçe büyüyen dairelerle kendini gösterirse, işte bizim kişisel kariyerimiz de böyle olmalıdır. Yaşamın durağanlığa hoşgörüsü yoktur. Hiçbir zaman durmamalı ve bir yaşam boyu ilerleyebilmeliyiz. Her yıl bir öncekinden daha iyi, daha başarılı ve etki alanı daha geniş olacak şekilde, gerçekleştirdiğimiz hedeflerimizle birlikte büyüyebilmeliyiz. Aksi halde, sürekli büyüyen ve gelişen, kaynakları azalan ve rekabeti artan bir dünyada, siz de en az aynı hızda gelişemezseniz, görece olarak küçülürsünüz.

Unutmamalısınız ki;

Büyümezseniz küçülürsünüz, gelişmezseniz gerilersiniz.

Ancak buradaki büyüme ve gelişme elbette ki hormonlu ve zamansız bir şişmeye dönüşmemelidir. Büyümek için büyümenin sonu obeziteye dönüşür ve süreçlerin yönetilememe riskini ve beklenmedik sorunları da beraberinde getirir. Büyümemiz ve gelişmemiz, kendi yeteneklerimiz, gelecekle ilgili hedeflerimiz, hayatın hızı ve bize sunduğu fırsatlar göz önüne alınarak gerçekleşmelidir.

Eğer bizim için doğru hedeflere odaklı olarak hareket edebilirsek, kişisel gelişim sürecimizde tıpkı göle atılan bir taşın suda yarattığı genişleyen halkalar gibi, yaşamımızı çoğaltarak ilerleyebiliriz. Her yaşın, her yaşamın kendine uygun hedefleri olacaktır, önemli olan buradaki dengeyi kurabilmektir. Ulaşmak istediğimiz yer olabileceğimizin en iyisi olmak, yapabileceğimizin en iyisini yapmaktır. Bir diğer deyişle, içimizde bir potansiyel olarak duranı açığa çıkarmak, görünür kılmak, gerçekleştirmektir. Ve bunu bir süreklilik halinde, bir yaşam biçimi olarak yaşayabilmektir.

Daha 23-24 yaşındaki Nasuh Mahruki için, 1992 yılında gerçekleştirmeyi düşündüğü 7010 metrelik *Khan Tengri* Dağı tırmanışı o günlerin en büyük hayali ve en uzak ufkuydu. O güne dek Türkiye'nin 7000 metrelik tırmanış yapmış sadece iki dağcısı vardı ve son 7 yıldır da böyle bir yüksek irtifa tırmanışı yapılmamıştı. İlk defa Türkiye'den bu 7000 metrelik dağın tırmanışı deneniyordu ve bütün bilinmezliğiyle birlikte o günler için çok iddialı bir hedefti. Bu tırmanış sırasında tanıştığım Rus dağcılar ve onların etkin, güçlü ve nitelikli dağcılık kültürüyle birlikte önümde yepyeni bir ufuk açılmıştı. 1992 yılı geride kaldığında, Rus dağcıların son derece saygın *Kar Leoparı* unvanını almak o güne dek kendime koyduğum en iddialı ve büyük hedef olmuştu. Rus dağcılarla birlikte üç yaz devam eden tırmanışlar sonucunda bu unvanı elde etmiştim. 1994 yılı geride kaldığında sıra gelmişti daha yüksek bir hedefe; Türkiye'nin ilk 8000 metrelik tırmanışını yapmaya, hatta bunu dünyanın en yüksek dağı *Everest* olarak gerçekleştirmeye...

Her hedef ulaşıldığında yeni hedefler için basamak olur.

Yıllar yılları kovaladı ve her yıl bir öncekinden farklı, yeni ve iddialı hedeflerle bu süreç devam etti. Ulaştığım her hedef kendisinden sonraki başka bir hedefe hazırlamıştı beni. *Kar Leoparı* unvanından sonraki *Everest* Dağı tırmanışı bile arkasından bir başka hedefi, *Yedi Zirveler* projesini getirdi ve bu böylece devam etti. Sonuç olarak her hedef, ne kadar büyük ve zorlu olursa olsun, ulaştığınız andan itibaren, sizin ondan

Rongbuk Manastırı ve Everest Dağı

daha yüksek, daha büyük ve daha zorlu hedeflere ulaşmanız için omuzlarında yükseleceğiniz bir basamak olur. Onunla birlikte daha geniş bir görüş açısına sahip olursunuz ve vizyonunuz, algılarınız gelişir. Bir zamanlar hayallerinizi süsleyen hedef, onu elde ettiğiniz andan itibaren sizi bir adım daha yükseltir. Ulaştığınız her zirve sizi daha yükseklere taşıyacak basamağınız olur. Her gerçek başarının verdiği özgüven ve özsaygı, sizi daha cesaretli olarak daha yüksek hedeflere yönlendirir.

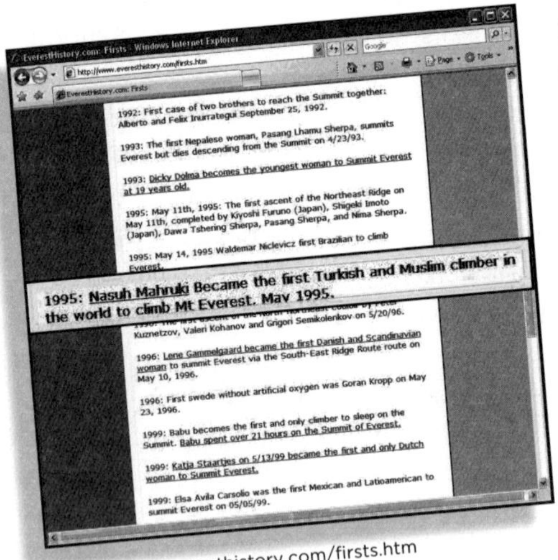

http://www.everesthistory.com/firsts.htm

1995 yılında *Everest* Dağı'na tırmandım. *Everest* Dağı'na tırmanan ilk Türk olmanın yanı sıra dünyadaki ilk Müslüman dağcı da oldum. Bunu şu anlamda önemsiyorum; dünyada nüfusunun çoğunluğu Müslüman olan 59 ülke ve toplamda 1,5 milyara ulaşan bir İslâm alemi var. Bunların içinde *Everest*'in zirvesine ulaşan ilk İranlı 1998 yılında, ilk Pakistanlı 2000 yılında, ilk Arap ise 2003 yılında bunu başardı. İran ve Pakistan'ın dağcılık geleneklerinin bizden çok daha köklü olmasına ve her iki ülkenin de etkin bir dağcılık kültürü olmasına rağmen, Müslümanlar arasında dünyanın en yüksek noktasına ilk ulaşma onuru 1995 yılındaki bu tırmanışla Türklere nasip oldu.

Everest'in ardından 8000'lik tırmanışlara devam ettim. 1997 yılında dünyanın 6. yüksek dağı 8201 metrelik *Cho Oyu* Dağı'na tırmandım. Teknik zorlukları olmayan bu 8000 metrelik dağa *solo* tırmandım. Halen Türkiye'nin en yüksek, tek başına yapılan tırmanışı bu tırmanıştır.

Cho Oyu Dağı

Lhotse Dağı

1998 yılında bu kez yine zor 8000'liklerden biri olan 8516 metrelik dünyanın dördüncü yüksek dağı *Lhotse* Dağı'na tırmandım. 1998 yılının sonbaharında ise dünyanın sekizinci yüksek dağı 8163 metrelik *Manaslu* Dağı'nı denedim. Ne yazık ki bu sefer işler yolunda gitmedi. 7500 metrede zorlukla kazabildiğimiz küçücük bir kar

Manaslu Dağı

mağarasında çok sıkıntılı bir gece geçirdikten sonra, hızını kesmeyen fırtına nedeniyle tırmanıştan vazgeçip inmeye çalışırken, sert ve değişken hava şartları nedeniyle, bir türlü sabit hat kuramadığımız dik yüzeyde bir kaza yaşadık ve ekip arkadaşımı gözlerimin önünde kaybettim.

6900 metre civarına geldiğimizde, önüme geçen Doyçin ve Hristo'yla aynı hatta ilerlerken korkunç bir şey oluyor. 15-20 metre önümde ilerleyen Hristo'nun dengesi bozuluyor ve dik yamaçta kaymaya başlıyor. İlk anda pek endişelenmiyorum. Kazmasını kullanıp nasıl olsa kendisini durduracak diye düşünüyorum. Sonsuz gibi gelen saniyeler sonra içimi bir korku kaplıyor. Hristo kendisini durdurmakta çok gecikti. Kabul etmek istemiyorum, ama Hristo artık istese de kendisini durduramayacak kadar hızlanıyor. Kazmanı kullan diye bağırmak istiyorum, ama kelimeler boğazımdan çıkmıyor. Artık yuvarlanarak tamamen dengesiz bir halde kayarken bir an yüzünü görüyorum. Arkadaşım gözlerimin önünde ölümüne doğru giderken hiçbir şey yapamıyorum.

YERYÜZÜ GÜNCESİ, s. 290

K2 Dağı

2000 yılında da, dünyanın en zor ve tehlikeli dağlarının başında kabul edilen, zirvesine ulaşan her üç dağcı için, onu deneyenlerin içinden bir dağcının hayatını kaybettiği, zirvesine ulaşmayı başarmış her sekiz dağcıdan ise birinin geri dönemediği *K2* Dağı'na tırmandım. Pakistan-Çin sınırında yer alan *K2* Dağı, 8611 metre yüksekliğiyle dünyanın ikinci yüksek dağıdır. *Dikey Limit* filmini izlediyseniz, o filmde kurtarma operasyonunun geçtiği dağ *K2* Dağı'dır. Oksijen desteksiz olarak gerçekleştirdiğim bu tırmanış o güne dek hayatımda kendime koyduğum en büyük hedefti ve

BUZDAN BIR PIRAMIT

K-2'ye çıkan ilk Türk Nasuh oldu

Ünlü dağcı Nasuh Mahruki, dünyanın en yüksek noktalarından biri olan K-2 zirvesine tırmanan ilk Türk oldu. Aynı zamanda Hürriyet yazarı olan Nasuh Mahruki, 8 bin 620 metre yükseklikteki K-2'ye Türk bayrağını dikmeyi başardı.

Nasuh Mahruki'nin 9 Eylül'de Türkiye'ye dönmesi bekleniyor.

Hürriyet, 2 Ağustos 2000

profesyonel dağcılık kariyerimin en büyük başarısı oldu. 24 yaşında *Khan Tengri* Dağı'yla başladığım yüksek irtifa serüvenimde, adım adım ilerleyerek, 8 yıl sonra 32 yaşında *K2* Dağı'na ulaştım. Hem *Everest* hem de *K2* Dağı'na tırmanmayı başaran dünyadaki 70. dağcı olmuştum.

Kişisel büyümeyle birlikte kendimizi gerçekleştirmek, varlığımızın en üst potansiyelini, yani içimizdeki *en iyi ben*'i ortaya çıkarmaktır. Aslında *en iyi ben*'i ortaya çıkarmak *en iyi ben*'i adım adım inşa etmektir. İşte bu nedenle, kendi kaynaklarınızla kendi yaşamınızın girişimcisi olmalısınız.

GİRİŞİMCİ OLUN

Girişimci geleneksel anlamıyla, bir işi organize eden, yöneten ve bütün riskleri üstlenen kişidir. Bugünün girişimcisi ise aynı zamanda yenilik, değişim ve gelişim önderidir ve fırsatları fark edip onları katma değer yaratabileceği fikirlere dönüştürür. Girişimcilik risk alan, fırsatları gören ve değerlendirebilen, yönetim ve liderlik becerilerine sahip, belirsizliklerle başa çıkabilen, hızlı karar verip uygulayabilen bir kişilik yapısı gerektirir. Disiplinli olmak, risk almak, yenilikçi olmak, değişime dönük olmak, sabırlı olmak, vizyon sahibi olmak, liderlik becerileri ve değişimi yönetme isteği, olmazsa olmaz kişisel girişimcilik becerileridir.

Teknoloji dünyamızı giderek küçültüyor ve sınırları kaldırarak herkesi, her şeyi birbirine yaklaştırıyor. Uçsuz bucaksız dünyamız artık küresel bir köye dönüşüyor. Küreselleşme adı verilen olgu, beğensek de beğenmesek de bundan sonrası için en belirleyici kavram olacaktır. Buna göre her şey, doğrudan ya da dolaylı bir diğeriyle etkileşim halinde. Artık her şey birbirini itiyor,

❆ AKUT 10. yıl kutlamalarında AKUT gönüllüleri toplu halde.

çekiyor, dokunuyor, etkiliyor. Çağımız sürat çağı; koşullar, bilgiler, ihtiyaçlar, her şey sürekli değişiyor, gelişiyor, farklılaşıyor. Ulaşım ve iletişim her zamankinden daha hızlı ve kolay. Teknoloji ve dijital ortam neredeyse hayatın her alanını kaplamış durumda. Rekabet etme koşulları da değişiyor, her alanda ve her seviyede şiddetli ve güçlü bir rekabet var. Yaşamın bu sürekli dinamizmi ve kısıtlı kaynaklar üzerinde giderek artan rekabet, pek çok riski ve fırsatı da beraberinde getiriyor. Yeniliklere açık olabilmek ve yenilikçilik önem kazanıyor ve büyük bir fırsat penceresini de aralıyor. Maharet, bu fırsatları görebilmekte...

Ali Cevat Mahruki

1901 yılında doğan büyükbabam Ali Cevat Mahruki, Macaristan'da okumuş ve yeni Türkiye Cumhuriyeti'nin genç inşaat mühendislerinden biri olarak pek çok önemli projeye imza atmıştır. 1946 yılında, kendisi gibi çalışkan ve üretken 12 girişimci biraraya gelerek, bugün ülkemizin en büyük bankalarından biri olan Garanti Bankası'nı kurmuşlardır. Ülkemizin bankacılık alanındaki öncü ve girişimcilerinden olan büyükbabam, kuruluşundan 1952 yılına kadar Garanti Bankası'nın idare meclisi üyeliği yapmıştır.

Yıllar önce arkadaşlarımla birlikte girişimciliğin sosyal tarafını, toplumcu tarafını tercih etmiş ve ülkemize, daha önce olmayan bir değer kazandırmıştık. Kurucularından biri olduğum ve yönetim kurulu başkanlığını sürdürmekten büyük onur duyduğum AKUT, arama kurtarma, acil durum yönetimi ve afetlere hazırlık konularında hem yurttaş sektörünün öncü, lider ve girişimci kurumu hem de örgütlenme modeli ve özgün vizyonuyla Türk sivil toplum hayatında gerçek bir inovasyon-yenileşme olmuştu.

Ashoka Vakfı tarafından seçilen Türk sosyal girişimcilerin bir bölümü

ASHOKA VAKFI adlı, dünyanın önde gelen sosyal girişimcileri-ni destekleyen uluslararası bir program, gönüllüleri örgütleyerek afetlere ve acil durumlara müdahalede aktif olarak kullanılmalarını sağlayan, ülkemizin bu alandaki öncü kuru-mu AKUT'taki liderliğim nedeniyle, beni de destekleme kararı aldı.

(http://www.ashoka.org/fellow/2942)

ASHOKA INNOVATORS FOR THE PUBLIC

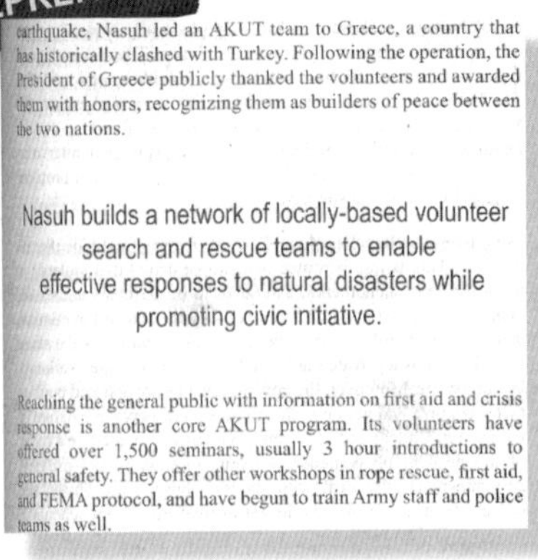

earthquake, Nasuh led an AKUT team to Greece, a country that has historically clashed with Turkey. Following the operation, the President of Greece publicly thanked the volunteers and awarded them with honors, recognizing them as builders of peace between the two nations.

Nasuh builds a network of locally-based volunteer search and rescue teams to enable effective responses to natural disasters while promoting civic initiative.

Reaching the general public with information on first aid and crisis response is another core AKUT program. Its volunteers have offered over 1,500 seminars, usually 3 hour introductions to general safety. They offer other workshops in rope rescue, first aid, and FEMA protocol, and have begun to train Army staff and police teams as well.

Nasuh doğal afetle-re etkin müdahale konusunda, yerel gönüllü arama kur-tarma takımların-dan oluşan bir ağ oluşturuyor ve bir yandan da yurttaş inisiyatifini teşvik ediyor.

Bu süreçte dünya da bizi yavaş yavaş tanımaya başladı. 1981 yılından bu yana dünyanın 60'tan fazla ülkesinde, 1800 civarında sivil girişimciyi destekleyen ve Türkiye'de etkin çalışan ASHOKA adlı sivil girişimci destekleme programı, AKUT'ta yaptığım çalışmalar nedeniyle beni de programa dahil etmeye karar verdi. Karşılıksız bir burs gibi düşünülebilecek olan bu program çerçevesinde, AKUT'taki çalışmalarımı daha rahat sürdürebilmeme destek vermek amacıyla 3 yıl boyunca her ay yaklaşık 900 dolar gibi bir parayı benim adıma yatırdılar. Bu para bizim anlayışımıza göre AKUT'un ve AKUT'luların hakkıdır ve ben hak etmediğim hiçbir şeyi kabul edemem. 33.000 dolar civarındaki bu parayı olduğu gibi AKUT'a bağışladım ve 7 yönetim kurulu üyesinin onayıyla kullanılmak üzere bir sistem kurduk.

VATAN LAFLA DEĞİL EYLEMLE SEVİLİR, s. 183

Sivil toplum hareketlerini en basit ifadeyle 'aktif vatandaşlık' kavramı içinde değerlendirip tanımını da başkalarına saygı gösteren, sorun çözmede girişimci ve yenilikçi olan, eyleme dönük araçlar yaratabilen, kendi iç enerjisiyle harekete geçebilen ve toplumun daha az şanslı kesimleri için toplumsal destek sağlamak üzere kendilerini düzenleyebilen örgütlü insan toplulukları olarak yapabiliriz. Devletin resmi kurumlarının tamamlayıcısı rolünü gönüllü olarak üstlenen sivil toplum örgütleri, yaptıkları çalışmalarla, resmi kurumların gözünden kaçan aradaki boşlukları tamamlayan, ekonomik ve sosyal kayıpları en aza indiren bir rol ve sorumluluk üstlenirler. Aynı zamanda devlet kurumlarına Anayasa çerçevesinde verilen görevlerin, hukuk sınırları içerisinde kalmak koşuluyla takipçisi olarak sivil bir denetim mekanizması görevini üstlenirler.

Sosyal girişimcilik, çözümün bir parçası olarak yaşadığımız topraklara sahip çıkmaktır.

Sosyal girişimciler tarihin her döneminde, her toplumda var olmuştur. Sosyal girişimcilik, toplumsal sorunların çözümüne, her şeyi kamu ve özel sektörden beklemeden, toplumu oluşturan bireyler olarak doğrudan katılmaktır. *Peter Drucker* sosyal girişimcinin toplumun performans kapasitesini değiştirdiğine dikkat çekiyor. Daha iyi bir dünya için yapılacak en akıllıca şeylerden biri, dünyadaki sosyal girişimcilerin etkinliğini artırmak ve sayılarını çoğaltmak üzere ekonomik ve toplumsal destek sağlamaktır. Tüm dünyadaki sosyal girişimciliği, sosyal girişimcileri ve yeni fikirlerin gücünü anlatan, *DÜNYA NASIL DEĞİŞİR?* kitabının yazarı *David Bornstein* önsözünü şu paragrafla bitiriyor:

Nasuh Mahruki - David Bornstein

"Sosyal girişimciliğin artık dünyanın birçok işletme okulunda okutulduğuna tanık oldum. İlkokullarda ve anaokullarında öğretileceği günleri sabırsızlıkla bekliyorum. Çünkü bu öyküler, piyasalar, sürdürülebilirlik veya verimlilik hakkında değil. Bu öyküler başkalarının ıstırap çekmesine dayanamayan insanların öyküleri. Başka insanların, sahip olması gereken fırsatları kaçırmasına razı olamayan kişilerin öyküleri. Bu öyküler kendi prangalarını çözüp, diğer insanları da bir araya getirenler hakkında. Hızlı ve önceden kestirilemez değişim dünyasında, bu öncü sosyal girişimciler ve dünyanın her köşesine değmeyi başaran milyonlarca değişim yaratıcısı, bir merkeze bağlı olmayan ve gelişmekte olan güçleriyle, eğer doğru bir şekilde finanse edilirlerse, şimdiye kadar sahip olduğumuzdan çok daha iyi mekanizmalarla ihtiyaçlarımıza cevap bulacağız. Bu yüzden onlar, huzurlu ve ba-

rış içinde bir dünya yaratmak için, sorunlarımızı düzene koyacak ve çözüm sistemlerini yaratacak en büyük ümidimiz olmaya devam ediyorlar."

18 Kasım 1999'da ABD Başkanı Bill Clinton'la 6 sivil toplum örgütü liderinin buluşmasından

17 Ağustos Depremi'nin ardından Kasım ayında, ABD Başkanı Bill Clinton Türkiye'yi ziyaret etti. Bu ziyaretinde TBMM'de yaptığı konuşmada, "*Türkiye'nin geleceği, önümüzdeki bin yılın ilk yüzyılının şekillenmesinde çok önemli bir rol oynayacaktır,*" diyerek, Türkiye'nin dünya için ne kadar önemli olduğuna ve pozisyonunun ne kadar güçlü olduğuna vurgu yaptı. Bu ziyaretinde bir de, aralarında benim de bulunduğum, ülkenin önde gelen 6 sivil toplum kuruluşu lideriyle de buluştu. Bu buluşmanın amacı, 21. yüzyılda artık yurttaş sektörünün daha etkili olması ve toplumsal yaşamımızda daha fazla sorumluluk alması gerektiğine dikkat çekmekti. ABD Başkanı açıkça 'Sivil toplum kuruluşlarınızın önünü açın ve yurttaş sektörünüzü güçlendirin' mesajı vermişti.

Girişimcilik ve eğitim arasında doğrusal bir ilişki var, ama asıl etkili olan tecrübe ve yaşanmışlıklar. Yeni kazandığınız her beceri, yeni fırsatları da beraberinde getiriyor. Çağımızın sürekli değişen düzenine uyum sağlayabilmenin tek yolu, sürekli öğrenen insan olmaktır. 21. yüzyılın özgün fırsatlarını yakalayabilmek ve risklerinden korunarak fark yaratabilmek için yaratıcı ve girişimci ruhunuzu kullanmalısınız. Bilgi toplumunda girişimcilik, bireysel ve toplumsal gelişmenin, kalkınmanın, refahın, rekabet avantajının en önemli etkenidir. Bugün dünyamızın farklı düşünebilen, yaratıcı, yenilikçi, üretken, çağı yakalamış girişimci insanlara ve bu insanların fikirlerine, vizyonuna ve liderliğine her zamankinden daha fazla ihtiyacı var. Dünyamızın hepimize, hepimizin enerjisine, hepimizin potansiyeline ve yaratacağımız sinerjiye ihtiyacı var, hem de acil olarak...

> *Sivil toplum örgütleri, kendini geliştirmeye çok açık olmaları ve hızlı ve dinamik hareket kabiliyetlerinden dolayı, ülke gelişiminde büyük görevler üstlenebilecek konumdadır. Nitekim içinde bulunduğumuz dönemde çok etkin ve başarılı çalışmalar yapan pek çok sivil toplum örgütü mevcut. Bizim yapmamız gereken sivil toplum örgütlerimizin sayısını ve etkinliğini artırmak ve vatandaşları kendi gelecekleriyle ilgili daha etkin, daha aktif bireyler olmaları konusunda desteklemek olmalıdır. Çünkü gelişmiş bir sivil toplum hem yurttaşını bireyleştirir hem de toplumsallaştırır, hem haklarını öğretir hem de yükümlülüklerini hatırlatır. Ortak yaşama arzusu içinde bulunan çağdaş toplumlarda vatandaşlık sorumluluğunun içinde, kendisinden daha az şanslı bireyler için mücadele etmek ve çalışmak çok saygıdeğer ve toplum içinde kabul gören bir etkinliktir. Bizler Anadolu görgüsü ve eğitimiyle zaten bu vizyona ziyadesiyle yakın bir geçmişe ve genetik yapıya sahip insanlarız, bunu destekleyici çalışmalarla, halk çok daha etkili bir sivil inisiyatif geliştirebilecek altyapıya sahiptir. Osmanlı'dan, hatta belki şaşıracaksınız, ama Selçuklu'dan bile günümüze kalan yüzlerce yıllık birikimi ve geçmişi olan vakıfların sayısı hiç de az değildir. "İmece usulü" ve dünyanın en eski itfaiye teşkilatlarından biri olan "Tulumbacılar" bu topraklardan çıkmıştır. İçimizde doğal olarak var olan bu vizyonu, eğitim, öğretim, doğru rol modeller ve ödüllendirme-destekleme çalışmalarıyla tekrar ortaya çıkartmalı ve vatandaş olma bilinci ve sorumluluğunu her ortamda harekete geçirmeliyiz.*
>
> VATAN LAFLA DEĞİL EYLEMLE SEVİLİR, s. 140

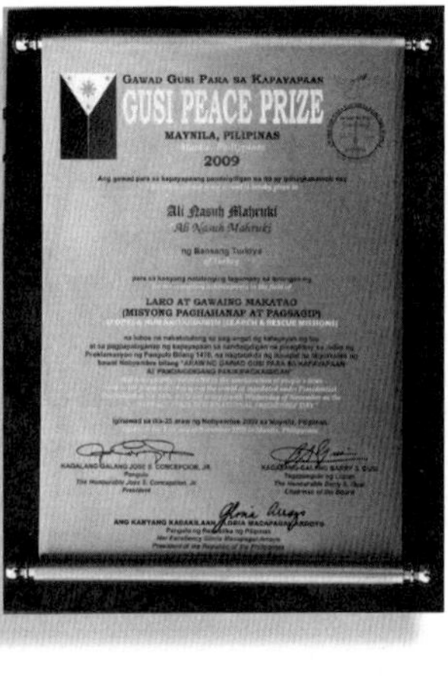

GUSI BARIŞ ÖDÜLÜ VAKFI tarafından, 2002 yılından bu yana çalışmalarında üstün başarılar gösteren, dünyanın her köşesinden bugüne kadar yaklaşık 120 kişiye verilen *ULUSLARARASI GUSI BARIŞ ÖDÜLÜ*'ne 2009 yılında, layık görüldüm. Filipinler Cumhurbaşkanı'nın himayesinde

verilen Asya'nın bu saygın ödülü, dağcılık sporundaki uluslararası başarılarım, arama kurtarma alanında toplumdaki öncülüğüm ve sivil toplum örgütü liderliğim nedeniyle, *SPOR ve İNSANLIĞA KATKI* temalarında verildi.

Daha 20'lerimin başında toy bir dağcıyken gözümü dünyanın en yüksek, en zorlu dağlarına dikerken de, daha sonra AKUT'ta benim gibi düşünen arkadaşlarımla arama ve kurtarma disiplininde Türkiyemizi eksiklerinden ve yanlışlarından arındırarak değiştirmeye çalışırken de, diğerlerinden farklı olarak yaptığım tek şey, dağcılıkta ve sivil toplum alanında, daha önce kimsenin hedeflemediği bu zorlu idealleri cesaretle, kararlılıkla, inançla girişime dönüştürmekti. Bence her birimiz kendi hayatımızın girişimcisi olmalıyız. Yaşamınızda fark yaratabilmek ve kendi potansiyelinizin doruğuna ulaşabilmek için girişimcilik becerilerinizi geliştirmeli ve etkin olarak kullanmalısınız. Bu çağda kendinizi layık gördüğünüz yere ulaşabilmek için, önce bu yeri hak etmeniz gerektiğini unutmamalı ve gereken her türlü hazırlığı ciddiyetle yapmalısınız.

Asya'nın Nobel'i Mahruki'ye

AKUT Arama Kurtarma Derneği Başkanı Ali Nasuh Mahruki Filipinler'de aldığı Gusi Barış Ödülü ile İstanbul'a geldi. Mahruki, "Spor ve İnsanlığa Katkı" dalında aldığı Gusi Barış Ödülüne; dağcılık sporundaki uluslararası başarıları ve arama kurtarma alanında sivil toplum öncülüğünden dolayı layık görüldüğünü , ödülü almak için gittiği Filipinler'de Cumhurbaşkanı davetlisi olarak birçok etkinliğe de katıldığını belirtti. Gusi Barış Vakfı tarafından 20 yıldır verilen ödüllerin 'Asya'nın Nobeli' olarak bilindiğini söyleyen Mahruki, "Bu ödül ilk defa Türkiye'den bir isme nasip oldu. "Spor ve İnsanlığa Katkı" hem Everest hem de AKUT'taki çalışmalarımdan ötürü bu ödülü verdiler" dedi. ■ YASİN YILMAZ / İSTANBUL

Yeni Şafak, 4 Aralık 2009

Filipinler'de aldığım ULUSLARARASI GUSI BARIŞ ÖDÜLÜ töreninden

HAZIRLIKLI OLUN

Hazırlıklı olmak demek henüz sorunlar ortaya çıkmadan önce onlara karşı gerekli önlemleri almış olmak demektir. Bu konuda sizlere verebileceğim en etkili örnek ne yazık ki, aktif fay hatları üzerinde bulunmasına rağmen, ülkemizin deprem ve deprem zararlarının azaltılması konularındaki büyük eksikliği nedeniyle, 17 Ağustos 1999 tarihinde Marmara Depremi'ne kelimenin tam anlamıyla hazırlıksız yakalanmış olmasıdır. Son 10 yıldır ülkemizin gündemini ciddi şekilde kaplayan afetlere hazır olma ve afet zararlarının azaltılması konuları, *Afet Yönetimi* temasının ilk ve en önemli safhasını oluşturur. Ancak bu acı gerçeği, yine ne yazık ki, en pahalı öğrenme yöntemi olan yaşayarak öğrenme yoluyla kavradık, o da ne kadar kavrayabildiysek. Can ve mal kayıpları olarak ödediğimiz çok ağır bedeller bize, etkili bir *Afet Yönetimi*'nin, afet ve afet zararları henüz yaşanmadan başlaması gerektiğini bir kez daha gösterdi.

❄ Everest Dağı 1. kampı.

Risk Yönetimi olarak Önlemler ve Hazırlık, *Kriz Yönetimi* olarak da Müdahale ve İyileştirme olarak bölümlenen *Afet Yönetimi*'nin en önemli ve temel unsurları önlemler ve hazırlık aşamalarıdır, bir diğer deyişle zarar azaltma çalışmalarıdır. Çok iyi biliyoruz ki; daha afet yaşanmadan başlayan zarar azaltma çalışmaları sürecinde, gerekli önlemler bilimin ve aklın emrettiği şekilde alınırsa ve gerekli hazırlıklar doğru şekilde ve yeteri kadar yapılırsa, afetleri afet yapan muazzam yıkım gücü önemli ölçüde kontrol altına alınabilir ve kitlesel bir afete dönüşebilecek en büyük tehditler bile sadece birer doğa olayı olarak kalırlar.

Afet zararlarını önleme maliyetinin afet sonrası yeniden inşa maliyetine oranı 1/36'dır. Önlemler ve hazırlık aşamasında 1 birim lira harcayarak afet sonrası süreci geriye çevirmek için 36 birim lira harcamaktan kurtulabiliriz. Deprem gibi şakaya gelmez bir konuda, henüz deprem ve deprem zararları yaşanmadan gerekli önlemleri ve hazırlıkları yapabilmek adına, bu 1 birim lirayı gereksiz bulur ve oradan kâr etmeye çalışırsak, bunun varacağı yer yıkıcı bir depremle birlikte bunun 36 katını kaybetmek olacaktır. Tıpkı 17 Ağustos 1999'da olduğu gibi. Türkiye, 45 saniye içerisinde 60.000 ağır hasarlı bina ve 10 milyarlarca dolarlık zararla karşı karşıya kalmıştı. Geri döndürülmesi mümkün olmayan can kayıpları ise topluma tarifsiz acılar yaşatmıştı.

Hangi konuyu ele alırsanız alın, bu tür yüksek bedeller ödememek için mutlaka gerekli hazırlıkları yapmalısınız. Eğer hedeflerinizi Himalayalar'da, Karakurum Dağları'nda, Antarktika'da, Alaska'da ve benzeri sert coğrafyalarda seçerseniz; bu coğrafyaların size sunacağı her şeye de hazırlıklı olmanız gerekir.

Her tür spor etkinliğinde fiziksel, teknik ve psikolojik olmak üzere üç tür hazırlık vardır ve bunlar birbirlerinin ikamesi değil tamamlayıcısıdır. Birindeki eksiklik diğerlerinde de zafiyete yol açar. Fiziksel antrenman; adı üstünde ağırlık çalışmak, koşmak, eklem ve kasları esnetmek ve güçlendirmek gibi kaba gücünüzü, hızınızı, patlayıcı kuvvetinizi, dayanıklılığınızı, dengenizi, esnekliğinizi ve koordinasyonunuzu artırmak için yaptığınız hazırlıklardır. Teknik antrenman; yaptığınız sporda tekniğinizi geliştirmek ve mükemmelleştirmek için yaptığınız çok tekrarlı ve detaylı çalışmalardır. Örneğin kürek sporu yapıyorsanız, antrenmanlarda küreği çekerken kol ve bacak hareketlerinizin uyumu ve eşgüdümünü, küreğin suya hangi noktada ve hangi açıyla girmesinin, suda ne kadar kalarak ve yine hangi noktadan ve hangi açıyla çıkmasının daha verimli olduğunu, verdiğiniz gücün maksimum işe dönüşebilmesi ve daha hızlı olabilmeniz için bütün bunların nasıl yapılması gerektiğini bulmaya çalışmaktır. Psikolojik hazırlık ise; bütün bunların ötesinde hedefinizle kendi aranızda güçlü bir bağ kurmak, bunu başaracağınıza inanmak ve onunla karşılaşacağınız güne her açıdan hazırlanmaktır.

17 Ağustos Depremi'ne kadar, şehirde ve doğada arama kurtarma yapan, ülkedeki tek örgütlü arama kurtarma ekibi bizdik. O yıllarda dağ ve doğa şartlarında meydana gelen uçak kazası, doğa sporu kazası gibi olaylarda hep bizi çağırırlardı. Durumun aciliyetine göre gidiş çoğu zaman helikopterle olurdu, kazazede veya kazazedeler de aynı şekilde durumun aciliyetine göre mümkünse çoğu zaman helikopterle alınır ve hastaneye ulaştırılırdı. Ama bizim dönüşümüz genelde, operasyonu bitirdikten sonra kendimizi o araziden ne zaman indirebilirsek o zaman olurdu. Gidiş çok kolay ve hızlı, dönüş ise her zaman zorlu olur ve uzun sürerdi. 1995-1999 yıllarında bu şekilde, AKUT Ekibi içinde pek çok arama ve kurtarma görevine çıktım. O yıllarda bir operasyon çağrısı geldiğinde ilk yaptığım şey, gerekli hazırlıklar bir yana, her zaman kuvvetli bir yemek yemek olmuştur. Çünkü

Kar Leoparı da gençler için bölgeye geldi

Ocak 1996

operasyona bir kez başladıktan sonra artık bir daha ne zaman yemek yiyebileceğimiz hiç belli olmazdı. Bunun sıkıntısını daha önce çektiğim için, son derece ağır fiziksel şartlar altında, dinlenebileceğimiz ve yemek yiyebileceğimiz bir fırsat buluncaya kadar bazen çok uzun süre çalışmamız gerekebileceğini hiçbir zaman aklımdan çıkarmazdım. Bu nedenle her zaman, belki de en olmadık yerde ve son anda aklımıza gelerek sıkıntıya yol açabilecek bu konuyu ilk başta çözerdim. Bazı durumlarda yemek yemek kadar sıradan bir konunun bile hazırlığınızın önemli bir parçası olabileceğini unutmamak gerekir.

Aşı olmak, sigorta yaptırmak veya ilkyardım eğitimi almak gibi hazırlıklar, sizi bu alanlarda hayatın belirsizliklerine karşı korurlar. Bunlara hayatınızda belki sadece bir kez ihtiyaç duyarsınız, belki de hiç gerekmez. Ancak böyle bir durumla karşı karşıya kaldığınızda artık keşkelere ve pişmanlıklara yer yoktur. Yaptığınız bu tür hazırlıklarla, karşılaştığınız sorunu ya küçük bir maliyetle çözersiniz ve atlatırsınız ya da basit bir sigortayı zamanında yaptırmamış olmanın veya temel bir ilkyardım eğitimini zamanında almamış olmanın sıkıntısını ve vicdan azabını bir ömür boyu taşırsınız.

Elbette ki kimse böyle kötü şeyleri aklına getirmek istemez, ancak bu tür riskli sporlarla uğraşıyor ve doğaya çıkıyorsanız, en kötü senaryoya göre kendinizi hazırlamalısınız.

Buradaki kuralımız:

En iyisini umut et, en kötüsüne hazırlıklı ol.

Bir tırmanışta kamp yerimizde çadırlarımızı kurduğumuz zaman, hava ne kadar iyi ve açık olursa olsun, o çadırları gece en sert fırtınalardan biri vuracakmış gibi sabitleriz her zaman. Gecenin bir yarısında, sert hava nedeniyle çadırı sabitlediğimiz iplerden biri veya birkaçının yerinden kurtulması, çadırın fırtınaya direncini ciddi biçimde azaltacak ve çadırdakileri tehlikeli bir duruma düşürebilecektir. Özellikle yüksek irtifa tırmanışlarında bazı kamp yerlerinde hava şartları çok sert olabilmektedir. Bu tür yerlerde çadırlarımızı sadece köşelerinden ve kendi iplerinden zemine sabitlemekle yetinmeyip, üzerinden geçirdiğimiz statik iplerle ve kar çubuklarıyla da ayrıca sabitleriz ki, hava ne kadar bozarsa bozsun çadırlar sağlam kalabilsinler.

Yine yüksek irtifa tırmanışlarında, yüksek irtifadaki düşük oksijen miktarına bağlı olarak gelişebilecek akciğer ödemi ve beyin ödemine karşı, ana kamplarda GAMOV BAG adı verilen taşınabilir, tek kişilik basınç odaları bulunur. Basit bir ayak pompasıyla çalışan Gamov çantası hasta dağcıya 1000 metre kadar daha alçak bir irtifanın koşullarını yaşattığı için, herhangi bir sebeple dağcının daha aşağılara indirilemediği durumlarda hayat kurtarıcıdır.

Yüksek irtifada dağ hastalığına yakalanan dağcılar için kullanılan Gamov çantası.

Hayatımız boyunca her işi baştan sağlam yapmak ve olası sıkıntıları da göz önünde bulundurarak gerekli önlemleri alarak hazırlıklı olmak en ekonomik ve en verimli seçenek olacaktır.

Yoğun tırmandığım dönemlerde kendi adıma her üç hazırlığı da çok dikkatli ve özenli yapardım. Fiziksel antrenman olarak yoğun biçimde yokuşta bisiklete biner, Belgrad Ormanı'nda köpeklerimle koşuya gider ve basamak aletiyle çalışırdım. Dağcılığın en iyi antrenmanı dağda olur. Sık sık dağa gittiğim için sporun teknik zorluklarıyla sürekli karşılaşıyordum. Böylece dağcılığın teknik ve fiziksel zorluklarına her zaman hazırlıklıydım. Bu nedenle de en çok psikolojik hazırlığı ciddiye alırdım. Benim psikolojik hazırlığımın ve hedefimle aramda oluşturduğum bağın ana ekseni, hedefimi her yönüyle tanımak ve hakkında her şeyi öğrenmek olmuştur her zaman. Bunu en ciddi olarak *K2* Dağı öncesinde yapmıştım. *K2* Dağı'nın ne kadar tehlikeli ve zor bir dağ olduğunu çok iyi bildiğim için ilk andan itibaren onu çok ciddiye almış ve her tür hazırlığımı da ciddiyetle yapmıştım. *K2* Dağı hakkında bulabildiğim bütün kitapları, tarihçesini, tırmanış raporlarını, rotalarını, kaza analizlerini, istatistiklerini, risklerini, vs okumuştum. Hatta 1986 yılında hayatını kaybeden 13 dağcıdan, zirveden dönerken kaza geçiren 6'sının trajedisini anlatan filmin müziklerinden beğendiğim bir parçayı da, her gün en az bir kere evde yalnızken, sesini de iyice açarak ve aklımda yalnızca *K2*'yi ve orada olmayı düşleyerek dinlerdim.

Aylar süren böyle bir süreçle *K2* Dağı'na hazırlanmış ve bu hazırlıklarımın çok faydasını görmüştüm. *Abruzzi* sırtı rotasında karşılaştığımız tüm zorluklarda zaten böyle olacağını biliyordum ve rotayı tanıyordum. Daha önceden öğrendiğim, böylece kendimi zihnen hazırladığım ve nasıl olduğunu bildiğim tehlikeli tırmanış sürecinde her karşılaştığım zorlukta, önceden psikolojik olarak bunlara hazırlanmış olmam çok işe yaramıştı. *K2* Dağı şiddetli yüzünü bize de göstermişti. Zirve hazırlıklarımızı tamamladıktan sonra başlayan ve 16 gün süren fırtına ve kötü hava dalgası sırasında, 3. kampımızı ve içindeki bütün malzemelerimizi kaybetmiştik. Bu nedenle zirve tırmanışını, sürekli değiştirmek zorunda kaldığım planlarım nedeniyle, üçüncü kez ekip değiştirerek, son etabın al-

MOUNTAINEERING

11-man multinational group to climb K-2

By Asem Mustafa Awan

ISLAMABAD – Forty-seven-year-old Gary Pfisterer from America is on a sojourn to Karakorm which he dreamed over a decade.

Gary an established mountaineer in the North America leads an 11-member multinational group which, forms the American expedition, will attempt the peak in Semi Alpine Style from the South East Abruzzi Ridge.

Gary is a member of the Seven Summits Club which has less than 50 members in the world and the climbers who qualified for the rank are the ones who have scaled the seven highest points in the seven continents.

Gary from Monson (MA) finished his quest for Seven Summits in 1995 and is excited with the prospects of facing the challenge of his life.

"K-2 is my dream peak," said Gary adding, "It is the most challenging peak in the big mountains."

Gary has the summits of Everest and Cho Oyu and has led suc-

credentials.

The team has a 32-year-old elite Turk climber Nasuh Mahruki who is also having the Seven Continental Summits besides Lhotse.

Tony Tonsing (41), from Denver (CO) in the group has three of the 8000ers Everest, Broad Peak and Gasherbrum-II.

Chris Shaw (38), from Boulder (CO) has a number of attempts in the Himalays but he has summit of Kanchenjunga.

Hamish Robertson (42) from Ocean Shore, Australia has climbed Makalu.

"I am very excited to be in Pakistan and Karakorum offers the most spectacular scenery added with the most beautiful mountains of the world," said Gary adding, "We hope that weather should be kind this year and Inshallah we will make the top."

Sixty-one year-old Peter Grote from Boston (MA) is the eldest member in the group who will be seen in ac-

Gary Pfisterer (leader)

Nasuh Mahruki

The Nation, Pakistan, 26 Mayıs 2000

tından geri dönmektense, kaz tüyü elbisem olmadan yetersiz malzemeyle ve başka bir grupla deneme konusunda riskli bir tercih yapmıştım. Çok zorlu geçen zirve tırmanışından dönerken de 8150 metrede, son derece yetersiz malzemeyle açıkta gecelemek zorunda kalmıştım.

Beklediğimizden uzun süren ve zorlu olan tırmanış nedeniyle, zirveden dönerken geceye kalmış, iniş sırasında birbirimizi de kaybetmiş ve dağın değişik yerlerinde açıkta gecelemiştik. Bütün bunların olabileceğine kendimi baştan o kadar iyi hazırlamıştım ki *K2* Dağı'nda karşılaştığım bütün zorluklarda, "*Ben bunların böyle olabileceğini zaten biliyordum, şimdi tüm yapmam gereken, önceden bildiğim ve kendimi hazırladığım bu zorluklarla ve tehlikelerle dağcılık birikimimi kullanarak başa çıkmaya çalışmak,*" diyebilmiş ve öyle de yapmıştım. Bu başa çıkma, zirveden çok geç bir saatte dönerken hayatımın en zorlu sağ kalma mücadelesine dönüşmüştü. Ölüm bölgesi denilen irtifada hiçbir emniyet noktası olmayan buzdan bir yüzeyde, uzun süren oksijensizlik, açlık, susuzluk ve yorgunluktan tamamen tükenmiş bedenim ve zihnimle, karmakarışık halüsinasyonlar arasında bütün bir gece direnmiştim.

Neyse sonunda Bottleneck'i sağ salim indim ancak şu anda çok daha önemli bir sorunla karşı karşıyayım. Zifiri karanlık ve hiç emniyet ipi bulunmayan dimdik sert kar, hatta yer yer buz bir iniş. Üstüne üstlük artık yorgunluktan ve susuzluktan bayılmak üzereyim. Buradan sonrasını çok iyi hatırlamıyorum. Bir şekilde iniş rotasının sol tarafına geçtim. Neden bilmiyorum, tanımadığım bir yere geldim, tırmanırken buradan geçmemiştik bile. Sanırım artık tamamen kontrolü eline alan dağcı içgüdülerim, burasının geceyi geçirmek için daha güvenli olduğunu düşünüyor. 4. kamp belki de sadece 200 metre aşağımda, buradan normal koşullarda 1-1,5 saat içinde inebileceğim mesafede. Ancak bu halde inmemeye ve biraz dinlenmeye karar verdiğimi hatırlıyorum. Bu kadar uğraşıp bu kadar badire atlattıktan sonra bir son dakika kazası istemiyorum. Yorgunluktan dolayı bir hata yapıp, aşağıya uzanan dik buzuldan uçmaktan korkuyorum. Müthiş yorgunum ve bu haldeyken böyle bir kaza yapmam işten bile değil. Yanlış bir adım ve bu haldeyken durduramayacağım bir düşüşle yüzlerce metre aşağıya uçabilir ve K2 için sıradan bir istatistik olabilirim. Bunu istemiyorum. Hem daha herkesin üzerinde İskender'in acısı varken, İstanbul'dan ayrılmadan önce bir dostuma, K2'de düşmeyeceğime dair bir söz vermiştim ve bu sözümü tutmaya kararlıyım. Bugün de K2'de düşmeyeceğim...

Sırt çantamı ne zaman çıkardığımı ve nereye düştüğünü hatırlamıyorum, muhtemelen dik buzulda daha rahat uzanabilmek için çıkarttım ve gece buzulda uçtu gitti. Gecenin geri kalanında çoğu suyla ve sıcak bir çadırla, arada da Türkiye'deki dostlarımla ilgili halüsinasyonlar gördüğümü hatırlıyorum. Birkaç kez uyandığımda, kendimi 50-55 derece eğimli buzulda, kramponlarımı yanlamasına buzula takmış ve kazmamı buza saplamış bir halde, kazmamın üzerinde uyurken bulduğumu hatırlıyorum. Üç dört defa da kazmam kendi kendine gevşeyip saplandığı yerden çıktığı için aşağıya doğru kayarken uyanıp, can havliyle hemen kazmamı yine sapladığımı ve uyumaya devam ettiğimi hayal meyal hatırlıyorum. Ayaklarımın çok üşüdüğünün, hatta donmaya başladığının farkındayım, ancak kendimi toparlamaya çalıştığım bu anda yapabileceğim pek bir şey yok.

Ruslarla tırmandığım günlerden bu yana, tırmanış sırasında kazmamı bileğime geçirdiğim gibi mutlaka emniyet kemerime de bir yardımcı iple bağlarım. Düşerken kazması bileğindeki halkadan kurtulduğu için düşüşünü durduramayıp ölen çok dağcı gördüm. Hâlâ da pek çok tecrübeli dağcının kazmasını sadece bileğine takarak tırmandığını görür ve hep şaşarım. Bir düşüş sırasında dağcının tek sigortası olan kazmayı kaybetmek, hemen hemen ölmekle eş anlamlıdır. Bu gece uyurken bile kazmamı hiç yitirmedim ve bu sayede uykumda bile düşmedim.

Halüsinasyonlarımdan en ilginci ise, inanılmaz güçlü bir déjà vu duygusu. Yaşadığım bütün bu sıkıntıyı ikinci kez yaşıyor olduğum hissi sayesinde bu geceye daha kolay katlandım. Daha yeni yaşadığım, daha doğrusu yaşadığımı zannettiğim bu zorlu geceyi, yeteri kadar önlem almadığımdan dolayı ikinci kez yaşamak zorunda kaldığım için, uyku uyanıklık arasında bütün gece kendime kızdığımı hatırlıyorum. Bir de bunu bir kez yaşayıp sağ atlattığımı düşünerek, nasıl olsa bu da geçecek ve yine sabah olacak diye, aynı şekilde bu ikinci geceyi de atlatacağımı aklımdan geçirdiğimi hatırlıyorum.

Dün gece, insanoğlunun asla ait olmadığı ve burada geçirdiği her saat, her dakika, kaçınılmaz olarak ölüme biraz daha yaklaştığı bir ortamda, haya-

tımın en zorlu dayanıklılık sınavını geçtim. İnsanın kemiklerine kadar işleyen soğuğa, aşırı yüksekliğe ve oksijensizliğe rağmen, dik rotada uyurken bile düşmemeye çalışarak, tamamen tükenmiş bedenimle buzun üzerinde bütün gece dayandım ve hâlâ yaşıyorum, her şey bir yana bundan daha önemli ne olabilir ki?

YERYÜZÜ GÜNCESİ, s. 142-144

Dağların dağı *K2* Dağı'na 1999 ve 1998 yıllarında hiç kimse tırmanamamışlı, 1997 yılında ise bizim tırmandığımız *Abruzzi* sırtı rotasından tırmanış yapılamamıştı. İki İtalyan ve bir Brezilyalı dağcıyla birlikte gerçekleştirdiğimiz bu tırmanış, *K2* Dağı'nın *Abruzzi* rotasının son 4 yıldaki ilk çıkışı olmuş ve bizi sınırlarımızın ötesine kadar zorlamıştı.

8611 metrelik K2 Dağı'nın zirvesinde

Hedefiniz ne gerektiriyorsa o şekilde hazırlanmalısınız. Hedefleriniz büyüdükçe, dolayısıyla karmaşıklaştıkça, sizin de daha profesyonelce hareket etmeniz gerekir. Büyük projelerin büyük araştırmaları, büyük hazırlıkları, büyük lojistikleri ve daha büyük sorunları vardır. Hem zihinsel hem de fiziksel olarak yapılan bütün bu hazırlıklar, eğitimler, antrenmanlar, tatbikatlar, denemeler sizi her koşula hazırlayarak, zorlu hedeflerinize daha kolay ve daha güvenli ulaşmanızı sağlar. Ama en önemlisi bütün bu yorucu uğraşlar zihninizi, duygularınızı ve bedeninizi birbiriyle uyumlu, dengeli ve bütünlüğe ulaşmış bir disipline kavuşturur ve sizi sürecin tüm zorluklarına hazırlar.

DİSİPLİNLİ OLUN

İnsanın kendi sınırlarını ve sahip olduğu yüksek değerleri keşfedebilmesi, bu sınırlara yaptığı dikkatli yolculuklarla sağlanır. Bunun başlangıcı da kendisinin farkında, eğitilmiş bir zihin ve bedenle, kolaya kaçmadan insanın kendine yakışanı seçebilmesidir. Yaşamdaki disiplinimizin en büyük kaynağı, kendimize duyduğumuz saygıdır.

İÖ I. yüzyılda yaşamış filozof *Epictetus*, "Her varlık kendi *doğal iyiliği* için çalışır, çaba gösterir," der. "İnsanın özü ruhunda yer aldığı için onun *doğal iyiliği* ahlaki ya da manevidir," diye de ekler. İnsan dünyaya henüz gelişmemiş bir halde geldiğinden, kendisinin bu *doğal iyiliğine* ulaşması için disiplini kullanması gerektiğini söyler.

Ruhun istekleri ile bedenin yetenekleri birbirine paralel şekilde geliştirilebilirse ve kişi kendini iyi tanıyıp durması gereken noktayı bilirse sonuç genellikle mutluluk olur. Bunun için de ruhsal ve bedensel eğitim, bilgi, tecrübe ve en önemlisi disiplin ve özdenetim gereklidir. Doğa sporlarında

❄ Korjenevskoy Dağı'nda dik bir yamacı geçen Rus dağcı.

kazanılan bu disiplin ve özdenetim kişiye, yaşamın her alanında büyük fayda ve kolaylık sağlar.

BİR DAĞCININ GÜNCESİ, s. 52

Disiplin, insanın istekleri ve arzuları üzerinde kontrol gücü geliştirmesi ve hedeflerine ulaşabilmek için yaşamını buna göre düzenleyebilmesidir. Bu irade, kişinin içindeki henüz farkına varmadığı güçlerini ortaya çıkarır ve kişinin potansiyelini adım adım gerçekleştirmesine yardımcı olur. İnsanın disiplinli bir yaşamla geliştirebileceği, kendi duyguları, aklı ve eylemleri üzerindeki özdenetimi -*otokontrolü*- yaşamının ve kararlarının bilincinde olarak sorumluluğunu taşıyabilme yeteneğini verir.

Sabah erken kalkmaktan haftanın belirli günlerinde egzersiz yapmaya, her gün belirli bir şey için vakit ayırmaktan yeni bir beceri kazanmak için aylar boyunca kurslara gitmeye kadar pek çok eylem aslında bir disiplin meselesidir. Bunları yapmayı isteyip de yapamamak yaşamdaki disiplinimizin yeteri kadar güçlü olmadığını gösterir. Kişinin kariyer adımlarında, kendisini görmek isteyeceği yere doğru ilerlerken göstereceği gayret ve özen yaşam içindeki disipliniyle doğru orantılıdır. En doğrusu, yaşamdaki disiplinimizin, tutku ve hedeflerimizin gerektirdiği kadar olmasıdır.

Disiplin bir yandan da nefs terbiyesidir.

Disiplinli bir yaşam hedeflerimizin arkasından gidebilecek gücü bize sağlarken, nefsimizi de terbiye ederek kişiliğimizi yüceltir ve insana özgü zaaflarımızdan bizi korur. Nefsini kontrol edebilen insan nefsine hakim olur ve kendi yaşamı üzerinde muazzam bir kontrol gücüne erişir. Kendini zaaflarından uzak tutar ve tüm yeteneklerini yaşamın içinde daha kolay sergileyebilir. Bu sayede tüm yaşamını daha çok doğruyla, daha büyük verimlilikle ve daha az fırsat maliyetiyle sürdürebilir. Disiplinin olmadığı yerde üretkenliğin de olmayacağını unutmayın.

Kişi iç disiplinini geliştirmek için değişik yollar kullanabilir; spor, antrenman, yoga, meditasyon veya çeşitli psikolojik hazırlık tekniklerini tercih edebilir. Hangisini kullandığınız değil, sizin üzerinizdeki etkisi ve sonucu önemlidir. Sağlam bir iç disipline sahip olarak kendini yetiştirmiş insan, içinde bulunduğu süreçlerde, karşılaştığı durumlara göre önceliklerini doğru belirleyerek, her durumda yapması gerekeni yapacak gücü ve iradeyi kendinde bulabilir. Yapılması gereken bazen, doğru ve yanlış seçenekler arasından doğru olanı seçmekten daha fazlasıdır. Her zaman doğruyu seçmeli ve doğruyu yapmalı, eğer gerekiyorsa ve yapabiliyorsak da gerekeni yapabilmeliyiz. Bunu yapabilmek büyük olasılıkla daha zor, ama aynı zamanda daha da değerli olacaktır. Benim anlayışıma göre, koşullar ne olursa olsun yapılması gereken yapılmalıdır. Uçlarda ve aşırı koşullarda yapılması gerekeni yapabilmek için önce buna ruhen hazırlıklı olmak gerekir. Dağcılar için son derece hayati önemi olan bu tür bir hazırlık ancak kuvvetli bir disiplinle sağlanır; kişinin özdisipliniyle.

Doğa sporları, temelde kişinin kendini tanıması ve kontrol edebilmesini, özdisiplini gerektiren sporlardır. İyi bir doğa sporcusu kendisini iyi tanır, bilinçli ve kontrollü girildiği sürece kişi en yüksek risklerden bile mutlulukla döner.

BİR DAĞCININ GÜNCESİ, s. 52

Riskli sporlarla uğraşan insanlarda disiplin ve özdenetim duygusu çok gelişmiştir. İyi bir dağcı kendisini bilir, kendi durumunu ve çevreyle olan etkileşimini her an takip eder ve tırmanışla ilgili her değişiklikte, güncellenmesi gereken kararları bu farkındalıkla verir. İyi bir dağcı herhangi bir sebeple kendi vücudunda işler kötüye gidiyorsa, bunu bir ego meselesi yapmadan, ileride daha da büyüyebilecek bir sorunla ekibi ve tırmanışı riske sokmamak için henüz tehlikeler daha ortaya çıkmadan tedbirlerini alır ve gerekiyorsa kendisi için tırmanışı durdurma kararını verebilir ve bu sayede hem kendisinin hem de ekibin güvenliğini sağlar. Bu özeni sadece kendisi için değil, nesnelliğini yitirmeden ekibindeki diğer herkes için de gösterir. O şartlar altında ne söylenmesi ve ne yapılması gerekiyorsa onun olmasını sağlar. Kritik süreçlerde kararlar vermeniz gerektiğinde duygusal yaklaşımlardan uzak durmalı ve hayat kadar gerçekçi olmalısınız.

Budizmle ilgili bir yerde hoşuma giden bir yazı okumuştum.

> *Bir okla vurulduğunuzu düşünün, yerde yatıyorsunuz, kanınız yavaş yavaş vücudunuzdan akıyor. Bu durumda okun nereden geldiğini, kim tarafından atıldığını, neden atıldığını düşünebilirsiniz. Bu bir filozofun ya da entelektüelin yaklaşımı olabilir, oysa bir Budist oku çıkarıp atar.*

Burada elbetteki okla vurulma temasıyla bir benzetme yapılıyor ancak mesaj gayet açık. En acil durumlarda bile önceliklerinizi doğru saptamalı ve gereğini de ona göre yerine getirmelisiniz. Buradaki mesaj, okun nereden atıldığı veya kim tarafından atıldığını göz ardı etmek değil, aciliyet ve önceliklerimizi doğru görebilmek, konunun özüne inebilmek ve gereğini de ona göre yapabilmektir. Burada önemli olan, her koşulda doğru ve yerinde kararlar verebilmektir.

Yüksek irtifa koşullarında yaşanan düşük hava basıncı ve buna bağlı olarak oksijen azlığı sorunu, bir de sporun doğasından ve çevre şartlarından kaynaklanan ağır fiziksel ve psikolojik baskı, dağcının üzerinde birtakım fiziksel ve psikolojik bozulmalara yol açabilir. Benim buna karşı bulduğum en verimli yöntem dikkati ve konsantrasyonu her zaman yüksek seviyede tutmak olmuştur. En yorgun, en bitkin anlarımda bile o süreçte odaklanmam gereken hayati konuları, kendi içlerinde aciliyet ve önceliklerine göre sıralayarak merkeze alır ve tüm kararlarımı ve hamlelerimi buna göre yapmaya çalışırım. Yüksek irtifanın düşük oksijenli ortamında, uzun süre ağır çaba harcamaktan ve aşırı yorgunluktan kaynaklanan, dağcıyı gerçek dünyadan koparttığı için de çok tehlikeli olan halüsinatif süreçlere dahi birkaç defa girdiğim halde, aklım ne kadar karışık olursa olsun, hepsinde çadırıma sağ salim dönmeyi başardım.

Kişinin iç disiplini, özdisiplini kendisini geliştirebilmesinin de temelini oluşturur. Bu sayede kolay yol yerine doğru yolu, zahmetsiz, sıkıntısız, ama ilgisiz bir yaşamdansa haklı ve üretken bir yaşamı seçebilir ve içindeki en iyi kendisini ortaya çıkarma yolculuğunda cesaretle ilerleyebilir. Disiplinli bir yaşam, önce özsaygıyı ve özgüveni, sonra da her durumda doğruları ve haklılığı savunabilme cesaretini getirir.

CESARETLİ OLUN

Toplumlar cesaret duygusunu ve cesur insanları her zaman takdir etmiştir. Destanlar, efsaneler, mitler cesur insanların cesaretini anlatır. Başkalarının cesaret öyküleri hepimizi heyecanlandırır, bir yandan da ilham verir, motive eder. Cesaret elbette ki hiçbir zaman için kazanmayı, başarılı olmayı veya sağ kalmayı garanti edemez, ama yarattığı muazzam hareket ve manevra kabiliyetiyle olası tüm sonuçlarınızı geliştirir. Genç Mustafa Kemal'in günlüğünü tuttuğu defterlerinde yazdığı gibi; *Korkak kalp daima mağluptur.* Daha başlarken kaybetmemenin önkoşulu, yaşama karşı inançlı ve kararlı bir duruşla yolumuzda cesaretle ilerleyebilmektir. Buradaki cesaret, elbette ki yine kendini bilmekten ve bilgiyle süreçleri yönetmekten güç alan cesarettir, cüretle karıştırmamak gerekir.

Kimse acı çekmeyi, bedensel bütünlüğünü kaybetmeyi, zarara uğramayı, başarısız olmayı istemez ve bunların olmaması için de her türlü önlemi almaya çalışır. Herkes belirli durum-

❄ Manaslu Dağı'nda serak duvarlarının arasında tehlikeli geçiş.

I&S

20 | Vizyon

1999'da "Yılın En Güvenilir Kurumu" seçilen AKUT başkanı NASUH MAHRUKİ:

"Cesaret, korktuğun halde yapılması gerekeni yapmaktır"

Cesaret korkusuzluk demek değildir. Korktuğunuz halde yapılması gereken yapmaktır. Manevraları planlamaktır. Aslında yaşamın kendisi itici güç.

Life & Security, Ocak-Şubat 2009

larda korku, kaygı, endişe, stres gibi duyguları yaşar; ancak ölüler korku duymaz. Cesaret, hayatın dinamikleriyle kumara oturmak değil, kendi güçlü taraflarımızla, hayatın içinde hak ettiğimiz yeri elde etmek için harekete geçmektir. Cesaret, korkunun olmaması değil, korkunun kontrol edilmesidir.

Cesaret, korktuğunuz halde doğru olanı yapabilmektir.

Bilginin cesaret, cehaletin ise cüret verdiğini bilirim ve benim cesaretim, kendimi ve doğayı iyi tanımamdan, sınırlarımı iyi bilmemden ve Allah'ın, doğru olduğuna inandığı şeyleri yaparken insanları yalnız bırakmayacağına duyduğum sonsuz güvenden kaynaklanıyor.

BİR DAĞCININ GÜNCESİ, s. 76

Cesaret ve cesur olmak, hayata karşı inançlı ve kararlı bir duruştur aslında. Bu kadarını bence hepimiz yapabiliriz, hatta yapmalıyız.

Tanrı cesurları sever

Elele, Mayıs 1997

Çünkü;

Tanrı cesurları sever.

Ama unutmayın ki, kendini bilmeyen ve düşüncesizce davrananlara da kızacaktır...

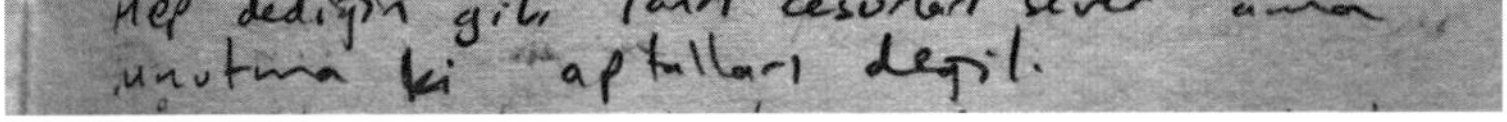

Everest günlüğünden, 1995

Kişisel gelişim sürecimde, içinde bulunduğum gruplarda her zaman en atılgan karakterlilerden biri oldum ve üst düzeyde sorumluluk aldım. Bir şey yapılması, harekete geçilmesi gerektiğinde; zorluğunu-kolaylığını, zahmetini-eziyetini, ödülünü-bedelini düşünmeden bir görev insanı olarak, sadece yapılması gerekeni yapmaya programlanmış doğuştan getirdiğim özelliklerim gereği, bir adım öne çıkan ilk serdengeçtilerden oldum. Bazen bir takımdaş olarak, bazen de bir lider olarak; ama her zaman büyük, güçlü ve seçkin bir takımın, diğerlerinden ne daha önemli ne de daha önemsiz, ne daha değerli ne de daha değersiz bir parçası olduğumu hiçbir zaman unutmadan; sadece bana verilenler gereği, bir an bile tereddüt etmeden ve hiçbir pişmanlık duymadan, en önde koşan, en hızlı tırmanan, en kıvrak düşünen ve en kolay kendini feda edebilenlerden olduğumun farkında, sadece yapmam gerekenleri yaptım. Allah'a şükürler olsun ki; bana güvenenleri hiçbir zaman ve hiçbir yerde hayal kırıklığına uğratmadım, utandırmadım. Çünkü hayatım boyunca; "her zaman benden beklenenden fazlasını yapmak" kuralımla hareket ettim ve bunun maliyetine de baştan razı oldum, hiçbir zaman da sorgulamadım. Dağlarda, doğada, uzak coğrafyalarda, motosikletimle aştığım zorlu geçitlerde, açık denizlerde, bin bir türlü arama/kurtarma çalışmasında, ne kadar riskli süreç varsa yaşadığım, her zaman korunduğumu hissederek yaşadım.

Bir Hayalin Peşinde adını verdiğim üçüncü kitabımı 'Hayallerini bir gün gerçekleştirecek gücü ve cesareti kendinde bulanlara' ithaf ettim ve kitabın en başına da Goethe'nin ünlü sözünü yazdım: 'Neyi yapabiliyorsan ya da yapabileceğini hayal ediyorsan başla; cesarette deha, güç ve büyü de vardır.'

VATAN LAFLA DEĞİL EYLEMLE SEVİLİR, s. 59-60

Bir sınavın üstesinden gelmenin ön şartı, onunla yüzleşebilmektir.

Cesaret bizi daha uzağa götürür. Yaşamdaki cesaretimizin ölçüsü yaptığımız seçimlerde görülür. Sonuçları belirleyen de aslında bu seçimlerdir.

Bazı insanlar için mutluluğa ulaşmanın yolları çok daha zorlu, sarp ve çetin görünse de, onlar için doğal olan budur. Bazı ruhların tutkularının (ve buna bağlı olarak yeteneklerinin) sınırları, bizim ölçülerimizin çok ötesinde... Yine de bu dünyada iz bırakan insanların çoğu, uslu uslu oturmayan, akıllı, uslu öğütleri dinlemeyen ve kendi kararlarını kendisi verip, kendi yolunu çizenler, gemilerini (hatta bazen kendilerini) yakmaktan korkmayanlardır.

Yaşam büyük ve güvenli gemilerle sakin bir gezi mi, yoksa kendi teknenizle soluk soluğa bir yolculuk mu olmalı, bunun seçimi size kalmış...

YERYÜZÜ GÜNCESİ, s. 201

Dağlara tırmanan atlar gibi
Soluk soluğa yaşamak istedi dünyayı
Bir Şahan gibi bulutlara kurdu
Dumanlı sevdaların yörük çadırını

Ahmet Telli, *Soluk Soluğa*

Kahramanlar korkularını en iyi gizleyenlerdir.

Korkmadan ilerlemek olmaz, ama korkular kontrol edilebilirler ve güvenliğimizi artıran bir araca dönüştürülebilirler. Belirli oranda korku ve stres aslında faydalıdır da; bizi motive eder, uyarır ve dikkatimizi yoğunlaştırır. Korku ve stresten kaçınmaya değil, bunları yönetmeye çalışmalı ve hayatımızda olumlu sonuçlara yol açacak şekilde değerlendirebilmeliyiz. Korkularımızı sağlıklı yönetebildiğimiz sürece gardımızı yukarıda tutmayı, daha dikkatli olmayı ve her neyle uğraşıyorsak, ona karşı açık vermemeyi daha kolay başarırız. Tedbirli olmak her zaman iyidir ve tedbiri hiçbir zaman elden bırakmamak gerekir.

TEDBİRLİ OLUN

Sultan II. Mahmud zamanında, Osmanlı İmparatorluğu'nun Deniz Kuvvetleri Komutanı olan Kaptan-ı Derya Ali Paşa, tarihin zor bir döneminde bu görevi üstlenir. *SİCİLL-İ OSMANİ*'de; denizcilik bilgisi sayesinde Küçük Hüseyin Paşa tarafından tersaneye alındığı, burada yetişerek kaptan olduğu, uzun yıllar denizde kaldığı, tedbirli, cesur ve deniz işlerinden anladığı yazar. Meşhur tarihçi Şânizâde'nin de ifade ettiği gibi denizcilikte şöhret ve maharet sahibi olduğundan, daha önce bir kez bıraktığı göreve, devrin Padişahı II. Mahmud'un Hatt-ı Hümayun'uyla tekrar getirilir.

Hatt-ı Hümayun'un günümüz Türkçesiyle çevirisi şu şekildedir:

> *Onur ve şeref sahiplerinin önderi, daha önce Amiral gemisi kaptanı olan Kumandan Nasuhzâde Ali'ye –ululuğu, şanı artsın– ulaşacak yüce buyruğum şöyledir: Senin denizcilikteki ustalığın ve kaptanlıkta bulunduğun sürede*

❆ Büyük Demirkazık Dağı kuzey duvarında tırmanırken.

gösterdiğin çalışma gayretin ve bana olan sadakatin herkes tarafından kabul edilmiştir. Yetki ve beceriklilik bakımından senden önce görevde olan kişiye üstünlüğün ise tartışılmazdır. Amiral gemisi kaptanlığı rütbesinin sana verilmesi konusunu, kanun ve düzen üzere hareket eden vezirim Amiral Abdullah Paşa -Allah, ululuğunu devamlı kılsın- bana bildirerek seni tavsiye etmiştir. Hükümdar sıfatıma yakışacak şekilde sana yardım ve merhamet ederek, bin iki yüz otuz dört (1234) senesi kutsal Ramazan ayının yirmi ikinci gününde (22 Ramazan 1234/15 Temmuz 1819) karşılık beklemeden gösterdiğim iyilik ve hediyelerle şeref bulan bu fermanım gereğince, Amiral Gemisi kaptanlığı görevi maaşı ile bir kısım erzakın sana verilmesine karar verilerek, ... (isimli kişi), sana bunu bildirmek üzere görevlendirilmiştir. Bu yüce fermanım ve vezirim Abdullah Paşa'nın ricası gereği, adı geçen Amiral Gemisi kaptanlığı görevi için verilecek maaş ve erzakın belirtilen tarihten itibaren kullanım hakkı sana aittir. Bu şerefli belgeye güvenip dayanasın. Bin iki yüz otuz dört senesi Ramazan ayının yirmi ikinci günü yazılı olarak bildirilmiştir.

Özellikle Avrupa ülkeleri ve Rusya'nın kışkırtmalarıyla Mora ve Arnavutluk bölgesinde Osmanlı Devleti'nden ayrılarak bağımsızlıklarını kazanmak üzere siyasi bir örgüt içinde teşkilatlanan Rumlar, 1814 yılında Rusya'nın Odessa kentinde Emmanuel Ksanthos, Nikolaos Skufas ve Athanasios Tsakalof adlı üç tüccar önderliğinde Filiki Eterya Derneği'ni kurarlar. Bunların ardından, Tepedelenli Ali Paşa da yine bu bölgede oğullarıyla birlikte bağımsız bir devlet kurma aşamasına gelir. Ali Paşa'nın Yanya Valiliği görevinden azledildikten sonra başlattığı isyan hareketini ve Rum korsanların faaliyetlerini bastırmak üzere önce

Kaptan-ı Derya Nasuhzade Ali Paşa

Yanya Seraskeri Hurşit Ahmet Paşa, ardından Nasuhzâde Ali Paşa, Tepedelenli'nin üzerine gönderilir. Preveze ve Nadra sularında oldukça zorlu geçen deniz manevraları neticesinde tüm donanmayı birleştirip Serasker tayin olunan Ali Paşa'ya (5 Muharrem 1237/2 Ekim 1821), âdet gereği padişah tarafından bir top ala samur ve 100 kese harçlık hediye edilir.

Bu görevi aldıktan bir süre sonra Kaptan-ı Derya Ali Paşa, 1822 yılında Sakız Adası'nda çıkan Rum isyanını bastırmak ve Müslüman ahaliyi kurtarmak için Sultan II. Mahmud tarafından görevlendirilir. Donanmayı toplar, Ege Denizi'ne iner ve isyanlara müdahale eder. Adadaki isyan hareketi tamamıyla bastırıldıktan sonra hiç beklenmedik bir anda Rumlar, Konstantin Kanaris adlı gözü pek bir isyancının başında bulunduğu bir saldırıyla Osmanlı'nın *Amiral Gemisi*'ni yakmayı başarırlar. Osmanlı Devleti, siyah yelkenli, içinde yanıcı ve patlayıcı maddeler doldurularak ateş kayığına çevrilmiş bir sandalla yapılan bu beklenmedik saldırıda *Amiral Gemisi*'ni kaybeder. Kaptan-ı Derya Ali Paşa, gemisini kurtarmak için mücadele ederken şehit düşer. Mezarı Sakız Adası'ndaki kalenin içindedir.

Mezar taşındaki kitabede şunlar yazılıdır:

Kaptan-ı Derya Ali Paşa'nın mezartaşı kitabesi

Bâki kalan Allah'tır
Denizin efendisi; şerefli, kutsal donanmayı şereflendiren
Vezirlik makamının güzelliğini artıran, eşsiz, benzersiz inci tanesi
En yüksek doruğun yiğidi, meşhur at binicisi
Câfer-i Tayyâr'ın kahramanlığı gibi ikinci Tayyâr, deniz ilminde tek
Yüreklilik meydanının aslanı, itibarlı bir vezir
Deniz gibi engin gönüllü, doğru yol tutan
Nasuhzâde Ali Paşa
Din ve devlet hizmetinde ömür sermayesini harcayıp
Vezirlik mevkiiyle; artıp çoğalan üstünlüğü buldu
Sakız önünde demirli iken
Gemisini hileyle, alçak Rum ateşe verip
Hakikaten, dünyada arzularına kavuşmuş olarak, huzur içinde ölmeden
Ecel şerbetini dağıtan, ümitsiz ecel kadehini
Ali Paşa'nın eline sundu
Fürûğî o zamanda vefat tarihini yazdı
Ali Paşa gemisiyle can verip şehîd oldu
Sene 1237 Şevval ayının ilk günü **(21 Haziran 1822 Cuma)**

Kaptan-ı Derya Ali Paşa'yı şehit eden *Kanaris*, ülkesinin bir milli kahramanıdır ve ileride ülkesinde Bakan seviyesine kadar yükselir. Sakız Adası'nın en büyük meydanının en büyük heykeli, bu olayın anısına dikilen asi *Kanaris*'in heykelidir.

Kaptan-ı Derya Ali Paşa, benim büyükbabamın büyükbabasının babasıdır. Ateşte yanmış anlamına gelen Mahrukizade lakabı, 1934 yılından bu yana da Mahruki soyadı, bu olaydan sonra ailemizde şerefli bir miras olarak bugüne dek taşınmış. Bu elim olay neticesinde şehit düşmeseymiş, Kaptan-ı Derya Ali Paşa'nın isyanları bastırmak için Çeşme'de hazırlanmakta olan diğer askerleri Sakız'a geçirdikten sonra Mora'ya gönderilmek üzere görevlendirildiğini tarihi belgelerden öğreniyoruz. Allah hepsine gani gani rahmet eylesin, ruhları şad olsun...

http://www.nasuhmahruki.com/files/kaptan-i_derya_ali_pasa.doc internet bağlantısından Kaptan-ı Derya Ali Paşa hakkında daha fazla bilgi bulabilirsiniz.

Kaptan-ı Derya Ali Paşa ve maiyetindekiler, sahte Avusturya bayrağı çekmiş Rum asileri fark edememişler. Şüphelenmişler, ancak yine de Avusturya bandıralı geminin yaklaşmasına izin vermişler. Sahte bandıralı gemiyle Osmanlı Donanması'nın içine girerek donanmanın durumu hakkında bilgi toplayan isyancılar bu saldırıyı çok iyi planlamışlar.

Unutmamak gerekir ki; su uyur, düşman uyumaz. Yaşamda bazen hileler, aldatmacalar, ihanetler, haksızlıklar, pusular ve tuzaklar da vardır. Size düşen bunları da aşmanın bir yolunu bularak hedefinize ulaşmaktır. Hedefinize ulaşmayı başarırsanız cesaretinizin bir anlamı olur. Büyük mücadelelerde bahanelere yer yoktur, sadece sonuçlar vardır.

Dünya okyanusta karşılaştığınız fırtınalarla değil, gemiyi limana getirip getirmediğinizle ilgilenir.

Xentius

Hiç korkmamak demek, karşınızdakinin size hiçbir zarar veremeyeceğine emin olmak demektir. Bunun ne kadar gerçekçi olduğuna iyi bakmak gerekir. Ne olursa olsun cesaretiniz tedbir almanıza engel olmasın. Bu yaşamda hiçbir şeyi ve hiç kimseyi küçümsemeyin, hele rakibinizi asla...

Rakibinizi asla küçümsemeyin!

Atatürk'ün dediği gibi; *Yolunda yürüyen bir yolcunun yalnızca ufku görmesi yetmez, ufkun ötesini de görmesi ve bilmesi gerekir.* Zararlı sonuçları olabilecek süreçlerde gevşek davranmak ve gardınızı düşürmek felakete davetiye çıkarmaktır. Yaşamda herkese ve her şeye hak ettiği şekilde yaklaşmak gerekir, özellikle de riskli ve tehlikeli süreçlere.

RİSKLERİ YÖNETİN

İçimizdeki potansiyeli keşfederek kendimizi gerçekleştirebilmek ve fark yaratabilmek için, bilinçli ve dikkatli kullandığımız takdirde, sonucu olağanüstü ölçülerde değiştirebilecek kadar güçlü bir kaldıraç var yaşamın içinde. Bu kaldıraç yerinde ve kararında risk almaktır.

Bu noktada şu saptamayı da sizlerle paylaşmak istiyorum:

> **Başarılı ve başarısız insan arasındaki fark, birinin diğerinden daha kapasiteli veya daha iyi fikirlere sahip olmasında değil, çoğu zaman kişinin fikrinde iddialı olması ve onun üzerinde hesap edilebilecek bir riski göze alma cesaretini taşımasındadır.**
>
> Maxwell Maltz

Buradaki kilit kavram; hesap edilebilecek riskleri alabilmektir. Hedeflerimize ulaşabilmek için, rekabet avantajı elde etmek

❄ Everest Dağı'nda dik bir buzul etabında.

Zirveye ölçülebilir risklerle ulaşmak

Plazalarda da 8 bin metrede de zirveye giden yol aynı. AKUT'un kurucusu ve yöneticisi Nasuh Mahruki, bu zorlu yolun gereklerini anlattı

ve fark yaratabilmek için planlı, bilinçli, kontrol edilebilir ve yönetilebilir bir şekilde bazı riskleri üstlenmemiz gerekir. Risk almak, riske girmek demek, kumar oynamak veya zar atmak demek değildir. Hedefimize ulaşmak için aşmamız gereken yollarda karşımıza çıkabilecek riskleri, kendi yeteneklerimize göre ölçmeye, kontrol etmeye ve yönetmeye çalışmaktır. Risk yönetimi en geniş anlamıyla bizi tehdit eden her türlü zararın ve kaybın kontrolü anlamına gelir. Bunu da riskin doğasındaki belirsizlikleri kendi lehimizde azaltmaya çalışarak yaparız. Risk yönetiminin özünde, sonuçlarını kontrol edebildiğimiz alanları artırmak, sonuçlarını kontrol edemediğimiz ve sebep sonuç bağlantısını bilemediğimiz alanları ise azaltmak vardır.

Bazı kaynaklar nedense, riske girmenin cazibesini yapılan eylemin önünde değerlendirirler. Bu bakış açısını hiçbir zaman anlayamadığımı itiraf etmeliyim. Çocukluğumdan bu yana, içinde bulunduğum gruplarda her zaman diğerlerinden daha kolay ve daha fazla riske girebilen bir yapıda oldum. Ancak bugüne dek üstlendiğim risklerin hiçbiri o riskin kendisi için değildi. Çeşitli süreçlerde, çeşitli seviyelerde riskler almamın tek sebebi, ulaşmak istediğim yere gidebilmek için yolun üzerindeki tehlikeleri de aşmak zorunda kalmamdı. Dağlara tırmanmak gibi, mağaralara girmek gibi, motosikletle uzaklara gitmek gibi sevdiğim şeylere ulaşabilmek için onlarla ilişkili riskleri de kabullenmem gerekti, ben de bu sporları çok iyi öğrenerek risklerin gerçekleşme olasılığını en aza indirmeye çalıştım. Sevdiğim sporları yapmaktan vazgeçip farklı bir seçim de yapabilirdim elbette, ama o başka bir hayat olurdu.

Everest'te İlk Türk adlı ikinci kitabımın en başında, beyaz bir sayfanın ortasında şu cümle yer alır:

Herkes bilmek ister, ancak pek azı bedelini ödemeye hazırdır.

Elbette ki herkes hayalindeki hedeflere ulaşmak ister, başarılı olmak ister, lider olmak, güçlü olmak, kazanmak ister. Burada önemli ve sonucu belirleyici olan şey, bu isteklerimize ulaşmak için gereken bedeli (maliyeti) karşılamaya hazır olup olmadığımızdır. Kendimize her seferinde bu soruyu da sormalıyız ve cevabından emin olmadan yola çıkmamalıyız. Ben tutkularımın ve hayallerimin karşılığını ödemeye her zaman hazır oldum. Bu içsel hazırlık, geleceğin belirsizliğinden kaynaklanan korkuları aşmayı kolaylaştıracaktır. Korkularınızı ne kadar yenerseniz o kadar özgür olursunuz, ne kadar özgür olursanız hayatla da o kadar uyumlu olursunuz.

Başarılı insanların kontrollü riski göze almalarını sağlayan şey, hedefleriyle ilgili net ve açık bir vizyonlarının olmasıdır.

Kendimizi tanımanın önemine değinirken, kendimizle ilgili belirli bir farkındalığa ulaştıktan sonra doğru hedefler seçerek hedef odaklı hareket etmeye vurgu yapmış ve hedeflerin motivasyon için temel oluşturduğunu ve davranışlarımızı yönlendirdiğini söylemiştik. Aynı şekilde hedef odaklı hareket eden, hedefleriyle ilgili açık ve net bir bakış açısına sahip olan insanlar kontrollü risk üstlenebiliyorlar ve bu da sonuçta başarılı olma olasılığını diğerlerine göre daha fazla artırıyor.

Dağcılık gibi çeşitli tehlikeler içeren bir doğa sporunda bu risklerin kabul edilmesinin sebebi, karşılığında yaşanacak olan güzellikler, duygular ve tatmindir. Zorlu, heyecanlı ve keyifli bedensel ve ruhsal bir etkinlik yaşamanın getirdiği mutluluk, heyecan, coşku, hele bir de içinde doğanın tanrısal güzellikleri olursa, bazıları için pek az şeyle kıyaslanabilir.

Dağcılıktaki ve doğa sporlarındaki kurallar acı tecrübelerle, kazalarla, yaralanmalarla ve ölümlerle geliştirilmiştir. Bir diğer deyişle doğadaki kurallar kanla yazılmıştır. Bu nedenle risk yönetimlerinde ve risk almada bu tür kuralları dikkate almanın yaşamsal önemi vardır. Özellikle seçilmiş bir hedef olmadığı sürece en kısa rotayı değil, en az tehlikeli rotaları seçmek gerekir. Burada genel kural gereksiz ve bir faydası olmayacak risklerden uzak durmaktır.

Asla gereksiz risk alma.

Hedefimize ulaşabilmek için izlenecek yolun ve ilgili tüm koşulların içerdiği riski kendimize göre bir ölçü ve anlayışla değerlendiririz. Bütün bu riskler, risklerin bileşkesi ve olası sonuçları, bizim için hedeflediğimiz şeye değerse, bu riskleri üstleniriz. Gerçekleştirmek istediğimiz şeyi başarabilmek için yeteri kadar güç ve çaba, yeteri kadar özveri ve gayret gösteririz ve yeteri kadar da risk alırız. Her şey iyi gider ve risk sadece bir olasılık olarak kalıp gerçekleşmezse, sonuçta arzu ettiğimiz tatmini, başarıyı, mutluluğu yaşarız ki zaten istediğimiz de budur.

Bazen arzu ettiğiniz hedef için ortaya koyduğunuz emek ve göze aldığınız risk, hedefi karşılamakta yetersiz kalır. O şartlarda daha fazlasını yapmayı da tercih etmediğiniz için karşınızdaki tehlikeyi ve zorlukları göze almazsınız ve *bir dahaki sefere daha uygun koşullarda* diyerek geri dönersiniz.

Arzu edilen hedefle, hedefleyen arasındaki ilişki de son derece özneldir ve üstlenilecek riskin değerlendirilmesinde en önemli belirleyicidir. Birimiz için çok anlamlı, çok önemli ve olmazsa olmaz olan, bir diğerimiz için öyle olmayabilir. Aldığımız her riskin ve sonuçlarının, uzun dönemli hedeflerimizle olan etkileşimini de mutlaka göz önünde bulundurmalıyız. Önemli olan neyi, neden, ne kadar ve ne zaman istediğimizi ve bunun için ne kadar fedakârlığı göze alabileceğimizi çok iyi belirleyebilmektir.

Ruslar, Amerikalılarla giriştikleri uzaya hâkim olma mücadelesinin emekleme dönemlerinde, olağanüstü fedakârlıklar, büyük çabalar ve üstlendikleri yüksek riskler sonucunda, 12 Nisan 1961 tarihinde *Yuri Gagarin*'i uzaya çıkan ilk insan olarak keşifler tarihine yazdırdılar. *Gagarin* 1 saat 48 dakika uzayda kaldı ve dünyanın yörüngesini dolaşan ilk insan olarak tarihe geçti. Bu başarının bedeli, bu erken uzay denemelerinde, bir anlamda kendini feda eden Rus kozmonotların hayatı olmuştu. Çok sayıda kozmonot uzaya ulaşma mücadelesi yolunda hayatını kaybetmişti. Bu, Amerikalıların ve Amerikan kültürünün o günler için kabul edemeyeceği kadar yüksek bir riskti. Ruslar her şeyi göze alarak, o birkaç yılda birbirinin peşisıra başarısızlıkla sonuçlanan hayvanlı ve insanlı deneylerine büyük bir cesaret ve kararlılıkla devam ederken, Amerikalılar maymunlar ve köpeklerle aynı yarışı kazanmaya çalışıyorlardı ve uzaya çıkan ilk insana sahip olma onurunu sonsuza dek Ruslara kaptırdılar. Bu yenilgiye karşılık olarak Başkan *John F. Kennedy*, 1960'ların sonunda Amerikalıların Ay'a ilk ulaşan ülke olacakları sözünü verdi ve muazzam bütçelerin desteklediği bir programla 1969 yılında *NASA* bu sözü yerine getirdi.

Unutmamalıyız ki;

Riske girmeden başarı olmaz.

Özgürlük tutkusunu yaşam tarzına dönüştüren Nasuh Mahruki'yi azmi ve kararlılığı zirvelere taşıyor.

RİSKİ GÖZE ALMAYAN BAŞARILI OLAMAZ

Böyle bir yolu seçerseniz, yüreğinizi ve beyninizi koyarsanız bu yolda istediğiniz kadar da ilerleyebilirsiniz ama tabii doğru hedef seçmek gerekir.

Akademist, sayı 1

Ancak burada hemen eklememiz gereken çok önemli bir konu daha var; risk yönetimini kendimizi çok iyi tanıyarak yapacağız. Risk ve risk algısı son derece öznel bir konudur, aynı zaman ve mekân içinde, aynı süreç ve olgular bile tamamen kişisel yeteneklere, donanıma, beklentilere ve hedeflere göre farklılıklar gösterebilir. Bir örnek vermek gerekirse; ben profesyonel bir dağcıyım, hayatında ilk defa yüksek bir dağa kışın giden bir grupla, örneğin *Ağrı* Dağı kış tırmanışında karşılaşacak olsak, *Ağrı* Dağı'nın o andaki kış şartlarının risklerini benim algılama şeklimle, ilk kez bu tür bir tırmanışı deneyen dağcıların aynı yerde ve aynı şartlardaki riskleri algılama şekli ve bu risklerin üzerimizdeki etkileri farklı olacaktır.

Üstlendikleri risk açısından, sabahın 03:30'unda topuklu ayakkabıları ve gece kıyafetiyle bir kadının yalnız başına Beyoğlu'nun karanlık arka sokaklarında yürümesiyle, 1,90 boyunda, yapılı, genç bir adamın yürümesi aynı şey değildir. Aynı mekân, aynı zaman, aynı şartlar olmasına rağmen farklı özelliklerdeki iki kişinin o sokaklarda yürümekle üstlendiği risk farklıdır ve risk gerçekleştiği takdirde sonuçları da farklı olur.

Risk algısı tüm kararlarımızı doğrudan etkiler. Burada anlaşılması gereken en önemli konu, kendimizi ve yeteneklerimizi tanıma konusunda kendimize karşı açık, içten ve dürüst davranmak olmalıdır. Kendimizi ne abartmalıyız ne de küçümsemeliyiz. Özellikle riskli süreçlerle olan ilişkilerde, kişinin kendini şu veya bu sebeple, bilinçli veya bilinçsizce kandırması ve yanlış yönlendirmesi istenmeyen sonuçların doğmasına yol açabilir.

Türk siyaset hayatında riskli süreçleri ve risk algısını yanlış yönetmenin sayısız örneği mevcuttur. Özellikle belirli konuma gelmiş siyasilerin etrafında nemalanmak için bir araya gelen dalkavuk kitle, liderlerini memnun edecek ancak gerçek hayattaki verilerden çok farklı bilgiler taşırlar. Bu son derece sağlıksız filtre mekanizması da liderlere hatalar yaptırır. Öyle ki kendilerine ulaşan doğru ve güvenilir olduğunu zannettiği verilere dayanarak kararlar alan, söylemler geliştiren, hamleler yapan siyasi liderler, süreç içerisinde gerçeklerden kopuk hale geldikleri için kritik hatalar yaparlar. Oysa bu hataların sebebi, kararlarında kullandıkları bilgilerin yanlış, eksik ve nesnel olmayan yaklaşımlar üzerine kurulmuş olmasıdır. Bu nedenle risk yönetimi süreçlerinde kendi kapasitemizi, donanımımızı, imkân ve kabiliyetlerimizi hem doğru şekilde tanımalı hem de kendimizi kandırmamalıyız.

Son yıllarda kamu kurumlarında ve özel sektörde yöneticilerin doğru, etkin ve hızlı kararlar alabilmelerine yardımcı olmak için geliştirilen karar destek sistemleri, profesyonel yaklaşımları sayesinde bu zafiyeti önemli ölçüde bertaraf edebilmektedir.

Riskle ilgili şu saptamayı da sizle paylaşmak istiyorum:

İçinde bir araç olan bütün insan faaliyetleri ve karmaşık süreçler belirli oranda risk içerir.

Dolayısıyla risk hayatımızda zannettiğimizden daha fazla yer alır. Bazıları riski ve riskli süreçleri kumar oynamak veya zar atmak gibi tamamen şansa, kısmete bağlıymış gibi değerlendirip, uzak durulması gereken bir şey gibi algılar. Halbuki risk yaşamın içinde hayatımızın her alanında yer alır. Sabah yatağımızdan kalktığımız andan itibaren gün boyu pek çok riskli süreçle karşı karşıya kalırız. Ancak bunların çoğunu fark etmeyiz bile. Yaşamın içinde belirli bir düzen ve akışla her şey birbiri ardına gelişir ve aslında bize zarar verebilecek pek çok şeyi fark etmeden, ama gerekli önlemleri yaşamın kendi doğallığı içerisinde alarak, bu riskli süreçlerde herhangi bir zarara uğramadan hayatımızı sürdürürüz.

Sabah ocağı yakıp çay veya kahve için su koyduğumuzda doğal gazla, tüp gazla veya elektrikle ilgili riskler ortaya çıkar. Dışarı çıkıp trafiğe karışıp işimize, okulumuza giderken trafikle ilgili riskler hayatımıza girer. Bunların birçoğu gündelik hayatımızda süreklilik arzettiği için bu tür risklerin ve onlara karşı yaşamın doğal akışı içerisinde aldığımız önlemlerin farkına varmadan, onlarla son derece uyumlu bir şekilde hayatımızı sürdürürüz.

Çoğumuzun rahatlıkla yaptığı veya yapabileceği, kolay bir etkinlik olarak değerlendirebileceğimiz bisiklete binmek bile kendi içinde belirli riskleri olan bir eylemdir aslında. Ancak bu riskleri bertaraf edebilmek ve güvenli bir şekilde bisiklete binebilmek için birtakım hazırlıklar yaparız; bisikletin kadrosunu boyumuza uygun seçeriz, selesinin yüksekliğini, zincirinin gerginliğini ve yağlanmasını ayarlarız, viteslerinin düzgün çalışmasını kontrol ederiz, lastiklerin havasına bakarız, kaskımızı takarak trafiğe çıkarız ve elbette ki trafik kurallarına uyarız. Böylece aslında bize zarar verebilecek bir potansiyele sahip olan bisiklete binme eylemini, gerekli hazırlıkları yaparak ve önlemlerimizi alarak, risklerinden endişe etmeden gayet rahat, güvenli ve keyifli bir şekilde gerçekleştiririz.

Hayatımızdaki birçok konu da böyle aslına bakarsanız. Bazılarıyla çok iç içeyiz, dolayısıyla onların nasıl bir risk içerdiğini hissetmiyoruz. Uzak olduklarımıza da dikkatli yaklaşıyor veya uzak duruyoruz, çünkü bunları açık olarak riskli diye görüyoruz. Oysa riskle ve riskli süreçlerle ilişkimizi daha sağlıklı bir hale getirebiliriz. Başarının sırrı biraz da buradadır. Örneğin fark yaratma konusunda çok önemli bir yetenek olan girişimcilik, öncelikle bir risk alma becerisidir.

Riski şu şekilde tanımlayabiliriz:

Risk, meydana gelebilecek zararlı bir olayın sonuçları ve oluşma olasılığının bileşkesidir.

Bir diğer deyişle risk, gerçekleşmesini istemediğimiz bir olayın şiddeti ve onun meydana gelme olasılığının bileşkesidir. Olasılıklardan bahsettiğimizde işin içine matematik girer, o zaman bunu hesap edilebilir, kontrol edilebilir ve yönetilebilir bir süreç olarak değerlendirebiliriz.

Riske girmek hareket ürettiği, hareketler de sonuçları değiştirdiği ve çoğu zaman geliştirdiği için risk almak çok önemlidir. Sınırlarımızı daha iyi tanıyacağımız için hangi özelliklerimizi geliştirmemiz, hangilerine daha fazla eğilmemiz, hangi alanlara yakın hangi alanlardan uzak durmamız gerektiğini de öğreniriz. Bu özfarkındalık, özgüvenimizi ve umutlarımızı da besler ve sonuçlarımızı geliştirir. Büyüme, ilerleme ve gelişme önemli oranda risk alma kapasitemize de bağlıdır. Bu anlamda risk alma kapasitemizi geliştirmek sonuçlarımızı da geliştirecektir.

Risk almamak ise, potansiyelimizi atıl kapasitede bırakacağı için gerçekte en büyük risk olacaktır. Unutmamalıyız ki, her zaman yaptığımız şeyleri yaparsak yine her zaman elde ettiklerimizi elde ederiz. Oysa yaşam muazzam bir diyaletikle kurulmuştur ve yavaşlığa, durağanlığa, çekingenliğe, pısırıklığa, değişime direnmeye doğanın hoşgörüsü yoktur.

Risk alma kapasitemizi, dikkatli bir şekilde güvenlik alanımızın dışına çıkarak genişletebilir ve geliştirebiliriz. Bunun için her zaman ve her yerde mükemmel ve hatasız olmak zorunda olmadığımızı kabul ederek işe başlayabiliriz. Kendimizi cesaretlendirip endişenin, korkunun ve stresin yerini hayatımızda azaltarak ve değişimden korkmadan, onun da ötesinde değişimi bizzat yaratarak, harekete geçmemiz gereken konularda küçük küçük ve kontrollü riskler üstlenebilmeliyiz. Bunların üzerimizdeki etkilerini ve sonuçlarını anlamaya ve yorumlamaya çalışarak, karşılaştığımız olaylarda risk alma ve yönetme kapasitemizi deneyerek ve öğrenerek geliştirebiliriz. Bu süreçte olumlu düşünmek her şeyi daha kolaylaştıracaktır.

OLUMLU DÜŞÜNCENİN GÜCÜNÜ KULLANIN

Risk her zaman korkuyla iç içedir. Başarısızlık, kaybetme, zarara uğrama, ayıplanma ve benzeri korkular riskli süreçlerle birlikte gelir. Korku ise geleceğin olumsuz bir vizyonudur. Riski ve riskli süreçleri sağlıklı bir şekilde yönetmek istiyorsak, hem riskin hesap edilebilir ve yönetilebilir tarafını seçim ve kararlarımızla en iyi şekilde kontrol etmeli ve bizim için kabul edilebilir seviyede tutmalıyız hem de riskle birlikte gelen korkularımızı ve endişelerimizi de zihnimizden uzak tutmayı başarmalıyız. Korkulardan arınmış, özgür ve kendine güvenen bir zihin, sınırsız bir enerji ve güç kaynağı haline dönüşür.

Ancak unutmamalıyız ki, fiziksel planda üç boyutlu ve doğrusal zaman kavramıyla birlikte gerçekte dört boyutlu bir dünyada yaşıyoruz. Bu dünyada önce tedbir ve gayret sonra tevekkül gelir. En iyisi, hem elimizden geldiği kadarıyla tedbir almak ve gayret göstermek hem de tevekkül etmektir ve böylece hem maddi hem de manevi planda süreçleri kontrol etmeye çalışmaktır.

❁ 12 Kasım 1999 Düzce depreminde bir kurtarma çalışmasında.

Gandhi, insanı yaşam içinde dikkatli olmaya davet eder, ama önce söylediklerimize ve düşüncelerimize dikkat etmemizi önerir.

Söylediklerinize dikkat edin düşüncelere dönüşür,
Düşüncelerinize dikkat edin duygularınıza dönüşür,
Duygularınıza dikkat edin davranışlarınıza dönüşür,
Davranışlarınıza dikkat edin alışkanlıklarınıza dönüşür,
Alışkanlıklarınıza dikkat edin değerlerinize dönüşür,
Değerlerinize dikkat edin karakterinize dönüşür,
Karakterinize dikkat edin kaderinize dönüşür.

Gandhi

Yarım bardak suyun miktarını ölçerken, yarısı dolu veya yarısı boş olarak yorumlamak tamamen kişisel bir tercihtir. Bardakla veya suyla değil bizim hayatı algılama biçimimizle ilgilidir, üzerimizdeki etkisi ve sonuçları da buna göre olur. Hayata olumlu duygularla, olumlu bir bakış açısıyla ve yapıcı bir ruh haliyle yaklaşmak beraberinde olumlu çağrışımlar getirir. Olumlu çağrışımlar da olumlu adımlar ve olumlu sonuçlar üretir, elbette bunun tam tersi de doğrudur. Bu nedenle, zihninizde kurduğunuz cümlelerde bile hep olumlu çekimleri tercih edin. Bir şeyi istemiyorum, bu şey olmasın düşüncesi yerine, olmasını istediğiniz şeyi, olmasını istediğiniz şekilde düşünün, dile getirin. Düşüncelerinizde ve söylemlerinizde bile olumsuz çekimleri kullanmamaya çalışın. Olmasını istediğiniz şeyleri olmasını istediğiniz şekilde zihninizde yönlendirin.

İyimserlik elbette ki her zaman kazanmanıza yetmez, ama her zaman sizi daha kolay ayağa kaldırır ve kısa sürede tekrar işe koyulmanızı sağlar. Yaralarınızı daha çabuk iyileştirir ve kendinizi daha çabuk toparlamanıza yardımcı olur. İyimserlik, işler kötüye giderken bile size daha fazla direnme gücü verir. İyimserlik ve her şeyin daha iyiye gideceğine inanç, size bu çok değerli kabiliyeti kazandırır.

Hayatımın en zorlu ve tehlikeli, kritik süreçlerde karar verme zorunluluklarımı ne Himalayalar'da, ne Karakurum Dağlarında, ne Antarktika'da, ne de dünyanın uzak bir köşesindeki zorlu hedeflerimde yaşadım. Hayatımın en zor kararları, hep başkalarının hayatıyla ilgili vermek zorunda kaldığım kararlardı. Şükürler olsun ki bunlarda ciddi sonuçları olabilecek bir hata yapmadım.

Arama ve kurtarma çalışmalarında temel bir kuralımız vardır. Özellikle altın saatler veya altın günler olarak kabul ettiğimiz, kazazedelerin yaşama şansının en yüksek olduğu süreçte, kendisi veya cenazesi bulunana kadar herkesi canlı kabul ederiz. Bu nedenle her zaman hızlı, verimli ve doğru çalışmamız gerekir. Çünkü bazen birkaç saatlik süre bile pek çok şeyi değiştirebilir. İyi yönde de kötü yönde de...

17 Ağustos 1999 Marmara Depremi'nde, bölgeye yayılan ekiplerimizden Gölcük'te çalışan AKUT ekibinin başındaydım. Gölcük'te 35 saatlik çok zorlu bir uğraşıdan sonra, üzerine yıkılan 5 katlı bina enkazını kaldırıp altından çıkardığımız Doğuhan adlı çocuğu kurtarmak için kendimizi parçalarcasına çalışmamıza rağmen bir türlü sonuca ulaşamadığımız kurtarma operasyonunda artık son hamleyi deneme sırası geldiğindeki duygularımı, depremden sonra yazdığım bir yazıda aşağıdaki şekilde ifade etmiştim.

Sağ bacağının üzerindeki betonu ve sıkıştıran koltuğu boşlamak için yandan mümkün olduğu kadar açmaya çalışıyoruz. Stratejiler konusunda farklı düşünceler çıkıyor; Ruslar sağ bacağı sıkıştıran kolonu da komple açmamız gerektiğini savunuyorlar. Bu çalışma en az 6 saat sürer ve ne bizim ne çocuğun 6 saat daha dayanacak gücü yok. Doğuhan'la birlik-

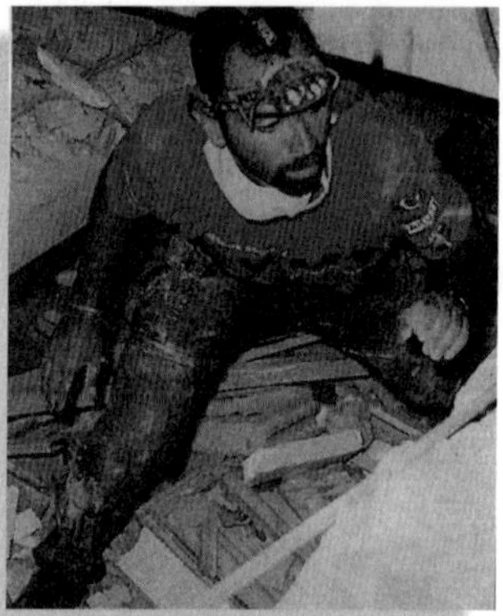

17 Ağustos depreminde enkazlarda çalışırken

te geçirdiğim 30 küsur saat boyunca, bir iki kez elimi sağ bacağının sıkıştığı yere zorlayarak, hatta biraz da canını yakarak sokmuş ve topuğuna kadar ulaşmıştım ve çekilirse gelecek durumda olduğuna inanıyordum. Eğer çocuk gelmezse neler olabileceğini düşünmek bile istemiyorum, hatta gelmeyeceği olasılığının varlığını kendi aklımda bile kabul etmeyi reddediyorum.

YERYÜZÜ GÜNCESİ, s. 253

Biz o şartların son derece kısıtlı imkânları altında yapılabilecek her şeyi yapmış, elimizden gelen tüm gayreti de göstermiştik. Ama sürecin içinde göremediğimiz için kesin olarak emin olamadığımız ve bütün her şeyi mahvedebilecek bir belirsizlik vardı. Çok dar bir tünelde sıkışmış olan Doğuhan'ın sağ ayağının da iki beton kütlenin arasında kalıp kalmadığı, o kadar çalışmaya rağmen göremeyeceğimiz bir yerdeydi ve nihai karar sürecimiz bu belirsizlikte kilitlenip kalmıştı.

Bütün yaşadığımız süreci, içinde bulunduğumuz durumun zorluklarını ve çocuğun artık daha fazlasını kaldıramayacak hale gelmesini göz önünde bulundurarak ve yanılmıyor olmam için dualar ederek bu riski almamız gerektiğine karar verdim. Diğer enkazlarda da bizi bekleyen başkalarının olduğu düşüncesini aklımızdan bir an bile çıkarmadan, o şartlar altında gerçekleştirilen bir kurtarma operasyonunda yapılabilecek ve denenebilecek her şeyi yapıp, son hamleye girişmeden önce, bacaklarını açmayı başardığımız halde, Doğuhan'ın sağ ayağının da binanın enkazı altına sıkışmış olma olasılığını aklımda, zihnimde, düşüncelerimde, duygularımda bile yok ettim. Ve böylece korkularımı yenerek o son hamleyi deneyebilecek cesareti buldum. Oldukça cesur, biraz da cüretkâr bu son hamleyle, Doğuhan'ı o gün o enkazın altından tek parça çıkarmayı başarmıştık. Ancak ne yazık ki, uzun süren ezilme sendromuna bağlı gelişen travma nedeniyle, iki bacağını da kaybetmesini hastanede engelleyemediler.

AKUT 10. yıl kutlamalarında, Gölcük'te kurtardığımız sevgili Doğuhan Özer'le birlikte

Doktorlar çocuğa sakinleştirici ilaçlar veriyorlar. Son hamle acı verici olacak. Artık bunu denemeye hazır olduğumuza karar verince de Ali tünelin içine girip Doğuhan'ın beline sarılıyor, ben de onun bacaklarına, 4 kişi de benim bacaklarıma sarılıyor. 5 kişi yukarıdaki ip sistemini yavaş yavaş çekerek yatağı havaya kaldırıyor ve sol bacağı açıyor. Biz de hep birlikte yüklenerek çocuğu yavaş yavaş çekmeye başlıyoruz ve mucize gerçekleşiyor. Sağ bacağı sıkıştığı yerden kurtuluyor ve Doğuhan santim santim dışarı doğru kaymaya başlıyor. Birkaç dakika sonra da tamamen dışarı alıyoruz. Derhal doktorlar alıp ambulansa bindiriyor ve hızla hastaneye doğru yola çıkıyorlar.

Rus kurtarmacılar, AKUT Ekibi, izleyen vatandaşlar, büyük bir coşkuyla hepimiz birbirimize sarılıyoruz ve tebrik ediyoruz. Gerçekten de çok zor bir iş başardık. Tam 35 saat süren bu son derece zorlu kurtarma operasyonunu başarabildiğimiz için hepimiz çok mutluyuz. Kendi hesabıma, bu çocuğun hayatı için ortaya koyduğum fiziksel ve duygusal mücadeleyi herhalde pek az şey için yaptım, yapmak zorunda kaldım. Tırmandığım en zorlu ve riskli dağlarda bile bu ölçekte bir psikolojik sorumluluk ve gerilim yaşamadım. Beş gündür yalnızca 6 saat uyudum ki, artık ayakta bile zor duruyorum. Şu anda tek istediğim biraz uyumak, ben uyurken birilerinin enkaz altında can veriyor olduğunu bile bile...

YERYÜZÜ GÜNCESİ, s. 254

Doğuhan bugün 29 yaşında, TÜBİTAK Uzay Teknolojileri Araştırma Enstitüsü'nde Elektronik Teknisyeni olarak çalışıyor, Anadolu Üniversitesi Kamu Yönetimi birinci sınıfta okuyor ve Ankaraspor Tekerlekli Sandalye Basketbol Takımı'nda oynuyor. Özel günlerde bizi aramayı da ihmal etmiyor. O gün o kararı yalnızca aklım ve mantığımla değil, sezgi ve duygularımla da vermiştim, iyi ki de vermişim...

Unutmamalıyız ki;

Bu dünyada hiçbir devlet, hiçbir kurum, hiçbir kişi sınırsız kaynaklara sahip değildir. Dolayısıyla her yapı eldeki seçeneklerden kendisi için en uygun olanını seçip ona odaklanmak ve onunla ilgili gerekli riskleri göze almak zorundadır.

Riskler elbette ki biraz da cesaretle yönetilir ancak risk yönetimi, hiçbir zaman için kumar oynamak veya zar atmak olarak düşünülmemelidir. Riski yönetmek demek, toplam riski meydana getiren bileşenlerin risklerini yönetmek ve bu sayede riskli süreçler üzerinde belirli bir kontrol gücüne sahip olmak demektir. Riskleri elimizden geldiği kadarıyla en düşük seviyeye çekmek demektir. Bu da sürecin doğası gereği elbette ki ancak bir yere kadar olabilir. Riskin gerçekleşme olasılığı, ne kadar aşağıya çekerseniz çekin kendine göre bir miktar kalacaktır. Buradaki en önemli belirleyici, yine riskli süreçle ilişkide bulunan kişi ya da kurumun riski yönetme konusundaki kendi kapasitesi ve risk algısıdır, yani mevcut risklerin onun üzerindeki öznel etkisidir.

RİSKLERİNİZİ AZALTIN

Risk sonuçta bir olasılıktır. İnsanların yaptıklarıyla ilgili olan olasılıklar, kendi çerçeveleri içinde olaylara karşı alınan belirli standart tutum ve davranışlara göre genellenmiştir. 2000 yılında *K2* Dağı'na giderken çok iyi bildiğim istatistikleri şu şekildeydi: 46 yıllık tarihinde zirvesine tırmanan her üç dağcı için bir dağcı, toplamda ise 57 dağcı hayatını kaybetmiş, zirvesine varan her sekiz dağcıdan biri geri dönemememiş ve o güne dek sadece 164 dağcı tırmanabilmişti. Son iki yıldır da hiç kimse *K2* Dağı'nın zirvesine ulaşmayı başaramamıştı. *K2* Dağı'nın ne olduğunu çok iyi bilerek ve ona göre kendimi hazırlamaya çalışarak gitmiştim Pakistan'a.

Profesyonel dağcılık kariyerimde riskli ve tehlikeli dağlardaki tırmanışlarımda, yıllar içerisinde geliştirdiğim bir tutum ve davranış biçimi ve buna bağlı olarak da bir risk yönetimi modelim var. Her tırmanışta doğal olarak var olan riskleri kendi lehime azaltmak için, toplam riski meydana getiren bileşenlerin risklerini teker teker azaltmaya çalışırdım. Bunu yapabilmek için de standart, iyi ve güvenli dağcı sınırlarının ötesine geçerdim.

❄ Tehlikeli bir doğal buz köprüsünü geçen dağcılar.

Gerekliliğine inandığım takdirde yüksek riskleri bile göze almaktan çekinmeyen bir yaradılışım var. Zamanı ve sırası geldiğinde dünyanın en zorlu ve en tehlikeli dağlarını kendime hedef olarak seçmekten de çekinmedim. Buna rağmen tırmanışlarımda son derece dikkatli ve özenli davranırım. Kayadan emin değilsem her bastığım, her tuttuğum yeri ağırlığımı vermeden önce bir tartarım, iplerin ve emniyet istasyonlarının çok kullanıldığını düşünürsem, her istasyonu her seferinde mutlaka kontrol ederim. Gerekirse çoğu dağcıdan daha fazla zaman ayırıp, daha fazla denemek için sabırla iyi havayı beklemesini de bilirim. Bütün bunlar için gerekli enerjiyi harcamaya da baştan razı olurum.

Yüksek irtifa dağcılığında en avantajlı olduğum alan, doğuştan getirdiğim düşük oksijenli ortama uyum yeteneğim ve yükseklerdeki hızım olmuştu. Bu iki yeteneğime dayanarak riskli süreçleri yönetirken, güvenlikle ilgili konularda neredeyse hiç taviz vermemeye özen gösterdim ve tırmanışımı daha güvenli hale getirebilmek için gereken ilave dikkat, özen, zaman ve emek maliyeti olan önlemleri her seferinde son derece dikkatli bir şekilde alarak, buralara harcadığım zaman ve emeği de daha hızlı tırmanıp fazlasıyla telafi ederek tırmanışlarımı sürdürdüm. Ama en önemlisi çevremdeki herkesten daha fazla vakit ayırdım dağlara, dağcılığa ve kendimi yetiştirmeye.

Kar Leoparı unvanını aldığım ve *Everest* Dağı'na tırmandığım dönemlerde her gün bir saat basamak aletinde, 50 kilo ağırlığındaki sırt çantasıyla antrenman yapar ve bisikletle Bebek veya Küçük Bebek yokuşlarını çıkardım. 50 kiloluk antrenman ağırlığı, kendi ağırlığı 70-72 kilo olan bir adam için ciddi bir ağırlıktır. Dağda daha güvenli olabilmek için ortalama bir yüksek irtifa dağcısından daha fazla ve ağır antrenman yaptım, daha fazla dağa gittim ve dağdaki her bir riskli ve tehlikeli süreçle daha dikkatli ve özenli ilgilendim. Böylece daha dikkatli olduğum halde, hem çoğu dağcıdan daha fazla iş yaptım hem de dağların en riskli bölgelerinde daha az zaman geçirerek, tehlikeleriyle daha az karşı karşıya kalarak hızlı ve güvenli tırmanışlarımı sürdürdüm. Aklimatizasyon tırmanışlarında bile herkesten daha fazla gider gelirdim üst kamplara, çünkü bunun vücudumu güçlendirdiğini görürdüm, yorgunluğunu ise umursamazdım, iyi beslenince ve dinlenince geçerdi nasıl olsa...

Şerpa ve oksijen desteği kullanmadığımız *K2* Dağı tırmanışında, dağdaki diğer ekiplerle birlikte üç dört haftalık yoğun bir çalışmayla, 7450 metreye kadar rota üzerindeki tehlikeli yerlere sabit hatlar döşedik. İleri Ana Kampla 3. kampımız arasında 96 emniyet istasyonu kurmuş ve 3500 metreye yakın sabit hat döşemiştik. Bu etabı her inişte ve çıkışta, 96 kere ip değiştirmemiz gerekiyordu. Bu, her seferinde 96 kere ipe girip çıkmak ve bunun için tercih ettiğiniz malzemeyi de hatasız kullanmak demektir. Sert hava koşulları altında, uzun süredir rotada olmaktan terli ve yorgun olduğunuz halde, bazen de gece karanlığında malzemeyi her seferinde hatasız kullanmak başlı başına dikkat edilmesi gereken bir konudur. Bu sabit hatlar zaten bizim tarafımızdan kurulduğu için herkes tarafından sağlam kabul edilir ve genellikle hattı kullanan dağcı tarafından ayrıca kontrol edilmez. Ancak maalesef her zaman öyle olmayabiliyor. Benim *K2* Dağı'na tırmandığım günlerde yine aynı bölgede, her ikisi de dünyanın en iyileri ayarında olan *Bask*, *Felix* ve *Alberto Inurrategui* kardeşler birlikte tırmandıkları on ikinci 8000 metrelik dağ olan *Gasherbrum II* Dağı'nda zirveden dönerken, girdiği sabit hattın yerinden çıkması sonucunda *Felix* hayatını

K2'de Siyah Piramit etabında dağcı

kaybetti. Oysa bütün yaptığı zaten herkesin yaptığıydı. Herkes gibi emniyet kemerine bağlı iniş malzemesini kullanarak sabit hatta girmiş ve inmeye başlamış, ancak o inerken bir şekilde sorunlu olan emniyet noktası yerinden çıkmış ve genç dağcıyı kayalardan aşağı düşürmüş.

Bu şekilde bir emniyet istasyonunun yerinden sökülmesi çok ender rastlanabilecek bir durumdur, bu nedenle de dağcılar her seferinde bu istasyonları kontrol etme ihtiyacı duymazlar. Ama bu üzücü örnekte olduğu gibi, çok düşük bir olasılık olmasına rağmen bazen bu çok ender durum da meydana gelebilir. Burada işin sırrı, genelde göz ardı edilebilecek kadar düşük olan bu sabit hatların yerinden kurtulma olasılığı bir gün bir tırmanışta gerçekleşirse, o ipin üzerinde olmamaktır. Bunun da sadece bir tane garantili yöntemi var. *K2* Dağı'ndaki bu 96 istasyona defalarca, hem de fırtınaların ortasında, gece karanlığında girip çıkmam gerekti. Buna rağmen ne kadar yorgun olursam olayım, ne kadar sert hava altında kalırsam kalayım, saat kaç olursa olsun, istasyonları kontrol etmeden bir kere bile girmedim sisteme. Bunu benden başka yapan dağcı da görmedim.

Tırmanırken kazmamı bileğime bağladığım gibi her zaman emniyet kemerime de bağladım. Bunu yapmadığı için düşme sırasında kazması bileğinden kurtulup, kendini durduramayıp ölen dağcılar da gördüm. Yıllar içinde edindiğim birikim ve tecrübeyle, kendime göre önceden yaptığım birtakım antrenman ve hazırlıklar ve dağda aldığım birtakım kişisel önlemlerle, bir yüksek irtifa tırmanışında doğal olarak bulunan toplam riski kendi lehime düşürmeye çalıştım. Diğer dağcılardan daha özenli ve dikkatli davranarak ve daha iyi hazırlanarak, toplam riski oluşturan bütün bileşenlerin içinden

AkStyle, Haziran 2005

kontrol edebildiklerimin risklerini teker teker azaltmaya çalıştım. Çoğu zaman bunda da başarılı oldum.

Çevremdeki hemen herkesten daha fazla risk aldım, ama her zaman son derece temkinli bir dağcı oldum. Ortalamaların ötesinde antrenman ve hazırlık yaparak ve dağdaki güvenlikle ilgili konularda da aynı titizlikle davranarak, ortalama seçimler ve davranışlara göre istatistikleşen riskleri, kendi lehime azaltarak yaptım tüm tırmanışlarımı. Bütün bu tırmanışları kazasız belasız atlatabilmemin en önemli sebeplerinden biri dağlardaki yüksek süratim ve dayanıklılığımsa, diğeri de budur.

Bu konuyu daha iyi ifade edebilmek için dağcılık gibi uç bir örneğin yanı sıra hayatın çok içinden bir örnekle daha pekiştirmek istiyorum. Trafik kazaları ne yazık ki ülkemizin ciddi ve hepimizi ilgilendiren sorunlarından biridir. Her yıl neredeyse 4000 ila 5000 arasında yurttaşımızı trafik kazalarında yitiririz. Çok daha fazlası ise yaralanır, bazıları sakat kalır. Her bayram trafik kazalarının sayısında önemli bir artış yaşanır. Neredeyse tüm Türkiye aynı dönemlerde aynı istikametlere doğru tatile çıktığı için karayolları üzerinde normalde olmadığı kadar yoğun bir hareketlilik yaşanır. Genelde aynı bölgelere doğru olan bu yoğunluğun sonucunda da, özellikle bir haftaya yaklaşan bayram tatillerinde, ortalama 100 yurttaşımızı trafik kazalarına kurban veririz. Buna göre her bayramda, tatile giden yurttaşlarımızın belirli ve neredeyse sabit bir oranı trafik kazalarıyla hayatını kaybeder.

Herkesin bildiği bu gerçeğe ve açık olarak görülebilen karayollarının tehlikelerine ve trafik kazası riskine rağmen yine de hepimiz araçlarımıza binerek Ege ve Akdeniz'in o muhteşem beldelerine ulaşmak için yollara çıkarız. Risklerini yönetmeyi bilenler, o bayramda hayatını kaybedecek 100 kişi arasına girmemek için ilave kişisel önlemlerini alırlar ve ortalama bir sürücünün, bayramda karayoluyla tatile çıkarak üstlendiği riskleri kendi lehlerinde çok daha aşağıya çekerler. Devlet'in bayramlarda özellikle ilk ve son günlerde kamyonların karayollarına çıkışına izin vermemesi, bu kazaları azaltmaya yarayan çok değerli bir uygulamadır. Ancak bilinçli sürücüler, kişisel olarak daha fazlasını da yaparlar ve Türkiye'de karayollarında bayramlarda ve tatillerde mevcut olan yüksek riskleri kendileri için azaltırlar.

Tatilin ilk ve son günlerinde doğal olarak yollarda büyük bir yığılma olur, zaten kazaların artışına sebep olan asıl unsur da bu durumdur. İmkânı olanlar, en kalabalık günlerde yolda olmamak için tatile bir gün erken veya bir gün geç çıkarlar ve aynı şekilde yine bir gün erken veya bir gün geç dönerler. Yollarda alışılmıştan çok daha fazla araç olacağını bildikleri için normal zamanda olduklarından çok daha dikkatli araç sürerler. Trafik kurallarına çok daha özenli bir şekilde riayet ederler. Yorgun ve uykusuz olmamak için bir gün önceden çok iyi dinlenirler ve uykularını daha iyi alırlar. Yolda verdikleri düzenli molalarla da yorgunluktan kaynaklanacak dikkat kaybı riskini en aza indirgerler. Ayrıca uzun yola çıkacakları için araçlarının gerekli bakımlarını da mutlaka yaptırırlar, lastiklerinin havasını kontrol ederler, ilkyardım ve trafik çantası gibi gerekli malzemeleri de eksiksiz olarak araçlarında bulundururlar. Bu ve daha da kişiselleştirilebilecek benzeri önlemlerin her biri, bilinçli sürücüyü, bayramlarda tatile gitmek için karayollarına çıkan ortalama Türk sürücüsünün davranış alışkanlıklarına göre genellenmiş trafik kazası risklerinden korumaya yarar. Herkes gibi davranan ortalama bir sürücü için geçerli olan riskler, bilinçli sürücü için geçerliliğini yitirir.

Yine de risk sonuçta bir olasılıktır, çeşitli tedbirler ve hazırlıklarla ne kadar düşürmeye çalışırsanız çalışın, hayatın diğer dinamiklerinin de işe karışmasıyla bazen mevcut olan riskler gerçekleşir.

RİSK GERÇEKLEŞİRSE ELİNİZDEN GELENİ VE FAZLASINI YAPIN

Bazen göze aldığınız kayıp ve oluşma olasılığı karşılığında, elde edeceğiniz kazanca göre kabul edilebilir seviyede değerlendirerek üstlendiğiniz risk gerçekleşir. İşte bu noktada her şey değişir ve tersine döner. Üstlendiğiniz riskin karşılığı, bedensel sıkıntı, zahmet, zorluk ve başarısızlık gibi şeylerse, bunların hepsini ter dökerek yaşar, eğer yeteri kadar iyiyseniz çözer ve sonuca ulaşamadan evinize geri dönersiniz. Her durumda sizin yükümlülüğünüz yapabileceğinizin en iyisini yapmaktır. Ancak bu *en iyisi* her zaman yetmeyebilir. Dağda tehlikeli bir risk gerçekleştiğinde, eğer onu karşılayacak, önceden hazırlanmış alternatif planlarınız yoksa, krizle doğrudan yüzleşmek zorunda kalabilirsiniz ki, genellikle insan bedeni ciddi ve sert bir doğrudan karşılaşmayı kaldıramaz.

Riskin gerçekleşmesine rağmen iyi hazırlanmış alternatif planlar bir yere kadar size ikinci, hatta üçüncü şansı verebilir. Bura-

❆ Aladağlar'da çığdan kurtarılan Fransız kadın kayakçıyı ambulansa yetiştirmeye çalışıyoruz.

da en önemli belirleyici, tehditi algılama hızınızdır. Sonrasında yeteri kadar güçle, kıvraklıkla ve süratle cevap verip alternatif planları devreye sokabilir ve ilk şoku fazla zarar görmeden üzerinizden atabilirseniz, devamındaki süreci yönetmek çok daha kolay olur. Süreç bu noktaya vardıktan sonra atlatabilmek için çok yüksek algılara, keskin ve kıvrak bir zekâya ve çok hızlı reflekslere sahip olmanız gerekir. Bunu yapmanın söylemesi kadar kolay olmadığı ortada. Ama gerekli önlemleri almış olmak ve önceden her açıdan hazırlıklı olmak, burada da kendimizi en kötü senaryodan uzak tutabilmenin ve en umutsuz anda bile her şeyi değiştirme şansının en önemli bileşenidir.

Bazen her şey çok hızlı gelişir, ne hazırlıklarınız işe yarar, ne alternatif planlar devreye sokulabilir, ne de yeni stratejiler. Gözünüzü açıp kapayana kadar hayat avuçlarınızın arasından akıp gider. İşte her şeyin tersine döndüğü o anda, duygular ve yetenekler oyun dışında kalır ve sadece olasılıklar vardır elinizde. Burada duygu, güç, yetenek veya malzemenin katkısı yetersiz kalmıştır ve bu aşamaya gelinmiştir. Artık sadece şans yanınızda kalır. Olasılıklar devreye girdiğinde sağ kalmak için denklemin pozitif tarafında kalabilmeniz, büyük ölçüde sizin dışınızdaki bileşenlere ve etkileşimlere bağlıdır. Bu sonuç kısmen size bağlı, kısmen de sizin dışınızda şekillenen, ama size düşen bir rol olur. Bazıları buna şans der, bazıları nasip, bazıları kader. İstediğinizi kabul edebilirsiniz, sonuç aynıdır. Bunu kabul etmek ve oyundaki rolünüzü en iyi şekilde, size yakışacak şekilde oynamak gerekir. Bu rol her ne olursa olsun...

Manaslu Dağı tırmanışında, başarısız zirve denemesinden dönerken ekip arkadaşımı kaybetmiş, son derece kötü bir moralle ve yorgun bir halde Ana Kampa inmeye çalışıyordum. Rotadaki gizli buzul çatlaklarının farkındaydım ve onlardan birine denk gelmemeyi umut ederek bütün dikkatimle derin kar altında iz aça aça inişi sürdürüyordum. Bir anda altımdaki zemin kayboldu ve dağcılık kariyerimdeki en korkutucu sınavlardan biriyle karşı karşıya kaldım. Derin karda bastığım yerde bir anda dev bir buzul çatlağı açıldı ve anlık bir refleksle her nasılsa sol dizim bir yanda sağ ayağımın ucu ise öte yanda, neredeyse 1,5 metre eninde ve metrelerce derinliğinde bir buzul çatlağının üzerinde kalakaldım. Soluk alıp verişim ve kalp atışım kontrolümün dışında yükseldi ve ilk birkaç saniye ne yapacağımı bilemeden ve hiç hareket edemeden donup kaldım. Eğer düşersem bırakın kurtulmayı cesedimi bile bulmaları mümkün olmayan bir yerde, aklımdan karmakarışık duygular yıldırım hızıyla geçmeye başladı. Çok kısa sürede kendimi topladım ve bütün gereksiz düşünceleri aklımdan uzaklaştırdım. Olan biteni kafamda değerlendirdim ve kendime şunu söyledim: "*Şu anda yapman gereken tek şey buzul çatlağının içine düşme korkusunu kafandan uzaklaştırmak, hâlâ düşmedin ve hâlâ yaşıyorsun. Hâlâ bir dizin ve bir ayağının ucu seni yaşama bağlı tutuyor. Bir an önce bir şey yapmalısın ve bu şey doğru şey olmalı.*"

Durumun tüm korkunçluğuna rağmen hâlâ bir dizimle ve bir ayağımdaki kramponların ucuyla dahi olsa tutunabiliyor olduğumu düşüncelerimin önüne geçirince sakinleştim ve beni yaşama bağlayan o küçücük yerlerin de kopmaması için dualar ederek ne yapmam gerektiğine karar verdim. Önce hareket kabiliyetimi sınırlayan ağır sırt çantamı sağ omzumdan çıkardım ve dizimin kaldığı tarafa dikkatlice, pozisyonumu hiç bozmadan savurup attım. Harika hâlâ aynı pozisyonda duruyorum. Sıra geldi ikinci hamleye. Bu hamle daha fazla dikkat ve özen gerektiriyordu. Nazik dengemi hiç bozmadan sağ ayağımın ucuna yüklenip oradan bir an için güç alarak sol dizimin ve sol omzumun üzerinden kendimi sırt üstü yuvarladım ve *bingo*, buzul çatlağının üzerindeki korkutucu durumdan kendimi kurtardım.

Hayatımın en ani ve en ölümcül karşılaşmalarından birinden daha bu şekilde kurtulduğumun farkında, şükürler ederek ve başka bir buzul çatlağına daha denk gelmemeyi dileyerek derin karda inişi sürdürmeye devam ettim. Bu beklenmedik risk gerçekleştiğinde elimden geleni, belki de daha fazlasını yapmıştım ve biraz da şansın, kısmetin, kaderin yardımıyla bir kez daha sağ kalmayı başarmıştım.

Her şeye rağmen risk sonuçta bir olasılıktır ve bu istenmeyen olasılık zaman zaman gerçekleşir. Yüksek irtifa dağcılığında riskler gerçekleştiği takdirde, ödemek zorunda kalacağınız en ucuz bedel el veya ayak parmaklarının kaybedilmesi olabilir. Parmakların artık dokuların içine işleyecek kadar donması geri döndürülemez seviyeye ulaştığı için, ne yazık ki parmakların kaybedilmesinin önüne geçilemez. Bu durum bugüne dek pek çok arkadaşımın başına da ne yazık ki geldi. Birkaç kez benim de ayak parmaklarım donduğu halde, Allah'tan geri döndürülemez noktaya kadar ulaşmadığı için herhangi bir kalıcı sakatlığım oluşmadı.

Khan Tengri Dağı'nda parmaklarını donduran Özbek dağcı

Bazen daha da kötüsü olur. Yüksek irtifadaki düşük hava basıncı ve oksijen miktarı nedeniyle akciğer ya da beyin ödemi gibi, her ikisi de öldürücü olan ileri seviyedeki dağ hastalıkları ortaya çıkabilir. Oksijen desteği, ilaç tedavisi ve en önemlisi hastayı daha alçak bir irtifaya indirmeden de çözülemez. Bu tür bir acil durumda, hastanın veya kazazedenin yaşama şansı, çevresindekilerin kabiliyeti ve süreci yönetmedeki özveri ve becerisine kalır.

McKinley'de yardımcı olduğumuz kurtarma çalışması

1996 yılında Alaska'da, Kuzey Amerika kıtasının en yüksek dağı 6194 metrelik *McKinley* Dağı tırmanışı sırasında kurtarma ekibi, hem akciğer hem de beyin ödemine yakalanmış Güney Koreli bir dağcıyı getirmişti bizim çadırımıza. O sırada o kampta bir tek biz bulunuyorduk ve kurtarma ekibi doğal olarak hemen bizim çadırımıza geldi ve ilk ilaç tedavisini bulunduğumuz yerde başlattılar. Durumun ciddiyetini anlayınca, biz de tırmanışımızı durdurup hasta dağcıyı indirmeye çalışan ekibe destek verdik ve çok süratli bir şekilde hastayı teknik etabın altına kadar indirdik. Güney Koreli dağcı için yüksek irtifadaki riskler gerçekleşmişti, ancak orada becerikli, güçlü ve hızlı bir kurtarma ekibi vardı ve kendi dışında gelişen bu olguyla, gerçekleşen riske rağmen hayatını kaybetmedi. Güney Koreli dağcının kaderinde *McKinley* Dağı'nda ölmek yokmuş, çok şanslıymış ve nasibinde daha göreceği günler varmış. Bizler de doğru yerde ve doğru zamanda bulunarak onun nasibinin aracıları olduk. Daha sonra biz de tırmanışımızı bitirip *Anchorage*'a geri döndüğümüzde, indirilmesine yardımcı olduğumuz bu dağcıyla karşılaştık. Kendine geldiğinde, onu indirmeye çalışan kurtarma ekibinin tesadüfen denk geldiği Türk dağcıların çok yardımcı olduğu konusu, sanırım ona çok iyi anlatıldığı için bize en içten teşekkürlerini sunmuştu.

Dağcılıkta risklerin gerçekleşmesinin en kötü senaryosu ise dağcıların hayatını kaybetmesidir. Profesyonel dağcılık kari-

K2 Dağı'nda hayatını kaybeden dağcılar için hazırlanan anı kayalığında

yerimde 20'ye yakın arkadaşımı dağlarda kaybettim, bir kısmı gözlerimin önünde öldü. Dağcılar riskli bir tırmanışa giderken bile ya ölürsem diye düşünmez, ancak tüm yeteneklerini de böyle bir son olmasın diye en iyi şekilde kullanır ve tüm süreci daha dikkatli yönetir. Riskli süreçleri, en kötü senaryoyu bilerek, ama gerekli önlemleri de alarak bunun bizi hedefimizden uzaklaştırmasına izin vermeden yönetmek gerekir.

Dağcılıkta olsun, iş dünyasında olsun, hayatın içinde olsun, riskler ve riskli süreçler en sağlıklı şekilde ancak ve ancak bilgiyle yönetilebilir.

BİLGİYİ YÖNETİN

Risk almak, kaybın ve kazancın kontrolü olarak belirli ölçüde yönetilebilir bir süreçtir. Bu süreci en sağlıklı ve güvenli şekilde yürütebilmemiz için hem kendimizin hem de süreçte olan bitenin farkında olmamız ve kararlarımızı bu farkındalıkla almamız gerekir. Bunu da ancak bilgiyle ve bilgi yönetimiyle sağlayabiliriz.

Bilgi yönetimi, yalnızca teknoloji veya mantık değildir, sezgi ve duyguları da içeren bir değer yaratma sürecidir. İnsan faktörüyle süreçlerde yerini bulan bilgi, deneyim ve birikim, entelektüel bir sermaye olarak değerlendirilir ve temas ettiği her yerde yarattığı müthiş çarpan etkisinden dolayı yönetsel süreçlerdeki bence en kıymetli girdidir.

❄ Antarktika'da Patriot Hills'te cam buza inerek dağcıları getiren C130 kargo uçağı.

Stratejide, karar mekanizmalarında, fark yaratmada risk almak; bilgi yönetimi temeline dayalı hesaplardan güç alıyorsa, o artık risk olmaktan çıkar ve hedefimize ulaşmak için kullanabileceğimiz stratejik bir seçenek haline dönüşür.

Bilgiyi yönetmek demek, herkese açık olan ve herkesin ulaşabileceği işlenmemiş ham verilerin bir dizi yöntemle yorumlanarak, kararlara ve uygulamalara destek verecek işlenmiş bilgilere dönüşümü ve bu bilginin fark yaratacak şekilde kullanımı demektir. Herkese açık olan ham verilerden, sadece bize ait olan ve hedefimize ulaşmada rekabet avantajı sağlayarak fark yaratmamıza imkân veren bilgiyi üretmek, muazzam bir kapasite artırımı sağlar. Bilgi çağında bu sayede, herkesten hem bir adım önde hem de daha cesaretli oluruz.

Çünkü;

Bilgi güçtür.

Cesaretin ve gücün asıl kaynağı bilgidir, yaşamda neyi yapıp neyi yapamayacağımızın, gücümüzün ve haddimizin, nerede durup nerede devam etmemizin doğru olduğu bilgisidir. Bu da kendi farkındalığımızdan gelir, farkındalığımız en büyük güç kaynağımızdır.

Ancak günümüzde bilgiden sağlıklı bir şekilde faydalanabilmenin en büyük açmazı, her geçen gün hızla artan veri ve bilgi trafiğini kontrol edebilmek ve yönetebilmektir. Bilgi çağının en büyük zorluğu, kontrolsüz bir şekilde çoğalan bu veri ve bilgi yığınlarının içinden doğru, gerekli ve faydalı bilgiyi ayrıştırmak olacaktır. Bilgi hamallığı yapmamalı, bilgiyi işleyebilmeli ve uygulayabilmeliyiz. Eksik veya yanlış bilmenin de en az hiç bilmemek kadar tehlikeli olabileceğini unutmamalıyız. Daha fazla bilgi ile daha kaliteli bilgi arasında doğru tercihler yapamayanlar, doğru bilgi ile kirli bilgiyi ayırt edemeyenler, bilgi çağında ne yazık ki rakiplerinin gerisinde kalacaklardır. Kurumsal karar destek sistemleri bu anlamda da artık olmazsa olmaz hale gelmiştir ve tüm yöneticilerin en büyük yardımcıları olmuştur.

20'li yaşlarımdayken öğrenmek ve bilgiye ulaşmak en büyük açlığımdı, 30'lu yaşlarım boyunca bilgiyi kullanmanın esas olduğunu düşündüm, 40'lı yaşlarıma bir adım kala artık asıl olanın bilgiyi yönetmek olduğunu düşünüyorum.

VATAN LAFLA DEĞİL EYLEMLE SEVİLİR, s. 51

Bilgi aynı zamanda sonsuz bir ilham kaynağıdır da. Bilgi, bilmek sürecinde değil olmak sürecinde gerçek değerine ulaşır. Bilgi yaşama yansıyınca gerçek anlamını bulur ve güce dönüşür. Bilmek uygulama olmaksızın bir işe yaramaz. Bilginin değerini yaşamımıza uygulayabildiğimiz zaman anlarız. Gelişimi sürekli kılan şey, öğrendiklerimizin uygulamalarımıza ve davranışlarımıza yansımasıdır. Bilginin beceriye, becerinin de davranışlarımıza yansıması ideal olan durumdur. Buradaki bir kopukluk veya gecikme gereksiz kayıplara yol açar, elimizi zayıflatır ve rekabet gücümüzü azaltır.

Unutmamalıyız ki;

Bilgi cesaret, cehalet cüret verir.

Sonuçta bizler elbette ki cüretkâr maceraperestler olarak dağlara tırmanmıyoruz. Kendimizi ve yaptığımız sporu iyi tanıyan ve neyi, nereye kadar zorlayabileceğimizi ve nerede durup, nereden geri dönmemiz gerektiğini iyi ölçüp biçen ve hesap edebilen profesyonel sporcular olarak bunları gerçekleştiriyoruz. Cesaretimiz ve atılganlığımız farkındalığımızdan ve bu sayede sınırlarını iyi tanıdığımız gücümüz ve kabiliyetlerimizden geliyor.

Bilgiyi üretmek ve bilgiyi paylaşmak ise bilgiyi yönetmenin en güzel ve en asil halidir. Çünkü bilgi paylaşılırsa çoğalır ve doğru ve faydalı bilginin büyük bir değişim gücü vardır. Toplum ne kadar doğru ve faydalı bilgiye ulaşırsa yanlış ve faydasız, hatta zararlı bilgiden de o kadar uzaklaşır ve kendisini bunlara karşı koruyabilir. AKUT Derneği bünyesinde kurduğumuz AKUT YAYINLARI, AKUT'un gelecek vizyonu içinde en önemli yerde gördüğü bilgiyi üreten, yayan ve paylaşan kurum olma sorumluluğuna hizmet ediyor. Bu düşünceyle son çıkardığımız kitaplardan bazılarını sizle paylaşmak istiyorum.

Kendisi de 17 Ağustos 1999 Depremi'nde gönüllü olarak uzun süre çalışmış olan Dr. Psikolog Mert Akcanbaş'ın *AFET VE KURBAN PSİKOLOJİSİ* adlı kitabı, *Everest* Dağı'na tırmanan 2. Türk dağcı ve başka pek çok değerli ve ilk tırmanışı olan Tunç Fındık'ın *KIŞ DAĞCILIĞI* kitabı, kriminoloji ve güvenlik konularında kendini yetiştirmiş Tayfun Özdikmen'in *ACİL VAKALARDA ADLİ BOYUT* adlı değerli çalışması, ilk yıllarından itibaren AKUT'un faal bir gönüllüsü olan Zeynep Fulya Kaya'nın kültürel mirasın korunması konularını tarihçesiyle birlikte incelediği *SU VE ATEŞLE ÇELİKLEŞENLER* adlı kitabı ve Ahmet Emre Kütükçü'nün *YABANİ HAYVANLARLA YAŞAMAK* adlı özgün kitabını da bilgiyi paylaşma çabamızın ürünleri olarak sayabilirim. AKUT YAYINLARI'nın 12. ve en son kitabı olarak da, AKUT İzmir ekibinin özverili çalışmalarıyla hazırladığı *ENGELLİLER İÇİN DEPREM EL KİTABI*'nı çıkardık.

Bu kitapların her biri, kendi konusunda ülkemizin öncü ve özgün birer çalışmasıdır. Kaynakların çok sınırlı olduğu bu konularda özellikle bilgi üretmek veya üretilen bilgiyi paylaşmak bizce topluma hizmetin en değerli seçeneklerinden biridir.

Bilgi toplamak, bilgi üretmek ve bilgiyle hareket etmek, ani ve beklenmedik durumları ifade eden kriz süreçleri yönetimlerinin de temelini oluşturur.

KRİZLERİ YÖNETİN

Kriz kavramını en etkileyici şekilde açıklayan bakış açılarından biri bence, Çin alfabesinde krizi ifade etmek için tehlike ve fırsat sembollerinin birlikte kullanılmasıdır. Krizin içinde hem tehlike hem de fırsat vardır. Her kriz sistemdeki bozukluğu ve tehlikeyi işaret ederken bir yandan da bütün bunları düzeltme fırsatı verir bize. Buna göre kriz gereği gibi mücadele edilemez ve çözülemezse bir tehlikeye dönüşüyor, ama eğer uygun şekilde çözülebilir ve atlatılırsa, sistem içerisinde iyileştirme ve geliştirmelere de yol açacağı için beraberinde yeni fırsatlar da getiriyor.

Ayrıca unutulmamalıdır ki, kriz süreçlerinin, beklenmedik, zor yönetilebilir ve karmaşık doğası gereği;

En iyi liderler
kriz zamanlarında ortaya çıkarlar.

❁ AKUT lider kadrosu.

Büyük ve ciddi bir krizden yara almadan çıkmak elbette ki pek mümkün değildir. Krizle başa çıkmaya çalışırken kendimize, süreçe, krizin etkilerine ve çevremizde olan bitene daha dikkatli ve özenli odaklanmak, daha önceden fark etmediğimiz birtakım fırsatları görmemizi sağlayacaktır. Bir yandan da gelecekteki benzer durumlar için dersler çıkarmak ve ona göre hazırlıklarımızı yapmak ve gereğini yerine getirmek bizi geleceğe daha iyi hazırlayacaktır. Krizler bu şekilde kazanca dönüştürülebilirler. Ancak unutulmamalıdır ki, iyi bir kriz yönetimi yapabilmek için önce iyi bir risk yönetimi yapmış olmak gerekir. Aksi halde kriz anında neyi nereye koyacağımızı, neyi nereden alacağımızı, kimlerin nerede görev yapacağını bulmaya çalışmak bize zaman ve enerji kaybettirecektir. Risk yönetiminin en önemli avantajı krizlerde ortaya çıkar ve bize zaman kazandırarak, çok değerli ve kısıtlı kaynakların israf edilmesini engelleyerek kayıplarımızı ve maliyetlerimizi düşürür, sonuçlarımızı geliştirir.

Kolay anlaşılır bir örnek olarak, ülkedeki siyasi yetersizlikten kaynaklanan ekonomik bir krizle karşı karşıya kalındığında, eğer önceden tasarruf ettiğiniz ve kötü günler için diye ayırdığınız bir bütçeniz yoksa, bu ekonomik krizi yönetmekte çok zorlanırsınız ve ancak ailenizden ve yakınlarınızdan destek veya başkalarından borç veya kredi alarak o süreci atlatabilirsiniz. Oysa eğer ülkenin genel hali gereği arada ekonomik krizlerin çıkabileceğini öngörür ve gelirinizin bir kısmını bu tür süreçler için saklayacak şekilde ayrı bir tasarruf hesabında tutarsanız, bu krizi daha rahat atlatırsınız.

Beklenmedik ciddi bir krizi yönetebilmedeki en önemli güçlerden biri, krize cevap vermedeki hızımız ve sonrasındaki süreci yönetirkenki esnekliğimizdir. Bir krizle karşılaşıldığında donup kalmadan kendimizi hemen toparlamak ve krizle birlikte yeni gelişen durumu iyi anladıktan sonra da eyleme geçmek bize süreç üzerinde belirli oranda bir kontrol gücü verir. Krizle birlikte elimizden çıkan kontrolün en azından bir kısmını bu şekilde yeniden yakalamaya çalışırız. Kriz içerisinde sürekli olarak değişen durumlara göre güncellenen kararlarımızla ve hızlı, esnek ve eyleme dönük uygulamalarımızla, süreç üzerindeki kontrol kapasitemizi artırmaya çalışmalıyız. Burada asıl hedef, krizi algıladığımız andan sonra geçen zamanla birlikte bu kontrolü giderek artırmak, süreci yönetilebilir hale dönüştürmek ve sonunda da süreci artık bizim için kriz olmaktan çıkarmaktır.

Krizler bizi değişime zorlar. Krizleri yönetebilmek için gerekli olan çeşitli seviyelerdeki bu değişimleri mümkün olduğunca hızlı ve etkili yapmamız gerekir. Krizlerin şok edici ilk etkisi atlatıldıktan ve kendi eylem planlarımızı uygulamaya başladıktan sonra kriz artık yerini daha kontrol edilebilir bir sürece bırakmaya başlayacaktır. Burada önemli olan en az zararla bu krizleri atlatabilmektir. Bunun da en etkili yolu ilk andaki şok etkisini en kısa sürede atlatmak ve süratle, önceden yapılmış planlarımızdan faydalanarak karşı hamlelere başlayabilmektir.

17 Ağustos Depremi, Türkiye'nin belki de son 50 yılda en hazırlıksız yakalandığı, en büyük kriz süreçlerinden biriydi. Depremlere hazırlık konularında plansız ve büyük eksikleri bulunan ülkemizde, *Kuzey Anadolu Fayı* üzerinde meydana gelen deprem, kitlesel bir afete dönüştü ve 45 saniye içerisinde, 18.000 kadar cana mal olarak on milyarlarca dolarlık maddi zarara yol açtı. Bu krizde Türkiye'nin mevcut hazırlıklarının cevap verebilmesi ve yeterliliği, pek çok sebebin bileşkesi olarak, afetler ve depremler konularında etkili bir risk yönetimi sistemine sahip olamadığımız için hem uzun sürmüş hem de çok yetersiz kalmıştı.

Ani meydana gelen herhangi bir kriz sürecinde ilk şok üzerine yaşanan donup kalma - ne yapacağını bilememe ve tereddüt hali ne kadar hızlı atlatılır ve doğru adımlar atılırsa, o süreç o kadar sağlıklı yönetilir ve o kadar az zararla atlatılır. 17 Ağustos Depremi'nde yetkililerin bu ilk şoku atlatması, yaşanan afetin boyutlarının ulaşım, iletişim, elektrik gibi sistemin ana omurgaları üzerinde de ağır hasara ve bu sistemlerin bölgede neredeyse tamamen durmasına yol açtığı için oldukça uzun sürmüştü. Aradaki bu boşluğu da, kriz anında kendi doğal enerjisiyle oluşarak kendini gösteren, Türk insanının eşsiz toplumsal dayanışma ve yardımlaşma duygusu çözmüştü. O şartlarda ne kadar yapılabildiyse...

100 kadar AKUT gönüllüsü, Türkiye'nin dört bir yanından gelen, her yaş ve meslek grubundan 1000'in üzerinde gönüllüyle birlikte, en önemli ve kritik süreç olan ilk günlerdeki arama ve kurtarma çalışmalarını organize etmiş, arkasından da yardım dağıtımı çalışmalarını yönetmişti. Değirmendere'de kurduğumuz Türkiye'nin ve dünyanın her yerinden yollanan yardım malzemelerinin toplandığı ve dağıtıldığı kampımız o şartlar altında tek kelimeyle bir mucizeydi.

AKUT'un Değirmendere'de kurduğu, yardım malzemelerinin toplandığı ve dağıtıldığı kamptan

Gölcük'te günlerce uykusuz, dinlenmeden, boğazımızdan doğru dürüst bir şey geçmeden kendimizi parçalarcasına çalıştıktan sonra Değirmendere'deki AKUT kampına vardığımda gözlerime inanamadım. AKUT'un yiğit gönüllüleri hayatlarında ilk kez karşılaştıkları bu ölçekte bir travmanın sorumluluğunu gencecik yürekleriyle o kadar iyi omuzlamışlardı ki, her gece 800 ila 1000 kişinin kaldığı, yemek yediği, her yardım malzeme-

AKUT dünyanın gündeminde

Radikal, 28 Ağustos 1999

AKUT'un başarısı NATO'da

Türkiye, 29 Eylül 1999

sinin ayrı ayrı depolandığı, yolların şeritler halinde ayrıldığı, araç giriş çıkışlarının kontrollü yapıldığı, her gelene uygun bir iş verildiği, her gün motorcuların ve off-road'cuların çevre köylere yollanıp ihtiyaç tespitlerinin tek tek yapıldığı ve ertesi gün de bu ihtiyaçların götürüldüğü inanılmaz bir sistem kurulmuştu Değirmendere'de. O gün AKUT'lu olduğum için duyduğum gururu size anlatamam. Benim arkadaşlarım, canlarım, birlikte bin türlü belaya girip çıktığım kardeşlerim; yüzyılın en büyük afetlerinden birinin yaşandığı bu topraklarda, sadece sağduyuları, çalışkanlıkları ve fedakârlıklarıyla en iyi hazırlanmış profesyonellere taş çıkartacak kadar iyi bir sistem kurmuşlardı. Birleşmiş Milletler'in o süreçte kampımızı ziyaret eden yetkilileri bile ağızları bir karış açık seyrettiler yaptıklarımızı.

VATAN LAFLA DEĞİL EYLEMLE SEVİLİR, s. 441-442

Bu büyük krizde bizim en büyük farkımız, deprem haberini alır almaz, ilk saatlerdeki son derece yetersiz bilgilere rağmen bu depremin bir kitlesel afete dönüşme olasılığını çok yüksek olarak öngörmemiz ve son derece süratli bir

Aktüel, 2 Eylül 1999

şekilde enkazlara müdahale etmek için AKUT içindeki bütün imkânlarımızı ve tüm gönüllülerimizi bölgeye sevk etme kararını vermemiz olmuştu. Yurdun çeşitli yerlerinden kalkıp bölgeye gelen gönüllüler de, bir kurum kültürü ve hiyerarşisiyle hareket eden, kırmızı tulumları, enkaz arama ve kurtarma ekipmanlarıyla ne yaptığını bilen, disiplinli ve örgütlü bir yapısı bulunan AKUT'un çatısı altında çalışmaya başlamıştı.

Gönüllü kahramanlar

Tamamen gönüllü dernek üyelerinden oluşan AKUT ekiplerinden yaklaşık 70—80 kişi, Avcılar'da tamamen çöken 20'ye yakın binada kurtarma çalışması gerçekleştirdi.

AKUT destanı

Adana'dan sonra Marmara'yı sarsan depremde de tarih yazan sivil dernek üyeleri İstanbul'da onlarca kişiyi kurtardıktan sonra diğer bölgelere hareket ettiler.

Depremde gerçekleştirdikleri ilk müdahalelerle onlarca insanı enkazların altından kurtaran Arama Kurtarma Derneği (AKUT) ekipleri, performanslarıyla kurtarma çalışmalarının yüz akı oldu.

Sıra diğerlerinde

Adana depreminde sergiledikleri performansı İstanbul'da depremin vurduğu Avcılar'daki enkaz alanlarında da gösteren AKUT, gece gündüz çalışarak bir çok insanın hayatını kurtardılar. AKUT üyeleri, İstanbul'daki çalışmalarını tamamlamasının ardından depremden etkilenen diğer bölgelere hareket ettiler. AKUT Kurucu Başkanı Nasuh Mahruki, enkaz altındaki insanlara sağlıklı bir şekilde ulaşmanın hayati önem taşıdığına dikkat çekerken İstanbul'da belediye ve yerel yetkililerin kurtarma cihazları konusunda yardımcı olmamasından yakındı.

Nasuh Mahruki, "Demir kesme aleti, taş kırma makineleri, projektör gibi ihtiyaçlarımız tam olarak karşılanmadı." dedi.

M. FATİH UĞUR
MUSTAFA YAĞMURLU

Zaman, 21 Ağustos 1999

Bu krizin en tehlikeli ilk günlerini elbirliğiyle atlatabilmiştik. İlk günlerin birinci önceliği olan can kurtarma çalışmaları, Türk Silahlı Kuvvetleri, Sivil Savunmacılar, İtfaiye Erleri, AKUT'lular, ülkenin dört bir yanından gelen gönüllüler, yurtdışından gelen çok sayıda arama kurtarma ekibiyle birlikte yapılmıştı.

Herkes acılıydı, herkesin içi kan ağlıyordu, herkes korkuyordu, ama ancak birlikte hareket edilirse bu acı daha kolay atlatılırdı. Bu gerçeği aklı başında herkes fark etti ve o günlerde Türk Milleti tıpkı eskiden olduğu gibi tek bir yürek, tek bir ses, tek bir yumruk oldu. Birlikte çalıştı, birlikte ağladı, birlikte yaralarını sardı...

Size minnettarız

Hızır gibi yetiştiler. 200 kişiyi enkazdan çıkardılar. Görevlerini tamamlayıp çekildiler. Şimdi sıra, gelecekte daha geniş hizmet için çalışmaya geldi...

Zeynep KURTBAY

Kadro genişliyor

Sabah, 27 Ağustos 1999

Arkasından da sembolik olarak başını AKUT'un çektiği inanılmaz bir gönüllü harekatı başladı Türkiye'de. Ülkenin dört bir yanından gelen ve deprem bölgesinde haftalarca, hatta aylarca isimsiz birer nefer olarak çalışan ev kadınları, öğrenciler, madenciler, memurlar, işçiler, motorcular, off-road'cular ve elbette ki her dara düştüğümüzde en büyük güvencemiz olan Mehmetçik, her yaş ve meslek grubundan, her gelir grubundan sayısız insan tıpkı Çanakkale Savaşı'nda, Kurtuluş Savaşı'nda olduğu gibi, birbirine en üst düzeyde bağlı bir ulus gibi çalıştılar. Bölgeye gelemeyenler, yaşadıkları yerde depremzedeler için bütün çevrelerini kullanıp tonlarca yardım malzemesi topladılar, ilkokul öğrencileri bile cep harçlıklarını depremzedelere yolladı, içinde vicdan olan herkesin yüreği aylarca depremzedeler için çarptı. Devletiyle, askeriyle, vatandaşıyla bütün Türk Milleti birlik oldu ve acı, korku ve çaresizlik içindeki yurttaşlarına bir nebze olsun yardım edebilmek için çalıştı, çabaladı, uğraştı, didindi.

VATAN LAFLA DEĞİL EYLEMLE SEVİLİR, s. 440

Her kriz büyük bir tehlikeye işaret ettiği gibi önemli fırsatları da beraberinde getirir demiştik. Krizler, göz ardı edemeyeceğimiz şekilde, zihnimizdeki doğru olduğunu zannettiğimiz algılarımızın ve yol haritalarımızın da değişmesi gerektiğini gösterir bize. Çünkü eski zihin haritasının artık işe yaramadığı acı tecrübelerle görülmüştür ve ona göre alınan kararlar artık kabul edilemeyecek derecede yüksek maliyetlidir. Bu gerçeği fark ettiğiniz andan itibaren yapılması gereken şey, zihin haritalarınızdaki yanlış yerleri düzeltmektir.

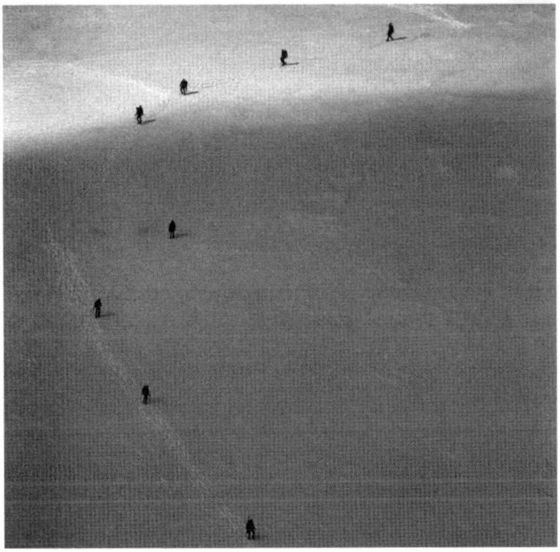

❄ Dönüş yolunda dağcılar.

PARADİGMANIZI - ZİHİN HARİTANIZI GELİŞTİRİN

Depremle ve hepimize yaşattığı acılarıyla birlikte, bu gerçeği o günlerde aklı başında herkes fark etmişti. Pek çok aydın ve düşünen insan o günlerde hep aynı özlemi, aynı hedefi dile getirmişti: *Yaşadığımız acılardan gerekli dersleri çıkartarak depremin küllerinden yeni ve çağdaş bir Türkiye yaratmak.* Sadece bir örnek vererek bu konuya dikkatinizi çekmek istiyorum:

2 Eylül 1999 tarihinde, farklı görüşlerde 100 kadar meslek örgütü, vakıf ve derneğin imzasıyla, neredeyse o günkü bütün gazetelerde, içinde de AKUT'a özellikle teşekkür edilen KAMUOYUNA başlığıyla yayınlanan bildiride şu saptamalar yapılmıştı:

KAMUOYUNA

Deprem felaketi sorunlar kadar çözümlerini de ortaya koydu. Bireyleri ve kurumlarıyla eksiklerimizi yüzümüze vurdu; ama, bunları düzelterek gelecekte Türkiye için neler yapmamız gerektiğini de gösterdi. Şimdi önümüzde keskin çizgilerle ayrılmış iki yol var: Biri, yaptıklarımızın bütünüyle doğru olduğunu, felaket nedenlerinin 'başkaları' olduğunu savunarak, akıldışı bir didişme - tevekkül karışımı içinde yürümektir. Bu yolu çok iyi biliyoruz. Diğer yol, herşeye yeni gözlerle bakarak, toplumun sivil ve resmi birey ve kurumlarıyla birlikte hareket etmesi gerektiğini ve bireylerin devlet için değil, **devletin bireyler için var olduğunu kabul eden bir zihniyetle çağdaş bir toplum olmaya doğru yürümektir.**

Bu noktada, kamuoyunun ve devlet görevlilerinin dikkatlerine sunmak istediğimiz, belirleyici özellikte iki ilke vardır:

1. Deprem sırasında arama - kurtarma çalışmaları yapan tüm yerli ve yabancı kuruluşlara ve özellikle de AKUT'a minnetlerimizi sunuyor; devletimizin de aynı şekilde düşündüğünün teyit edilmesini bekliyoruz.
Gönüllü kuruluşlara toplumdan bilinçli olarak akmış ve akacak yardımları -hangi makul görünüşlü gerekçeyle olursa olsun- merkezileştirmeye ya da bunlara el koymaya kimsenin hakkı olmadığının devlet ve hükümet yetkililerince ifade edilmesini, yetkililerin bireysel olduğunu umduğumuz bu tür davranışlarının devletimize mal edilmemesine yardımcı olunmasını bekliyoruz.
2. Yurt içi ve dışında, gönüllü kuruluşların aracılığını şart koşan büyük bir yardım potansiyeli mevcuttur. Bunların, birkaç kamu kuruluşundan kanalize edilmesi mümkün olmadığı gibi, bu büyük felaketin açtığı yaraların bu yardımlar olmaksızın onarılması da olanaklı değildir.
Sayın Başbakan'dan, bu olguya, çok yatkın olduğunu evvelden beri bildiğimiz 'yönetişim' (governance) kavramı içinde yaklaşmasını ve bu yaklaşımın da tüm kamu görevlilerine anlatılmasını, kamu kesiminin, gönüllü kuruluş ve girişimleri güleryüzle kabul etmeleri için gereken önlemleri almasını beklemekteyiz.

Aşağıda imzası olan biz meslek örgütleri, vakıflar, dernekler ve gönüllü kuruluşlar 17 Ağustos

Hürriyet, 2 Eylül 1999

Deprem felaketi sorunlar kadar çözümlerini de ortaya koydu. Bireyleri ve kurumlarıyla eksiklerimizi yüzümüze vurdu; ama bunları düzelterek gelecekte Türkiye için neler yapmamız gerektiğini de gösterdi.

Şimdi önümüzde keskin çizgilerle ayrılmış iki yol var: Biri, yaptıklarımızın bütünüyle doğru olduğunu, felaket nedenlerinin 'başkaları' olduğunu savunarak, akıldışı bir didişme-tevekkül karışımı içinde yürümektir. Bu yolu çok iyi biliyoruz.

Diğer yol, her şeye yeni gözlerle bakarak, toplumun sivil ve resmi birey ve kurumlarıyla birlikte hareket etmesi gerektiğini ve bireylerin devlet için değil, devletin bireyler için var olduğunu kabul eden bir zihniyetle çağdaş bir toplum olmaya doğru yürümektir.

VATAN LAFLA DEĞİL EYLEMLE SEVİLİR, s. 447

Mahruki: Deprem ile gelen değişim fırsatını kaçırdık

İSTANBUL • DÜNYA

"VATAN Lafla Değil Eylemle Sevilir" isimli yeni bir kitap yazan AKUT Başkanı Nasuh Mahruki, "Türkiye 1999 depremiyle yakaladığı zihin haritası değişimi fırsatını kaçırdı" dedi. Kişisel tarihi yanı sıra sivil toplum hareketinin ve AKUT'un gelişim seyrini ve karşılaştığı zorlukları ayrıntılı olarak anlattığı kitabında Mahruki, "Aslında 700 sayfaya ulaşan bu koca kitabı sadece o eşsiz zihin haritası değişimini fır-

17 Ağustos Depremi, bütün acıları ve kayıpları bir yana, bilerek veya bilmeyerek yaptığımız ve yapmaya devam ettiğimiz yanlışları, her şeye yeni gözlerle bakarak depremin acılarından çıkartacağımız derslerle düzeltebileceğimiz, Türkiyemiz için tarihi ve çok önemli bir zihin devrimi fırsatıydı da aynı zamanda. Ne yazık ki bu tarihi fırsatı gereği gibi kullanamadık. Çin alfabesinde krizi ifade eden tehlikenin sonuçlarını sonuna kadar yaşadık, ancak ne yazık ki beraberinde getirdiği, geçmiş hatalarımızı düzeltme fırsatını değerlendiremedik, değerlendirmemize izin vermediler. Birileri, bir yerlerden bu tarihi fırsatı bize kullandırtmadı.

Bu konudaki düşüncelerim hakkında daha detaylı bilgi edinmek isterseniz, *VATAN LAFLA DEĞİL EYLEMLE SEVİLİR* adlı kitabımın, "ZİHİN HARİTASI DEĞİŞİMİ VE KAÇIRDIĞIMIZ FIRSAT" adlı 4. bölümüne bakabilirsiniz.

AKUT Başkanı Mahruki:

Eğitime önem vermeliyiz

Doğal afetlerde kurtarmayla alakalı ortaya çıkan sorunların tamamen çözülmesinin mümkün olamayacağını belirten Mahruki, Türkiye'nin depremle iç içe yaşaması için eğitime önem vermek zorunda olduğunu söyledi.

Sivil elemanlar yetersiz

MUSTAFA YAĞMURLU

Zaman, 7 Eylül 1999

ncilere yardımlaşmayı ve insan hayatının önemini anlatıyorlar

AKUT'un küçük gönüllüleri

ilköğretim öğrencilerine hayat dersi

Genç AKUT Gönüllüsü Programı ile çocuklar ekip çalışması ve acil durum konularında eğitiliyor

Milliyet, 30 Kasım 2002

Bu kitabı basıldığı haliyle, www.nasuhmahruki.com adresinden ücretsiz olarak PDF formatında bilgisayarınıza indirebilirsiniz.

17 Ağustos Depremi'nde Türk insanının gösterdiği dayanışma, birlik ve beraberlik, fedakârlık ve çalışkanlık, her şeyi devletten bekleme anlayışının hâkim olduğu bir düzende, artık herkesin üzerine düşeni yapmasının gerektiği yeni bir dönemin başlangıcını da işaret ediyordu. 17 Ağustos Depremi'nin korkunç acıları, kaçırdığımız toplumsal zihin devrimimizin kullanamadığımız kıvılcımlarıydı da bir yandan.

Zihin devrimi aydınlanmadır.

Değişim ve gelişim normal yaşam hızında ilerlediğinde evrim sürecidir, hızlı ve köklü olursa devrim olur. 17 Ağustos Depremi, Türk toplumunun zihnindeki, yaşamla ilgili pek çok yanlış algısını düzeltebileceği eşsiz bir devrim fırsatıydı da aynı zamanda. Zihinlerde devrim eğitimle yapılır. Bu dönemde AKUT eğitim çalışmalarına ağırlık verdi ve afetler, acil durum yönetimi, depremlere hazırlık, arama ve kurtarma, ilkyardım gibi konularda 7'den 70'e eğitimler vermeye başladı.

Akut çocuklara gönüllü olmayı öğretiyor

Hürriyet, 17 Ocak 2002

Nasuh Mahruki: AKUT, EĞİTİM MERKEZİ KURUYOR

AKUT'un eğitim merkezi kurduğu haberi

İlkyardım merkezine İskender Iğdır'ın adı verildi.

AKUT'tan eğitim atağı

Zaman, 22 Mart 2000

Prof. Dr. Doğan Cüceloğlu, paradigmayı "algı ve düşünceye yön veren harita" olarak tanımlar. Kaba tarifle dünyayı algıladığımız, anladığımız, anlamlandırdığımız, yorumladığımız dünya görüşümüz diyebiliriz. Bir kişinin veya bir toplumun paradigmasından-zihin haritasından söz ettiğimizde, o kişinin veya o toplumun dünyayı algılama, anlama ve yorumlama biçimini dile getiriyoruz demektir. Gördüklerimizi, tanık olduklarımızı, yaşadıklarımızı ve başımızdan geçen her şeyi bu zihinsel haritalara göre yorumlarız. Bu zihin haritaları doğal olarak o kişinin veya o toplumun yaşamı boyunca karşılaştığı sayısız mesaja, zihinsel şartlanmalarına, on kabullerine, inançlarına, deneyimlerine ve algısına bağlı olarak oluşur. Dolayısıyla farklı kişiler ve toplumlar, aynı eşyaları, aynı olguları, aynı olayları, aynı kişileri başka başka şekillerde yorumlayabilirler. Sonuç olarak burada genel bir doğrudan söz etmek mümkün değildir.

Buna göre biz dünyayı olduğu gibi değil öğrenmelerimizin, koşullanmalarımızın, kendimize özgü deneyimlerimizin merceğinden bakarak görürüz.

Dünyayı algıladığımız zihin haritalarımız olan paradigmalarımız doğru da olsa, yanlış da olsa davranış ve tutumlarımızın da kaynağını oluşturuyor. Bir diğer deyişle, davranışlarımızda, tutumlarımızda paradigmalarımızı referans noktası alarak çevremizle ilişki kurarız.

Kişilerin ve toplumların davranışlarında, algılamalarında anlamlı ve kalıcı, bütünlüklü değişimler yaratmak istiyorsak, bu değişimi, konunun temeline inip o davranış ve algıları oluşturan paradigmalar üzerinden başlatmamız gerekmektedir. Aksi halde paradigma değişikliği yapılmadan davranışlarda yapılan, yapılmaya çalışılan değişiklikler yüzeysel ve kısa ömürlü olacaktır. Bir kişinin, bir toplumun belirli bir konudaki davranışı, tutumu ya da algısı bozuksa, önce bu bozuk davranış, algı ya da tutumun altında yatan zihin haritasını anlamamız gerekir. Bozuk bir davranış, algı veya tutumu, altında yatan, onu besleyen zihin haritasına hiç müdahale etmeden değiştirmeye kalkışmak kalıcı bir sonuç veremeyecektir.

Zihin haritalarımız kendimizle ve dünyayla ilgili her türlü algımızı, davranışımızı, seçimlerimizi ve kararlarımızı şekillendirdiği için yaşam kalitemizi birinci elden etkiler ve bu anlamda yaşamsal önemi vardır.

VATAN LAFLA DEĞİL EYLEMLE SEVİLİR, s. 427-428

Bu nedenle paradigmalarınızı, bir diğer deyişle inandığınız doğruları ve yaşamla ilgili kabullerinizi zaman zaman sorgulayın ve tıpkı bir dağcının rotasını bulabilmek için elindeki haritayla pusulasının kuzeyini üst üste getirmesi gibi, zihninizdeki dünya algısını gerçek dünyayla üst üste getirin.

Çünkü;

Yanlış bir haritayla doğru bir hedefe ulaşılamaz.

Zihin haritası değişimi süreçleri doğru kullanıldığı takdirde, kişisel vizyonumuz, üretkenliğimiz ve yaratıcılığımız gerçek anlamda bir çağ atlar. Eski ve köhne anlayış gider, yeni ve çağdaş anlayış gelir. Zihin haritalarımızın, bütün kararlarımızın temelini oluşturduğu gerçeğini aklımızdan çıkarmamalı ve yaşamımız boyunca karşımıza çıkan bu anlamda yapabileceğimiz iyileştirme ve geliştirme fırsatlarını kaçırmamalıyız. Çünkü bütün kararlarımızı doğru da olsa, yanlış da olsa bu zihin haritalarına göre alıyor ve sonuçlarını yaşıyoruz, bazen de katlanıyoruz. Paradigmalarımızın önemli olmasının sebebi, tüm kararlarımızın bu paradigmalardan doğrudan etkilenmesidir ve karar vermek hayatın içindeki en önemli ve kritik konuların başında gelir.

DOĞRU KARARLAR VERİN

Kendisinden sonraki bütün süreci doğrudan ve dolaylı olarak etkilediği için karar verme ve seçim yapma süreçleri hayatımızda en ciddiye alınması gereken şeylerin başında gelir. Analitik ve kavramsal düşünme, bilgi, sezgi, deneyim, zekâ, cesaret ve en önemlisi sağduyu yetenekleri, eksik veya yetersiz bilgilere sahip olduğumuz karar verme süreçlerinde önem kazanır. Çeşitli seviyelerdeki belirsizliklerle birlikte almamız gereken kararlarımızda en doğrusunu seçebilmek ciddi bir zekâ, sağduyu ve yetenek meselesidir. Özellikle kritik süreçlerde doğru kararlar verebilmek çok zor, ama çok önemlidir. Belirsiz süreçlerin stresiyle başa çıkabilmek ise ayrıca bir beceri ve soğukkanlılık gerektirir.

Karar verme süreçlerinde en önemli konu, alınan her kararın, kendisiyle bağlantılı diğer her karar ve süreçte en yüksek faydayı sağlayacak şekilde eşgüdümü düşünülerek alınmasıdır. Unutulmamalıdır ki her etki bir tepki yaratır ve her kararın ve

❄ Karanlıkiçi Kanyonu geçişi sırasında, Haziran 1993.

eylemin sonuçları olur. Burada üzerinde durmamız gereken şey, her türlü kararımızda, bu kararımızın ilgili tüm süreçler ve sonuçlar üzerindeki olası etkilerini de hesaba katmaktır. Kararlarımızın kısa, orta ve uzun vadeli etkilerini ve diğer süreçlerle olası etkileşimlerini de mutlaka gözden geçirmeliyiz.

Bir sorunu çözmenin pek çok yöntemi vardır. Bu yöntemlerin bir kısmı, süreçler ve sonuçları itibariyle diğerlerinden daha maliyetli, daha zor, daha sıkıntılı veya daha az maliyetli, daha kolay ve daha az sıkıntılı olacaktır. Bir kısmı ise sorunun çözümü için yetersiz, uygunsuz, yanlış veya eksik kalacaktır. En kötüsü ise içinde bulunduğumuz anda kararımız doğru görünmesine ve günü kurtarmasına rağmen, ilerleyen süreçte başka etkileşimlerle birlikte yeni ve beklenmedik sorunlara yol açması olacaktır. Bu nedenle kararlarımızın her seviyedeki ve her türlü orta ve uzun vadedeki olası etkilerini de mutlaka göz önünde bulundurmalıyız.

Peter Drucker'ın bu konudaki uyarısını dikkate almak gerekir:

Bugünün sorunları dünün çözümleridir.
Peter Drucker

Bugün için çözüm olarak kabul ettiğimiz bir kararın veya bu kararın tetikleyeceği birtakım sonuçların beklenmedik ve daha büyük bir sorun olarak gelecekte karşımıza çıkması, daha büyük kayıplar yaratabilecek, zafiyetlere yol açabilecek ve rekabet gücümüzü azaltacaktır.

Aldığımız kararlar ve bu kararlara bağlı yapılan eylemler geleceği doğrudan ve dolaylı olarak çeşitli şekillerde etkilediği, hatta şekillendirdiği için sadece kısa dönemli, günü kurtarmaya dönük çözümlerle yetinmemeli, mutlaka orta ve uzun vadede de kararlarımızın olası etkilerini ve sonuçlarını düşünmeliyiz. Aldığımız her kararın sürdürülebilir sonuçları olmasına dikkat etmeliyiz. Her kararımız bir yandan makro hedeflerimizle, yaşam hedeflerimizle de doğru etkileşebilmelidir. Hayatımızdaki her şey diğer her şeyle de doğrudan ya da dolaylı olarak etkileşim içerisindedir. Bunun farkında olarak süreçlerimizi yönetmeye çalışırsak ve her kararımızı, hayatımızın her alanındaki olası etkilerini de göz önünde bulundurarak almaya gayret edersek, karar süreçlerini uzun dönemli yaşam hedeflerimizle de örtüştürebilir ve bu sayede geniş bir manevra alanı ve önemli bir rekabet avantajı elde edebiliriz.

Yaptığımız seçimlere her zaman dikkat etmeliyiz, çünkü her seçiş aslında bir vazgeçiştir. Bir konuda karar verdiğimizde, kararımızın dışında kalan her şeyi geride bırakırız, çoğu zaman bir daha geri dönmemek üzere.

**Her seçim bir fedakârlıktır,
her seçimin bir bedeli vardır
ve bu bedel gerektiği şekilde ödenir.**

Hayat bizim gibi yüksek organizmalar için baştan sona bir seçim yapma ve karar verme sürecidir demiştik. Hepimiz hayatımızın her alanında birtakım seçimler yapıyor, kararlar alıyor ve seçimlerimizin, kararlarımızın sonuçlarını yaşıyoruz. Yaptığımız her seçim aslında birtakım şeylerden vazgeçmek, fedakârlık yapmaktır da bir yandan. Dağlara tırmanmayı seçmenin bedeli, dağcılık sporunun riskleriyle yaşamayı öğrenmek, bir yandan da sevdiklerinizden uzun süre uzak kalmayı göze almaktır. Bugünün bu saatinde, bu kitabı okuyor olmanız bile aslında bir seçimdir. Ve bu seçimle birlikte siz, bu saatte yapabileceğiniz diğer şeylerden vazgeçmiş durumdasınız. Buna göre, yaptığımız her seçimin mutlaka kendi çerçevesi içerisinde bir kazanımı ve bir maliyeti olacaktır. Önemli olan bu fayda/maliyet oranının sonuçtaki beklentilerimizi karşılayabilmesidir. Daha da önemlisi seçimlerimizin maliyetlerine hazır olup olmadığımızdır.

Her seçimin sonuçları ve göz ardı edilemeyecek yan etkileri olur.

Benim gibi sizler de Himalayalar'da, *Karakurum* Dağları'nda, *Tien Shan* Dağları'nda, Antarktika'da veya Kuzey Alaska'da kendinize iddialı hedefler seçerseniz, bu hedeflerle birlikte birtakım zorlukları, tehlikeleri, riskleri de beraberinde kabullenmeniz gerekir. En önemlisi bütün bu zorlu ve tehlikeli süreçlere hazır olmanız gerekir. Kendi adıma herhangi bir konuda karar verirken, o kararımla hayatımın dışında bıraktığım şeyleri de değerlendiririm. Onları da göz önünde bulundurduğumda eğer yine aynı seçimi yapıyorsam her şey yolunda demektir.

Unutmamalıyız ki;

Kararsızlık enerjimizi tüketir.

Bu nedenle kararsızlık çok yorucudur. Etkili bir karar doğru, yerinde ve zamanında olmalıdır. Nasıl geç gelen adalet, adalete hizmet etmekten uzağa düşerse, geç alınan kararlarda da sıkıntılar olacaktır. Bu nedenle uzun süreli kararsızlıklardan kaçınmanızda fayda vardır. Yanlış karar almak elbette ki istenmeyen daha kötü sonuçlara yol açabilecektir, ancak seçenekler arasında gidip gelmek ve bu sürecin uzamasının yaratacağı belirsizlik ortamı ve stres de, çok rahatsız edici ve maliyetli olabilir. Bu nedenle seçeneklerimizi daraltmaya çalışıp, olmayacakları gözümüzün önünden uzaklaştırıp, mümkün görünenlerin içlerinden aklımıza en yatan ve en uygun görünen seçeneklere odaklanarak en doğruyu bulmaya çalışmalıyız. Kararlarımızın olası sonuçlarına göre oluşabilecek en iyi ve en kötü senaryoları göz önünde bulundurarak, sürece etki edebilecek tüm dinamikleri ve etkileşimlerini de hesaba katabilirsek, daha cesaretli hareket edebilir ve karar almamızı kolaylaştırabiliriz.

Ancak beklemek, ertelemek, üşenmek bana göre değil. Bir de benim gözümde yaşam, en doğru zamanı (görecell bir evrende, hangi var olmayan sabit noktaya göre?) bulmak için harcanmayacak kadar kıymetli, kısa ve hızlı. Bir karar ver ve uygula, gerisi nasıl olsa gelecek...

K2 - DAĞLARIN DAĞI (yazım aşamasında)

Kararlarımızı alırken arkasını düşünmeli, gerçekleşmesi mümkün senaryolara göre alternatif seçeneklerimizi hazır tutmalı, en kötüsüne de hazır olmalı ve en kötü senaryoda bile manevra kabiliyetimizi yitirmemeyi sağlayacak şekilde planlarımızı yapmalıyız. Özellikle potansiyel etkisi ve sonuçları yüksek olabilecek kritik karar verme süreçlerinin çok bileşenli doğasında, önceliklerimizi çok iyi tespit etmek ve mümkün olduğu kadar nesnel olmaya çalışmak gerekir.

En büyük askerlik, çeşitli varsayımları çok iyi hesap ederek, en iyi görüleni gecikmeden uygulamaktır.

ATATÜRK

HATA YAPMAKTAN KORKMAYIN

Kararlarımızda ve uygulamalarımızda hata yapmak bizi gereğinden fazla korkutmamalı, çünkü hata yapmak gelişmenin ve ilerlemenin bir parçasıdır. Hatalarımız da başarıya giden yolda birer basamaktır aslında. Unutmamalıyız ki, hata yapmak öğrenmeyi de beraberinde getirir. Hiç hata yapmayalım istiyorsak, hiç hareket etmememiz gerekir. Bu dünyada böyle bir hayat olamayacağına göre, hata yapmaktan korkmamalıyız. Hiç hatasız hayat, hiç hatasız başarı öyküsü olmaz, sadece daha az hatalı hayatlar yaşanabilir ve daha az hatalı başarı öyküleri yazılabilir.

Bizler mükemmel varlıklar değiliz, mükemmel olmak zorunda da değiliz. Herkes hata yapabilir, hatta insanlar biraz da eksik ve yanlışlarıyla özel olurlar. Herkesi olduğu gibi kabul etmek gerekir. Burada en önemli ve dikkat edilmesi gereken konu ise; büyük hata yapmayacağız ve hatalarımızdan her seferinde ders alacağız ki, benzer hataları tekrar etmeyelim. Büyük hataların geriye

❄ Khumbu Buzulu'nda tırmanan dağcı.

dönüşü olmayabilir veya kabul edilemeyecek kadar yüksek maliyetli olabilirler. Bu nedenle büyük hatalar yapmamaya özen göstermeliyiz. Bu özen, yaşamda üstlendiğimiz risklerin yönetimini ancak etkili bilgi yönetimi ve bilgiye dayalı hesaplara dayanarak yapmakla sağlanabilir. Risk algımızı ve risk yönetimi kapasitemizi doğru olarak algıladığımız ve üstlendiğimiz risklerin sınırlarını da buna göre belirlediğimiz sürece, kendimizi büyük hatalardan ve riskin gerçekleşmesi halinde ödeyemeyeceğimiz kadar yüksek bedellerden uzak tutmayı başarabiliriz. Sınırlarımıza yakın, ama sınırlarımızın içinde riskler üstlendiğimiz için, en kötü senaryoda bile üstlenebileceğimiz bir bedel ödeyerek yolumuza devam edebiliriz.

**Birinci hata bir tecrübe,
ikinci hata bir maliyettir.**

Herhangi bir konuda yaptığımız bir hata, o şeyin nasıl yapılmaması gerektiği konusunda da bir öğrenme sürecidir aynı zamanda. Hatalarımızdan her seferinde ders alır ve benzer hataları tekrar etmezsek, bir yandan da öğreniyoruz ve benzer konularda hata yapma aralığımızı daraltıyoruz demektir. Bunu başaramaz ve hatalarımızı tekrar edersek, bu durum üstlenmek zorunda kalacağımız maliyetlere ve taşımak zorunda kalacağımız yüklere dönüşür. Her gereksiz yük, bizi hedefimizden uzaklaştırır ve işimizi zorlaştırır. Hedefimize tekrar yaklaşabilmek için bir o kadar daha fazla enerjiye ihtiyacımız olur. Her tekrar eden hata bize bir şey katmadan sadece enerjimizi alır, kısıtlı kaynaklarımızı tüketir.

Hatalarımızın pişmanlığını peşimizden sürüklemeye ve onların negatif enerjisini taşımaya da gerek yoktur. Kendinizi geçmişteki hatalarınız için bağışlayabilmelisiniz. Geçmişi yerinde bırakmalı ve bugüne odaklanmalısınız. Siz artık bugünkü sizsiniz ve geçmişteki size ne kadar benzeseniz de ondan başka birisiniz. Kendini affetmenin yolu aynı hataları bir daha yapmamaktan geçer. Hatalarımızdan ders almamız ve tekrar aynı hatalara düşmemeye özen göstermemiz bence yeterlidir.

Riskler-hatalar-kazalar arasındaki ilişkiye baktığımızda ise şunu söyleyebiliriz:

Kazalar sadece tek bir şeyin kötüye gitmesiyle oluşmaz.

Kazalar daha önceden mevcut olan risklerin gerçekleşmesi sonucunda, bu risklerin bileşkesiyle oluşur. Potansiyel olarak o risk başından itibaren mevcuttur, ama ancak gerçekleşmesi ve diğer başka unsurlarla birleşmesi durumunda bir kazaya dönüşür. Buna göre bir kaza, gözden kaçırdığımız birden fazla kritik etkenin üst üste gelmesi ve çoğu zaman birbirlerinin etkilerini yükseltmesi sonucunda olur. Kazalar, birden fazla hatanın kombinasyonu sonucunda ortaya çıkar. Alkol kullanmak suç da değildir, tehlikeli de değildir, zilzurna sarhoş olmaktan bahsetmiyorum elbette, araba kullanmak da suç da değildir, tehlikeli de değildir, ama yağmurlu bir gecede alkol alıp araç kullanmak, zorlaşmış yol ve sürüş şartları altında muhakeme yeteneğinizi ve reflekslerinizi zayıflatacağı için tehlikeye dolayısıyla da kazaya davetiye çıkarmaktır.

Ciddi bir tırmanış sırasında ekip üyeleri kritik bir hata yaparlarsa, genellikle ekip içi dinamikler ve ekibin deneyimi o hatanın etkilerini sönümlendirebilir ve süreç zarara uğramadan atlatılabilir. Ancak aynı anda iki önemli değişken gözden kaçırılır ve iki kritik hata yapılırsa, büyük olasılıkla o ekip için zirve şansı ortadan kalkar ve artık ancak herhangi bir kaza yaşanmadan geriye dönebilirler. Aynı anda üç kritik hata yapılırsa bu kez ekip içi dinamikler bu kadar yükselen bir riskin gerçekleşmesini engelleyemeyebilir ve aralarından biri yaralanabilir, hatta ölebilir.

8163 metrelik *Manaslu* Dağı'nı denerken son derece olumsuz hava şartlarına rağmen tırmanışı zorlamamız, kötü hava yüzünden sabit hatlarla döşeyemediğimiz dik parkurlar ve küçücük bir kar mağarasında geceyi geçirmeye çalışırken, değerli enerjimizi ciddi şekilde tüketmemiz kazaya davetiye çıkarmıştı. Tırmanış sırasında da, bir yüksek irtifa tırmanışında olabilecek ne kadar aksilik varsa hemen hepsi başımıza gelmişti. Kolombiyalıların ve Gürcülerin milli takımları, Bulgar, Koreli ve Avusturyalı dağcıların olduğu o sezonda, dağda her şey ters gitmişti. Hava şartları ve rotanın durumu hep problemliydi. O sezon hiç kimse tırmanamadı *Manaslu*'ya. Biri benim ekip arkadaşım olmak üzere iki dağcı hayatını kaybetti. Dört kişi, sezonun ulaşılan en yüksek noktası olarak 7500 metreye kadar tırmanabilmiştik. Kaza da, kar mağarasında geçen soğuk ve yorucu bir gecenin ardından zirve denemesini iptal ederek inerken, sabit hatları kuramadığımız bölümde başımıza geldi.

Zorlu ve tehlikeli Manaslu tırmanışı bir anda kâbusa dönüşüyor. Tırmanış partnerimizi saniyeler içerisinde kaybettik. Bu duyguyu çok iyi biliyorum. İçimde bir boşluk, bir çaresizlik hissediyorum, içim acıyor. Yapabileceğimiz hiçbir şey yok. Şu anda kendimizi düşünmek zorundayız. Hâlâ Hristo'yu öldüren bölümün üzerindeyiz ve burayı aşmamız saatler sürecek. Bir an bile boş bırakmadığım kazmama daha sıkı yapışıyorum. Serakların üzerinden traversi yapabileceğim, çıkarken gözüme kestirdiğim, o nispeten güvenli bölüme doğru inmeye devam ediyorum.

YERYÜZÜ GÜNCESİ, s. 290

Sıradan görünen ve ağır yaralı bulunan bir trafik kazasına bu gözle baktığımızda; muhtemelen sürücünün yorgun olması, yağış nedeniyle yolun kayganlaşması, gece ve yağmur nedeniyle görüşün azalması ve örneğin emniyet kemerinin takılı olmaması gibi birbirinden farklı hataların ve süreci zorlaştıran etkenlerin aynı anda meydana gelmesi nedeniyle riskin gerçekleştiği ve kazanın yaşandığı görülür. Bunlardan birini veya ikisini süreçten çıkarmayı veya süreç içindeki risk seviyesini azaltmayı başarabilirseniz, yaralanmayı, hatta kazayı bile engelleyebilirsiniz.

Akıllı insan başkalarının hatalarından da öğrenir.

Bu gözle bakabilirsek şunun farkına varırız; mevcut risklerin üst üste yapılan hatalarla birleşerek gerçekleşmesi ve kazaya dönüşmesi aslında o kadar da kolay değildir. Dikkatsizlik, özensizlik, plansızlık sonucunda ve en önemlisi risk yönetimini yanlış yaparak, şartları biraz da bizim zorlamamız, tetiklememizle acı olaylar meydana gelir. Kazalarda insan unsurunun etkisi büyüktür.

Kazaların sorumlusu yüzde 99 insanlar

Arama Kurtarma Derneği (AKUT) Başkanı Nasuh Mahruki, Alanya Fotoğraf Sanatçıları Kulübü'nün davetlisi olarak Alanya'ya geldi.

Alanya Kültür Merkezi'nde fotoğraf meraklıları ile bir söyleşi gerçekleştiren Mahruki, katılımcıların sorularını yanıtladı.

Söyleşisine Everest Dağı zirvesinde çektiği görüntüleri dinleyicilerle paylaşan Mahruki, dağcılığın riskli ve tehlikeli bir spor olduğunu söyledi.

Mahruki, araziye çıkmadan önce sporcunun alanın fiziki koşullarını bilmesi, stratejik plan yapması ve ekipmanlarını kontrol etmesi gerektiğini anlatarak, kişinin iklim değişikliklerini de göz ardı etmemesinin önemine değindi.

Dağcılığın aynı zamanda çok keyifli bir spor olduğunu anlatan Mahruki, "Hedefiniz belli, zirveye ulaşmak. Zirveye ulaşmaya çalışan dağcının tüm günlük stresi yok olur" diye konuştu.

Doğada ne kadar önlem alınırsa alınsın, kazaların önlenemeyeceğini kaydeden Mahruki, "Doğada meydana gelen kazaların yüzde 99'unun sorumlusu insanlardır. Doğanın belli kuralları vardır ve bunları uygular. Siz bu kurallara uymazsanız, sorun yaşarsınız. Hayatınızı bile kaybedebilirsiniz. Tedbir almak sadece kaza olasılığını düşürür, engellemez" dedi.

Antalya Express, 13 Nisan 2009

Yolumuzdaki riskler üzerinde belirli bir kontrol gücümüz olduğunda, karşımıza çıkacak engellerle de daha rahat başa çıkabilme kapasitemiz oluşur. Seçtiğimiz hedeflere bağlı olarak karşımıza çeşitli engeller mutlaka çıkacaktır. Engelleri ve zorlukları aşacak iradeyi ortaya koyduğumuzda çözüm yolları da beraberinde gelecektir. Önemli olan, asıl hedefimizi gözden kaçırmadan gerekirse durarak, yolumuzu değiştirerek, etrafından dolaşarak, alternatif yollar deneyerek veya bazen de geri çekilerek süreçte kalmaya çalışmaktır.

HER ZAMAN BİR *B* PLANINIZ OLSUN

B planı yapmak, sorunlar daha ortaya çıkmadan üzerinde düşünmek ve çözümleyecek önlemleri almaktır. Bu nedenle *B* planına sahip olmak aslında çok rahatlatıcıdır ve bize süreç içinde daha rahat hareket etmemizi sağlayacak özgüveni ve manevra alanını verir. Koşulların zorlaması nedeniyle *A* planımız artık bizi hedefimize yakınlaştırmıyorsa, biz de ikinci seçeneğimiz olan *B* planımızı uygulamalıyız. Eğer o da bizi hedefimize yakınlaştırmakta yetersiz kalırsa bu sefer üçüncü seçeneğimizi, *C* planımızı denemeliyiz.

Yaptığımız hazırlıklar ve gerektiği takdirde devreye sokulabilecek seçeneklerimizin varlığı sayesinde, koşullar bizim beklemediğimiz şekilde değil istemediğimiz şekilde gerçekleşmiş olur. İstemediğimiz, ama öngördüğümüz bir sorunla başa çıkmak, beklemediğimiz bir sorunla başa çıkmaktan çok daha kolaydır. *B* planımız sayesinde, süreçteki kontrol ve hareket kabiliyetimizi

❄ Khumbu buzulunun üst bölümlerinde.

bize zarar verecek kadar uzun süre kaybetmeden, yeni gelişen şartlara süratle uyum sağlayabiliriz. Bunu yapabileceğimizi bilmek, süreç yönetimlerinde korkuları ve endişeleri bizden uzak tutar. Esnek olabilme becerisi gerektiren *B* planı, hayatın belirsizliklerine ve tehditlerine karşı sigortamızdır ve en önemli güven kaynağımızdır.

Örneğin Himalayalar'daki yüksek irtifa tırmanışlarında büyük buzul çatlakları karşımıza çıktığı zaman, onları aşmak için bazen 3-4 tane alüminyum merdiveni uç uca eklememiz gerekiyordu. Burada amaç, elimizdeki malzemeyle en az zahmetle ve en güvenli şekilde bu engelleri aşmak ve tırmanışımızı sürdürmek. Bu tür büyük buzul çatlaklarında, diğer seçenekler göz önünde bulundurulduğunda en güvenli ve rahat yöntem buzul çatlağının üzerinde alüminyum merdivenle bir köprü oluşturmaktır. Ancak bazı durumlarda karşımıza çıkan engelleri aşmak için planlarımızda değişiklik yapmamız gerekebilir. Buzullar üzerindeki oluşumlar sabit olmadıkları ve sürekli hareketli oldukları için zaman içerisinde şekil değiştirirler. Bu şekilde genişleyen bir çatlağa elimizdeki alüminyum merdivenler kısa gelmeye başlarsa, bu kez biraz daha fazla kaba kuvvet gerektiren ve tek ip üzerinde yatay geçiş yaptığımız *Tyrol traversi* denilen teknikle aşarız çatlağı. Bu seçenek de herhangi bir sebeple kullanılamaz olursa, bu kez *C* planı olarak buzul çatlağının dibine kadar inebilir ve karşı taraftan tekrar çıkabiliriz. Bu da yine yapılamazsa, bu se-

Tyrol yan geçişi yapan dağcı

fer buzul çatlağının çok uzağından dolaşarak yine karşımızdaki engeli aşabilir ve rotamızda devam edebiliriz.

Bir sorunu çözmenin pek çok yolu vardır demiştik, bu yolların bazıları daha az bazıları daha yüksek maliyetli olacaktır. Biz de kendi değerlendirmelerimize ve elimizdeki imkânlara göre, bu sorunu en ekonomik ve verimli şekilde çözecek yöntemi seçmeye gayret ederiz. Burada önemli olan, engeller karşımıza çıktığında bütün bunları aşabilecek bilgi ve beceriye ve en önemlisi gereken enerji ve kararlılığa sahip olmaktır. Bunlar bizim engeller karşısında alternatif çıkış yolları aramamız ve bulmamız için gerekli olan itici gücü oluştururlar. Ani ve beklenmedik sorunlarla başa çıkabilmenin sırrı hayata karşı esnek olabilmektir.

DEĞİŞİME AÇIK OLUN

Hayatın temel dinamiklerinden biri değişimdir. Her şey sürekli olarak değişir. Aniden ve beklenmedik bir şekilde değişebilecek koşullara ayak uydurabilmek için kararlarımızda mutlaka bir esneklik payı bulundurmalı, değişime açık olmalıyız. Burada önemli olan, en baştan, olası değişimlere hazırlıklı olabilmek ve değişime uyum sağlayabilmek için geniş bir görüş açısına, esnek ve kıvrak bir hareket alanına ve kendini yenileyebilme kabiliyetine sahip olabilmektir. Mevcut ve gelişen şartlar gereği süreçlerimizde birtakım değişimler meydana gelebileceğini bugünden öngörebilmek bir vizyon, tecrübe ve kapasite meselesidir. Hedeflerine iyi hazırlanan ve odaklanan zihinler, hedeflerine ulaşma süreçlerini zorlayacak bir değişim meydana geldiğinde, önceden yapılmış planlara ve hazırlıklara dayanarak süratle yeni gelişen şartlara uyum sağlayabilirler.

Değişime açık olmak ve kararlarımızda koşulların zorlamasıyla değişiklikler yapmak, hedefimizden uzaklaşmak değil, yeni

❄ Cho Oyu Dağı'nda zirveden dönen dağcı.

gelişen şartlara göre hedefimize ulaşabilmek için yeni ve daha sağlıklı yollar aramak demektir. Koşullar değiştiğinde sizin de değişmeniz gerekir ve her zaman olduğu gibi, değişime çabuk ayak uydurabilen kazanır. Özellikle Türkiye gibi gelecekle ilgili belirsizliklerin ve süreçlerde ani ve beklenmedik değişimlerin yoğun yaşanabildiği yerlerde, kendimizi yeni beliren şartlara süratle uydurabilmek hayati önemdedir. Doğada da hayatta kalmanın sırrı değişime ayak uydurabilmektir.

Hayatta kalan, türlerin ne en güçlüsü ne de en zekisidir; hayatta kalan, kendini değişime en çabuk uydurabilendir.

Charles Darwin

Yaşamın değişim özünü kavramış olmanın bir diğer avantajı da, beklenmedik değişimlerin olabileceği fikrine uygun olarak alternatif seçenekleri de elde hazır tutmaktır. Koşullar değişir ve bizi de değişime zorlarsa, doğru olduğuna ve bunu başarabileceğimize inandığımız sürece, bu değişimi bizzat gerçekleştirebilmeliyiz.

1997 yılında 8201 metrelik *Cho Oyu* Dağı tırmanışı için Tibet'e gittiğimde, tırmanıştaki uyum programı ve tırmanış stratejisi konusunda ekibin İngiliz lideriyle anlaşmazlığa düştük. Hayatımda ilk kez karşılaştığım bu garip durum karşısında ilk günler ne yapmam gerektiğini kestiremedim. O kadar gereksiz ve beklemediğim bir süreç oldu ki bu, içinden çıkabilmemin tek yolu şartların sınırlarını zorlamaktı.

Dağcılar, yüksek irtifanın düşük oksijenli ortamına uyum sağlayabilmek için aklimatizasyon denilen bir uyumlama programı yaparlar. Buna göre kademeli tırmanışlar yapmak ve vücudu yüksekliğe yavaş yavaş alıştırmak esastır. Dağın coğrafi şartlarının elverdiği şekilde ve bu yaklaşımla, uygun kamp yerleri belirlenir ve hem uyum hem de zirve tırmanışları buna göre yapılır.

Cho Oyu tırmanışı için Ana Kampa vardığımızda şöyle bir sorun çıktı ortaya: Ekibimizin İngiliz lideri, uyum tırmanışlarımızda 6300 metre civarının daha üzerine çıkmamıza izin vermeyeceğini ve bütün uyum tırmanışlarımızı Ana Kampımızla birinci kampın kurulduğu 6300 metre arasını defalarca inip çıkarak yapacağımızı söyledi. Bunu ilk duyduğum anda bu şekilde olamayacağını söylemiştim ancak ekip lideri kendi düşüncesine çok sıkı asıldı ve herhangi bir başka açılıma da izin vermedi.

Cho Oyu Dağı'nda bizden başka toplam 16 ekip daha vardı ve tamamı benim de yapmayı istediğim, geleneksel uyum tırmanışları modelini uyguluyordu. Bir tek biz daha farklı ve haliyle daha az işe yarayacak bir model olan bu yöntemi uygulayacaktık. Bu durum beni açıkçası çok rahatsız etti, çünkü son beş yılda *Everest* dahil pek çok yüksek irtifa tırmanışı gerçekleştirmiş ve yüksek irtifa fizyolojisini çok iyi bilen biri olarak kitaplarda geçen, ama zayıf noktaları nedeniyle kimse tarafından kullanılmayan bu modelin sağlıksız ve riskli bir model olduğuna emindim. Defalarca konuyu çok farklı taraflardan alıp anlatmaya çalıştığım halde, ekip lideri, biraz da sanırım daha ilk günlerde hastalandığı için psikolojisinin de iyi olmaması nedeniyle bu kararından geri adım atmadı ve bana da başka çıkar yol bırakmadı.

Aslında *Cho Oyu* tırmanışına da, diğer tırmanışlarımda olduğu gibi bir ekibin parçası olarak, grup içinde üzerime düşen kadarını yapacak ve bütün işleri ve yükü bu ekiple paylaşarak gerçekleştirecek şekilde bir beklenti ve hazırlıkla gitmiştim. Ancak bu kez evdeki hesap çarşıya uymadı. Gerekliliğine inandığım sürece, altından kalkabileceğime güvendiğim hiçbir yükün altına girmekten çekinmem, ama doğru olduğuna inanmadığım bir şeyi de bana kimse yaptıramaz. Çözüm için aklıma gelen ilk ve mantıklı seçenekler, ekip liderinin geri adım atmaması nedeniyle yetersiz kalınca, bu konuda nasıl bir çıkış bulabileceğimi düşünmek için girdim çadırıma ve neredeyse yarım gün, bu konuyu tüm olası sonuçları itibariyle ve her yönüyle düşündüm ve sonunda kararımı verdim, çadırdan çıktım ve bir toplantı istedim.

Bu aklimatizasyon programının başarılı olacağına inanmadığımı, bütün sorumluluğu bana ait olmak üzere hem uyum hem de zirve tırmanışlarını kendi bildiğim şekilde yapmak için gruptan ayrılacağımı ve ekibin sadece lojistik imkânlarını kullanacağımı söyledim. Sonuçta ekibin parçası olduğum kadar, bu tırmanış için gerekli resmi izinler, Ana Kamp desteği, tırmanış çadırları, ekip içinde olmanın getirdiği güvenlik, yemek, teknik malzeme ve benzeri tüm ihtiyaçlar için para ödeyen ve bunlar üzerinde hakları olan bir müşteriydim de aynı zamanda. Gruptan ayrılacak, bütün planlamayı kendime göre yapacak ve sadece tırmanış için gerekli lojistik imkânları kullanacaktım.

Ekip lideri bunu deneyebilecek birikime sahip olduğumu bildiği ve kendine göre sorumluluktan da kurtulduğu için bu kez durumu mecburen kabul etti. Böylece hiç bu tür bir niyetim olmadığı ve bu yönde özel bir hazırlık yapmadığım halde, dünyanın 6. yüksek dağıyla tek başıma karşı karşıya kaldım. Büyük bir dikkatle, uyum tırmanışlarımı Rus dağcılardan öğrendiğim şekilde yaptım ve zirve tırmanışı için kendimi hazırladım. Kendi bildiğim yöntemle üst kampları ve gerekli lojistik desteği hazırladıktan sonra çok iyi aklimatize ve son derece süratli bir şekilde zirve tırmanışını gerçekleştirdim. Hatta oksijen desteği almadığım halde, o sezonun en hızlı tırmanışını yaptım ve zirveye çıktığım gün, kendi kurduğum kampları tek tek boşaltarak ve tüm yükü de bir seferde sırtlanıp, bütün o uzun rotayı geçerek Ana

Kampa geri indim. Sırtımda 40 kilodan ağır koca bir sırtçantasıyla Ana Kampa vardığımda, diğer ekiplerdeki dağcılar o gün nereden geldiğime bir türlü inanamadıkları ve lisan sorunundan kaynaklandığını zannettikleri için üst üste sorma ihtiyacı hissettiler, "*Yani bugün mü zirveye vardın*?" diye.

Sonunda 5600 metredeki, bizden başka herkesin Ana Kampına varıyorum. Ana Kamp hemen hemen bomboş. Herkes üst kamplarda bir yerde. Bir Fransız, bugün dağdan inen birini ilk kez görmenin merakıyla nereden geldiğimi, nasıl gittiğini soruyor. Zirveye ulaştığımı söylüyorum, tebrik ediyor. Haliyle zirveye dün çıktığımı düşünüyor. "Hayır bugün," deyince, şaşkınlıktan küçük dilini yutuyordu neredeyse. Cho Oyu'da daha önceden de 3. kamptan zirveye çıkıp Ana Kamp'a dönen Şerpalar olmuş, ama bunu yapan Batılı dağcı yok denecek kadar az. Şaşkın Fransız'ı bırakıp devam ediyorum ve Eric Escoffiér'nin kampına geliyorum. Tabii ki kamptakiler de bu duruma inanamıyor, bir kez daha aynı reaksiyonla karşılaşıyorum ve gizli bir gururla, tatlı tatlı günümü anlatıyorum onlara.

Eric Escoffiér ile McKinley Dağı'nın zirvesinde

ASYA YOLLARI, HİMALAYALAR VE ÖTESİ, s. 113

Aynı günlerde orada bulunan Fransızların *Vertical* dergisi ekibi de, takip eden aylarda *Türk gibi güçlü mü dediniz?* başlıklı bir yazı kaleme aldı bu tırmanışımla ilgili. Bilenler bilir; Fransızcada *Türk gibi güçlü olmak* diye bir deyim vardır.

Nasuh Mahruki

Fort comme un Turc dites-vous ?

La fédération russe de montagne l'a affûblé du surnom de "léopard des neiges". Est-ce à dire que l'alpiniste turc Nasuh Mahruki grimpe vite ? Oui, et c'est peu dire : depuis quelques années, Nasuh enchaîne les réalisations (et pas les moindres) à un rythme plutôt soutenu.

En un peu moins d'un an et demi, il a gravi l'Everest, l'Aconcagua, le Vinson, le Kilimandjaro, l'Elbruz, le McKinley et le Kosciusko, soit les plus haut sommets de chaque continent du globe. Bien sûr, il n'est pas le premier à avoir réalisé ce challenge (une soixantaine de personnes ont actuellement relevé cet audacieux défi), il est cependant le premier Turc, le premier musulman et le plus jeune. En particulier premier Turc et premier musulman à avoir "simplement" atteint le toit du monde. En Russie, Nasuh s'est payé les cinq sommets de plus de 7 000 m : le Khan Tengri (7 010 m), le Pic Lenin (7 134 m), le Pic Evgenia Korzhenevskaya (7 105 m), le Pic Kommunizm (7 495 m) et pour clore le tout en beauté, le Podeba (7 439 m) en solo s'il-vous-plaît.

Au-delà de ses talents d'alpiniste, Nasuh écrit et rapporte de ses voyages de nombreuses et précieuses images. Pour l'heure, il a publié en Turquie trois ouvrages sur l'alpinisme, l'Everest, la poursuite de son rêve... Des ouvrages visibles dans la plupart des nombreuses librairies d'Istanbul.

Agé de 29 ans, notre "léopard des neiges" a réalisé un beau parcours. Passion aidant, il ne devrait pas s'en tenir là. D'ailleurs, l'équipe de *Vertical* présente sur le Cho Oyu en septembre et octobre, a vu passer Nasuh. Rapide comme l'éclair, il a signé de sa griffe une parfaite et rapide ascension de la "déesse turquoise". Déjà, il songe au K2...

Philippe Rebreyend

Vertical, Aralık 1997

TÜRK GİBİ GÜÇLÜ MÜ DEDİNİZ?

Rusya Dağcılık Federasyonu ona "Kar Leoparı" lakabını taktı. Bu acaba Türk dağcı Nasuh Mahruki hızlı tırmanıyor mu demek? Evet ama hepsi bu değil; Nasuh birkaç yıldır oldukça şaşmaz bir ritimle gerçekleştirme zincirinin halkalarını birbirine bağlıyor. Bir buçuk yıldan biraz daha kısa bir sürede; Everest'e, Aconcagua'ya, Vinson'a, Kilimanjaro'ya, Elbruz'a, McKinley'e ve Kosciusko'ya, yani kürenin her kıtasının en yüksek zirvelerine tırmandı. Tabii ki bu performansı gösteren ilk kişi o değil. (Şu anda 60 kadar insan bu yılmaz meydan okumayı gerçekleştirmiş durumda.) Bununla beraber o ilk Türk, ilk Müslüman ve en genci. Özellikle de dünyanın çatısına "yalnızca" ulaşan ilk Türk ve Müslüman.

Nasuh Rusya'da 7000 metreden yüksek beş zirveye ulaştı; Khan-Tengri (7010 m), Lenin (7134 m), Eugenia Korjenevskaya (7105 m), Komünizm (7495 m) ve hepsini de güzellikle sonuçlandırmak için solo Pobeda (7439 m); lütfen.

Dağcılık yeteneklerinin ötesinde Nasuh yazıyor ve yolculuklarından sayısız değerli fotoğraf getiriyor. Şu anda Türkiye'de dağcılık, Everest ve kovaladığı hayaller üzerine, İstanbul'un sayısız kitapçısının çoğunda bulunan üç kitabı yayımlanmış durumda.

Bizim "Kar Leoparı" 29 yaşında güzel bir parkur gerçekleştirdi; tutkusunun da yardımıyla, burada kalmayacak gibi görünüyor. Zaten Eylül ve Ekimde Cho Oyu'da bulunan Vertical ekibi de Nasuh'u oradan geçerken gördüler.

Yıldırım gibi hızıyla, mükemmel ve süratli bir tırmanışla "Turkuaz Tanrıça"ya damgasını vurdu. Şimdiden K2'nin hayallerini kurmaya başladı bile...

Vertical, Aralık 1997

Bu arada bizim ekipteki benim gibi katılanların hiçbiri, doğru düzgün aklimatize olamadıkları için zirveye çıkamadılar. Eğer ekibin lideridir, ne yapalım yanlış bir plan da yapmış olsa kabul etmek zorundayız diye başka bir tercihle hareket etseydim ve kendi *B* planımı uygulayacak cesareti göstermeseydim, Türkiye'nin bu en yüksek *solo* tırmanışını gerçekleştiremezdim.

Ani ve beklenmedik koşullara uyum sağlayabilmek için değişime hazır olmanın da ötesinde asıl değerli olan ve farkı yaratan, değişimi bizzat yapabilmektir. Değişimi toplumun öncüleri yapar. Eğer kendi *Everest*'lerinize tırmanma yolculuğunuzda fark yaratanlardan olmak istiyorsanız, o zaman değişime öncülük edenlerden olmalısınız.

DEĞİŞİMİN ÖNCÜSÜ OLUN

Değişim ve dönüşüm doğanın ve yaradılışın en temel özelliklerindendir. Evrende dönüşüp, değişmeden duran hiçbir şey yoktur. Bu evrimsel kuralı ne kadar doğru olarak kavrayabilirsek, hayatla, hayatın dinamikleriyle ve sürprizleriyle o kadar uyumlu oluruz. Varlığımızı sürdürmemizi sağlayan yeteneklerin başında bu uyum ve yaşamla birlikte akabilme ahengi gelir. Yaşamın değişim özünü kavrayanlar yaşamla birlikte değişerek, hatta bu değişimi bizzat yönlendirerek ve yöneterek, her zaman hayatla paralel, hatta hayatın bir adım önünde ilerleyebilirler ve yaşamlarında diğerlerine karşı büyük avantajlar elde edebilirler. Hep aynı şeyleri aynı şekilde yapmaya devam edersek kendimizi tekrar etmekten başka bir sonuç elde edemeyiz.

Unutmayın ki;

Değişmeden gelişemezsiniz.

❄ AKUT Spor Kulübü'nün olimpiyatlara hazırlanan genç kar sporcuları (AKUT Arşivi).

Her şeyin sürekli olarak geliştiği ve değiştiği bir dünyada, değişimin yarattığı değer ve fırsatlar, öncelikle değişimi yaratanlar olmak üzere, değişime uyum sağlayan herkesin hayatını kolaylaştırır. 20. yüzyılda, neredeyse tüm insanlık tarihinin toplamından daha fazla değişim ve gelişim yaratan insanoğlu, bunu 21. yüzyılda daha da öteye ulaştıracaktır. 21. yüzyıla damgasını vuracak kavram, sürekli değişim ve gelişim olacaktır. Başdöndürücü bir hızla ilerleyen değişimin yönetimi ise geleceğin en önemli becerilerinden biri olacaktır. Değişime öncülük edenler, değişimi yönetebilen ve yönlendirebilenler ise, diğerlerine karşı büyük bir rekabet avantajı elde edecek ve geleceğin şekillenmesinde daha fazla söz sahibi olacaklardır.

17 Ağustos Depremi'nden birkaç hafta sonra meydana gelen Atina Depremi'nde, AKUT gönüllülerinin Yunanistan'a giderek katıldığı arama ve kurtarma çalışmaları sonrasında, Prof. Dr. Erdal İnönü'nün Boğaziçi Üniversitesi'nde verdiği, "Deprem Öncesi Türkiye ve Sonrası" başlıklı konferansını, 29 Eylül 1999 tarihinde *Cumhuriyet* gazetesi şu sözleriyle yansıtmıştı:

> *AKUT'lular dünyaya sahip çıkmanın örneğini verdiler. Türkiye'nin dünyadaki yerini alması, bizim dünyaya sahip çıkmamızla olur. Deprem bizim ne kadar kaderci olduğumuzu gösteriyor. Kadercilikten eğitimle kurtulunur. AKUT gibi sivil toplum örgütlerinin çıkmasıyla kadercilik anlayışımız değişecek.*

Yunan devleti AKUT'a minnetta
'Sizleri unutmayacağız

Radikal, 11 Eylül 1999

AKUT gönüllülerinin, zor günlerinde Yunanistan'a yardıma gitmesi, siyasilerin onyıllardır başaramadığını başarmış ve iki ülke arasında geçmişe oranla yeni ve daha sıcak bir ilişkinin başlamasını sağlamıştı.

Filozoflar dünyayı çeşitli biçimlerde yorumlamakla yetindiler, oysa asıl önemli olan dünyayı değiştirmektir.

Karl Marx

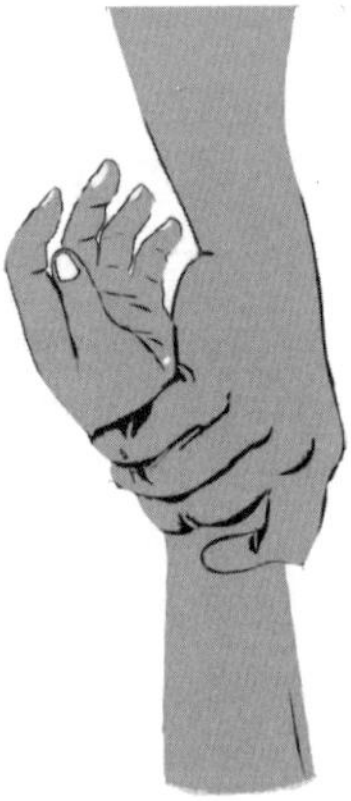

Dünyayı ancak onu değiştirebilecek gücü olduğunun farkında olanlar değiştirebilir. Değişime öncülük edebilmek cesaret ve özgüven ister. Değişime öncülük edebilmek için toplumun bir adım önünde, dalganın kırıldığı yerde, en ucunda olmak gerekir. Değişime öncülük edenler, sürekli gelişen teknolojiyi ve oluşan çeşitli fırsatları iyi kullanabilenlerden çıkar. Değişimi kurumsallaştırabilenler ve sürekliliğini sağlayabilenler ise geleceğin dünyasında yerlerini almayı başaracaklardır. Değişime öncülük edebilmek ve sürekli hale getirebilmek için önce kendimizi buna uygun şekilde geliştirebilmeliyiz. Değişime önce kendimizden başlamalıyız, dünyayı değiştirmek için önce kendimizi değiştirebilmeliyiz.

76 yıllık Cumhuriyet tarihimizde, 17 Ağustos 1999 depremi dahil olmak üzere ülkemizin, dağ ve doğa kazalarında ve deprem, sel gibi doğal afetlerde arama kurtarma çalışmaları için kurulmuş ilk ve tek Sivil Toplum

1996 yılında Aladağlar'da, İskoç ve İrlandalı dağ kurtarmacılarla teknik kurtarma eğitimi yapıyoruz

Kuruluşu olan AKUT'u, dağcı dostlarımla birlikte kurmaya karar verdiğimizde daha 26 yaşındaydım. Eksikliğini gördüğümüz arama ve kurtarma konularında bir şeyler yapabilmek için daha 20'li yaşlarımızdayken bir avuç dağcı değişime kendimizden başlamıştık. Laf değil iş üretmeye karar vermiştik. Ülkemiz ve insanımız için, yetersiz ve eksik bırakılmış, hayati derecede önemli ve acil olduğuna inandığımız bir ihtiyaca, kendi kaynaklarımızla, yeteneklerimizle ve yurttaşlık sorumluluğumuzla çözüm üretme çabası etrafında bir araya gelmiştik.

İmkânlarımızı ve yeteneklerimizi birleştirerek, meydana gelebilecek acil durumlarda can kaybını en aza indirebilmek amacıyla eğitim, lojistik, planlama, kaynak yaratma, dış ilişkiler, insan kaynakları gibi çalışma grupları oluşturmuş ve büyük bir inanç ve disiplinle çalışmaya koyulmuştuk. Çünkü biz hayat kurtarmak istiyorduk. Aramızda iş bölümü yaparak ve her birimiz maddi, manevi elimizden gelenin en fazlasını vererek, tüm ihtiyaçları aramızda temin ediyor ve tüm boş zamanımızı AKUT'a ayırıyorduk, hatta zaman yaratıyorduk. AKUT'u kurmaya karar vererek hayatımızın geri kalanını tamamen değiştirmiştik, 1999 depremlerindeki çaba ve gayretlerimiz ise Türkiye'yi değiştirecekti.

"Hayat kurtarmak çok, çok, çok güzel"

MEMLEKET MESELELERİ

Yeni Şafak, 31 Ağustos 1999

AKUT'u o kadar çok sevdik ve benimsedik ki, hepimizin hayatının birinci önceliğini hep o oluşturdu. Ailemizden, işimizden, eşimizden, sevgilimizden, arkadaşlarımızdan, hatta kendimizden bile öne geçti. Gün geldi dernek içindeki bir toplantıya katılmak için sınavlarımıza girmedik, gün geldi derneğimize daha fazla vakit ayırmak için işimizden ayrıldık, yeni iş

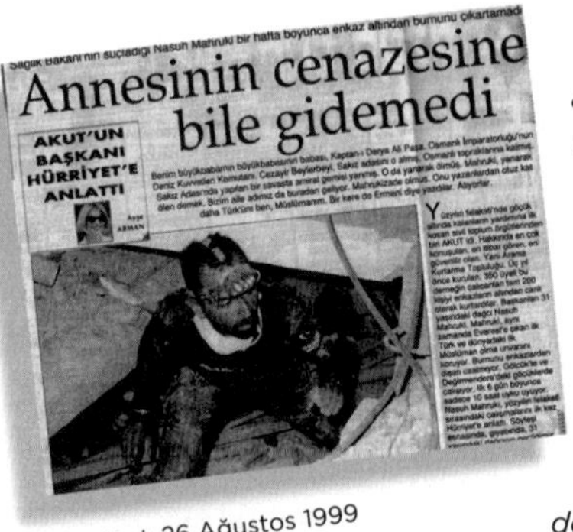

Sağlık Bakanı'nın suçladığı Nasuh Mahruki bir hafta boyunca enkaz altından burnunu çıkartamadı

Annesinin cenazesine bile gidemedi

AKUT'UN BAŞKANI HÜRRİYET'E ANLATTI

Ayşe Arman

Benim büyükbabamın büyükbabasının babası, Kaptan-ı Derya Ali Paşa, Osmanlı İmparatorluğu'nun Deniz Kuvvetleri Komutanı, Cezayir Beylerbeyi. Sakız adasını o almış, Osmanlı topraklarına katmış. Sakız Adası'nda yapılan bir savaşta amiral gemisi yanmış. O da yanarak ölmüş. Mahruki, yanarak ölen demek. Bizim aile adımız da buradan geliyor. Mahrukizade olmuş. Onu yazanlardan otuz kat daha Türk'üm ben, Müslümanım. Bir kere de Ermeni diye yazdılar. Alıyorlar.

Hürriyet, 26 Ağustos 1999

aradık, gün geldi derneğimize daha rahat gidip gelebilmek için evimizi taşıdık, gün geldi arkadaş çevremizi tamamen değiştirdik, gün gelecek bir canı daha enkazların altından çekip alabilmek için gözyaşlarımızı içimize akıtıp anneciğimizin cenazesine bile gidemeyecektik...

Bizi diğerlerinden ayıran, çok cesur, çok güçlü veya kahraman olmamız değildi; zaten öyle de değildik. Yaptığımız sadece bu cennet vatan uğruna gözünü kırpmadan kendini feda etmekten çekinmeyen, Çanakkale'de son bireyine kadar kırılıp da cephesini terk etmeyen o yiğitleri, Kınalı Ali'sini vatana kurban olsun diye yollayan anaları, Anadolu'nun yetiştirdiği o fedakâr ve yüce ruhlu insanları tanıdıkça, ülkemize ve insanımıza karşı hissettiğimiz sorumluluk duygumuzun kendi kapasitemiz ve çağın gereklerince dışavurulması oldu.

VATAN LAFLA DEĞİL EYLEMLE SEVİLİR, s. 133

Marmara Depremi'nde AKUT'un gönüllü ve karşılıksız, mütevazı, ama sonucu değiştiren çabaları, toplumun hem Sivil Toplum Kuruluşları'na bakış açısını hem de arama ve kurtarma, afetlere hazırlık, acil durum yönetimi, önlem alma ve güvenli yaşam kültürü, koruyucu ve önleyici, zarar azaltıcı tedbirlerin alınması gibi konulara bakışını sonsuza dek değiştirmişti. Marmara Depremi'nden sonra tüm bu konular yeniden ele alınmış ve yeniden tanımlanmıştı. Sivil Toplum Kuruluşları ise büyük bir ivme yakalamıştı. AKUT gönüllüleri, kurtardıkları canların yanı sıra, hem arama ve kurtarmada olması gerekenler hem de Sivil Toplum Kuruluşları'nın yapabilecekleri konularında büyük bir değişimin öncü-

Ankara'da AKUT günleri

Ceyhan'da, Karadeniz'deki sel felaketinde ve son olarak da Marmara depreminde sayısız can kurtaran AKUT gönüllüleri dün Cumhurbaşkanı ve Başbakan'ın huzuruna çıktı. Cumhurbaşkanı Demirel, depreme karşı daha sağlam binalar yapılması gerektiğini belirtirken Başbakan Ecevit, "Özen gösteremedik" özeleştirisini yaptı. AKUT Başkanı Mahruki de sivil savunma birliklerini överek, "Sayılarını artırmak gerekir. Her türlü göreve hazırız" dedi.

6. SAYFADA

Devletin zirvesi, arama kurtarma çalışmalarının sembolü haline gelen AKUT'çuları ağırladı. Ecevit AKUT'çulara 'eksiklikleri' anlatırken Demirel de, "Sizlere teşekkür ediyorum" dedi.

Radikal, 2 Eylül 1999

sü olmuştu. Her şeyin devletten beklendiği dönem sona ermiş, herkesin üzerine düşeni yapması gereken yeni bir dönem başlamıştı.

Cumhurbaşkanı Süleyman Demirel: Takdirle karşılanacak insanlık hizmeti yaptınız

Devlet AKUT'a teşekkür etti

Cumhuriyet, 2 Eylül 1999

Değişimin belirsizliği ve karmaşıklığını yönetebilecek ve yaşam hedeflerinize doğru durup dinlenmeden ilerleyecek gücü, enerjiyi ve cesareti içinizde bulmanın en etkili silahı kararlı olmaktır.

KARARLI OLUN

İnsanın en önemli ve muazzam güçlerinden biri kararlılıktır. Kararlılığı ve kararlılık gücünü, gerektiğinde serbest bırakılan büyük ve statik bir güç gibi düşünerek sınırlandırmak doğru olmaz. Kararlılığın gücü sürekliliğinden gelir. Muazzam enerjisini, hedefine odaklanan ve ona ulaşacağına inanan zihinden alan kararlılık, nihai noktaya ulaşıncaya dek, gözümüz hedefte ilerleyebilmektir. Kararlılık uzun, büyük ve tek bir yarış değil, birbirinin peşi sıra gelen pek çok kısa yarışlardır. Hedefimize ulaşmak için karşımıza çıkabilecek bütün engellere karşı ilk günkü inanç, sabır ve iradeyle, her birini aşıncaya dek mücadele etmek anlamına gelen kararlılık, bize sıradışı güçler veren diğer tüm hasletlerimiz gibi, en önemli kaynağını kendi içimizden alır.

Olumlu ve faydalı hedeflerde gösterdiğimiz doğru kararlılık gücü, olumlu hırs gibi, insanın doğru olduğuna inandığını yapıyor olmasından da enerji ve motivasyon alarak, çok önemli bir sürekli güç haline dönüşür. Hedefe odaklanmış zihinlerde kendini gösteren bu sürekli ve sürdürülebilir güç ve inanç, yenilmezliğin de kumaşıdır aslında.

❄ Lhotse Dağı tırmanışında.

Hindu kutsal metinlerinde *sankalpa shakti* ya da *doğru kararlılık gücü* sayesinde hiçbir şeyin imkânsız olmadığı yazar. Kararlılık insana, insanüstü bir dayanma gücü verir. Bu dayanıklılık gerekirse sabır, gerekirse inat, gerekirse cesaret, gerekirse motivasyon olur ve hedefimize ilerleyebilmek için neye en çok ihtiyacımız varsa onun yerini doldurur. Genel anlamda yaşam içindeki en önemli rekabet avantajının kararlılık olduğunu söyleyebilirim. Kendi yaşamımda elde ettiğim başarıların arkasındaki sır da, özetle budur.

Everest'e giderken, İstanbul'dan dostlarım ve kalabalık bir grup tarafından uğurlanmıştım. Aktarma için indiğim Frankfurt Havalimanı'nda, 27 yaşında beni hayatımın en büyük hedefine götürecek uçağı beklerken yalnız kaldığımda, kendime bir mektup yazdım ve şöyle bitirdim o mektubu:

Tırmanışta işler kötü giderse, en iyi yaptığın şeyi yap; dayan, sabret, diren, koşullar ne kadar ağır olursa olsun, yapman gereken tek şey dayanmak ve yaşama sıkı sıkı sarılmak, zaman nasıl olsa çekip çıkaracaktır seni oradan. Tanrı'ya güven, Karma'na güven, kendine güven, sen pes etmediğin sürece ölüm seni yenemez.
*Eskilerin dediği gibi; Qui Patitur, Vincit.**
(He) who endures wins!

EVEREST'TE İLK TÜRK, s. 87

***Kim ki dayanır, kazanır.**

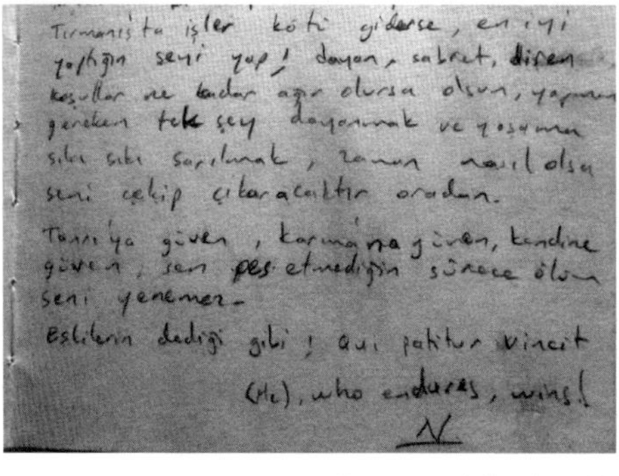
Tırmanışta işler kötü giderse, en iyi yaptığın şeyi yap! dayan, sabret, diren, koşullar ne kadar ağır olursa olsun, yapman gereken tek şey dayanmak ve yaşama sıkı sıkı sarılmak, zaman nasıl olsa seni çekip çıkaracaktır oradan.
Tanrı'ya güven, karma'na güven, kendine güven, sen pes etmediğin sürece ölüm seni yenemez.
Eskilerin dediği gibi! Qui patitur vincit
(He), who endures, wins!
N

Everest günlüğünden, 1995

1998 yılı ilkbaharında dünyanın 4. yüksek dağı 8516 metrelik *Lhotse* Dağı'na tırmanmıştım. Her biri daha önce *Everest*'e tırmanmış 6 profesyonel dağcıdan oluşan son derece güçlü bir ekibimiz vardı. Buna güvenerek, erken gelme olasılığı olan bir fırtınadan dolayı, günler süren tartışmalardan sonra zirve tırmanışını bir kamp atlayarak, 7800 metre yerine 7300 metredeki 3. kamptan başlatmaya karar vermiştik. Ancak böyle bir yükseklik ve rota için yanlış bir karar olduğunu sonradan anladık. Benim dışımda, *Şerpa*'lar dahil ekiptekilerin hepsinin oksijen kullanarak sürdürdüğü tırmanışın 16. saatini geride bıraktığımızda, hâlâ zirvenin 70-80 metre kadar aşağısındaydık. Herkesin oksijeni bitmiş veya bitmek üzere ve hiç kimsede devam edecek güç ve motivasyon kalmamıştı ve grup tırmanışı durdurmaya karar verdi. Beş dağcı üzgün, yorgun inişe geçerken, bu kadar yaklaşmışken dönüş kararı veremedim.

Çok yorgundum, ama tırmanışta hiç oksijen kullanmadığım için, alıştığım oksijen desteğinin bitmesi ve bir anda 8400 küsur metrenin koşullarıyla karşı karşıya kalmak gibi bir sorun yaşamamıştım. Ancak ekiptekilerin geri kalanı, buraya kadar oksijen desteğiyle geldikleri için 8400-8450 metredeki ince havanın etkilerini benden daha fazla hissediyordu ve devam edebilecek durumda değillerdi. Bütün yorgunluğumla iki saat daha son derece tehlikeli rotada emniyet kullanmadan tırmanarak zirveye ulaşmıştım. Geç bir saatte zirveye varabildiğim için zirvede sadece 3-4 dakika kalabilmiş ve hemen inişe geçmiştim. 3. kampa iniş sırasında da hayatımda ilk kez aşırı yorgunluktan halüsinasyonlar görmüştüm. Toplam 25 saat süren ve yaklaşmakta olan bir *siklon* nedeniyle bir kamp atlayarak tırmandığımız zirve etabı, o güne dek fiziksel ve psikolojik sınırlarıma en çok yaklaştığım tırmanış olmuştu. O kadar hırpalanmıştım ki zirveden dönerken indiğimi biliyordum, ama nereye indiğimi karıştırıyordum ve kendimi başka yerlerde zannediyordum.

Tek odaklandığım şey aşağıya inmem gerektiğiydi. İniş sırasında aklım çok gidip gelmişti. Tükenmeye yaklaştığım halde, o zirveye ulaşmak ve sonra da geriye sağ salim dönmek konusundaki kararlılığım beni ayakta tutmuştu.

Sonunda zirveyi görecek kadar kulvarın sonuna ulaşıyoruz. Zirve, yaklaşık 60-70 metre yukarımızda biten kulvarın solundaki tepenin en yüksek noktası. Bu son bölümün çok zorlu ve tehlikeli olduğunu hepimiz biliyoruz. Hatta buraya kadar gelip geri dönmek zorunda kalan pek çok dağcı var. Son mola verdiğimiz yere arkadaki iki dağcının gelmesi çok zaman alıyor. Bunun üzerine Şerpalarımız son bir durum değerlendirmesi yapıyor. Yanımızda son bölümü döşeyecek ip yok, herkesin oksijeni artık bitmek üzere, hepimiz perişanlık derecesinde bitmiş durumdayız ve tam 16,5 saattir tırmanıyoruz. Bu süre bu yükseklik için çok fazla. Susuzluk, harcadığımız müthiş çaba ve bir şey yiyemediğimiz için yerine koyamadığımız enerjimiz artık son demlerinde. Böylece tırmanışı burada durdurma kararı alınıyor, hepimiz çok üzgünüz ancak kimsenin itiraz edecek ya da durumu tartışacak hali yok. Brad kendi ana kampıyla yaptığı telsiz görüşmesinde, "Zirveyi öpebilirim, ama geri dönmek zorundayız," diyor. Biz de kendi grubumuza durumu anlatıyoruz. Herkes artık dönmeye hazırlanıyor.

Ancak ben bu kadar yaklaşmışken bir türlü dönme kararı veremiyorum, zaman zaman beni korkutan inatçılığım yine mantığımı alt ediyor. Cebimdeki son çikolata ve kuru meyveleri ağzıma doldurup biraz olsun enerji toplamaya çalışıyorum. Bizimkilere, "Ben şansımı deneyeceğim," deyip onlardan ayrılıyorum ve onlar inerken ben de yavaş yavaş yükselmeye devam ediyorum. Sırt çantamı taşıyabilecek durumda değilim, bu yüzden çantamı, kameraları her şeyi burada bırakıyorum ve rotayı anlamaya çalışıyorum. Rota, derin karla örtülü kulvarın sonuna kadar devam edip, sola dönen sırt sistemini takip ediyor. Kar altında belli belirsiz ortaya çıkan eski sabit hatları görüyorum. Ancak bu derin karda tek başıma iz açarak bu mesafeyi katedecek gücüm yok. Bunun üzerine daha kısa, ama çok daha tehlikeli ve zor görünen bir rota seçiyorum kendime. Zirve kütlesinin tam altını hedefleyip kulvardan çıkıyorum ve sola doğru tırmanmaya çalışıyorum. İlk metreleri aşmak inanılmaz zorluyor beni, belki de hayatımda ilk kez, "Yoksa devam edemeyecek miyim, bu tırmanışı tamamlayamayacak mıyım?" diye söyleniyorum kendi kendime. Tırmanmayı çok istiyorum, ama tükenen gücüm artık sınırlarına ulaşmış. Kara uzanıp sık sık nefes alıp vererek kanımdaki oksijeni artırmaya çalışıyorum. Birkaç dakikalık bu dinlenme seansı sonunda tekrar zorluyorum kendimi. Derin karda adım atamadığım için dizlerimin ve ellerimin üzerinde, batmamak için daha geniş bir yüzey oluşturuyorum ve sürünerek ilerliyorum. Sonunda gözüme kestirdiğim, zirvenin hemen altındaki kayalık dik bölüme ulaşıyorum. Zirveye çok yakınım, içimi tekrar bir güç kaplıyor. Zirve aşağı yukarı 20-25 metre üzerimde, oraya ulaşmak için önümdeki dik kaya duvarını tırmanmak zorundayım. Buna son mola verdiğimiz yerde karar verdiğim için psikolojik olarak önümdeki son derece zor ve tehlikeli etaba hazırım.

Kaya duvarının ortasında kendime bir rota seçiyorum ve daha rahat hareket edebilmek için kramponlarımı ve eldivenlerimi çıkarıp, son derece dikkatli bir şekilde tırmanmaya başlıyorum. O kadar yoğun bir konsantrasyon içindeyim ki, 8500 metrede çıplak ellerimle tuttuğum şeyin kaya mı, buz mu, kar mı olduğuna aldırış etmeden bütün gücümle yapışıyorum. Bütün dikkatimle yavaş yavaş yükseliyorum ve sonunda, havanın kararmasına çok az kala, saat 18:50'de zirveye ulaşıyorum. Aklımda inişi nasıl yapacağımı düşündüğüm için zirvede yalnızca 3-4 dakika kalıyorum. Hava kararmadan, en azından bu son derece tehlikeli inişi yapmak zorundayım. Muhteşem manzarayı içime doldurmaya çalıştıktan sonra inişe başlıyorum. İniş tahmin ettiğim gibi çıkmaktan daha zor oluyor, iki kez kayıyorum ancak bir şekilde kendimi kayada tutmayı beceriyorum. Tekrar kramponlarımın ve eldivenlerimin yanına vardığımda rahatlıyorum. Bundan sonrası daha rahat geçecek. Kramponları takmak biraz sorun oluyor, çünkü metal sürekli ellerime yapışıyor. Parmaklarım da geri döndükten sonra bu günün etkisini bir süre hissettirdi bana.

Sırt çantamın yanına vardığımda, artık iyice kararan havada önümü görebilmek için kafa lambamı takıyorum ve hiç oyalanmadan inişe başlıyorum. İniş zifiri karanlıkta 5,5 saat sürüyor, içinde bulunduğum durumu ifade edebilecek kelime bulamıyorum. Yorgunluk sınırlarını zaten 8 saat önce geride bırakmıştım. Artık bir hayal aleminde gibiyim, hayatımda ilk kez aşırı yorgunluktan halüsinasyon görüyorum. İniyor olduğumu biliyorum ancak nereye gittiğimden emin değilim, su istiyorum ve uyumak... Dik yüzeyde 30-40 metrede bir dengemi kaybedip düşüyorum ve her seferinde düştüğüm yerde 3-4 dakika uyku ile uyanıklık arasında gidip gelerek tekrar inişe devam ediyorum. Rota üzerinde İlgvars ve Andy'e rastlıyorum. Bu duruma çok şaşırıyorum ve sağlıklı düşünemediğim için neden hâlâ *rotada olduklarını bir türlü kendime açıklayamıyorum. İlgvars, kafa lambasını düşürdüğü için inişe devam edemeyip beni beklemek zorunda kalmış. Andy ise oldukça kötü durumda, çok yavaş ilerleyebiliyor. Birlikte düşe kalka inişimize devam ediyoruz ve sonunda çıkıştan 25 saat sonra tekrar 3. kampa varıyoruz. Yan çadırlardan birinden su istiyorum ve ardından çadırıma girip uyumaya çalışıyorum.*

YERYÜZÜ GÜNCESİ, s. 279-282

Sonuçta önemli olan, kimin ne kadar darbe aldığı değil, kimin hâlâ ayakta kaldığıdır.

Japon savaş stratejilerinde yalnızca ustaların uygulayabileceği sutemi *adı verilen, 'feda etme tekniği' diye de tanımlayabileceğimiz bir zihinsel duruş vardır. Bunda başarılı olabilmek için egoyu tamamen kontrol altına alabilmek, büyük bir zihinsel hazırlık yapmak ve hedefe tam olarak odaklanmak gerekir. Kazanmak veya düşmanı yenmek olarak tanımlayabileceğimiz hedefe ulaşabilmek için, her birimizde doğuştan var olan 'hayatta kalma ve bedensel bütünlüğü koruma içgüdüsü'nü bilinçli bir şekilde bastırmayı ve amaca ulaşmak için yaralanma, zarar görme, hatta daha da kötüsünü kabullenmeyi gerektirir. Bu noktaya ulaşan savaşçı hedefini kendi varlığından daha değerli gördüğünden, o hedefe ulaşmak için kişisel güvenliğiyle ilgili her türlü düşünceyi bir kenara bırakır ve yalnızca kazanmayı düşünür. Bu seviyedeki bir savaşçıyı alt etmek çok, ama çok zordur.*

Yapılması gerekene o kadar odaklanırım ki, süreçteki sıkıntıları, engelleri, zorlukları görmem bile. Dosdoğru hedefime doğru giderim. Yapılması gerekenle arama ne girerse girsin, onları sadece çözülmesi gereken bir problem olarak ele alırım ve eninde sonunda mutlaka çözerim.

VATAN LAFLA DEĞİL EYLEMLE SEVİLİR, s. 65-66

2000 yılında, o güne dek hayatımın en iddialı projesi olan *K2* Dağı'na oksijen desteksiz tırmanmak hedefiyle Pakistan'a gittiğimde, uçaktan inip dağcı arkadaşlarımla buluştuğum otele eşyalarımı bıraktıktan sonra ilk iş bir sokak berberi bulup saçlarımı kazıtmıştım. Daha önce de bu tür büyük hedeflerimde ve uzun

2000 yılında K2 Dağı tırmanışına giderken Skardu'da

seyahatlerimde saçlarımı kazıtarak yola çıkmıştım. Saçlarımı kazıtmanın benim için iki anlamı var. Hem görüntüsü hoşuma gittiği ve saçlarımı güçlendirdiğini düşündüğüm için bu süreçleri bir fırsat olarak değerlendiriyorum hem de hayatımdaki her şeyi geride bırakıp sadece önümdeki hedefe odaklandığım bu süreçlerde, hedefimle aramızdaki bağın ve ona ulaşma konusundaki kararlılığımın sembolik bir ifadesi olarak algılıyorum.

2010 yılında *Everest* Dağı tırmanışına giderken *Thyangboche* Manastırı'nda

İnsanoğlu kararlılık gücünü, kendini tanıyarak aklıyla ve iradesiyle yaratır ve yaşam deneyimleriyle, başarılarıyla, kazandıklarıyla çoğaltır. Doğada ise kararlılık gücü canlıların içgüdülerine yerleştirilmiştir. Bu güçle birlikte doğarlar. Hayatta kalıp soylarını devam ettirebilmeleri, içgüdülerine yerleşmiş bu durdurulamaz güce bağlıdır.

Örneğin;

"Sombalıklarının dirençleri ve hedeflerine ulaşma dürtüleri olağanüstüdür. Yeni kuşakları oluşturabilmek için karşı konulmaz bir iradeyle akıntıya karşı yüzerler, avlanmaya gelen ayıların başında beklediği, yüksekliği üç metreyi geçen çağ-

layanları sıçrayıp aşarlar ve içgüdüsel kararlılıklarıyla, şaşmaz bir doğrulukla yumurtlayacakları yere ulaşırlar."

İnsanoğlunun kararlılık gücü elbette ki köken ve işleyiş olarak farklıdır, ama iyi terbiye edilir ve doğru kullanılırsa, gücünün ve ölçüsünün sınırı doğanın uygun gördüğü ayarda, ölümden bile daha güçlü olur.

SEBAT etmenin yerini
dünyada hiçbir şey tutamaz;
YETENEK tutamaz,
dünyada yetenekli, ama başarısız insandan
daha olağan bir şey yoktur;
ZEKÂ tutamaz, ödüllendirilmemiş zekâ
neredeyse gündelik hayatımıza bile girmiştir;
EĞİTİM tutamaz, dünya ilgisiz
kalınmış eğitimlilerle doludur.
Oysa SEBAT ve KARARLILIK
tek başına bile her şeye yeter.

Calvin Coolidge (ABD 30. başkanı)

Çağımızda yalnızca yetenekli, zeki ve eğitimli olmanız arzu ettiğiniz sonuca ulaşmaya yetmeyebilir. 21. yüzyılda, rüzgârda kalmış yapraklar gibi oradan oraya savrulmamak için zaten bu niteliklere ve daha fazlasına sahip olmalısınız. Hedeflerimize ulaşabilmek için sahip olduğumuz tüm yeteneklerimize ihtiyacımız olacaktır. Ancak önemli olan, hedefimize ulaşıncaya dek bizi yolda tutacak kararlılığımızla, bu yeteneklerimizi gereğince kullanabilmektir.

Kararlılık, ne yöne olursa olsun her adımda hedefimize biraz daha yaklaşabilmektir.

Kararlılık, bizi hedefimize en kısa yoldan ulaştıracak düz bir çizgide karşımıza ne çıkarsa çıksın dosdoğru ilerlemeye çalışmak demek değildir. Kararlılık, gözümüzü hedeften kaçırmadan yol alabilmektir. Kararlılık, içinde bulunduğumuz şartlara göre, gerekli manevraları yerinde ve zamanında yaparak, hedefimize ulaşabilmemizi sağlayacak gerçekçi planları uygulayabilmeyi sürekli hale getirebilmektir. Kararlılığın içinde gerekirse durmak, beklemek, yol ve yön değiştirmek, ertelemek, hatta geri çekilmek de vardır.

GEREKTİĞİNDE GERİ ÇEKİLMESİNİ BİLİN

Geri çekilmek, gücünüzü toplamak ve hedefinize ulaşmak için deneyeceğiniz yeni yolları değerlendirmek için olmalı, kendinizi hazır hissedince de tekrar denemelisiniz. Gerektiğinde daha iyi şartlar için geri çekilmek, geri çekilmeyip uygun olmayan şartlarda zorlamaya ve devam etmeye çalışmaktan daha fazla bizi hedefimize yaklaştırır. Bazen nesnel koşullar geri çekilmeyi zorunlu kılar. Burada önemli olan hedeften gözünüzü ayırmadan bunu yapabilmektir.

Geri çekilmek daha iyi şartlarda ilerleyebilmemizin ilk adımıdır.

Dağcılık sporu, içerdiği riskler nedeniyle süreçteki birçok değişkenin dikkatli bir şekilde takip edilmesini ve alınacak kararların

❄ Manaslu Dağı'nda kampa dönen dağcılar.

Pobeda Dağı'nın 7000 metredeki 4 kilometrelik son derece tehlikeli zirve sırtı

bu değişkenlere göre belirlenmesini gerektirir. Bu nedenle özellikle son etap olan zirve denemesi için koşulların uygun olması hayati derecede önemlidir. Tırmanış ekibinin hazırlıkları ve planlaması nasıl olursa olsun, tırmanışın yapılıp yapılamayacağına en başta rotanın durumu ve hava şartları gibi dağın nesnel koşulları karar verir. Riskli ve tehlikeli yapısı gereği dağcılık sporunda, gerektiğinde daha uygun hava, rota, malzeme ve ekip şartlarında tekrar denemek üzere geri dönmek sık karşılaşılan durumlardan biridir. *Pobeda* Dağı'nı ilk denediğimde, zirveye sadece bir günlük yolumuz kalmasına rağmen, yaklaşmakta olan kötü hava nedeniyle Ana Kamp tüm denemeleri durdurmaya karar vermiş ve dağdaki herkesi geri çağırmıştı. Fırtınaya *Pobeda*'nın 7000 metredeki 4 kilometrelik zirve sırtında çıkışta ya da inişte yakalanmak, olası sonuçları itibariyle göze alınamayacak kadar yüksek riskler içerdiği için bütün tırmanış denemeleri o andan itibaren iptal edilmişti. *Pobeda*'nın zirvesiyle bir yıl sonra ikinci denememde buluşabilmiştim.

2003 kışında Pobeda Dağı'na üçüncü kez gittim ve bugüne dek hâlâ sadece bir kez başarılan bu son derece zorlu ve tehlikeli kış tırmanışını denedim. Dağlarda gerçek soğuğun ne olduğunu Pobeda'da gördüğümü söyleyebilirim. Ancak çığ riskinin çok fazla olması sebebiyle tırmanışı yarım bırakmak zorunda kalmıştık.

Tarihimizde, daha sonra ilerlemek üzere geri çekilme stratejisinin en iyi örneklerinden biri Sakarya Savaşı öncesindeki durumdur. 23 Ağustos-13 Eylül 1921 tarihleri arasında 22 gün süren Sakarya Savaşı öncesinde Başkumandan Mustafa Kemal, daha elverişli bir savunma yapabilmek için orduyu Sakarya Irmağı'nın doğusuna çeker. Bu çekiliş, Eskişehir'den Sakarya'ya kadar geniş bir alanın Yunanların eline geçmesine sebep olur. Ankara'yı ele geçirmeyi hedefleyen Yunan ordusu, Ankara'ya daha da yaklaştığını düşünerek heyecanlanır. TBMM ise düşman kuvvetlerinin bu kadar yaklaşmasından tedirgindir. Top sesleri Polatlı'dan duyulur ve Meclis'in Kayseri'ye taşınması bile gündeme gelmiştir.

Ancak Türk ordusu, Sakarya Irmağı'nın gerisine çekilmekle Ankara'daki Ana İkmal Üssü'ne yaklaşmış olur ve ihtiyaçlarını daha kolaylıkla sağlama imkânını bulur. Bu şartlarda daha iyi hazırlanır ve 25 günlük bu duraklamadan sonra Türk ordusu, Sakarya Meydan Muharebesi'nde dünyanın en uzun süren meydan savaşlarından birini vererek, Yunan ordusunun üçte birini de kırarak bozguna uğratır. TBMM bu büyük zaferden sonra Mustafa Kemal'e mareşallik rütbesi ve gazilik unvanı verir.

Belirsizliklerden ve tehlikelerden herkesin korktuğu anda bile, kararlarının doğruluğuna inanarak ve daha önemlisi devamını da aynı doğrulukla yönetebileceğine güvenerek, geri çekilirken bile aslında ilerleyebilmek ancak büyük adamların ve büyük kadınların başarabileceği bir şeydir.

TUTUM VE YAKLAŞIMLARINIZDA OLUMLU TERCİHLER YAPIN

Hayatla ilişkimizde ve yönetsel süreçlerde kendimizi nasıl konumlandırdığımız, süreçleri nasıl algıladığımız ve çevremizle aramızdaki ilişkiyi nasıl kurguladığımız çok önemlidir. Kendimizle barışık olmak, hedef odaklı olmak, kararlı olmak, kendimize ve yeteneklerimize güvenmek, zorlukların üstesinden gelebileceğimize ve başaracağımıza inanmak, özünde hayata karşı bir duruş, bir tutum, bir yaklaşım konusudur ve aslında çok önemli bir tercihtir.

Yaşadıklarımızın, kazançlarımızın, kayıplarımızın, başarılarımızın, başarısızlıklarımızın hayatımıza etkisi, bizim tutum ve yaklaşımlarımızdan kaynaklanan tercihlerimize göre belirlenir. Bu tercihlerin, sonuçları itibariyle hayatımıza kattığı çeşitli artılar ve eksiler olur. Olumlu düşüncelere odaklananlar, olumsuz dü-

❄ Kuzey Alaska'da Arktik koşullarda hayatta kalma eğitiminde ekip arkadaşım ağır kızağını çekiyor.

şüncelere odaklananlara göre daha fazla motivasyona sahip olurlar. Olumlu olmanın artılarını da hayatlarına dahil ederler. Olumlu bir tutum ve yaklaşımla hayatı algılayanlar olaylara daha nesnel bakabilirler. Bu nesnellik sıkıntılara karşı daha doğru pozisyon almalarını sağlar. Başkalarını suçlamak ve kurban rolünü oynamak yerine yaşamdaki tercihlerinin sorumluluğunu üstlenirler.

İyi ya da kötü, doğru ya da yanlış, az ya da çok her ne yaşarsanız, o hayatınız olur. Bunun sorumluluğu da büyük oranda size aittir. Yaşananlardan ders almak ve geleceğe dönük çıkarımlar yapmak ancak hayata karşı olumlu bir tutum içinde olursak mümkündür. Gerekli dersi alabilenler ileride daha az ders almak zorunda kalırlar. Bu yaşamı mümkün olduğu kadar olumlu ve yapıcı tercihlerle gerçekleştirmeyi seçmek, sonuçlarımızı da bu yönde oluşturacaktır. Başımıza aksilikler geldiğinde talihsizliklerde, hatta başarısızlıklarımızda bile insan hayattan ümidini kesmemelidir. Her yaşanan, yaşanması gerektiği için yaşanmıştır ve artık yaşanıp bitmiştir, geçmişte kalmıştır. Her tecrübeyi olduğu gibi kabullenmek, ama daha önemlisi yaşananlardan öğrenebilmek gerekir. En önemlisi ise önümüze bakabilmektir.

Süreç içindeki fırsatları ve sorunların çözüm yollarını merkeze alarak daha iyi bir gelecek için uğraşırken, karmaşıklığın ve belirsizliğin içindeki olumlu ve yapıcı unsurların farkında olmak, yaşam tarzınızda daha olumlu bir yaklaşım geliştirmenizi sağlar. Bilinçli olarak yaptığımız bu olumlu tercihlerle içimizdeki güçleri daha fazla açığa çıkarabiliriz. Olumlu tercihlerden güç alan olumlu tutum ve yaklaşımlarımızla kendimizi ne kadar besleyebilirsek o kadar enerji dolu oluruz. Ancak bunun için hayatı olumlu algılamayı bir yaklaşım, bir duruş, bir tercih olarak benimsemiş olmak gerekir. Çünkü o zaman kayıplardan öğrendiğinizi, başarısızlıklardan ve hatalardan ders aldığınızı, zorluklardan daha güçlü çıktığınızı ve her geçen gün kendinizi daha da geliştirdiğinizi hissedersiniz. Her zaman daha iyisini hedeflersiniz ve her seferinde bir şeyler elde edersiniz.

Sadece bir insan olarak, insanoğullarının ve insankızlarının içlerinde doğal olarak bulunan bu eşsiz potansiyele olan inancımla her zaman ve her koşulda dimdik ayakta kalabilmeyi başardım. Her seferinde de kendime; "Sen daha iyisini de yapabilirsin, daha fazlasını da kaldırabilirsin. Her ne olursa olsun, başına her ne gelirse gelsin; hayata karşı dik dur ki, hayat da sana saygı duysun" dedim. Süreçler benim için sonuçlardan daha değerli oldu. Süreçte doğru olmanın sonuçta kazanıp kaybetmekten daha önemli olduğunu çok genç, hatta çocuk yaşlarımda öğrendim. O günlere hâlâ şükran duyarım.

VATAN LAFLA DEĞİL EYLEMLE SEVİLİR, s. 655

Özellikle zorlu işlerde, zorlukları aşınca elde edeceğimiz, arzu ettiğimiz şeyi etkili bir motivasyon olarak kullanabiliriz. Zorlu doğa şartlarıyla mücadele ederken de, başaracağımıza olan inancımız, her durumda bir çıkış yolu bulabileceğimize olan inancımızdan gelir. Dünyanın en zorlu coğrafyalarında, -40, -50 derecelerde, havadaki oksijenin alıştığımızın % 60, % 65 altına düştüğü ortamlarda, son derece sert ve zorlu rota, iklim ve çevre şartlarında pek çok proje gerçekleştirdim. Yıllarca Antarktika'dan Kuzey Alaska'ya, Himalayalar'dan Karakurum Dağları'na kadar insanın asla ait olmadığı son derece sert, hatta ölümcül şartların hüküm sürdüğü ortamlarda, kendime koyduğum hedeflerime ulaşmaya çalıştım.

2001 yılında Danimarkalı eski bir Arktik komandodan, triatloncu Alman arkadaşımla birlikte, iki hafta süren özel hazırlanmış bir Arktik koşullarda hayatta kalma eğitimi almıştım. Önce bir hafta boyunca teorik ve pratik dersleri ve konuları görmüştük. Arkasından da, olası bir Kutup Ayısı saldırısına karşı kullanılmak üzere pompalı bir tüfek de dahil olmak üzere, gerekli tüm teçhizatımızla birlikte yanımızda harita, pusula ve GPS'lerimizle

(Küresel Konum Belirleme cihazı) bizi donmuş buz denizinin ortasında bir yere bırakmıştı. Tüm rota planımızı, gün içindeki yürüyüş programımızı, beslenmemizi ve kamp yerlerimizi de kendimiz seçerek, 180 kilometre uzaktaki Kaktovik adlı küçük bir Eskimo kasabasına ulaşmıştık.

Kuzey Alaska'daki Arktik koşullarda hayatta kalma eğitiminde, 70-80 kiloluk kızaklarımızı 180 km çekerken

Eksi 60 derece soğuk gördüğüm, ki ne *Everest*'te, ne *K2*'de, ne Antarktika'da hiçbir yerde bu kadar soğuk görmedim, son derece zorlu ve sıkı bir 15 gün olmuştu. Eksi 60 derece o kadar keskin ve rahatsız edici bir soğuk ki, yüzünüzde maske olmadan nefes alamazsınız, çıplak teniniz 20-30 saniyede donabilir, öylesine keskin bir soğuk. Böyle bir ortamda, gerekli tüm malzemelerimizi yerleştirdiğimiz 70-80 kilo ağırlığındaki kızaklarımızı çekerek, yer yer donarak zeminden 2-2,5 metre yükselen buz parçalarıyla kaplanmış zeminde güçlükle ilerleyerek yürüyüş etabımızı tamamladık. Donmuş buz denizi üzerinde herhangi bir kerteriz noktası da olmadığı için, gereksiz yere zaman ve güç kaybetmemek amacıyla ilerleme açımızda hata yapmamamız gerekiyordu. Pusulalarımızı gözden kaçırmadan, günde 12-14 saat yürüyorduk ve akşam çadırımızda yeni GPS koordinatlarımızı haritamıza işleyip, ertesi günün yürüyüş açısını belirliyorduk. Bu arada Kutup Ayılarının da dikkatini çekmemeyi umuyorduk...

İnsanoğlu koşullara bağlı olmakla birlikte, açlığa 1 ay kadar, susuzluğa 1 hafta kadar, havasızlığa da ancak birkaç dakika dayanabilir. Ancak böylesi coğrafyalarda ve bu tür koşullar altında;

Güçlü bir hayatta kalma arzusu olmadan, ne malzeme ne bilgi, ne de diğer bileşenler hayatta kalabilmek için yeterli olamaz.

Öncelikle bunlarla ve daha fazlasıyla başa çıkabileceğimize inanmamız ve kendimize güvenmemiz gerekir. Kendi sınırlarımızı geliştirmenin yolu, önce zihnimizde daha geniş sınırlar çizmek ve artık bu sınırlara inanmaktır. Bu nedenle kendi *Everest*'lerinize tırmanma yolculuğunuzda önce kendinize inanmalısınız.

BAŞARACAĞINIZA İNANIN

Başarılı olmanın önşartı başaracağımıza olan inancımızdır. Gerekli tüm hazırlıkları yerine getirdiğimiz gibi, hedefimize ulaşabileceğimize inancımız ve güvenimiz de tam olmalıdır. Bu inanç, beraberinde olumlu düşünmeyi ve olumlu düşünmeden kaynaklanan tüm diğer kazanımları da hayatımıza çağırır. Elbette ki bunun tersi de doğrudur.

Bir şeyin imkânsız olduğuna inanırsanız aklınız bunun neden imkânsız olduğunu ispatlamak üzere çalışmaya başlar. Ama bir şeyin yapılabileceğine inandığınızda, gerçekten inandığınızda aklınız onu yapmak üzere çözümü bulmanıza yardım etmek için çalışmaya başlar.

Dr. David J. Schwartz

❄ Camel Trophy'de final etabı.

Başaracağımıza inanmak aslında hayata karşı bir yaklaşım, bir tercih, bir duruştur. Başarıya giden bütün yollar, kendimizi ve çevremizi konumlandırdığımız, ilişki ve süreçlerimizi tanımladığımız kafamızdaki hayat tasarımı içinde, hedefimize ulaşabileceğimize olan inancımızla başlar. Katıldığım bütün tırmanışlarda, en zor ve en tehlikelilerinde bile her zaman inancım, eğer dağın nesnel koşulları tırmanmaya uygun olursa ben bu tırmanışı yapabilirim olmuştur. Aksini ise aklıma bile getirmedim hiçbir zaman.

Atatürk'ün bu güçlü sözü, bize daha ilkokul sıralarında öğretilir:

> **Zafer, zafer benimdir diyebilenin;**
> **başarı, başarılı olacağım diye başlayanın**
> **ve başardım diyebilenlerindir.**
>
> ATATÜRK

Önce inanmakla başlar her şey. Rusların yüzme milli takımı antrenörünün, Olimpiyat şampiyonu yüzücülerine yarış öncesinde verdiği öğütte dile getirdiği gibi, her şeyden önce kendimize ve bunu başaracağımıza inanmamız gerekir:

> **Yarış boyunca tüm enerjinizi harcayıp, son metreleri çıkaracak gücünüzün kalmadığını sandığınızda, en zorlu rakibinizin bile en iyi ihtimalle sizinle aynı durumda olduğunu bilin ve azimli kulaçlarınızla altın madalyaya uzanacağınızdan emin olun, çünkü sizler en iyilersiniz.**
>
> Rus Yüzme Milli Takımı Antrenörü

Çoğunuz zamanında çeşitli spor yarışmalarına katılmıştır. Aynı kulvarda, aynı zamanda, aynı mekânda, aynı şartlar altında gerçekleştirilen atletizm gibi, yüzme gibi yarışlarda, bütün hazırlıklarınızı tamamlamış ve yarışa hazır bir şekilde kendi kulvarınızda yerinizi alırsınız. Başlama işaretiyle tüm yarışmacılarla birlikte yerinizden fırlar ve yarışı bütün gücünüzle sürdürürsünüz. Yarışın sonlarına doğru bitiş çizgisine yaklaştıkça, solunumla akciğerlerinize doldurduğunuz hava ve kan dolaşımına yönlendirdiğiniz oksijen artık yeterli gelmemeye başlar, oksijen borçlanmasına girersiniz ve akciğerlerinizde yanma duygusu hissedersiniz. Yarış boyunca sürekli ve ağır yüklenmelerden dolayı kaslarınızda laktik asit birikimi artar ve kaslarınızda da yanma duygusu hissedersiniz. Artık tek kelimeyle fiziksel olarak acı çekiyorsunuzdur. Ama emin olun o anda rakiplerinizin de canı yanıyor, onlar da acı çekiyor ve bir yandan aynı zorluklarla onlar da boğuşuyordur. Onların da kaslarında laktik asit birikiyor ve artık akciğerlerine doldurdukları hava yetmiyor, oksijen borçlanmasına giriyorlar ve bitiş çizgisine dek tempolarını koruyabilmek için onlar da müthiş bir mücadele veriyordur.

Burada fark yaratan, ilk andan son noktaya, yani yarışın sonundaki bitiş çizgisine varıncaya kadar, bütün bu mücadeleyi ilk andaki kararlılık, özgüven ve gayretle sürdürebilmek ve asla vazgeçmemektir. Ama her şeyden önce de bunu başarabileceğinize inanmaktır. Biz kendimize inanmazsak başkaları da inanmaz. Kendine inanmak kendine güvenmeyi de beraberinde getirir.

KENDİNİZE GÜVENİN

Kitabımın buraya kadar olan bölümünde anlattığım, kendi *Everest*'inize tırmanma yolculuğunuzda gerekli olan her tür kişisel kabiliyet, *Kendinizi Tanıyın* ve *Kendinize Güvenin* vurgularımızın arasında bir yerde, sizin onu keşfetmenizi beklemektedir. Kendi potansiyelimizi etkili bir biçimde kullanabilmemiz, kendimize olan inancımız ve güvenimize bağlıdır. Kendimizi tanıyarak, kendi farkındalığımızla neyi nereye kadar zorlayabileceğimizi ve neyi yapıp neyi yapamayacağımızı, nerede durmamız nerede devam etmemiz gerektiğini kavramalı ve sonra da bu sınırlar içinde kalan her şeyi, ötesindekilerin de bazılarını başarabileceğimize kararlı bir inanç ve güvenle adımlarımızı atmalıyız.

Kendine güvenmek sınırlarımız dahilinde sınırsız olduğumuzun farkına varmaktır. Her şeyden önce ve ilk önce kendimize güvenmeliyiz. Kendimize olan güvenimizi artırabilmek için de, kendimizin ve yeteneklerimizin farkında, sınırlarımızı dikkatli ve kontrollü bir şekilde yavaş yavaş geliştirebilir ve yeni sınırlarımızla özgüvenimizi besleyebiliriz. Bugüne dek yaptıklarımız

❄ Büyük bir buzul çatlağını buzul köprüsü üzerinden geçen dağcı.

gelecekte yapabileceklerimizi gösterecektir; hatta biraz gayretle bugünden görünenden daha fazlasını da yapabiliriz.

Bizler kabiliyette, zekâda, cesarette Batı medeniyetlerinden hiç de aşağıda veya geride değiliz. Tam aksine her başarımızı, onların sahip olduğu fırsatlara ve imkânlara sahip olamadan gerçekleştirmek zorunda kaldığımız için onlardan daha zor koşullarda daha fazlasını yapabilecek kabiliyetteyiz. İhtiyacımız olan en değerli şey kendimize inanmak ve kendimize güvenmek. Bu inanç ve güvenle zekâmızı, yeteneklerimizi, gayretimizi ve çalışkanlığımızı hedeflerimize ulaşmada birleştirebilirsek, en iyi dereceleri elde edebilir, en başarılı sonuçlara ve en değerli yerlere ulaşabiliriz. Kendine güvenen insan her zaman cesaretiyle, zekâsıyla ve çalışkanlığıyla ilerler ve bu iradeyle karşısına çıkabilecek her türlü engelle başa çıkabilecek gücü kendi içinde bulur.

Türk çocuğu, ecdadını tanıdıkça daha büyük işler yapmak için kendinde kuvvet bulacaktır.

ATATÜRK

Atalarımızın karşı konulmaz yiğitliğiyle tarihte iz bırakmış olanlar bir yana, günümüzde de dünya çapında başarılara imza atmış sayısız Türk var. Bizler de tıpkı onlar gibi kendi farkındalığımıza ulaşarak, başaracağımıza inanarak ve kendimize güvenerek kendimizi aşabilir ve dünyada iz bırakan adımlar atabiliriz. İmkânsız denilen şartlar altında Türkiye Cumhuriyeti'ni kurmayı başaran Gazi Mustafa Kemal Atatürk ilk ve en önde gelen, bizim için en önemli örnektir. Günümüzde ise çok sayıda gerçek başarı öyküsünden, basına da sıklıkla yansımaları itibariyle ilk anda aklımıza gelebilecek *Hamza Yerlikaya, Naim Süleymanoğlu, Nurcan Taylan, Erden Eruç, Semih Saygıner, Yasemin Dalkılıç, Mirsat Türkcan, Mehmet Okur, Hidayet Türkoğlu, Kenan Sofuoğlu, Prof. Dr. Oktay Sinanoğlu, Prof. Dr. Gazi Yaşargil, Prof. Dr. Yaşar Nuri Öztürk, Dr. Mehmet Öz, Nuri Bilge Ceylan, Muhtar Kent, Ahmet Ertegün, Arif*

Mardin, Ferzan Özpetek, Leyla Gencer, İdil Biret, Yaşar Kemal, Orhan Pamuk, Gökşin Sipahioğlu, Coşkun Aral, Rıfat Özbek, Sertab Erener ve *Tarkan* gibi isimler, kendi konularında dünyanın en iyileri arasına girerek iz bırakmayı başarmışlar ve Türk insanının yeteneklerini en iyi şekilde temsil etmişlerdir. Doğal olarak gelecekte daha pek çok isim girecek bu listeye, neden siz de onlardan biri olmayasınız ki...

Hürriyet
26 Yaşındaki Nasuh Mahruki, dünyanın en yüksek dağlarından beşinin tırmanışını zaferle tamamladı
DÜNYA ZİRVELERİNDEKİ TÜRK
SINIR TANIMAYAN ARAYIŞ
ZİRVELERE DE ULAŞILIR
KAR LEOPARI ANLATIYOR

Hürriyet, 1 Ekim 1994

Profesyonel dağcılık kariyerimde yedi kıtada da tırmanışlar yapma imkânım oldu. Dağcılık kariyerimdeki iz bırakan başarılarımdan biri de, dünyanın yedi kıtasının her birinin en yüksek dağlarına tırmandığım *Yedi Zirveler* projesiydi. Bildiğiniz gibi dünyamızda yedi kıta var. Bunlar *Asya, Avrupa, Afrika, Avustralya, Antarktika, Kuzey Amerika* ve *Güney Amerika*. Bu kıtaların her birinin en yüksek dağına tırmanmayı içeren *Yedi Zirveler* adlı çok hoş bir dağcılık projesi geliştirilmiş. Bu proje ilk olarak 1982 yılında gündeme geliyor ve 1986 yılında Amerikalı iki dağcı tarafından farklı aylarda tamamlanıyor ve ondan sonra da, projenin içinde hem dağcılık sporu hem de dünyanın yedi kıtasında seyahatler yer aldığından çok popüler hale geliyor. Nitekim 1995 yılında, *Everest* tırmanışından sonra Yapı Kredi'yle birlikte bu projeye de devam etmeye karar vermiştik. Benim gibi dağları ve dünyayı gezmeyi seven biri için biçilmiş kaftandı. Böylece 1996 yılı Kasım ayına kadar, hem dünyanın hem de Asya kıtasının en yüksek dağı *Everest*'le başladığım serideki diğer dağlara teker teker tırmandım. Bu dağlar şunlardı:

Asya: Everest, 8848 m

Güney Amerika: Aconcagua, 6959 m

Antarktika: Winson Masifi, 4897 m

Kuzey Amerika: McKinley, 6194 m

Afrika: Kilimanjaro, 5895 m

Avrupa: Elbruz, 5642 m

Avustralya: Kosciusko, 2228 m

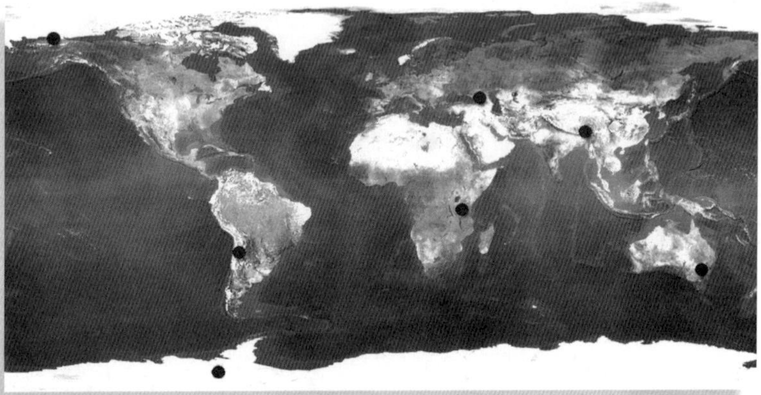

Yedi Kıta Yedi Zirve

Bu projeyi tamamladığımda, dünyada sadece 45 dağcı vardı ve 28 yaşındayken, bunu başaran dünyanın en genç dağcısı olmuştum. 17 Mart 1996 tarihli İngiliz *The Sunday Times* gazetesinde, Steve Bell imzalı, "*Everest'e tırmanan dağcı rekor peşinde koşuyor*" başlığıyla, *Yedi Zirveler* projesinde genç bir İngiliz dağcıyla aramızdaki rekabeti anlatan uzunca bir yazı çıkmıştı. Yazı şöyle başlıyordu:

> *O, annesini ve babasını kaybettikten sonra bir teselli olarak dağcılığa başlayan güneybatı Londra'da yaşayan genç bir doktor. Rakibi ise, dünyanın en yetenekli dağcılarından biri ve kendi ülkesi Türkiye'nin bir milli kahramanı.*
>
> *Bu ay, dünyanın yedi kıtasının her birinin en yüksek dağına tırmanan en genç dağcısı olma unvanı için maratonlarının son bölümüne başlayacaklar.*

Everest climber vies for record

by Steve Ball

HE is a young doctor from southwest London who took up climbing to find solace after the death of his parents. His rival is one of the world's most accomplished mountaineers and a national hero in his home country of Turkey.

This month they will begin the final leg in their marathon race for the title of the youngest man to climb the seven highest mountains in the world's seven continents.

The Sunday Times, 17 Mart 1996

O yıl kasım ayında bu seriyi tamamlayarak bu unvanı ben kazanmış ve daha önce 29 yaşında Amerikalı bir dağcının elinde bulunan bu rekoru alarak bir yıl elimde tutmuştum. Ancak şu anda benden daha genç yaşta dağcılar da bu projeyi tamamlamış durumdalar.

1996 yılında önümdeki tırmanışları başarıyla tamamlayıp, bu hayali gerçekleştiren dünyanın en genç dağcısı olacağıma emindim ve kendime güveniyordum. Aynı yıl, bir de iki kişilik *Camel Trophy* Türk Takımı'na seçilebilmek için çok yoğun bir tempoya girmeyi de göze almış ve her ikisini de en iyi şekilde kotarabilmiştim. Nitekim ekip arkadaşım Selim Kemahlı'yla birlikte, birçok zorlu elemeyi aşıp Türk takımına seçilmiş ve *Kalimantan*'da gayet başarılı bir sonuç elde etmiştik. Takım Ruhu değerlendirmesinde küçük bir farkla, oldukça güçlü olan Güney Afrika Takımı'nın arkasından 2. ve genel sonuçlarda da 4. olmuştuk. O yıl gerçekten de zor ve tempolu bir yıl olmuştu benim için. Her anım dolu dolu geçmiş, sonuçları da aynı derecede etkileyici olmuştu.

Camel Trophy ödül töreninden

Hedefiniz ve karşılaştığınız zorluklar ne olursa olsun, muhtaç olduğunuz kudretin damarlarınızda dolaşıyor olduğuna inanmanızı dilerim. Bu inanç her şeyi kolaylaştıracaktır.

Kendinize güveninizden daha fazla sonucu değiştirebilecek bir şey varsa o da bir güven ortamı yaratabilmek ve sizin yanınızda başkalarının da bu güven ortamı içerisinde kendi potansiyellerini gerçekleştirebilmelerine olanak sağlamaktır. Yaşamdaki en büyük gelişmeler bu şekilde sağlanır. Çünkü o zaman başkalarının gücünü ve yeteneklerini de süreçlere dahil edebilirsiniz.

Bu sinerjiye ulaşmak için çevrenizde bir güven ortamı yaratmalısınız.

ÇEVRENİZE GÜVEN VERİN

İnsanlar sizin yanınızda kendilerini güvende hissetmeliler. İnsanlar kendilerini güvende hissettiklerinde ve karşılarındakine güvendiklerinde daha rahat, daha cesaretli, daha mutlu ve daha üretken olurlar. Güven ortamı yaratabilmek sıradışı başarıları da beraberinde getirir. Ancak birbirine güvenen insanlar başarılı ekipler oluşturabilirler. Çünkü hatalarının düzeltileceğine veya telafi edileceğine güvenirler ve bu sayede kayıp ve zarara uğramaktan daha korunaklı olduklarını bilirler. Buna güvenerek kendilerini cesaretle ifade ederler. Bu cesaret yaşam içindeki sonuçlarımızı da geliştirir. Ne kadar çok insan birlikte cesaretle ilerlerse, sonuçlar da o kadar heyecan verici olur.

Güven duygusu, kurumsal ve toplumsal gelişmelerin vazgeçilmez unsurudur.

Güven ortamı yaratmanın yolu, kendinize güvenmek, güvenilir olmak ve karşınızdakine güvenmektir. Herkesin üzerine düşeni

❄ AKUT Bingöl ekibiyle kar motosikletiyle kurtarma tatbikatında.

yaptığı, dürüst davrandığı, dediğini yaptığı ve yaptığını dediği bir ortam güvenli bir ortamdır. Böyle bir ortamda bulunmak herkesin yaşamdan daha fazla keyif almasını sağlar. Böyle bir ortamda insanlar daha huzurlu ve daha üretken olurlar. Daha hızlı olurlar, daha atak olurlar ve daha fazla risk alırlar. Güven ortamı, içinde bulunan herkesin performansını yükseltir. Güven ortamı düzenli gelişmeyi de beraberinde getirir. Bunu sağlayabilen kurumlar, ekiplerinin sinerjisiyle harikalar yaratabilirler.

Bunun tam aksi durumda, ekip içinde güvensizliğin bulunduğu bir ortamda herkesin performansı düşer. Bir amaç için birlikte çalışması gereken kişilerin ve ekiplerin birbirine güvensizliği ne seviyedeyse, o seviyede bir fırsat maliyetine yol açar. Pek çok fırsatı elden kaçırtır. Bazı durumlarda daha ağır kayıplara da yol açabilir, çünkü olmayacak hatalar yaptırır. Güvensizlik ekibin performansını düşürür, rekabet gücünü azaltır ve hareket alanını daraltır. Böyle bir ortamda kendi gerçek gücümüzden daha aşağıda bir performans ortaya koyabiliriz ancak.

Güven duygusu ve güven duygusu yaratmak tüm ekip çalışmalarında en öncelikli konudur. Bu tür bir ortam misyon, vizyon, değerler gibi ortak paydalarımızın da ötesinde ancak ahlaki ve hukuki hassasiyetle sağlanabilir. Güven ortamının sonuçlar için öneminin farkında olanlar, bu ahlaki ve hukuki hassasiyete büyük özen gösterirler. Güven namusla, ahlakla, onurla, dürüstlükle alakalı bir kavramdır. Bunlar olmadan sağlanması da mümkün değildir. Her sistemin güvenilirliği, o sistemi oluşturan unsurların güvenilirliğinin bileşkesidir. Güven konusunda taviz vermek, sistemi güvensiz hale getirmektir ve en son isteyeceğiniz şeydir.

İlk günden itibaren AKUT içinde taviz verilmesine izin vermediğimiz en önemli konu aramızdaki güven ilişkisi olmuştur. Bu ilişkiyi zedeleyebilecek her şeyden hem kendi adıma büyük bir dikkatle uzak durdum hem de dernek işlerinde buna yol açılmaması için elimden gelen gayreti gösterdim. Belki de doğrudan hayat kurtarmaya dönük çabaladığımızdan, aramızdaki ve tüm ilişkilerimizdeki güven duygusu ilk günden itibaren bizim için çok değerli oldu.

> **Güven, insan motivasyonunun en yüksek biçimidir. İnsanların doğasında var olan iyi ve güzeli ortaya koymasına imkân verir.**
>
> Stephen Covey

AKUT'un bütün gönüllüleri, AKUT'un güvenilirliği konusunda tavizsiz bir ortak hassasiyete sahiptir. Hatta esasında bir arama kurtarma takımı olan AKUT'un 5 temel değerinden ikisi dürüstlük ve güvenilirliktir. Diğerleri ise gönüllülük, karşılıksız yardımseverlik ve insan hayatına değer vermektir. Biz her ne kadar arama kurtarma gibi acil durumlarda insan hayatı kurtarmaya dönük tamamen operasyonel bir çalışma yapıyor olsak da, değerlerimizin 5'te 2'si dürüst olmak ve güvenilir olmakla ilgilidir. Çünkü bunlar olmadan hiçbir şey kalıcı ve sürdürülebilir bir şekilde başarılamaz. AKUT'un bugünkü başarısının arkasında, dernek içinde yaratmayı başardığımız bu güven ortamı vardır. AKUT'un her geçen gün nitelikli katılımlarla büyümesinin sırrı, büyük bir titizlikle korumayı başardığımız ve hiçbir şekilde taviz vermediğimiz ve sulandırılmasına müsade etmediğimiz bu güven ortamıdır.

Yaşamda doğru insan olmak, doğruları yapan bir insan olmak çok önemlidir. Hem doğru olun hem gerçek olun, hem iyi olun hem adil olun. Bu noktada şunu da eklemek isterim, yanlış insanlarla, o an için size faydası varmış gibi görünse bile yan yana durmayın.

Çünkü;

Yanlış insanla doğru iş olmaz.

Ya ileride beklenmedik sorunlarla ve hazır olmadığınız bedellerle karşılaşırsınız ya da daha kötüsü, kendinizi de yanlışa alıştırabilirsiniz. İnsan taviz vermeye en kolay yanındaki insanlardan görerek başlar. İlkelerinizden, değerlerinizden asla taviz vermemelisiniz, çünkü taviz tavizi doğurur. Bunun için de, yanlışlarından uzaklaşıncaya kadar yanlış insanlardan uzak durmalısınız. Ayrıca kurum kültürüyle çatışan ve uzlaşmaya yanaşmayan insanlara da, hangi niteliklere sahip olurlarsa olsunlar takım çalışmalarında yer yoktur.

Oyun ne olursa olsun, iyi bir takım oyuncusu olmanın ve iyi bir takım oluşturabilmenin ön şartı güvenilir olmak ve etrafında bir güven ortamı yaratabilmektir. Bizler gücümüzü diğer insanların gücüyle birleştirebildiğimizde gerçek yerimize daha fazla yaklaşırız. Çünkü onlarla birlikte, tek başımıza asla ulaşamayacağımız yerlere kadar çıkabiliriz. Aramızdaki sinerji bunu mümkün kılar. Bunun için ihtiyaç duyacağınız şey, hep birlikte üzerinize düşeni yaparak bir güven ortamı yaratabilmektir. Bu karşılıklı güven ortamı hepinizin tüm sonuçlarını geliştirecektir. Sağlıklı bir şekilde büyümek, gelişmek, ilerlemek ve her zaman doğru bir zeminde kalabilmek ancak güvenilir insanlarla ve güven ortamı içerisinde sağlanabilir. Muazzam sonuçlara ancak bu ortamı sağlayabilirseniz ulaşabilirsiniz.

17 Ağustos Depremi'nde gösterdiği yararlılıklar ve kurtardığı 220 can nedeniyle AKUT, Türk Silahlı Kuvvetleri'yle birlikte iki yıl üst üste Türkiye'nin en güvenilir kurumu seçilmişti.

Star, 15 Aralık 1999

Hürriyet, 25 Kasım 1999

Hürriyet 25 Kasım 1999

AKUT EN GÜVENİLİR *

Kuruluş	Güven oranı
Akut	7.9
Silahlı Kuvvetler	7.6
Muhtarlar	5.6
Üniversiteler	5.3
Polis	5.1
İHD	4.9
Belediyeler	4.5
Basın	4.4
TBMM	3.1
Merkezi Hükümet	2.9
Kızılay	2.8

Star, 15 Aralık 1999

Yaşanan acının büyüklüğü ve AKUT'un gösterdiği, o güne dek sivil hayatta bu ölçekte bir eşi daha pek görülmemiş disiplini, ciddiyeti, bilimselliği ve özverisi ve en önemlisi bütün bunların karşılıksız yapılması, AKUT'a, bir arama kurtarma derneği olarak öngördüğünden daha büyük bir misyon yükledi ve dernek bütün Türkiye'de tanınan ve örnek gösterilen bir sivil toplum örgütü oldu, birçok ödüle layık görüldü.

AKUT; TESEV'in 1999 yılında Gölcük Depremi'nin ardından yaptığı kamuoyu araştırmasında; o günlerin duygularının ağırlığı nedeniyle halkımızın en çok güvendiği 1. kurum seçildi. Aynı anket 2000 yılında yapıldığında AKUT, Silahlı Kuvvetlerden sonra halkımızın en güvendiği 2. kurum olarak değerlendirildi. Toplumumuzun hemen tamamı, sivil toplumun bu gönüllü çalışmasını yürekten destekledi ve onurlandırdı. Milletimizin bize bu kadar yüksek bir güven duygusuyla sahip çıkması hayatımızın en büyük onurunu yaşattı bize.

VATAN LAFLA DEĞİL EYLEMLE SEVİLİR, s. 91-92

Dağcılığın en temel kurallarından biri olan ip arkadaşlığı ve bir diğerinin hayatının sorumluluğunu üstlenmek, biraz da askerlikteki silah arkadaşlığı gibi kutsaldır bizim için. Dağcılar arasındaki bu sıradışı ilişki tamamen güven üzerine kuruludur ve taviz verilmezdir. Birbirine bağlı iki dağcı zorlu bir zeminde ilerlerken, öndeki veya arkadaki dağcı şu veya bu sebeple bir kaza geçirirse, dengesini kaybederse, kayarsa, düşerse veya hayatını tehlikeye sokabilecek herhangi bir şeyle karşılaşırsa, diğer dağcının bütün bu süreç içerisinde yapabileceği sadece iki şey vardır. Ya uygun dağcılık tekniklerini büyük bir sürat ve ustalıkla kullanır ve kazayı daha da büyümeden sönümlendirir ve arkadaşını kurtarır ya da bunu başaramaz, arkadaşının düşüşünü durduramaz ve ipin diğer ucuna bağlı olduğu için kazanın bir parçası olur ve her ikisi de aynı kazanın kurbanı olurlar. Bu nedenle dağcılar arasındaki güven duygusu en üst düzeyde gelişmiştir. Herhangi bir tehlikede birbirlerinin hayatı birbirlerinin elindedir. Aynı ipe bağlanmanın dağcılar için anlamı budur; biz ya birlikte başarırız ya da birlikte kaybederiz...

Nasuh Mahruki ve Yılmaz Sevgül Güzeller Dağı ilk kış kuzey yüzü tırmanışına giderken

Kendi zirvelerime tırmanma yolculuğumda, buraya kadar aşağı yukarı 20 kadar dağdan bahsettim size. Bu dağların büyük çoğunluğunun ilk Türk tırmanışını ben yaptım, bir kısmının hâlâ Türkiye'den tekrarı yapılmadı. Bu tırmanışların, *solo* olanlar hariç hepsinde, başka ülkelerin dağcılarıyla birlikte tırmandım. Her ulaştığım zirvede yanımda yabancı dostlarım vardı. Dağcılık da tıpkı hayatın kendisi gibi bir ekip işidir. Başarılı olmanız ne kadar iyi bir takım oyuncusu olduğunuza da bağlıdır.

Büyük başarılara ancak birbirine inanan ve güvenen büyük takımlarla ulaşılır.

İYİ BİR TAKIM OYUNCUSU OLUN

Dağcılığı bazen bireysel spor gibi değerlendiren yorumlar görüyorum ve şaşırıyorum. Oysa dağcılık, güçlü takım dinamikleriyle yapılan bir doğa sporudur. Dağcılar yaptıkları sporun özellikleri gereği güçlü bireylerdir ve bu güçlü bireyler bir araya gelip aralarında oluşturdukları sinerjiyle daha güçlü takımlar oluştururlar. Dağcılığın iç dinamikleri gereği, her iyi dağcı iyi bir takım oyuncusudur da. Çünkü biz birbirimize hayatımızı emanet ederiz.

Doğa sporlarının çoğunda da bu dinamikleri gözlemlemek mümkündür. Örneğin ülkemizde de çeşitli yerlerde keyifle yapabileceğiniz *rafting* sporunda amaç, akarsuyun akış yönünde, varmak istediğiniz yere kadar raft botunu güvenli bir şekilde üzerindeki sporcularla birlikte götürmektir. Botun içinde, botun boyuna bağlı olarak, sağlı sollu üçer dörder sporcu oturur. En arkada da ekibin liderliğini üstlenen, aynı zamanda dümenden de sorumlu olan daha tecrübeli bir sporcu bulunur. Komutları

❄ Nepal'in en uzun nehri Karnali Nehri'nde 11 gün süren bir rafting seferine katılmıştım.

ekibin lideri verir. Bu komutlar, yaklaşmakta olduğunuz tehlikeli yere göre ya da örneğin bir dönüşe, düşüşe, kayaların arasından geçişe göre, bota gerekli manevraları zamanında ve kararında yaptırabilmek için verilir. Örneğin ekip lideri, bu tür bir geçişe yaklaşırken; *sağ taraftakiler çok hızlı kürekleri ileriye çeksin, sol taraftakiler geriye çeksin* gibi *ya da sol taraf çok hızlı ileri çeksin, sağ taraftakiler ağırlığını sola versin* gibi komutlar verir. Burada amaç bota doğru zamanda, doğru yerde ve doğru miktarda manevra yaptırmak ve tehlikeli olabilecek yere en güvenli açıyla girebilmektir.

Kararların çok hızlı alınması ve çok hızlı uygulanması gereken bu tür bir süreçte, bir kişi bile liderin komutu geldiği anda ağırlığını tam zamanında doğru yere vermezse ya da küreğine, ekibin geri kalanı gibi aynı şekilde tüm gücüyle asılmazsa, bu bot güvenli bir açıyla girmesi gereken kayaların arasına ters bir açıyla girebilir. Kuvvetle akan su ve kayaların arasında yanlamasına sıkışan bot yandan su almaya başladı mı, ters dönmekten artık kurtaramazsınız. Şişme ve çok sağlam bir bot olduğu için batmaz elbette, ancak bot tepetaklak olunca botun içindeki herkes, ekibin lideri dahil suya düşer. Sadece ağırlığını doğru zamanda doğru yere vermeyen veya yeteri kadar güçle küreklere asılıp üzerine düşen sorumluluğu yerine getirmeyen ekip üyesi değil, o botun içinde bulunan herkes suya düşer. Bu durum nehrin kuvvetli ve süratli aktığı bir bölümünde başınıza gelirse, o andan sonrası artık can pazarıdır. Herkes kendi canının derdine düşer. Artık kayalar, çalkantılı sular, düşüşler veya benzeri tehlikeli yeri geçene kadar, her sporcu daha önceden aldığı eğitimler uyarınca kendi başının çaresine bakmak zorunda kalır. Dizlerini karnına çeker, bacaklarını öne uzatır, gövdesini geriye yatırır, başını suyun üzerinde tutar ve herhangi bir engele çarpacağı durumlarda da ayaklarıyla kendini korumaya ve hem elleriyle hem de bacaklarıyla sudaki hareketlerine yön vermeye çalışır. Ancak bu hareketli ve tehlikeli bölüm aşıldıktan sonra suların yavaşlamaya, sakinleşmeye başladığı yerde kendini ilk toparlayanlar botu, kürekleri, ekip arkadaşlarını sırayla toplamaya çalışır.

Takım olma konusunda aklımızda kalması gereken en önemli ders budur. O bottaki herkesin kaderi ortaktır. Ya birlikte güvenli ve keyifli bir doğa sporu yaşarlar ve birlikte güzel bir aktivite yaşamış olmanın doygunluğuyla evlerine dönerler ya da bir kişinin hatasının bedelini her biri ayrı ayrı ödemek zorunda kalır. Botu ters çevirirsek içindeki herkes suya düşer. Bir kişinin hatasının veya üzerine düşeni tam olarak yerine getirmemesinin bedelini tüm ekip birlikte ödemek zorunda kalır.

Nepal'de Karnali Nehri'ndeki rafting seferinde zorlu bir Rapid'i aşarken

Eğer bir takımın parçasıysak, bizden isteneni, üzerimize düşeni eksiksiz yerine getirmek zorundayız. Bu sadece kendimize karşı olan sorumluluğumuzdan değil, ekip arkadaşlarımıza, ekibimizin liderine, hatta ekibin temsil ettiği yapıya karşı olan sorumluluğumuzdandır da. Hepimiz aynı gemideysek bu gemiyi güvenli yüzdürme konusunda her birimize ayrı ayrı sorumluluk düşer.

İnsanoğlu sosyal bir varlıktır demiştik. Bu özelliğimiz nedeniyle tüm hayatımızı, tüm yaptıklarımızı, tüm hedeflerimize ulaşma yolculuğumuzu diğer insanlarla birlikte ve diğer insanların arasında yaşarız. Hayat bir takım oyunudur. Hayatımız boyunca diğer insanlarla birlikte çalışacağız, çoğu zaman seçmediğimiz insanlarla birlikte çalışıyor olacağız. İyi bir takım oyuncusu olmak için gerekli kabiliyetler yaşamımız boyunca faydalı olacaktır. Bu nedenle yaşamda kendi potansiyelinin doruğuna ulaşarak, gerçek değerini ortaya çıkarmak isteyen herkes, tüm kişisel yetenekleri bir yana, mutlaka diğerleriyle de uyumlu, dengeli, sağlıklı, yapıcı bir ilişki ve iletişim kurmayı da başarmalı, mutlaka iyi bir takım oyuncusu olmalıdır.

Çünkü;

Hiçbirimiz hepimiz kadar akıllı değiliz.

Japon Atasözü

Bu saptamayı dilediğiniz kadar uzatabilirsiniz; hiçbirimiz hepimiz kadar güçlü değiliz, hızlı değiliz, verimli değiliz, dayanıklı değiliz, vb. Bütünleşik akıl bireysel akıldan daha üstündür. Bir arada hareket ettiğimiz sürece sonuçlarımızı çok daha ileri seviyelere kadar geliştirebiliriz. Hem tek tek elde edeceğimiz sonuçların toplamından daha fazlasına ulaşırız hem de tek başımıza üretebileceğimizden daha yüksek bir değer üretiriz. Birlikte çalışmanın, her açıdan verimliliği artırmak gibi çok özel bir etkisi de vardır. Bizler gerçek değerimize, diğer insanların arasındaki gerçek yerimizi bulduğumuzda ve onların da kendi gerçek değerlerini ortaya çıkarma yolculuklarında yanlarında olabildiğimizde ulaşırız.

Kendi *Everest*'ine tırmanmaya çalışan herkesin yolu, bir gün bir yerde, birlikte hareket ettiği diğerlerinin de kendi *Everest*'lerine ulaşma yolculuğuna temas edecektir. Profesyonel dağcılık kariyerimdeki kişisel başarılarım beni her zaman gururlandırmıştır ancak hayatımdaki en değerli başarılar, benim gibi düşünen dağcı arkadaşlarımla birlikte, Türkiye'de olmayan bir oluşumu ülkemize kazandırmamız ve arkasından da pek çok nitelikli, yurtsever, aydın insanın aramıza katılımıyla büyüttüğümüz, ülkemize gönüllü ve karşılıksız hizmetlerimizi her geçen gün artırdığımız, çeşitlendirdiğimiz AKUT derneği sürecinde olmuştur. Bugün AKUT, *Everest*'ten bile yüksek bir zirvedir ve

Alkışlar Mahruki'ye

CAMEL TROPHY

BORNEO adasının Kalimantan bölgesinde 1 Nisan'da özel etaplarla başlayan Camel Trophy Kalimantan 96 da heyecan devam ediyor. Ülkemizi temsil eden Selim Kemahlı ve Nasuh Mahruki ikilisi yarışı 9. sırada sürdürürken, bireysel etaplarda sürekli puan artırıyor. Bu arada Mahruki'nin hazırladığı ve diğer ekiplerin alkışlarla onayladığı bir sistem, tüm takımların çeşitli aralıklarla konvoy liderliği üstlenip, hergün değişik bir grupla çalışmalarına da olanak sağlıyor.

Nisan 1996

pek çoğumuzun bu yaşamda kendini bir kez daha gerçekleştirmesini sağlamıştır. AKUT'un başarısının arkasında, AKUT gönüllülerinin oluşturduğu özverili, güçlü ve becerikli bir takım vardır.

Bir takımın parçası olmak demek takıma, takım arkadaşlarınıza, lidere, hedefe ve sürece karşı sorumlu olmak demektir. İyi bir takım oyuncusu olmak demek, 1+1'i 2'den büyük yapabilenlerden olmak demektir. Bir araya geldiğinizde var ettiğiniz bütünün, parçalarının toplamından daha büyük olması demektir. İyi bir takım oyuncusu olmak için sorumluluklarınızın farkında olmalısınız, kendinize güvenmeli ve güvenilir olmalısınız. Verdiğiniz sözleri tutmalı, tutamayacağınız sözleri vermemelisiniz. Üzerinize düşeni eksiksiz yerine getirebilecek kadar gayretli, sinerji üretebilecek kadar çalışkan, diğerlerini destekleyebilecek kadar özverili ve hedefe ulaşabilecek kadar da kararlı olmalısınız. Cesaretli bir yoldaş, güvenilir bir sırdaş ve sorumluluklarının bilincinde bir arkadaş olmalısınız. Başkalarının duygularını anlayabilmeli ve hak vermeseniz de kabul etmelisiniz ve ekibinizdeki herkesle sağlıklı bir empati zemininde buluşabilmelisiniz.

Büyük, zorlu ve iddialı hedefler, farklı yeteneklerin ve farklı bakış açılarının bir araya getirilmelerini ve tüm bu değerlerin eşgüdümlü ve sinerjik bir ilişkiyle hareket ettirilmelerini gerektirir. Başarılı takımlar bu güçlerini en verimli kullanan takımlardır. Hedefler ne kadar zor olursa takımlar da o kadar donanımlı olmak zorundadır. Ekipteki herkesin katkısını yükseltecek olan bu nitelikler hepinizi başarıya daha fazla yaklaştıracaktır.

Tüm takım çalışmalarında başarıyı sürekli ve sürdürülebilir hale getirmenin ve gelecekte de başarıyı kolaylaştırmanın en etkili yolu başarıyı yaşarken paylaşmaktır.

BAŞARIYI PAYLAŞIN

Başarının paylaşılması ekibin motivasyonunun temelidir ve aslında geleceğe yatırımdır. Dağcılık riskli ve tehlikeli bir doğa sporudur ve ancak çok güçlü takım dinamikleriyle güvenli bir şekilde yapılabilir. Zirve fotoğraflarında bir iki veya birkaç dağcı gibi çok az sayıda kişi göründüğünden, bu başarının arkasındaki takımı görebilmek bazen zor olur. Zirveye varan birkaç kişi bile olsa, aslında zirvede daha büyük bir ekibin hakkı vardır. Bu hakkı adaletli bir şekilde paylaşmak gerekir. 1995 yılında katıldığım Tibet tarafından, kuzeyden gerçekleştirdiğimiz *Everest* ekspedisyonunda toplamda 40 kişiyi bulan iki uluslararası ekip birlikte hareket etmiştik. İki ay kadar süren zorlu ekspedisyonun sonunda, aralarında benim de bulunduğum bu dağcılardan bir kısmı zirveye varmayı başarmıştı. Ancak bu dağcıların zirveye varabilmesi için, 40 kişilik ekibimizdeki her bir dağcının ve her bir ekip üyesinin üzerine düşen işi hakkıyla yapması gerekiyordu.

❄ Everest Dağı'nın zirvesinde.

Ekibin Ana Kamptaki aşçısının bize her gün sağlıklı ve dengeli yemek çıkarması gerekiyordu. Ekip doktorunun her birimizin sağlığıyla dikkatle ilgilenmesi, öncelikle sorun çıkmamasını sağlaması ve herhangi bir sağlık sorununda da durumu kontrol altına alabilmesi gerekiyordu. İletişim sorumlusunun, Ana Kampımızla ara kamplar ve tırmanışta bulunan ekipler arasındaki telsiz iletişiminin düzenli ve sağlıklı bir şekilde yapılmasını sağlaması ve yine Ana Kampta bulunan uydu telefonunun ekipteki tüm dağcılar tarafından ne şekilde kullanılacağını planlaması gerekiyordu. Her kampta ve tırmanışta olan her ekipte bataryaları dolu bir telsizin ve yedek bataryalarının bulunması ve bir sabah bir de akşam olmak üzere üst kamplarla yapılan telsiz görüşmelerinin takibi onun sorumluluğundaydı. Ekibe benim gibi dışarıdan belirli bir ücret ödeyerek katılan her dağcının, tırmanışta kendi üzerine düşen sorumluluğu eksiksiz olarak yerine getirmesi gerekiyordu. Yine aynı şekilde, dağcıların üzerinden önemli miktarda iş yükü alarak tırmanışı daha güvenli ve daha rahat hale getiren Şerpaların da kendi sorumluluklarını eksiksiz yerine getirmeleri ve ekibe destek olmaları gerekiyordu.

Ekip liderlerinin de tüm bu sistemi sağlıklı bir şekilde işletebilmek için doğru kararlar vermeleri ve süreci en doğru şekilde yönetmeleri gerekiyordu. Her dağcının niteliklerini ve potansiyelini doğru bir şekilde kavrayıp, kimin kimle çadır ve tırmanış arkadaşı olacağını, kimin kimle ne zaman gitmesi gerektiğini, sabit hatların yeterliğini ve güvenliğini, üst kamplarda yeterli lojistik desteğin oluşturulmasını, meteorolojiden alınan verilere ve diğer ekiplerle yapılan görüşmelere göre tırmanışın zaman planının ve diğer ekiplerdeki dağcılarla birlikte sıralamanın belirlenmesini doğru olarak yapabilmesi gerekiyordu. *Everest* Dağı gibi bir dağa tırmanışı mümkün kılan ve dağcılara sınırlı bir zirve deneme süresi tanıyan iyi hava penceresini en verimli şekilde kullanabilmek için de, tüm bu planlamaları büyük bir verimlilik ve güvenlikle yapması ve uygulaması gerekiyordu.

17 Mayıs 1995 sabahında *Everest* Dağı'nın zirvesine vardığında, 27 yaşındaki genç Nasuh Mahruki, kendince olağanüstü duygular ve hayatının en sıradışı deneyimini yaşıyordu. Yalnız olduğum zirvede küçük video kameramı kurup karşısına geçmiş, zirvede geçirdiğim hemen tüm zamanı kaydetmiştim. Türk Bayrağı ve projenin sponsoru Yapı Kredi'nin bayrağıyla birlikte zirve konuşmamda derin bir oh çekip gözyaşlarımın arasında şunları söylemiştim:

> *"Teşekkürler Yapı Kredi, teşekkürler.*
> *Ne diyebilirim ki?*
> *Burası 8848 metre, Chomolungma ya da Dünyanın Ana Tanrıçası ya da sizin bildiğiniz adıyla Everest'in zirvesi.*
> *Türk dağcılığı hepimizin gayretiyle, Dağcılık Federasyonu'nun, Yapı Kredi'nin, benim, herkesin ve Türkiye'de bana bol şans dileyen herkesin gayretiyle buralara da geldi. Aslında burada daha uzun süre kalmak isterdim, ama hava bozuyor, aşağı inmek zorundayım. Tekrar teşekkürler Yapı Kredi hayallerimi gerçekleştirmeme izin verdiğin için."*

Zirvede kaldığım 20-25 dakika boyunca Ana Kampla da telsiz görüşmesi yapmış ve ekibimizdeki diğer dağcıların durumu hakkında da konuşmuştuk, ama benim için en önemlisi önce şanlı bayrağımızı dünyanın en yüksek noktasına ulaştırmak sonra da bu başarıda payı ve katkısı olduğuna inandığım herkese teşekkür etmek ve bu başarıyı onlarla da paylaşmaktı.

Eskilerin dediği gibi;

Zaferin bin babası vardır.

1953 yılındaki *British Everest* Ekspedisyonu'nda, *Everest* Dağı'na tırmanmayı başaran ilk dağcılar olan *Edmund Hillary* ve *Tenzing Norgay*'ın arkasında, Albay *John Hunt*'ın liderliğinde oluşturulmuş, 362 taşıyıcı ve 20 dağcı Şerpadan oluşan neredeyse 400 kişilik dev bir destek ekibi vardı. Ayrıca Büyük Britanya İmparatorluğu'nun dört bir yanından seçilmiş dönemin en yetenekli dağcıları da bu proje için bir araya getirilmişti. Dağcılık tarihinin o güne dek gördüğü en büyük kuşatma harekatında, dünyanın en yüksek noktasına ilk ulaşan insanlar olma onuru ise, İmparatorluğun Yeni Zelanda topraklarından gelen bir arıcıyla, Darjeeling bölgesinden gelen bir dağ rehberine nasip olmuştu. Bu başarıda, her aşamasında kullanılan askeri disiplin ve askeri stratejinin büyük payı vardı. Yüksek irtifa için geliştirilen yeni teknolojiler de dahil olmak üzere, ekspedisyon çok büyük bir ekip olarak yürütülmüştü.

Özellikle ekspedisyon türü dağcılık, tıpkı iş hayatında olduğu gibi risk altında, çok sayıda kişinin birlikte ve bir amaç için uyumlu çalışmasını gerektirir. Yüksek irtifa tırmanışı ekspedisyonları ciddi bir ekip işidir. Planlamasından, lojistiğine, kaynak yönetimine ve uygulamasına kadar çeşitli zorlukları ve çeşitli riskleri vardır. Başarı elde edildiğinde de tüm ekibin payı, katkısı ve hakkı olur. Bu yüzden başarının paylaşılması gerekir, çünkü herkes başarısının tadını çıkarabilmelidir.

Çünkü;

Başarı paylaşıldıkça çoğalır.

Başarıyı elde ettiğinizde, o başarıda katkısı olan herkese bunun hissettirilmesi çok önemlidir. Birlikte çalıştığımız insanların performansında sürekliliği sağlayabilmenin en etkili yolu bence başarının paylaşılmasıdır. Başarıda payı olduğunu bilen ve bunun bilindiğini bilen insan, o başarıyla kendisini daha fazla özdeşleştirebilecek ve kendisini daha kolay motive edebilecektir. Başarıyı da, başarının gururunu da sahiplenecektir. Bu sayede de ekibiyle, kurumuyla arasındaki aidiyet bağını kendi isteğiyle kuvvetlendirecektir. Gönlüyle iş yapan insanların verimliliği bambaşka olur. Ekip çalışmalarında, işbirlikteliklerinde verimliliği yükseltmenin en etkili yolu, çalışanlarının gönlüne de hitap edebilen bir kurum olabilmektir.

Yaşam dinamik bir süreçtir. Sizi beklemez, sizin için yavaşlamaz ve sizin için değişmez. Sizin ne yapıp edip ona ayak uydurmayı başarmanız gerekir. Yaşama ayak uydurmanın en kolay yolu bir yaşam boyu kendimize hedefler koyabilmemizdir. Hayatın içinde hedeflerimize ulaşmaya çalışırken, başka pek çok kişiyle de yollarımız kesişecektir. Başarıya ulaştığımızda, o başarıda katkısı olan herkese bunu yansıtmalıyız ki bir sonraki hedefimizde başarıyı sağlayan bu performansa hep birlikte yine ulaşabilelim. Hatta bu kez muhtemelen daha yüksek bir motivasyonla ve daha yüksek bir gayretle çalışmamız gerekecektir. Ekibimizdeki herkesten aynı performansı yine isteyeceğiz, hatta daha fazlasını istememiz gerekecek. Ya hedeflerimiz doğal olarak daha yükselecek ya da zaten kısıtlı kaynaklar üzerinde giderek artan rekabet bizi daha fazla zorlayacaktır. Hepimizin daha fazla ve daha verimli çalışması gerekecektir.

Yaşamda başarının gerçek ölçüsü yarattığınız fark ve değerdir, ama en önemlisi bunu bir yaşam biçimi haline dönüştürebilmek ve bir yaşam boyu sürdürebilmektir.

BAŞARILARINIZDA SÜREKLİLİĞİ VE SÜRDÜRÜLEBİLİRLİĞİ SAĞLAYIN

Yapılan her eylemin sonuçları ve çeşitli seviyelerde etkileri olur. Bu nedenle her kararımızda, her adımımızda olası sonuçları da, sadece kısa vadede değil, orta ve uzun vadedeki sonuçları ve etkilerini de mutlaka düşünmemiz, hesaplamamız gerekir. Bunlar düşünülmeden alınan her karar ve yapılan her hareket, belirsizliklerle dolayısıyla risklerle dolu bir geleceğin kapılarını kendi elimizle aralamak demektir. Bunu asla istemezsiniz, hele durduk yerde.

Yapılan her işin devamlılığını da düşünerek ilerlemek gerekir. Bugünkü şartlar için hazırlanmış iyi bir proje, gelecekteki olası değişimlere karşı da hazırlıklı olmalıdır. Beklenmedik gelişmelerde dahi işlevselliğini yitirmemelidir ve yedek seçeneklere ve bunları uygulayacak esnekliğe sahip olmalıdır. Bugünden planlayarak geleceği güvenli hale getirmek mümkündür. Süreklilik ve sürdürülebilirlik konusundaki çabalarımız, yaşamın nedenselliğini ve sonsuz etkileşimli bir süreç olduğunu hatırlatır bize. İş

❄ Nasuh Mahruki YAPI KREDİ sponsorluğunda Everest Dağı'nın zirvesinde (17 Mayıs 1995).

❉ Nasuh Mahruki ve Yılmaz Sevgül, CANTEK SOĞUTMA sponsorluğunda Everest Dağı'nın zirvesinde (23 Mayıs 2010).

dünyasında ve yaşamın içinde sağlıklı bir geleceği işaret ettiği için hayati derecede önemlidir.

Riskli ve tehlikeli bir spor olan dağcılıkta en üst düzey hedef zirve, bu hedefe ulaşmak da zirveye varmaktır. Ama dağcılığın yapısı gereği bu en üst düzey hedefe ulaşıldığında dahi süreç o anda sona ermez. Dağcı zirvede hâlâ kendisine zarar verebilecek bir ortamda ve üstüne üstlük bu kez daha yorgun ve kaynaklarının önemli bir kısmını tüketmiş durumdadır. Hedefine ulaştığı halde, tırmanışa başladığı ana kıyasla tehlikelere daha açıktır. Yüksek irtifa dağcılığında kazaların %40'a yakını zirve günü veya zirveden dönerken yaşanır. Çünkü dağcının, dağın en riskli bölümlerinin olduğu yerlerde en yüksek gücü harcaması ve en üst düzey performansı göstermesi gerekir. Bu durum zaten kısıtlı olan kaynakları daha hızlı tüketir ve dağcıyı pek çok tehlikeye açık hale getirir. Bu nedenle dağcının zirveye vardığında düşünmesi gereken en önemli şey, önce son kampa, ardından da Ana Kampa kadar

Nasuh Mahruki, 15 yıl sonra yine Everest'in zirvesinde

Nasuh Mahruki ve Yılmaz Sevgül, dün "dünyanın çatısı" olarak adlandırılan 8850 metrelik Everest'e çıkmayı başardı. Nasuh Mahruki, 15 yıl sonra Everest'te yeniden zirve yaparken, iki Türk dağcının diğer 8 dağcıyla 8500 metreye kadar oksijen tüpsüz çıktığı öğrenildi

DÜNYANIN çatısı Everest'e tırmanmak için 30 Mart'ta yola çıkan 2 Türk dağcı Nasuh Mahruki ve Yılmaz Sevgül, Nepal saatiyle dün 12.30'da 8850 metrelik zirveye ulaştı. Mahruki ve Sevgül ile birlikte dağa çıkan 10 kişilik ekibin sorunsuz bir şekilde zirve yaptığı belirtildi.

İKİNCİ TIRMANIŞ

Böylece Nasuh Mahruki, "Everest'in zirvesine çıkan ilk Türk ve Müslüman dağcı" olarak tarihe geçişinden 15 yıl sonra ikinci kez zirveye çıkmış oldu. Bu çıkışında zirveye oksijensiz çıkmayı deneyecek olan Nasuh Mahruki ve Yılmaz Sevgül'ün 8500 metreye kadar oksijensiz çıktıkları son anda oksijen tüpü almak zorunda kaldıkları duyumunu aldıklarını belirten AKUT Genel Sekreteri Seydun Gökçin, "8500'e kadar oksijensiz çıktıkları ve orada oksijen almak zorunda kaldıkları yönünde bir bilgi aldık. Nasuh ile iletişim kurduğumuzda bunu netleştireceğiz" diye konuştu.

ULUSLARARASI EKİP

Mahruki ve Sevgül'le birlikte Kanada'dan Lucille de Beaudrap, ABD'den Peter Boise ve Hugo Searle, Finlandiya'dan Carina Raiha, Arjantin'den Angel Armesto, Umman'dan Halid Süleyman Al-siyabi, Avustralya'dan Dr. Greg Jack ve İrlanda'dan Fergus White adlı dağcılar da Everest'in zirvesine ulaşmayı başardı.

FINDIK VE MAVİŞ

Everest'e 23 Mayıs 2001'de Türk dağcı Tunç Fındık da çıkmayı başardı. Elif Eylem Maviş ise 15 Mayıs 2006'da Everest'e çıkan ilk Türk kadın dağcı olarak tarihe geçti.

Soluduğumuz hava, yükseğe çıkıldıkça azalıyor. Bu nedenle 8850 metre gibi bir yükseklikte havadaki oksijen miktarı, deniz seviyesindekinin neredeyse yüzde 20'sine kadar düşüyor. Bu kadar az bir oksijenle büyük efor gerektiren tırmanış yapmak, deneyimli ve profesyonel olmayan insanlar için neredeyse mümkün değil. Bu yüzden pek çok dağcı, bu yüksekliklerde pilotlar gibi, oksijen tüpü kullanıyor.

EFSANEVİ ZİRVE

Yılmaz Sevgül

Nasuh Mahruki

Habertürk, 25 Mayıs 2010

Ağrı Dağı zirvesinde hayatını kaybeden dağcının cenazesini indirirken

nasıl ineceğidir. Zirveye, hedefine ulaşması ancak sağ salim evine dönebilirse bir anlam ifade edecektir. Bunu başaramazsa dağcılık tarihine bir istatistik olarak geçer ve Allah korusun, ama birilerinin o cenazeyi o zirveden indirmesi gerekir.

Unutulmamalıdır ki;

Bir tırmanış asla zirvede bitmez.

İyi dağcı, bir veya iki tane yüksek riskli tırmanışı başarıp üçüncüde kendini yaralayan veya öldüren değil, zor ve tehlikeli tırmanışları sürekli ve düzenli olarak yapabilendir. Yaşamdaki tüm karar ve eylemlerimizde doğruluğun ve gerçek başarının *turnusol* kâğıdı, süreklilik ve sürdürülebilirliktir, insanın başarılarının bir yaşam boyu olabilmesidir. Yaşamın sürekliliği gibi, yaşamda gerçek başarıyı da sürekli hale getirebilmektir asıl maharet. Bunun içinse yaşamı ciddiye alarak yaşamak ve yaşamın ritmini yakalamak gerekir. Yaşamın gerisinde kalmamak için sadece aklınızı değil sezgilerinizi de kullanmalı, sadece zekânızı değil gönlünüzü de koymalısınız. Başarılarınızda sürekliliği sağlayabildiğiniz ölçüde başarınızı çoğaltabilirsiniz.

KAYSOBİLGİ dergisi, Temmuz 2009

Kendi başımıza ilerliyor olsak da, başkalarıyla birlikte ilerliyor olsak da, yaşadığımız her süreç yaşam deneyimlerimize eklenir ve kendine özgü bir birikim oluşturur. Akıllı insanın yapacağı şey, bu birikimi farkında olarak çoğaltmaktır.

TECRÜBELERİNİZİ BİRİKTİRİN

Tecrübe çok değerli bir yol göstericidir ve ancak yaşanmışlıkları ve öğrendiklerimizi biriktirerek edinilir. Her yaşanılanın bir karşılığı olur hayatımızda. Tüm yaşanmışlıkların birikimi ve hayatımızda bıraktığı izler tecrübemizi oluşturur. Yaşam aslında bir tecrübe oyunudur. Denersiniz, başarsanız da başaramasanız da o denemeden bir deneyim kazanırsınız. Deneyim deneyerek kazanılır. Denemezseniz, neyi yapıp neyi yapamayacağınızı veya ne kadar yapabileceğinizi asla bilemezsiniz. Bu nedenle mutlaka denemelisiniz; yeni şeyler, farklı şeyler, sıradışı şeyler, daha önce denemediğiniz şeyler denemelisiniz. Her öğrendiğinizi de biriktirmelisiniz, özellikle de yapılan hatalar ve yanlışlardan kazanılan deneyimleri...

Hatalar en büyük öğreticidir.

Çünkü pahalı öğretirler.

❄ Kutsal Kailash Dağı'na doğru zorlu hac yolculuğundaki Budist hacılar.

Üstada başarısının sırrını sormuşlar,
Doğru kararlar demiş.
Bu doğru kararları nasıl alabildiğini sormuşlar,
Tecrübe demiş.
Peki tecrübenin sırrı nedir diye sormuşlar,
Üstad bir iç çekmiş ve yanlış kararlar demiş.

Tecrübede önemli olan deneyimlemiş olmak ve bu birikimleri çoğaltmaktır. Elbette ki hiçbirimiz her hatayı yaparak ve sonuçlarını yaşayarak doğrusunu öğrenmek zorunda değiliz. İnsanın en önemli yeteneklerinden biri, deneyimlerini doğrudan veya dolaylı başkalarına aktarabilme ve başkalarının deneyimlerinden de öğrenebilmektir. Bu nedenle kendi yaşam deneyimlerimizi biriktirirken, bir yandan da okuyarak, izleyerek, takip ederek diğer insanların tecrübelerinden de öğrenebilmeliyiz.

İnsanoğlunun bu dünyayı paylaştığı diğer canlılardan en büyük farkı, yaşamı süresince edindiği tecrübelerini, kendinden sonraki kuşaklara, onların da bu tecrübeleri yaşamalarına gerek bırakmayacak biçimde aktarabilmesidir. Bir Kurt yavrusu, yalnız geçireceği ilk kışı sağ salim atlatabilmek için annesinin bildiği bütün avlanma, savunma, saklanma tekniklerini kendisi deneyerek öğrenmek zorundadır. Anne Kurt ne kadar tecrübeli olursa olsun, yavru Kurt her şeyi en başından teker teker denemek zorundadır.

ASYA YOLLARI, HİMALAYALAR VE ÖTESİ, s. 210-211

Tecrübelerini biriktiremeyen, aktaramayan toplumlar aynı dersi tekrar almak zorunda kalırlar. Tarih, ders almasını bilmeyenler için tekrar eder. Tecrübelerini sonraki kuşaklara aktarmayı başaran toplumlar ise daha ileri giderler.

Fatih Sultan Mehmet'in İstanbul'u fethini hepimiz gururla anarız. Tarihin en büyük imparatorluklarından 1000 yaşını aşmış Bizans İmparatorluğu'nu sona erdiren, bir çağı kapatıp yeni bir çağ açan, savaş tarihinin bu eşsiz başarısının onurunu, aradan geçen yüzlerce yıla rağmen bugün bile iliklerimize kadar hissederiz. İstanbul'un güçlü surlarını daha önce de üç Osmanlı Sultanı'nın toplam 6 kez kuşattığını, Osmanlıların ancak dördüncü Sultanlarıyla ve 7. kuşatmalarında bu surları yarabildiğini ise pek hatırlamayız. Daha önce 6 kez denediği ve başarılı olamadığı halde, her kuşatmadan son derece değerli bilgilerle döner Osmanlı. Geçmiş başarısız denemelerin tecrübesi ve her kuşatmada ağır bedeller ödenerek alınan dersler, gencecik Sultan II. Mehmet'in kıvrak zekâsı ve müthiş kararlılığıyla birleşince surlar da daha fazla dayanamaz. Dünyanın en güzel kenti, tarihindeki 29. kuşatmada, kendisine ancak Türklerin sahip olabileceğini kabul eder ve 1000 yıllık Hıristiyan Konstantinopolis Müslüman İstanbul olur.

4,5 ayda Rumeli Hisarı'nı inşa ettiren, o güne dek tarihin gördüğü en büyük topları ve aşırtma gülleler için de havan toplarını döktüren, hareketli dev kuşatma kulelerini yaptıran, 400 parçalık donanma kurduran, sınır güvenliği için çevre devletlere barış anlaşmaları imzalattıran, hatta savaş gemilerini karadan yürüttüren Sultan II. Mehmet'in iradesi daha önceki 6 başarısız kuşatmadan elde edilen tecrübelerden besleniyordu. 21 yaşındaki Osmanlı Sultanı'nı tarihin altın sayfalarındaki Fatih Sultan Mehmet Han yapan şey, "*Buradan gitmekliğim mümkün değildir, bu saatten sonra ya ben Bizans'ı alırım ya da Bizans beni,*" dedirten yenilmez iradesi kadar, 60 yıla varan bu başarısız kuşatma denemelerinden elde edilen tecrübeleri de çok iyi kullanmasıdır.

Dağcılıkta da başarılı olmak, performans meselesi olduğu kadar bir birikim ve tecrübe meselesidir aynı zamanda. Ne kadar çok dağa giderseniz ve ne kadar farklı koşullarda tırmanışlar yaparsanız, o kadar iyi, o kadar deneyimli ve o kadar güvenli bir dağcı olursunuz. Tecrübe, bilgi+sezgiye dayanan ve yaşanmışlıkları biriktirmekten gelen muazzam bir güçtür.

Öyle ki;

Tecrübe, kanla yazılmış kuralları bile esnetebilir.

"Liderin dediğini yap, yaptığını yapma" sözü bu yüzden söylenir. Bu özelliği tecrübeyi paha biçilmez kılar.

Kendi Everest'inize Tırmanın adlı kitabım öznel yaşam deneyimlerime dayandığı için kaçınılmaz olarak hayatımdan ve izlediğim yollardan pek çok detaya sahip. Tırmandığım dağlar, yükseklikleri, yerleri, tırmanan ekipler, yaşanan olaylarla ilgili detayları kısa sürede unutacaksınız. Ancak umuyorum ki birbirini takip eden konularda vermeye çalıştığım mesajların özü okuyucu üzerinde bir birikim oluşturacak. Bu kitaptaki fikirler, ifadeler, kavramlar, olgular ve bunların aralarındaki ilişkiler ve anlamlar, okuyucunun beyninin gerisindeki soyut düşüncelere ait bölgede birtakım yeni noktalar ve yeni siniraăgları yaratmakta, zihninde yeni öğrenmeler ve yeni anlamlar oluşturmakta. İşte beynimizde oluşan bütün bu yeni noktalar ve yeni sinirağları, yeni bağlantılar, yeni ilişkiler, yeni öğrenmeler ve yeni anlamlar tecrübe dediğimiz birikimi oluşturuyor. Ancak her tecrübeyi bilinçli olarak öğrenmek veya akıl yoluyla tam olarak kavramak, hem mümkün değil hem de şart değildir.

Şu saptamayı sizle paylaşmak isterim:

İnsanlar anladıklarından, kavradıklarından çok daha fazlasını deneyimler, sonuç olarak insan davranışlarını etkileyen asıl unsur, anlamak ve kavramak değil, tecrübelerdir.

İster istemez her gün binlerce mesajla karşı karşıya kalırız. İlgili ilgisiz, gerekli gereksiz, doğru yanlış, iyi kötü binlerce mesaj biz fark etmeden duyu organlarımız tarafından algılanır. Bütün yaşananlar ve deneyimler beynimizde, zihnimizde bir birikim oluşturur. Trafiğin gürültüsünden, televizyon ve radyodaki reklamlara, müziklere, gazetede gözümüze ilişen haberlerden çevremizdeki insanların konuşmalarından yaptıkları şeye kadar, çılgın bir uyaran bombardımanı içindeyiz. Hepsi üst üste birbirine karışıyor, birçoğunun farkına bile varmıyoruz, anlamıyoruz ve kavramaya çalışmıyoruz, ama deneyimliyoruz.

Farklı alanlarda deneyim kazanmış ve kendini çok yönlü olarak yetiştirmeyi başaran insanlar, içinde bulundukları süreçlerde büyük bir katma değer yaratırlar. Tecrübeli insan, her şey bir yana, insan unsurunun belirleyici olduğu tüm yönetsel süreçlerde en değerli girdidir. Tecrübeli insanın bir anlamı da görmüş geçirmiş insan demektir, yani pek çok şey yaşamış, denemiş, deneyimlemiş insan. Analitik düşünme, kavramsal düşünme, yaratıcı düşünce, çatışma çözme ve iletişim becerileri, ileri görüşlülük, kaynak yönetimi, motivasyon, dış ilişkiler, hatta liderlik ve benzeri pek çok beceri, tecrübeyle birlikte etkili bir çarpan etkisi yaratır. Bu nedenle, dünyadaki genel eğilime de uygun olarak, son dönemlerde pek çok aile şirketi daha yüksek bir verimliliğe ulaşabilmek için, 2 ve 3. kuşakları tarafından profesyonel yöneticilere teslim ediliyor. Tecrübeli üst düzey yöneticilerin, verimli kaynaklarını yönettiği kurumlara katabileceği performansın ölçüsü hayranlık uyandırıcı olabilmektedir. Bu nedenle tecrübe paha biçilmez bir değerdir.

Tecrübe, nasıl yaşamın geçmişinden gelen özgüvenli bir güçse, hayal gücü de yaşamın geleceğine dönük etkili bir yaratıcı güçtür.

HAYAL GÜCÜNÜZÜ KULLANIN

Hayal gücü ve hayal kurmak, kurduğumuz hayallerin peşinden gidebilmek için bizi motive eder ve oraya ulaşmak için uygun yolları araştırmamızı sağlayacak gerekli gücü ve enerjiyi verir. Kurduğumuz hayallere bizi ulaştıracak yolları aramak yaratıcılığımızı da ateşler. Yaratıcılık, yaşam içinde yeni, farklı ve işe yarar bağlar oluşturmaktır. Yaratıcılık bilgiyi farklı kullanmaktır. Hayal gücümüz geleceğimizi de belirler. *Einstein* hayal gücünü bilgiden bile önemli bir yere koyar:

Hayal gücü her şeydir, o, hayatın gelmekte olan heyecanlarının önizlemesidir.

Albert Einstein

Hayal gücü, bir hayal aleminde pasif bir hayalperestlik değildir. Hayal gücü, daha sonra yaşamın içinde somut bir hedefe dönüşecek hayalimizin, zihnimizdeki ilk canlandırmalarıdır. Bu sayede zihnimiz, belki de yıllar sonra ulaşacağımız bir hedefe dönük olarak bizi hazırlar, terbiye eder, kaynaklarımızı, imkân ve

❄ İran'da çölde gündoğumu.

kabiliyetlerimizi bu yönde belirli bir çizgide tutmamızı sağlar. En önemlisi de algılarımızı açarak, hayalini kurduğumuz bu hedefe ulaşabilmek için zihnimizin tüm yaratıcı gücünü kullanabilmemizi ve bu yolda yaşamın içinde karşımıza çıkabilecek fırsatları fark etmemizi sağlar.

Kendinizi nerede görmek istiyorsunuz? Neyi başarmak sizi mutlu eder? Hayatınızda neleri gerçekleştirmek istersiniz? Nasıl anılmak istersiniz? Kendi *Everest*'lerinizin nerelerde olduğunu düşünüyorsunuz? Bu soruların cevabında hayallerinizi bulabilirsiniz. Hayallerimizi bulduktan sonra bu hayalleri hedefimize dönüştürmek gerekir. Soyut bir hayalin yoğunlaşarak somut bir hedefe dönüşmesi, düşünce boyutundan eylemsellik boyutuna geçmekle olur. Düşünce dünyamızda ne kadar inanarak ve isteyerek hayalimizi tasarlayabilirsek, hayatın içindeki eylem boyutunda da o kadar güçlü bir iradeyle hedefimize doğru ilerleyebiliriz.

Hayaller düşüncelerimizde başlar, duygularımızla şekillenir ve davranışlarımızla yaşamdaki yerini bulur.

Zorlu ve iddialı bir hedefe doğru uzun soluklu bir mücadeleye girişmeden önce, hedefi ve o hedefe ulaştığınızı hayalinizde canlandırmalısınız. Bir hedefe odaklanmadan önce onun cazibesine kapılmak gerekir. Bizim için anlamlı, önemli ve değerli bir hedefi önce zihnimizde, hayal dünyamızda canlandırmak, hayalden hedefe geçişimizi kolaylaştıracaktır. Kendinizin ve yeteneklerinizin farkında, kendi gerçekliğinizle örtüşen hayaller kurup bunları hedefe dönüştürdüğünüzde, o hedefi ve onu elde ettiğinizi beyninizde görselleştirmek motivasyonunuzu artıracak ve içinizdeki güçleri daha kolay açığa çıkarmanızı sağlayacaktır.

Sizi sürekli hareketli, uyanık ve diri tutacak, ulaşabileceğiniz, ama bir yandan da kendinizi geliştirmenizi sağlayacak kadar zorlayıcı, yaşamınızdan daha fazla keyif almanızı sağlayacak hayalleriniz olmalı. Tamamen öznel olan bu süreçte bir sportif başarı, bir sosyal başarı ya da bir finansal başarı hayal edebilirsiniz. Kendinizi *Everest*'in zirvesinde de hayal edebilirsiniz, bir kurumsal yapının üst düzey yöneticisi pozisyonunda da veya bir aile işletmesinin başında da. Bu sizin yaşamdan ne beklediğinize bağlıdır.

Üniversite hayatım boyunca en çok istediğim şeylerden biri, karayoluyla İstanbul'dan çıkıp doğuya, Katmandu'ya gitmekti. Dağcılık ve doğa sporlarıyla dolu bir üniversite hayatının içinde, okuldaki birkaç arkadaşımla yıllarca bunun hayalini kurdum. Acaba nasıl yaparız, nasıl gideriz, hangi rotayı izlemek gerekir, nerelerde kalırız, neler görürüz, neler yaşarız diye yıllarca aklımda, düşüncelerimde evirdim, çevirdim.

1970'lerde renkli ve süslü otobüsleriyle Avrupa'dan kalkıp İstanbul'a, Sultanahmet'e gelen, buradan da yola çıkarak Türkiye'yi geçip, İran, Pakistan, Afganistan, Hindistan ve Nepal'e, Katmandu'ya giden o kuşağın şanslı gezginlerine ve yollarda yaşadıklarına gerçekten gıpta ederdim. Benim yaşım yetişmedi bu kültüre, bu tür bir deneyimden çok keyif alacağımı düşünürdüm hep. Yıllar sonra *Everest* Dağı tırmanışı için Katmandu'ya gittiğimde aşağıdaki satırları karalamıştım günlüğüme:

Katmandu, yıllardır hayalimde olan büyülü şehir.

Katmandu'ya gitmek için dünyanın her yerinden gelen insanların Sultanahmet'te bir araya geldikleri, Puding Shop'ta birbirlerine aylar sonra dünyanın bir uzak köşesinde buluşmak üzere notlar bıraktıkları, rengârenk otobüslerin Sultanahmet'ten Taksim'e gider gibi, Katmandu'ya yolcu topladıkları o dönemlere yetişemedim, ama içimde hep bunun özlemini duydum ve o insanları gizli gizli kıskandım.

Üniversite yıllarımda ise Katmandu'ya gitme isteği, bir Uzakdoğu yolculuğu arzusu artık dayanılmaz bir hal aldı. Hayatımı düzene sokmadan mutlaka, ama mutlaka gidecektim. Ahmet'le birlikte yıllarca rotamızı planladık, hangi ülkelerden, şehirlerden geçeceğimizi konuştuk, kitaplar okuduk, daha önce bu yolculuğu yapanları hayranlıkla dinledik, yolculuğu otostopla mı, arabayla mı, yoksa motosikletle mi yapacağız diye, hayatımızda bir dönüm noktası olacak, aylar sürecek bu yolculuğun detaylarının hayallerini kurduk.

EVEREST'TE İLK TÜRK, s. 88

Üniversiteyi bitirdim ve tırmanış hedeflerimin peşinde bir dağdan diğerine koşturdum durdum. Bütün o koşturmaların arasında aklımdan hiç çıkarmadığım *Doğuya Yolculuk* hayalimi, ilk hayalini kurmaya başladığım günlerden 6-7 yıl sonra, 1997 yılında gerçekleştirme fırsatını yakaladım. Kız arkadaşımla birlikte bir yaz sabahı, Etiler'deki evimizden, tepeleme yüklü *BMW R80 GS Basic* modeli motosikletimizle uzun yolculuğumuza başladık. Her bir günü ayrı heyecanlar, ayrı coşkular ve yepyeni bir dünyanın kapılarının önümüzde açıldığını görerek yaşadık. Türkiye, İran, Pakistan, Hindistan'ı geçtik ve Nepal'in mistik başkenti Katmandu'ya vardık. Motosikletimin üzerinde Katmandu sokaklarına gireceğim anı yıllarca hayal etmiştim. Katmandu'nun Sultanahmet'i olan *Thamel*'e vardığımız günü ve o günkü heyecanımı, coşkumu bugün bile hatırlayabiliyorum. İçim içime sığmıyor, heyecandan, mutluluktan uçuyordum. Yıllarca hayalini kurduğum bu yolculuğu, hem de kız arkadaşımla birlikte yapmıştım.

Kar Leoparı yollarda

Everest'e çıkan ilk Türk dağcısı Nasuh Mahruki, bir aylık zorlu motosiklet yolculuğundan sonra dünyanın en büyük 6'ncı dağı Cho Oyu'ya tırmanacak.

Ağustos 1997

Hermann Hesse'nın Doğuya Yolculuk *adlı çok hoş bir kitabı var. Adı kitapta açıklanmayan çok eski, gizli bir cemiyetin üyesi olan Hesse, bu cemiyetin seçkin üyelerinin, yaşamlarının bir döneminde her şeylerini bırakıp doğuya doğru çıktıkları yolculuğu anlatır. Yalnız bu yolculuğa katılacak olanların bir amacı olmalıdır. Hepsi, kendi yaşam tecrübeleri ve beklentilerine göre, bir amaç uğruna bu yolculuğa katılır. Kimi hayalindeki prensesi, kimi çok eski bir hazineyi, kimi de efsanevi bir kitabın elyazmalarını bulmak için bu uzun ve zorlu yolculuğa çıkar. Yolculuk aynıdır ancak herkes kendi ruhunun özlem duyduğu şeyin arayışındadır.*

ASYA YOLLARI, HİMALAYALAR VE ÖTESİ, s. 13

İstanbul'dan Katmandu'ya gidip geldiğim motosiklet yolculuğunda dönüş yolunda Darjeeling'deyim

29 yaşındayken benim aradığım şey yolun, yolculuğun kendisiydi, yaşadığım dünyayı keşfetmekti. Hayallerimden birini daha yaşadığım, hayatımın en muhteşem yolculuğu olan bu hikâyeyi, *Asya Yolları, Himalayalar ve Ötesi* adlı kitabımda anlattım. Gidiş-dönüş olmak üzere, motosikletimle bir çıkışta 21.000 km yol yaptım. İçinde bir de 8000 metrelik tırmanış yaptığım bu olağanüstü güzel yolculuk toplam dört ay sürmüştü. Dönüş yolunda Gürbulak sınır kapısından tekrar Türkiye'ye girdiğimde, cebimde sadece 25 dolar ve gerçekleşen bir hayalden geriye kalan muhteşem anılar vardı.

Şu son dört ayda öyle çok şey yaşadım ki. Çok iyi otellerde kaldığım gibi, Budist ve Hindu tapınaklarında da yattım, sokaklarda da geceledim. Pek çok değişik lezzet tattım. Yeni insanlar, yeni kültürler tanıdım. Budist manastırlarında rahiplerle sabah güneşinden önce kalkıp, onlarla birlikte sabah pujalarına katıldım. Japon Budistlerin etkileyici davullarının eşliğinde NA MU MYO HO REN GE KYO nakaratının sonsuz tekrarlarını izledim, hatta onlara katıldım, tempo tuttum.

Sıkkım'da bir sabah, Budizmin ruhani önderi 14. Dalay Lama'dan inisiyasyon aldım. Hindu tapınaklarında, rahiplerle müzik eşliğinde; HARE RAM HARE RAM RAM RAM HARE HARE, HARE KRISHNA HARE KRISHNA KRISHNA KRISHNA HARE HARE çektim. Müslüman cami ve türbelerinde, imamın

Sıkkım'da Dalay Lama at sırtında

güzel sesiyle okuduğu ilahileri dinleyip kendimden geçtim.

Motosikletimle 21.000 kilometre yol yaptım, altı tane ülke gezdim. 8201 metrelik Cho Oyu Dağı'nın belki de bu sezondaki en hızlı tırmanışını yaptım. Sih, Jain, Bon, Zerdüşt, Bahai tapınaklarını gezip bu dinlerin izleyicileriyle sohbet ettim, ibadet yöntemlerini izledim, bir süre özel hayatlarına misafir oldum.

ASYA YOLLARI, HİMALAYALAR VE ÖTESİ, s. 224

Bu tarihten sonra da, dostlarımla birlikte, hayal-lerimi süsleyen başka motosiklet seyahatleri de yaptım. 2002 yılında Tibet'e gittim ve kutsal *Kailash* Dağı'nı ve *Everest* Dağı'nın Ana Kampını ziyaret ettim. 2004 yılında Kuzey Hindistan bölgesini; Kullu, Manali, Leh, Ladakh, Zanskar, Kashmir ve Dharamsala'yı dolaştım. 2006 yılında Avrupa'yı, Alpleri ve Dolomitleri gezdim. 2009 yılında da, uzun zamandır görmek istediğim Bhutan'a gittim ve 12 yıl önceki seyahatimde gezdiğim

Hindistan'da. Arkada Taj Mahal

Kuzey Hindistan'ı gezerken

Alpler'de Gross Glockner Buzulu'nun önünde

Tibet'te büyük bir nehri geçerken

Türkiye'den gelerek Bhutan Krallığı'ndaki evlilik törenimize katılan dostlarımızla

Sıkkım, Nepal ve Hindistan'ın bir kısmını yine ziyaret ettim, buralardaki eski dostlarımı yine buldum. Hatta 40 yaşından sonra ve yurtdışında evlenme hayalimi de bu seyahatte gerçekleştirdim. Eşim Mine'yle, motosikletle gittiğimiz Bhutan Krallığı'nda evlendik. Böylece Bhutan'da resmi olarak evlenen ilk yabancı çift biz olduk.

Hayal gücüm çocukluğumdan bu yana her zaman iyi çalıştı. Bugün de gelecekle ilgili gerçekleştirebileceğimi umduğum hayallerim var. Yine de biliyorum ki bu hayallerimin bir kısmını gerçekleştiremeyeceğim. Ya imkânım olmayacak, ya zamanım uymayacak ya da koşullar oturmayacak. Ama bunların içinden bazıları gerçekleşecek. İşte her birimizin hayallerinden gerçekleşenler, yaşamdaki tatminimizi ve mutluluğumuzu

BHUTAN KRALLIĞI'NDA EVLENEN İLK YABANCI ÇİFT

BHUTAN'DA DÜĞÜN HAYAL ÖTESİNDEYDİ

HEYECANDAN İLK KEZ ADIMI YAZAMADIM

İSTEDİĞİM YAŞTA EVLENDİM

Sabah ile *Günaydın*, 7 Ekim 2010

artırıp, yaşam kalitemizi yükseltecek ve yaşamımıza anlam ve güzellik katacaktır. Bu yüzden eğer gerçekten istiyorsanız hayallerinizi söndürmeyin ve asla vazgeçmeyin. Hayallerinizi fazla da ertelemeyin ve üşenmeyin, yarın ne olacağını kimse bilemez. Bir bakmışsınız zamanınız, paranız, her türlü imkânınız var, ama artık içinizdeki ateş küllenmiş. Bir zamanlar rüyalarınızı süsleyen büyük hayallerinizin böyle sona ermesi çok yazık olur.

Motosikletimizle Bhutan yollarında

नागरिक

अर्को मोटरसाइकल डायरी

Nepal gazetesi

Hayallerimizin peşinden gidebilmek, bir yandan da yaşamı yakalayabilmektir. Hayal gücünün yaratıcılığını kavrayanlar yaşamla ve fırsatlarıyla da daha fazla ilgilenirler ve yaşamın gerisinde kalmazlar.

HAYATI YAKALAYIN

Yaşamı en iyi çevreleyen şeylerin başında zaman geliyor. Saniyelerin her bir tik takı, akıp giden hayatımızdır da aynı zamanda. Hedeflerimize ulaşmaya çalışırken, yaşam içinde gerekli özverileri göstermek ve inanmak başarıya giden yolda esastır. Ancak unutmamalıyız ki bizler insanız ve insana özgü, daha da özelinde kendimize özgü ihtiyaçlarımızı, beklentilerimizi, isteklerimizi göz ardı etmemeliyiz. Özveri gerektiren hedef odaklı yaşam yolculuğumuzda emin adımlarla ilerlerken, bir yandan da akıp giden zamanı, yani hayatın kendisini kaçırmamalıyız.

Bugün yaşadığını da,
bir gün öleceğini de unutma.

❁ Camel Trophy'de zorlu bir geçiş.

En önemlisi ânı yaşamayı kaçırmayın, çünkü en önemli an ne geçmiş ne de gelecektir, en önemli an sadece şimdidir. Yaşam şimdidir, şu andır. Şimdiye odaklanın ve bütün enerjinizi şimdiye verin. Geleceği güzelleştirmek için şimdinin farkında olmak gerekir, çünkü gelecek şimdide şekillenir.

Yaşamı yakalayabilmek için, daha doğrusu yaşamın değerini anlayabilmek için ölümü de kavramamız gerekir. Ölümün olduğu bir dünyada yaşam çok, ama çok değerlidir.

Ölüm hiç de uzak bir olasılık ve bize henüz gelmeyecek bir şey değil. Ölümsüz olmadığımı biliyorum, soğukta üşüyorum, düşünce canım yanıyor, bir yerim yaralanırsa kanım, kuvvetim akıyor. Ne kadar kısıtlayıcı, kırılgan ve kolay zarar verilebilen bir bedene sahip olduğumun farkındayım, bunun için her zaman son derece dikkatli davranıyorum. Gerekirse en yüksek risklere bile girmekten çekinmem, ama her zaman dağların kurallarıyla oynarım. Dağ beni istemezse saygıyla kabul ederim ve sağ salim gitmeme izin verdiği için ona teşekkür ederim.

YERYÜZÜ GÜNCESİ, s. 307

İş, dağın sizi kabul etmesinde; gerisi yalnızca tırmanış.

Motosikletimle İstanbul'dan Katmandu'ya, hatta Sıkkım'a gidip geldiğim, hayatımın en muhteşem yolculuğundan evime döndüğümde, çok etkilendiğim ve beni ölüm üzerinde derin düşünmelere iten peşpeşe iki üzücü haber aldım.

Türkiye'ye döndükten kısa bir süre sonra, 3-4 gün içinde iki dostumun ölüm haberini aldım. Önce, şu anda dünyanın en güçlü birkaç dağcısından biri kabul edilen Anatoli Boukreev'inkini. 95 Mayıs'ında Everest'in zirvesinde buluşup birbirimizi tebrik etmiştik ve sonra da dostluğumuz telefonlarla, fakslarla devam etti. Annapurna'nın güney yüzünde, kışın yeni bir rota açmaya çalışırken, yukarıdan düşen bir çığ sonucu, tırmanış partnerlerinden Dimitri Sobolev'le birlikte hayatını kaybetmiş. Üçüncü dağcı Simone Moro, büyük bir şans eseri çığ debrisinin üzerinde kalmış. Dünya üzerindeki 14 adet 8000 metrelik dağdan 11'ine ve 21 defa tırmanmış olan Anatoli, benim gözümde dağlarda ölümsüzdü - çocukça bir yanılgı...

Anatoli Boukreev Everest Dağı'nın zirvesinin hemen altında

Sonra yüzbaşı Oktay Önder; Ordu Dünya Şampiyonu güreşçimiz, judocu, bisikletçi, dağcı, her türlü sporu büyük bir beceriyle yapabilen, bedensel mükemmelliğin sembolu gibiydi. Oktay abi, fizik ve ruh olarak insan gücünün ve dayanıklılığının en üst sınırlarına ulaşmış biriydi benim gözümde. Öldürücü piramit şınavlarında da ona ayak uydurmaya çalışır, sonra da tükenmiş gücümüzle oturup, onun bize sonsuz gibi gelen setleri tamamlamasını seyrederdik. Bir akşam, motosikletiyle evine dönerken, dikkatsiz bir kamyon şoförünün kurbanı olmuş. Ben askerlik görevimi yaparken, o zamanki Türkiye Dağcılık Federasyonu başkanı rahmetli Tayfun abi (Tercan), bana antrenman imkânı tanımak için Deniz Kuvvetleri Komutanlığı'ndan ve Genelkurmay Başkanlığı'ndan özel izin çıkartmıştı. Spora ve sporcuya inanan Oktay abi, bu işlemler sırasında bana yardımcı olmuştu. Onun yüz yaşına geldiğinde bile, hiç bırakmadığı spor sayesinde, sırım gibi bedeniyle kendi başının çaresine bakıyor olacağını hayal ederdim. Çocukça bir yanılgı daha...

20 yıl önce, ODTÜ Sualtı Topluluğu'yla Datça'ya dalışa gittiğimiz faaliyette yüzbaşı Oktay Önder kaldığımız arkadaşımızın evinde

Ölüm, fizik güçleri ve yetenekleri, benim sahip olmayı hayal bile edemeyeceğim seviyede olan iki dostumu yaşamdan çekip almıştı. Bir süre karışık

duygular içinde dolandım, zamanla dostlarımın artık olmadığını, çok hoşnut olduğum paylaşımlarımızın hiçbir zaman tekrarlanamayacağını kabul edip, acılarını içime gömdüm. Sonra bir süre kendimi düşündüm. Dostlarımın ölümüne sebep olan dağcılığı da, motosikleti de, yapılabilecek en aşırı sınırlarda yapıyorum, çünkü bunu seviyorum...

Sonra aklımdan bu düşünceleri uzaklaştırdım ve yaşamı verildiği gibi kabul etmenin en doğrusu olduğuna karar verdim. Zaten yıllar önce bile böyle düşünürdüm. Yalnızca üç gün arayla aldığım, daha çok uzun süre yaşayacaklarını düşündüğüm iki dostumun ölüm haberi beni biraz sarstı ve tekrar seçimlerimin muhasebesini yaptırdı. Bence güzel olan şu ki; her şeye rağmen hâlâ yaşamı aynı şekilde algılıyorum ve ölmekten korkmadığım gibi yaşamaktan da korkmuyorum. Her şeyi olduğu gibi kabullenişim ise kadercilik değil, yaşamın kendisine duyduğum derin ve sonsuz güvenden kaynaklanıyor.

ASYA YOLLARI, HİMALAYALAR VE ÖTESİ, s. 229-230

Ölüm korkusu yaşama korkusunu takip eder.
Dolu yaşayan bir adam
ölümü her an karşılayabilir.

Mark Twain

Sonunda her şey hayırlısıyla sona eriyor ve ben tekrar evime, İstanbul'a dönüyorum, sevdiklerimi, dostlarımı arayıp yaşadıklarımı onlarla paylaşıyorum. Bütün eşyalarımı yerlerine yerleştirirken, pasaportumun içinden selobant kaplı küçük bir kâğıt çıkıyor. Başıma bir şey geldiğinde, bir kaza durumunda babama haber verilmesini rica eden ve gerekli telefonları, faksı, adresi yazan o küçük kâğıdı özenle yerine kaldırıyorum. Biliyorum, bir gün bu kâğıda da iş düşebilir, ama o güne dek yaşayacağım çok şey var. Epicuros'un dediği gibi "Bize zevk veren yemeklerin bolluğu değil lezzetidir, yaşamın da uzunluğu değil güzelliğidir."

BİR DAĞCININ GÜNCESİ, s. 110

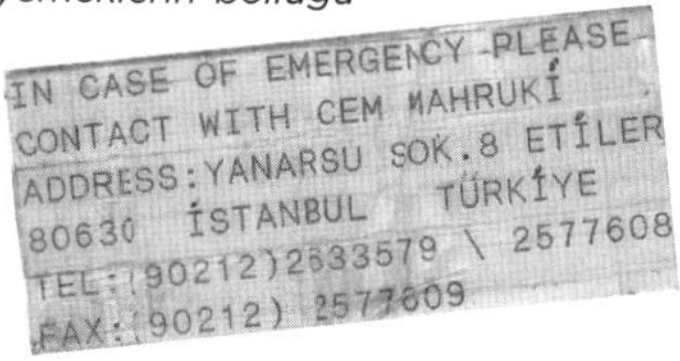
IN CASE OF EMERGENCY PLEASE
CONTACT WITH CEM MAHRUKİ
ADDRESS:YANARSU SOK.8 ETİLER
80630 İSTANBUL TÜRKİYE
TEL:(90212)2633579 \ 2577608
FAX:(90212) 2577609

'ölüme aldırış etmiyorum'

Options, Eylül 1998

Yaşamı, ölümü ve ikisi arasındaki geçişi kavrayabildiğimiz zaman her ikisini de doğru yere koyabiliriz. Yaşamın da ölümün de, zaman dediğimiz boyut içinde aynı bütünün iki farklı yüzü olduğunu kavradığınızda, her ikisini de olduğu gibi kabul edebilir ve her ikisine de kendinizi hazırlayabilirsiniz. Ölüm yaşamsız, yaşam da ölümsüz olamaz, birinin olduğu bir dünyada diğeri de olmak zorundadır. Yaşamı yakalamanın ve dolu dolu yaşamanın yolu ölümü, bir gün yaşamıyor olacağımızı kavramaktan geçer. Bir şeyin bitmesi, artık olmaması, hayatımızdan çıkması, anın yaşanarak geçmişe yollanması, tüketildiği için geride bırakılması da aslında küçük ölümlerdir. Ama hiçbiri mutlak bir son değildir, sadece geçiştir, değişimdir, kendisinden sonraki sürecin hazırlığıdır. Büyük ölüm de bundan çok farklı olmayacaktır, o da bir başka sürecin hazırlığı olacaktır. Yaşamdan da ölümden de korkmamalıyız ve tüm yaşamımızı bu farkındalıkla yapacağımız seçimlerle doldurmalıyız.

Kendi hesabıma, ölümden ve ölüm düşüncesinden hiçbir zaman korkmadım. Yaşam gibi onu da doğal kabul ediyorum, ancak ölmemek için de her şeyi yaparım ve pisipisine ölmek de istemem. Bir de nedendir bilmem, bilinen bir mezarım olmasını hiçbir zaman istemedim.

Lucretius'un çok beğendiğim bir sözü var: "İşte o zaman içten sözler dökülür yürekten, maske düşer, yüz kalır ortada." Montaigne de şunları ilave etmiş bu düşünceye: "Son perdeden önce maske takınmış, felsefenin güzel öğütlerine gösteriş olsun diye uymuş ya da sarsıcı olaylarla sınanmadığımız için hep sağlam yürekli kalmayı başarmış olabiliriz. Ama ölüm karşısında son rolümüzde gösterişe yer kalmaz artık, o zaman anadilimizle konuşmak, dağarcığımızda iyi kötü ne varsa olduğu gibi ortaya dökmek zorundayız."

Aslında insanların maskesiz yüzünü anlamak için bu kadar ileriye gitmeye gerek yok; yorgunluk, dolayısıyla acı ve bunaltı arttıkça kontrolünü kaybeden, soğukkanlılığını yitiren çok insan gördüm. Sonuç olarak değil aşırı yorgunlukta, ölüm karşısında bile kontrolümüzü yitirmemek ve o gün geldiğinde yüzümüzün hep maskesiz olduğunu kendimize kanıtlamak için her şeye kendimizi hazırlamanın en doğrusu olduğunu düşünüyorum.

BİR DAĞCININ GÜNCESİ, s. 66

Ölüm karşısında bile insan içindeki bütünlüğü yitirmemeli ve sonunu şuurlu bir şekilde kabullenebilmelidir. Ölüm ânı olağanüstü bir deneyim olacaktır. İçindeki bu eşsiz heyecan duygusu, iyi yaşanmış yeteri kadar uzun bir yaşamın sonunda sırası gelirse inşallah, müthiş bilinmezliği ve belirsizliğinden gelen korkusuyla başa çıkmayı kolaylaştıracaktır.

İyi yaşama ve iyi ölme sanatı birdir.

Epicuros

Şimdilik tek yapabildiğim, kendini O'na kabul ettirecek bir hayat kurabilmiş olduğunu dilemek. Eğer kuramadıysan, cesaretini asla yitirmeyen Peter Pan gibi, neredeyse boğulacakken bile, "Ölmek, benzersiz bir serüven olmalı" demekten geri kalmayacağına eminim...

Bol Şans Sevgili Nasuh Mahruki... Buna ihtiyacın olacak.

(Kendime Mektup'tan) YERYÜZÜ GÜNCESİ, s. 227

Büyük bir hedefe ulaşmaya çalışırken, muhakkak ki yaşamımızda birtakım fedakârlıklar, ertelemeler, ihmal etmeler, vazgeçmeler, gecikmeler olacaktır. Bu eksiklerin yaşamımıza getirdiği yükle, bunlarsız yaşamda kendimize kattıklarımızın dengesini ne kadar sağlıklı belirleyebilirsek, sahip olduğumuz kapasiteyi o kadar verimli kullanabiliriz. Buradaki denge, hedefimize ulaşma yolunda hayatımızdan çıkardıklarımız ve ona ulaştığımızda elde edeceklerimiz arasındaki denge çok önemlidir. Yine de bu denge nerede oluşursa oluşsun, unutmayın ki bu yaşamda en çok kendinize borçlusunuz ve kendinize karşı sorumlusunuz. Kendimizi ve kendimize karşı sorumluluklarımızı da ihmal etmemeliyiz. Çok önemli bir proje döneminde, ciddi bir tez hazırlığında veya iddialı bir iş geliştirme sürecinde, işe fazlasıyla odaklanıp kendimizi, isteklerimizi, ihtiyaçlarımızı, tutkularımızı fazlaca ihmal etmemizin rahatsız edici sonuçları olabilecektir.

Kararlarımızı verirken bedensel, ruhsal, duygusal tüm yapımızın yaşam içinde birbiriyle uyumlu olmasına özen göstermeliyiz. Bunlardan bazılarında yapacağımız özensizlikler ve ihmaller, hayatımızda hiç tahmin etmediğimiz sorunlara yol açabilir. Bütünü ve bütüncüllüğü önce kendi hayatımızda kurabilmeliyiz. Projeler ne kadar önemli olursa olsun, kendimizi, kendi bütünlüğümüzü, bedensel, duygusal ve ruhsal dünyalarımızı göz ardı etmemeliyiz.

Çünkü;

Yaşam bir hediyedir.

Hem de paha biçilmez değerde bir hediyedir. İkamesi, telafisi yoktur, yerine hiçbir şey konulamaz, hiçbir şeyle değiştirilemez. Bizim AKUT'ta hiç tanımadığımız, hiç görmediğimiz, bir daha da hiç görmeyeceğimiz insanların hayatı için bu kadar koşturmamızın aslında en önemli sebebi de budur. Bu dünyadaki en değerli şey yaşamdır. Var olmanın coşkusunun, nefes almanın güzelliğinin, yapabiliyor olmanın gücünün ve insan olmanın mucizesinin farkında olmak gerekir. Yaşam bu nedenle her tür saygıyı ve özeni hak etmektedir. İyi değerlendirilirse yaşamın büyük mutluluklar, büyük

NASUH MAHRUKI

"HAYATI BİR HEDİYE OLARAK ALGILIYORUM..."

VIP 2003, No 83

başarılar, hatta mucizeler yaratabilecek kadar olağanüstü bir hediye olduğunu kavramak büyük bir adım atmaktır kişisel gelişim yolculuğunda.

İçlerinde aşırıya kaçanlar, yanlışları olanlar olsa da, başarılı insanların hepsi yaşamlarının değerinin farkında olan ve yaşamlarına saygı duyan insanlardır. Bu özen nedeniyle yaşamı ciddiye alarak yaşamışlardır. Başarılı insanlarda ortak olan şey, yaşamın değerinin ve sahip olduğu potansiyelin farkında olmaları ve yaşamdan daha fazlasını alabilmek için yaşamın içine cesaretle dalmalarıdır.

Yaşamın, şu andan geçmişe doğru geride bırakılarak ileriye gidişini ve geleceği getirişini ilk kez o gün, *Everest*'in zirvesine vardıktan 4 gün sonra, yorgun bedenimle Ana Kampa iniş sırasında fark etmiştim.

Yıllar süren fiziksel ve psikolojik hazırlıktan sonra, haftalar boyunca canımı dişime takıp yalnızca 20 dakika durabileceğim, dünyanın en yüksek noktasına ulaşmak için verdiğim mücadeleyi, dağcılıkta kendimi yetiştirdiğim dönemlerde girdiğim riskleri, atlattığım tehlikeleri, dağlarda kaybettiğim dostlarımı, yaşamdaki korkularımı, beklentilerimi, ulaşmak istediğim hedeflerimi, gündelik yaşamımdaki sorunları düşündüğüm, aşırı yorgun, ama mutlu bir halde Everest Dağı'ndan indiğim hiç bitmeyecekmiş gibi gelen günler boyunca, bir şeylerin farkına vardığımı hissettim.

İniş boyunca tek korkum, bir son dakika kazası geçirmekti, hele buradan sonra. İki kat daha fazla dikkat ettim her şeye, çünkü artık bu yaşamda yapmayı istediğim çok daha fazla şey var, buna karşı zaman son derece kısıtlı. İşte bu yüzden yaşamımda hiçbir şeyi ertelememeye ve hiçbir şey için pişmanlık duymamaya karar vermiştim. Doğum günümde, henüz dinlenememiş bedenime ağır gelen bir yürüyüşle Ana Kampa indiğim gün, bir şey daha fark ettim ki beni gerçekten sarstı, ben bir daha asla 27 yaşında olmayacaktım. Herakleitos'un 'panta rhei'si (her şey akar) zihnimde zonkladıkça, bu yaşamda daha da acele etmem gerektiğini düşünüp durdum.

BİR HAYALİN PEŞİNDE, s. 17

Everest'e tırmanmanın getirdiği özgüven, özsaygı, gurur ve coşku bir yandan, doğum günümde dünyanın bu sıradışı coğrafyasında, hayatımın o güne kadarki en büyük hedefini başarıyla geride bırakıyor olmam öte yandan, sanırım algılarım açılmıştı. O güne dek dikkatimi hiç çekmemiş olan bir şeyi fark etmiştim. Bu kavrayış o kadar sarsıcı bir etki yaratmıştı ki üzerimde, uçuşan düşüncelerimi takip edebilmek için rotadaki yalnız yürüyüşüm sırasında bir süre durup, kendimi dinlemek zorunda kalmıştım. Çünkü geçen her anın artık geçmişe ait başka bir aleme geçiş yaptığını ve tüketildiği için bir daha asla ulaşılamayacak, yaşanamayacak ve değiştirilemeyecek olduğunu fark etmek ve bu farkındalıkla önümde kalan anların değerini kavramak, o yorgunluğumla adeta beni dizlerimin üstüne çökertmişti. İlk hislerim, avuçlarımın arasından akarak giden yaşamımdaki, geride kalan bunca zamanda kıymetini bilemediklerime hayıflanmaktı. Ancak hemen toparlanmış ve her anı, şimdiyi ve bundan sonrasını güzel yaşamak gerektiğini kavramıştım. Bir daha asla 27 yaşında olmayacağım düşüncesi, zamanın kudretini ve geçen anın bir daha geri gelmeyeceğini kavramaktı benim için. *Everest*'in gururuyla 28 yaşına girdiğim gün, her anın değerli olduğunun, çünkü her anın yaşam olduğunun bilincine varmıştım. O gün yaşadığım şey, hayatımın geri kalanında etkileri olacak bir *paradigma* değişimi, bir zihin devrimiydi benim için.

Everest'ten döndükten sonra Ömer Bey'le tekrar durum değerlendirmesi yaparak Yapı Kredi'yle *Yedi Zirveler* projesine devam etmeye karar vermiştik. 1996 yılında *Yedi Zirveler* projesinin kalan dağları için bir yandan Alaska'ya, Kafkaslara, Afrika'ya ve Avustralya'ya gitmiş ve tırmanışlarımı tamamlamıştım. Bir yandan da 30-35.000 adayın arasından zorlu elemelerden sıyrılarak iki kişilik *Camel Trophy* Türk takımına girmeye çalışıyordum. *Camel Trophy* artık yapılmamakla birlikte, bir zamanların dünyanın en popüler macera yarışlarından biriydi. Sloganlarından biri hatırlarsanız; *bir hayatın var, onu iyi yaşa* anlamında bir cümleydi.

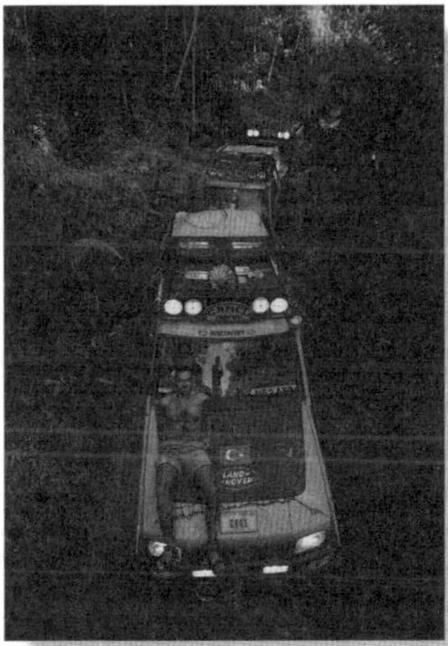

Camel Trophy Kalimantan'dan

1996 yılında *Yedi Zirveler* gibi çok önemli bir başka dünya çapında projenin peşinde koştuğum halde, benim için çok yeni bir disiplin olan dörtçeker araçlar, tropik yağmur ormanlarında mücadele, değişik beceriler gerektiren özel etaplar ve 1000 millik bu zorlu serüvene kendimi hazırlamak için, bir *Land Rover*'ın şanzımanını söküp takmak dahil pek çok yeni şey öğrenmem gerekmişti. Bana müthiş ve sıradışı bir kendimi geliştirme ve öğrenme süreci yaşatan bu mücadeleyi de, büyük bir şevkle ve heyecanla kabul etmiş ve her anından çok zevk almıştım.

Sizler de sakın ola ki;

Hayatı ertelemeyin.

Çünkü hayatınızda ertelediğiniz bazı şeylerin telafisi olmayabilir. Ve hayatınızı dolu dolu, kaliteli, nitelikli, verimli yaşamak öncelikle kendinize karşı sorumluluğunuzdur. Hayatı dolu yaşamanın etkili bir seçeneği de seyahat etmektir. Bu nedenle imkânlarınız elverdiği ölçüde yurtiçinde ve yurtdışında seyahatlere çıkmalısınız, yeni ve farklı kültürler tanımalısınız, dünyayı kendi gözlerinizle görmeli ve deneyimlemelisiniz. 16 yaşındayken İngiltere'ye bir

Norveç'te zihinsel engellilerin bakıldığı çalışma kampındayken

dil okuluna gitmiştim, 20 yaşındayken de GENÇTUR'la Norveç'te zihinsel engellilerin bakıldığı bir çalışma kampına katılmıştım. Bu iki deneyim ufkumu çok açmıştı, dışarıda bambaşka ve rengarenk bir dünya olduğunu keşfetmiştim.

Kendimi izlemeye ve didiklemeye devam ettiğim bu dönem boyunca, bundan sonra neyin peşine düşersem ve yaşamımı ne şekilde kurarsam daha mutlu olacağımı ve kendimi daha fazla tamamlanmış hissedeceğimi sorgulayıp durdum. Sonunda kısa dönemde ne yapmak istediğimi buldum; dünyayı ve yaşamı daha yakından tanımak istiyorum. Değişik ülkeler, değişik kültürler ve insanlar tanımak, nasıl yaşadıklarını, dünyaya nasıl baktıklarını öğrenmek, biraz olsun içlerine girmek ve onlarla ama az, ama çok bir şeyler paylaşmak istiyorum.

Buddha'nın öğretisini tanımlamak için eski yazılarda sık geçen bir kelime vardır; ehi passika. *Anlamı "gel ve kendi gözlerinle gör." İşte benim bütün yapmak istediğim de bu...*

BİR HAYALİN PEŞİNDE, s. 18

20'li ve 30'lu yaşlarım boyunca ne kadar çok dağa tırmandıysam o kadar da çok seyahat etmişimdir. Dağları bu kadar çok sevmemin bir sebebinin de bana dünyayı gezme fırsatı vermesi olduğunu söyleyebilirim. Bugünkü kişiliğimde her birinin ayrı ayrı etkisi vardır. Her birinden çok değerli dersler çıkarmış, çok ama çok şey öğrenmişimdir. Bir dünyalı olarak insanın yaşadığı dünyayı tanımasını, kendi çerçevesi içinde belki de her şeyden daha değerli olarak gördüğümü bile söyleyebilirim. Çok gezen mi çok okuyan mı bilir sorusu bugünün imkânlarıyla bence anlamını yitirmiştir. Bence hem çok gezmeli hem çok okumalıyız ki bu iki öğrenme eylemi birbirini tamamlasın ve öğrenmelerimiz deneyimlemeyle de taçlansın. Çünkü o zaman görüntüdeki farklılıklarımızın bir sorun değil bilakis bir zenginlik olduğunu ve aslında öz olarak hepimizin aynı olduğunu, aynı yerden geldiğimizi ve aynı amaçlarla, aynı yere gittiğimizi de görebiliriz.

> **Önyargı, taassup ve dar görüşlülüğün en iyi tedavisi seyahattir.**
>
> Mark Twain

Hem yurtiçinde hem de yurtdışında yaptığım gezilerde çok değişik araçlar da kullandım: Araba, otobüs, uçak, helikopter, tren, traktör, motosiklet, bisiklet, hatta bir fil ve tabii kendi bacaklarım.

Ahmet'le (Altunbaş) Antalya'da kırsalda yol kenarında otostop çekmek için bir kamyonun geçmesini beklerken

7-8 yıldır geziyorum; yürüyerek, otostopla, bisikletle, motosikletle, arabayla, trenle, helikopterle, uçakla ya da o anda fonksiyonel olan herhangi bir şeyle, bazen önceden belirlediğim bir hedefe doğru, bazen de Baudelaire'in gerçek gezgini gibi amaçsız ve hedefsiz, yalnızca gezmek, yalnızca gitmek için.

En az dağların zirvelerine tırmanmak kadar beni mutlu eden bir şey de, yollarda tanıdığım, her birinin torunlarına anlatacak bir dolu şeyi olan

insanlar. 20-21 yaşlarında gençlerin, okullarından bir yıl, iki yıl izin alıp tek başlarına ya da arkadaşlarıyla dünyayı gezmeye, tanımaya çıktıklarını gördüm. Güney Nepal'de bir filin sırtında yaptığımız cangıl gezisinde tanıştığım Alman kadın, Katmandu'da bir barda tanıdığım gencecik Yeni Zelandalı kız ya da Tibet'in uçsuz bucaksız platosunda Lhasa'ya gitmek için günlerdir yoldan bir kamyon geçmesini bekleyen Koreli genç, Patagonia Andlarında haftalardır yürüyüş ve kamp yapan İsviçreli çift, Şili'de bir cafe'de tanıştığım yalnız gezen 60 yaşındaki Musevi kadın, Patagonya'yı pedal basarak gezen Avusturyalı genç çift -bizim Hülya'mızı da unutmayalım- 10 yıldır Borneo'da yaşayan İngiliz genç, kendilerine 'Awesome Foursome' diyen, aylardır Uzakdoğu'yu gezen Avustralyalı 4 genç kız ve onlar gibi arayan, öğrenmek, bilmek isteyen pek çok kararlı, ne istediğini bilen, yere sağlam basan genç insan. Hepsi hafızamda tatlı bir lezzet bırakıp yollarına devam ettiler.

Aynı özgür ruha sahip insanların 20-30 yıl sonraki halleriyle de tanıştım. 1970'lerde daha 20 yaşındayken evinden ayrılıp 2 yıl dünyayı gezdikten sonra cebinde ancak bir sandviçe yetecek parayla evine varan İngiliz, bugün karşıma Antarktika'da çok ciddi bir organizasyonun şefi olarak çıkıyor, olağanüstü sert ve zorlu koşullara rağmen kendisi gibi işinin ehli ekibiyle birlikte çarkı döndürüyor, sistemi işletiyor. Aynı özgür ruhla, bazen Borneo'da bir araştırma laboratuvarının lojistiğini üstlenmiş İskoç, bazen Arjantin'in Atlantik kıyılarında yaşayan deniz memelilerinin yaşamını inceleyen bilim adamı, bazen Amerika'nın en iyi çalışan kurtarma örgütünün şefi, bazen de dağcılıkta yapılabilecek hemen her şeyi yapmış Fransız dağcı olduğu halde yollarımız kesişiyor.

Gözlerinin derinliğinden, yüreklerinin sıcaklığından, ses tonlarının yumuşak gücünden hemen tanırım onları. İçimde ne hayranlık, ne kıskançlık, ne özenme, ne gıpta; sadece saygı duyarım onlara ve seçtikleri yola. Bilirim ki her biri kendi 'svadharma'sını yerine getirmektedir. Kendi doğruluk yollarında ilerleyerek Hint felsefesinin dediği gibi Kozmos'un düzenine kendilerince katkıda bulunurlar. Dünyanın herhangi bir yerinde karşılaştığımızda bütün paylaştığımız basit bir göz selamı da olabilir, saatler süren hoş *bir sohbet de. Ve sonra içinde tatlı, buruk bir lezzetle herkes kendi yoluna gider, görecek başka yerler ve tanışacak başka insanlar vardır.*

Kipling'in kâşifi bir süredir bir ses, bir çağrı duymaktadır:

"Bir şey saklı. Git ve bul onu. Git ve uzaklarda ara onu.

Uzaklarda kaybolmuş bir şey. Kaybolmuş ve seni bekliyor. Git!"

Böylece kâşif gider ve kendisi için saklanan şeyi bulur, bulduğu şeyi insanlara bırakır, onun ödülü aramaktır.

Gençliğinde büyük bir gezi tecrübesi olan insanların, yaşamlarını çok daha verimli ve sağlıklı kurduğunu düşünüyorum, insan bağımsızlığı ve bunun sorumluluğunu ne kadar erken yaşar ve öğrenirse, kendi yolunu o kadar doğru seçer ve o denli güçlü ve üretken olur.

Bence ilk fırsatta toplayın çantanızı ve olabildiğince uzaklara gidin. İlk anda çok zor gibi görünse de ilk adımı attıktan sonrası çok kolay gelecektir. Dışarıda olağanüstü güzel bir dünya var, kendinize bu şansı verin, sonuçlarına inanamayacaksınız.

YERYÜZÜ GÜNCESİ, s. 293-295

Bizler ne yazık ki dünyayı gezmeyi yücelten bir kültüre sahip değiliz. Bir kısmımız ne yazık ki imkânları elvermediğinden ve seyahat etmeyi özünde bir lüks olarak değerlendirdiğinden mevcut imkânlarını seyahat etmek için zorlamayı tercih etmiyor. Bunu yapabilecek imkânları olanların çoğu da yeni yerler görmek, yeni coğrafyalar deneyimlemek yerine hep benzer yerlerde, benzer insanlarla ve benzer şekillerde imkânlarını değerlendirmeyi tercih ediyor. Oysa dışarıda olağanüstü güzelliklerle dolu cıvıl cıvıl bir dünya var; keşke farkına varabilseler...

Gorak Shep'te Alman bisikletçi Peter'le birlikte

Akşamüstü çok komik bir şey oldu. Gorak Shep'te kaldığım dağevindeki, yak tezeğiyle yaktığımız sobanın başında yemeğimizi yerken 4-5 kişilik bir grup geldi. İçlerinden birini gözüm ısırır gibi oldu, ama yok canım ne alakası var diye geçiştirdim aklımdan. Bir süre sonra çocukla bir-iki laf ettik ve inanılır gibi değil, ama bundan yedi ay önce, Elif'le Katmandu'ya yaptığımız motosiklet yolculuğu sırasında, İran'ın Bam şehrinde tarihi Arg-e Bam'ı gezerken tanıştığımız Alman bisikletçiydi karşımdaki. Bütün gece sohbet edip bol bol güldük. Peter 11 aydır bisikletiyle geziyormuş, Münih'ten Katmandu'ya dek 13.500 kilometre yol yapmış. Karakurum Highway'den Kaşgar'a gitmiş, Tibet'i bisikletiyle gezmiş. İşin en komik tarafı da bu yolculukta Türkiye dışında iki kez Türkiye'den birilerine rastlamış, ikisi de benim. Biri Elif'le birlikte İran'da, diğeri Himalayalar'ın eteklerinde 5170 metre yüksekliğinde küçücük bir dağevinde. Çok hoş bir tesadüf doğrusu.

Tarihi Arg-e Bam kentinin önünde Alman bisikletçi Peter

YERYÜZÜ GÜNCESİ, s. 260

Ne kadar ilk bakışta öyle görünse de seyahat etme konusu özünde bir bütçe ve imkân meselesi değildir. Bu bir kültür meselesidir ve yaşamla kurduğunuz ilişkiyle alakalıdır. Çok kısıtlı bütçelerle de seyahatler yapılabilir. Bizim 1997 yılında İstanbul'dan Katmandu'ya motosikletle iki kişi gerçekleştirdiğimiz seyahatte, Türkiye'den çıktıktan sonra harcadığımız para; benzin, yeme, içme, konaklama her şey dahil 800 dolardı. Batı'ya değil elbette, ama o günlerde Doğu'ya seyahatler bu kadar düşük bütçelerle yapılabiliyordu. 2010 yılında Nepal'de eşim Mine, kuzenim Mehmet ve arkadaşlarımla birlikte *Khumbu* Vadisi'ndeki yürüyüşümüzde, artık eskisi kadar ekonomik olmadığını gördüm buraların da, ama yine de seyahat etmek istedikten sonra ekonomik bütçelerle de bunu yapmak mümkün. Hele gençken ve beklentilerinizi çok daha düşük seviyelerde tutmayı becerebiliyorken...

Şunu da biliyorum ki, gençlik bir kez elden gitti mi bir daha geri gelmez, bu yüzden yaşamda hiçbir şeyi ertelemeyeceğim ve hiçbir şey için pişmanlık duymayacağım. Sırt çantamı taşıyabildiğim sürece de gezilere ve daha zorlu, daha yüksek dağlara tırmanmaya devam edeceğim ve her seferinde, bir fırtına sırasında Neptunus'e seslenen Yunan balıkçı gibi diyeceğim ki; "Ey Tanrı, beni ister kurtar ister mahvet, ben dümenimi kırmadan dosdoğru gideceğim."

Ve son olarak da küçük bir Zen şiiri:

Kemancı çalar,
Kimse dinlemese bile
Kemancı yine de çalar.

BİR DAĞCININ GÜNCESİ, s. 93

Bugünün hayatınızın geri kalanının ilk günü olduğunu ve yine bugünün yeni bir hayata başlayabilmek için ve değişim için iyi bir fırsat olduğunu unutmayın. Hem hayatı yaşamayı ertelemeyin hem de kendinize zaman ayırmayı ihmal etmeyin. Kendimize kaliteli zaman ayırmanın en güzel yollarından biri de hobilerdir.

HOBİLERE SAHİP OLUN

Hobi, görev ve meslek gibi insanın normal yaşantısında yapmak zorunda olduğu şeylerin dışında, kendisine keyif ve mutluluk veren farklı ilgi alanları geliştirmesidir. Dışarıdan hiçbir etki almadan kendimiz istediğimiz için, keyifli zaman geçirmek için yaptığımız şeylerdir. İnsanı rahatlattığı ve kendisiyle daha kaliteli vakit geçirmesini sağladığı için kendisini daha iyi tanımasını da sağlar. Karakter gelişiminde çok etkilidirler. Hobilerinizde sizin karakteriniz gizlidir. Hobiler tercihlerinizi ve zevklerinizi gösterir, bu yüzden kişiliğimizin bir tür aynasıdır. Hobiler yaratıcılığımızı da geliştirir. Hobileri olan insanların özdisiplini ve odaklanma yeteneği, yaptıkları işte de daha başarılı olmalarını sağlar.

Yamaç paraşütüyle uçarken

Hobilerimiz, bize özgü yeteneklerimizi de işaret eder. İnsanın hobilerine bakarak ne tür özelliklere sahip olduğunu anlayabiliriz. Stres altında çalışabilen,

❄ Teknede dümende.

yaratıcı çözümler üretebilen, sabırlı veya dayanıklılığı yüksek gibi. Hobiler size, kendinizle baş başa kalma fırsatı verdiği için çok değerlidir. Herhangi bir sanat, el oymacılığı, müzik, resim, maketçilik veya koleksiyon da olabilir, sporun herhangi bir dalı da veya bambaşka bir şey de olabilir.

Giderek ağırlaşan, zorlaşan, bazen de sıradanlaşan yaşam içinde, size kendiniz olma fırsatı veren şeylerin başında hobiler gelir. Hobiler kendinize kendiniz için zaman ayırmanızı sağlar. Nasıl çok farklı insanlar varsa çok farklı hobiler de vardır. Hobiler kendimizle daha nitelikli bir iletişim kurabilmemizi sağlar ve yaşam kalitemizi doğrudan etkiler. Kendisiyle daha barışık, daha iyi anlaşan, daha huzurlu ve dengeli bir kişiliğe sahip oluruz. Kendimize vakit ayırmamızı sağlayan hobiler yaşamımızı zenginleştirerek üretkenliğimizi de artırır. Sevdiğimiz bir şeyle uğraşmak, yaşamın genelinden yüklendiğimiz stresi de

Sualtında

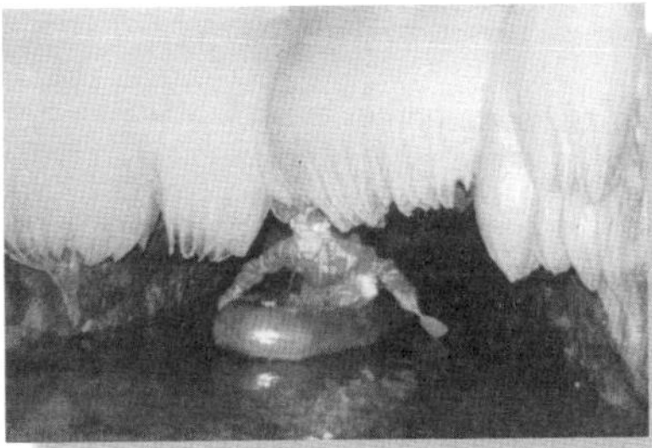

Mağarada bir yeraltı gölü geçişinde

Hindistan'ı motosikletimle gezerken

7495 metrelik Komünizm Dağı'nın zirvesinde

bizden uzaklaştıracak, bizi dinlendirecek ve yaşam enerjimizi yükseltecektir.

Cumhuriyet Dönemi Hatıra Paraları, Cem Mahruki

Babam Cem Mahruki, çocuk yaşlardan itibaren çok çeşitli koleksiyonlar yapmış, para, pul, kitap, dergi, çizgi roman ve daha başka pek çok şey biriktirmiş. Daha sonra Cumhuriyet dönemi paraları, Cumhuriyet dönemi madalyaları ve hatıra paraları koleksiyonu yapmaya başlamış. 15 yıldan fazla Türk Nümismatik Derneği'nin genel sekreterliğini, bir o kadar da başkanlığını yaptı, halen de başkanlık görevini sürdürüyor. CUMHURİYET DÖNEMİ HATIRA PARALARI kitabını yazdı. Şimdilerde, kendisi gibi koleksiyoncu ve araştırmacı bir arkadaşıyla birlikte CUMHURİYET DÖNEMİ HATIRA MADALYALARI ve OSMANLI MADALYA VE NİŞANLARI kitapları üzerinde çalışıyor. Müzeciliğimizin ve koleksiyonculuğumuzun önündeki engelleri ve sıkıntıları aşabilmek ve bunları geliştirebilmek için fikirlerini yıllardır her fırsatta, her ortamda dile getiriyor, mücadele ediyor. Koleksiyon ve koleksiyonculukla ilgili çalışmalar yaparken, kendisini nasıl iyi hissettiğini, nasıl mutlu olduğunu çocukluğumdan itibaren gözlemliyorum.

Portreler, sayı 9

Hobi edinmenin yaşı yoktur.

Hobilere sahip olmayı ve kendinizi değişik alanlarda da geliştirmeyi denemenizi kesinlikle öneriyorum. Neyin size merak ve heyecan duygusu yaşatacağını ve sizi mutlu edeceğini düşünüyorsanız, bu fırsatı kendinize vermelisiniz. Günlük yaşamın stresinden, yorgunluğundan ve izlerinden uzaklaşmak için kendinize uygun bir hobiniz veya hobileriniz olmalı. Hobileriniz sizi zihinsel olarak dinlendirirken fiziksel olarak da güçlendirir, yaşam enerjinizi çoğaltır, bir yandan da sahip olduğunuz nitelikleri de geliştirir.

Benim çok sevdiğim diğer hobilerim de yazmak ve fotoğraf çekmek. Bu kitaptaki birkaçı hariç tüm fotoğraflar kendi arşivimden. Yazmaktan, yazarak kendimi ifade etmekten gerçekten keyif alıyorum. Yaptıklarım ve yaşadıklarımın yanı sıra, bu kitapla birlikte 7 kitap yazdım. Her birinin bana yaşattığı mutluluğu ve verdiği yaşama sevincini anlatamam. Yeni kitapların hayalini bile kurmaktan keyif alıyorum ve sırada birkaç kitap projem daha var. Gördüğüm, yaşadığım sıradışı deneyimleri fotoğraf sergileriyle başkalarıyla da paylaşmaktan aynı şekilde müthiş keyif alıyorum.

Spor yapmanızı da özellikle öneririm. Spor içinizdeki kuvvetli taraflarınızı açığa çıkarır. Spor katılımcılığı, birlikte çalışmayı, ekip olmayı öğretir. Birlikte ne kadar uyumlu çalışılırsa sonuçlar da o kadar iyi olur. Spor, karakter ve ahlak gelişiminde de çok önemli yer tutar. Etkili bir değerler kültürü geliştirir. Adil rekabeti, kurallara uymayı, dürüst kazanmayı ve onurlu kaybetmeyi öğretir. Rakibinize saygı duymanızı ve onunla doğru bir ilişki kurmanızı sağlar. Bu öğretiler, eğer yaşamda da sürdürülebilirse, gurur duyulacak bir yaşam olur.

Hobiler sosyal hayatımızda da çok önemli bir yer tutar. Herhangi bir hobiye sahip olmamanın ve hayatınızda, kendinizi kendi istediğiniz şeylerle meşgul edecek bir düzen oluşturamamanın, zamanımızı bize hiçbir faydası olmayacak şeylerle doldurma riski de vardır. Kahvede oyun oynayarak veya sonu gelmeyen futbol tartışmalarında veya hiçbir faydası olmayan TV programlarını izleyerek kendimize ait tüm zamanımızı tüketmek ve boşa harcamak gibi bir tehlikesi de vardır.

Hayatı daha verimli ve başarılı yaşayabilmek ve zenginleştirebilmek için zamanla olan doğrudan ilişkisini iyi anlamamız gerekir. Zamanınızı boşa geçirmeyin, çünkü zaman aslında hayatın ta kendisidir. Bu nedenle zamanımızı iyi değerlendirmenin ve zamanımızı yönetmeyi öğrenmenin yaşamsal bir önemi vardır.

ZAMANINIZI YÖNETİN

Zaman, yerine konması, geri döndürülmesi, yenilenmesi, depolanması, satın alınması mümkün olmayan eşsiz bir kaynaktır. Yaşamda hepimizin eşit olarak sahip olduğu tek şey zamandır. Herkesin günü 24 saat, haftası 7 gün ve ayı 30 gündür. Kimsenin bu konuda bir diğerine karşı rekabet avantajı yoktur. Farkı yaratan bu zamanın nasıl kullanıldığıdır. Paranın satın alamayacağı çok az şeyden biridir zaman, ama paranızı ve kaynaklarınızı doğru ve verimli kullanarak, kendinize daha fazla zaman yaratabilir ve zamanı daha fazla kullanabilirsiniz.

Yapılacak her iş için bir zaman gereklidir, burada verimlilik esas olmalıdır. Bu verimlilik, yaşamı bugünden geleceğe doğru bir bütün olarak kavrayabilirsek, kucaklayabilirsek sağlanır. Zamanınızı yöneterek çoğaltabilirsiniz. Aslında zamanı yönetemeyiz ancak tercihlerimizi, önceliklerimizi, kendimizi, kısacası hayatımızı zaman içinde yönetiriz.

❁ Tibet'in dua bayrakları.

Çünkü;

Zaman hayattır.

Zaman yönetimi bir ömür boyu olmalıdır. Zamanı yönetmek aslında hayatımızı yönetmektir. Hayatımızı yönetmek ise hayatın içindeki enerjinizi ve kaynaklarınızı ve bunları nerelerde kullanacağınızı yönetmektir. Zamanınızı, yani hayatınızı yönetirken ve ona yön verirken yaşam hedefleriniz size yol göstermelidir. Hedefleriniz, hayalleriniz yoksa zamanınızın, bir diğer deyişle hayatınızın boşa harcanma riski vardır.

Dağcılığa 20 yaşında başladım, 24 yaşında ilk 7000'lik tırmanışımı yaptım, 26 yaşında *KAR LEOPARI* unvanını aldım, 27 yaşında *Everest* Dağı'na tırmandım, 28 yaşında *YEDİ ZİRVELER* projesini tamamladım ve *Camel Trophy*'de Türkiye'yi temsil ettim, 29 yaşında motosikletimle İstanbul'dan Katmandu'ya, Sıkkım'a kadar gittim ve geri geldim, arada *Cho Oyu* Dağı'na tırmandım, 30 yaşında *Lhotse* Dağı'na tırmandım ve *Manaslu* Dağı'nı denedim olmadı, 31 yaşında 17 Ağustos Depremi'ni yaşadım, 32 yaşında *K2* Dağı'na tırmandım ve bugün artık 42 yaşına geldim. 42 yaşında, 15 yıl aradan sonra bir kez daha *Everest* Dağı'na tırmandım, bu sefer Nepal tarafından. Dağcılık ve doğa sporlarına başlayalı uzun yıllar geçti, ama ben hâlâ büyük bir inanç ve kararlılıkla hedeflerimin peşinde koşturuyorum. Zamanımı, hedeflerime göre ayarlamaya çalışıyorum. İçimde, ilerideki hedeflerim için de amaç ve eylem bütünlüğünü sağlayarak, zamanımı verimli kılmaya çalışıyorum. Ve bütün bunları hem kendim için hem de diğerleri için yapmaya çalışıyorum.

Hayatın artan zorluklarıyla başa çıkmanın, rekabette geride kalmamanın ve hak ettiğimiz değere ulaşmanın yolu zamanımızı, hayatımızı yönetirken dengeyi, uyumu ve bütünlüğü sağlayabilmektir. Yaşamın içindeki her adımımız, bizi gerçek yaşam hedeflerimize yaklaştırabilmelidir. Her düşüncemiz, her kararımız, her tercihimiz, her önceliğimiz ve her eylemimiz, bugündeki ve gelecekteki yaşam hedeflerimizle uyum ve bütünlük içinde olmalıdır. Bunu başarabildiğimiz oranda kendi içimizde kendi kaynaklarımızla bir sinerji yaratabiliriz.

Önemli olan zamanın ruhunu yakalamaktır, her şeyi zamanında yapmak ve zamanında yaşamaktır. Her yaş döneminin bize öğretecekleri farklıdır. Yaşımızın gerektirdiklerini zamanında yaşamak daha doğru bir hayat kurgusu olacaktır. Hayata geç kalmamak ve kaçırmamak gerekir, çünkü hayatta bazı kayıpların telafisi yoktur. Zaman dünyadaki en değerli kaynaktır ve yine bu nedenle boşa geçen zaman boşa geçen hayat demektir.

Boş zaman diye bir şey yoktur,
boşa geçen zaman vardır.

Tagore

Ve her bir dakikası en iyi ifadeyle kayıp zamandır ve yaşamdan kayıptır. Yaşam, biz onu kurgulamaya, planlamaya çalışırken akıp gidiyor. Her an geri dönülmez bir şekilde hayatımızdan geriye bırakılıyor. Bunun farkına varmak ve zamanın hakkını vermek gerekir. 21. yüzyılda hayat artık giderek daha hızlı, yoğun, zorlu, kalabalık ve acımasız olmaktadır. Gençliğe aldanıp zamanını düşüncesizce harcayanlar ileride bunun çok pişmanlığını çekerler.

Özellikle büyük şehirlerde, trafikte harcadığınız saatlerden mutlaka kendinizi kurtarmalısınız. Şimdilik trafikten kaçamıyorsanız, o zaman trafikte geçen zamanda ya kitap okuyarak ya da sesli kitap dinleyerek, ama mutlaka beyninizi kullanarak bu zamanı daha faydalı hale dönüştürebilirsiniz. Günde ortalama 2 saatinizi trafikte geçiriyorsanız, haftada 10 saat, ayda 40 saat bir aracın içindesiniz demektir. Cumartesileri de çalıştığınızı düşünürsek bu, ayda 2 tam güne denk gelir. Bu, her ay yaşamınızdaki uykuyu çıkardıktan sonra kalan her şeyi sığdırdığınız 20 gününüzden 2 tam gününüzü, işinize ve evinize gitmek için yolda harcıyorsunuz demektir. Günde 3 saatiniz trafikte geçiyorsa, ayda 3 tam gününüzü, 3 tane 24 saatinizi yollarda geçiriyorsunuz demektir.

'Zamanın esiri olmayın'

Akşam, 5 Eylül 1999

Bir saatini bile boşa harcamaya cesaret eden insan, yaşamın değerini henüz keşfedememiş demektir.

Charles Darwin

Yılları geride bıraktığımızı anımsatan eski anıların üzerinden geçen zamanı fark edince; *zaman ne kadar hızlı akıp gidiyor* diye hayıflanırız sıklıkla. Oysa aslında akıp giden hayatımızdır.

Zamanın acı gerçekliği karşısında yaşamı yumuşatabilmek ve hayatın zorluklarına karşı kendinize hareket alanı daha geniş bir zemin oluşturabilmek için arada gülmeyi ve güldürmeyi de ihmal etmeyin.

HAYATINIZDA MİZAHA YER AÇIN

Hayatı ciddiye alın, ama içinde mizah olsun. Bu her şeyi daha kolaylaştıracak ve hem kendinize hem çevrenize daha anlayışlı davranmanızı sağlayacaktır. Yılların yorgunluğuna ve örselenmişliğine rağmen özünüzdeki saflığı saklayacak ve kalbinizi yumuşatacak olan içinizdeki çocuk olacaktır. İçinizdeki çocuğa kapılarınızı kapatmayın, çünkü o çocuk hayata derinden bağlıdır ve gülmeyi, eğlenmeyi, mizahı, espriyi içtenlikle yaşamak ve yaşatmak konusunda beceriklidir.

İnsan arada hayatla da, kendisiyle de dalga geçebilmelidir. Tıpkı ayağı kayıp düştüğünde, canı yansa da gülerek yerden kalkan bir çocuk gibi kendi haline gülebilmelidir. Hayatın tekdüze ciddiyetini arada neşelendirebilmelidir. Kendine mizahi bir anlayışla yaklaşabilenler, kendileriyle daha barışık olurlar. Hayatın zorluklarına ve insani hatalara karşı daha olumlu ve yapıcı yaklaşırlar. Bütün bunlar iyimser ve olumluya odaklı bir duruşu da beraberinde getirir.

Hayatı ciddiye alın, ama abartmayın. Hayattan korkmayın ve onu cesaretle, coşkuyla karşılayın. Hayatı daha eğlenceli hale

❄ Everest Dağı'nda 6100 metrede çadır keyfi.

getirebilmek bizim elimizde. Bu yaşamda keyif alınacak çok, ama çok şey var. Sorumluluklarını unutmadan da insan neşeli bir yaşam sürdürebilir. İç disiplinini sağlamış ve hazırlıklarını yaptığı için de hayata karşı rahat ve kendinden emin bir ruh hali daha keyifli ve daha verimli olacaktır.

Eskiler içten bir gülümsemenin, bir kahkahanın ruhu beslediğini söylerler; *"Bir kahkaha bir kalem pirzola,"* derler. Gülmek müthiş bir moral, motivasyon ve enerji kaynağıdır, hem de bulaşıcıdır, çevredeki herkesi etkiler. İnsanın ruh halinin neşeli olması hem beden hem akıl hem de ruh sağlığı için çok besleyicidir. Bunun için arada gülün ve güldürün...

> **Kahkahasız geçen bir gün ziyan edilmiş bir gündür.**
>
> Charlie Chaplin

Gülmek barışın da bir ifadesidir ve tüm ilişkilerinizde daha az çatışma yaşamanızı sağlar. Özellikle gergin ve stresli süreçlerde yerinde yapılmış ölçülü bir espri herkesi yumuşatacaktır. Kendi adıma, içinde bulunduğum bir ortamda taraflar bir sebeple gerilirse, ilk deneyeceğim şey seviyeli, ama samimi, hafif bir espri yapmaktır. İki tarafı da bir an bile güldürebilirseniz havayı yumuşatıyorsunuz demektir. Çoğu zaman bu hafif yumuşamanın arkasından, daha doğru bir iletişim kurabilmek mümkün olur. Önemli olan, ortamda kopacakmış gibi duran ilk andaki gerginliği almaktır. Dozunda mizah bunu kolaylıkla sağlayabilir.

Hayatın zorluklarının içinde bile insanın kendisini rahatlatabilmeyi bilmesi gerekir. Hayatın beklenmedik talihsizlikleriyle karşılaştığında, biraz kalender biraz gamsız, *şu feleğin bize ettiğine bak* deyip yoluna devam edebilmelidir insan. Ne olursa olsun insan kurban rolünü asla kabullenmemeli, bir yol bulacağına inanarak, moralini bozmamalı ve yaşamdaki motivasyonunu düşürmemelidir.

MOTİVASYONUNUZU YÜKSELTİN

Motivasyonu, kendimize koyduğumuz bir hedefe ulaşma konusundaki içten, güçlü ve açık yürekli bir istek olarak düşünebiliriz. Çıkış noktası ve beslendiği kaynaklar farklı olabilmekle birlikte, bu istek ne kadar içten, güçlü ve derinden olursa zorluklar ve engeller karşısında sürdürülmesi de o kadar kolay olur. Yaşamınız boyunca size en büyük direnci ve dayanıklılığı verecek olan şey içinizden gelen motivasyon olacaktır. Bir şeyi siz öyle olmasını istediğiniz için kendinize göre sebeplerle istemek, ama gerçekten içten ve güçlü bir şekilde arzu etmek, bu isteğinize ulaşma konusunda size muazzam bir güç ve dayanıklılık verecektir. Motivasyon tüm kaynaklarınızı daha cesaretli kullanmanızı sağlayacaktır. Motivasyonunuz başarmak, kazanmak ve doğru olduğuna inandığınız hedefe ulaşmak için gereken enerji, güç, kararlılık, inanç ve cesaret olacaktır.

Motivasyon bir işi yapma ve onu hedefe varıncaya dek sürdürme isteğidir ve üç boyutlu bir süreçtir. Öncelikle harekete geç-

❄ Everest Dağı kuzey tarafı eteklerinde dağcı.

mektir, sonra bu davranışı belli bir amaca yöneltmek ve nihai hedefe ulaşıncaya kadar da sürdürmektir. Ne yazık ki geleneksel olarak güçlü motivasyona sahip insanlar olduğumuzu pek söyleyemeyiz. Çoğu zaman önünü sonunu iyi hesap etmediğimiz ve uzun soluklu planlama yapmadığımız için, bitiş anının cazibesine kapılarak hızlı ve heyecanlı başladığımız bir işte sonuna kadar gitmekte, o işin sonunu getirmekte zorluk çekeriz.

Motivasyonun içinde kızgınlık, kaygı, korku, ümitsizlik, üzüntü, hatta depresyon ve stres gibi olumsuz duyguları denetim altında tutabilmek de vardır. Güçlü bir motivasyon bu tür olumsuz duyguları ve etkilerini bizden uzak tutmaya da yarar. Bu tür sorunları hayatın nesnelliği içinde kabullenmemizi sağlar. Olumlu düşünmeyi ve iyimserliği de beraberinde getirir. Motivasyonda çevrenin etkisi de çok önemlidir. Motivasyonunuzu yükseltmenin en kolay yollarından biri, benzer ilgi alanına sahip insanlarla bir arada olmaktır. Örneğin antrenman yaparken etrafınızda sizinle birlikte antrenman yapanların olması, kendinizi daha kolay motive etmenizi sağlar.

Motivasyonu iç ve dış olarak ikiye ayırmak mümkün. İç motivasyon tüm kaynağını kişinin iç dünyasından alır. Dış motivasyon ise yapılan veya başarılan işin karşılığında elde edilecek olan para, ödül, terfi, takdir, alkış gibi bizim dışımızda belirlenen, ama bizim ulaşmak istediğimiz unsurlar tarafından sağlanır. Çoğu insanı heyecanlandırmaya ve belirli bir hedefe yönlendirmeye yetecek olan bu tür bir dış motivasyon, yaratacağı performans ve sürekliliğin sağlanması konularında iç motivasyona göre daha zayıftır.

İç motivasyon hedefinizi ruhunuzla sahiplenmenizi sağlar. İç motivasyonun en önemli farkı, kişinin sürecin her anına gönlünden, ruhundan kattığı değerdir. Bu değer sonuç üzerinde öyle büyük bir fark yaratır ki, aynı yetenekte biri iç, biri de dış motivasyonla aynı işi yapan iki kişinin sonuçları, fabrikasyon bir standart üretim kilimle, her bir düğümü tek tek elle dokunan işlemeli bir kilim arasındaki fark gibi çıkar ortaya. Her ikisi de aynı amaca, aynı miktarlarda hizmet edebilir ve aynı sonuca ulaşabilir, ama sadece birinde sevgi, duygu ve en önemlisi gerçek kalite ve zarafet ortaya çıkar. Buradaki zarafet, insanın sürece ruhundan ve gönlünden kattığı değerden gelir.

Dış motivasyon, yapılacak işin kendisinden çok sonucuna odaklı olarak işler, oysa iç motivasyon sonuç kadar sürecin tamamı üzerinde de etkilidir. Sürecin her anında, her adımında niteliği, kaliteyi, değeri önde tutan iç motivasyonla beslenenler, dışarıdan gelen unsurlarla kendilerini motive edenlere göre, hemen her seferinde çok daha üst düzey sonuçlara ulaşırlar. Bunun en önemli sebeplerinden biri, iç motivasyonun yaratacağı, hedefi kendimize seçtiğimiz andan itibaren ona doğru ilerlerken ve sonuca ulaşıncaya dek, sürecin her anını kaliteli ve nitelikli gerçekleştirme isteğidir. Bu durum doğal olarak sürecin her anını ayrı ayrı iyileştirdiği ve daha nitelikli hale getirdiği için, bütün bu sürecin bileşkesi olan sonuç da aynı oranda daha kaliteli ve daha nitelikli olacaktır. Hedefe ulaşırkenki yolun ve yolculuğun, yolcusunda da izleyeninde de bıraktığı lezzet çok farklı olacaktır.

Dağcılık insanların doğayı, yaşamı ve kendilerini tanımak için, kendi fiziksel ve psikolojik sınırlarını öğrenmek ve geliştirmek için doğada, yükseklere doğru yaptıkları yolculukların oluşturduğu asil bir doğa sporudur. Riskli ve tehlikeli bir spor olmasının ötesinde, diğer sporlarla arasındaki en önemli fark dağcılığın seyircisi olmayan bir spor olmasıdır. Futbol, basketbol veya diğer stadyum ve salon sporlarındaki yoğun ve güçlü seyirci desteğine sahip değildir. Bu nedenle dağcıların en güçlü motivasyonu, dağlarla aralarında kurdukları içsel bağ ve dağların zirvelerine ulaşmak için kendilerine göre gerekçelerle içlerinde besleyip büyüttükleri motivasyondur.

Dağcılar merak, hayal gücü ve fantezi duyguları gelişmiş insanlardır. Zor koşullardaki cesaretleri, baskı ve yoğun stres altındaki zarafetleri, ruhsal cömertlikleri ve gittikçe sertleşen koşullara rağmen gösterdikleri sabır onları sıradan insanlardan farklı kılar. Onlar da korkar, ama kontrol etmeyi bilirler, onlar da ister, ama sabretmeyi bilirler ve ağır ağır acele ederler.

YERYÜZÜ GÜNCESİ, s. 122

Dağcılık gibi seyircisi olmayan sporlarla uğraşan insanların zirveye, hedeflerine ulaşma konusundaki iç motivasyonu, kendi farkındalıklarıyla birleştirilerek doğru kullanıldığı takdirde, karşısında hiçbir engel tanımayan muazzam bir itici güce dönüşebilir. En nitelikli profesyoneller motivasyonlarını bu şekilde kullanabilenlerden çıkar. Tüm enerjisini kişinin kendi içinden çeken bu tür bir motivasyon kendini adamayı da beraberinde getirdiği için, dış unsurlara bağlı motivasyona göre çok daha dengeli, uzun soluklu ve sürdürülebilir bir güç sağlar.

Everest Dağı'nın zirvesine varmak üzere olan dağcılar

Seyirci önünde yapılan sporlarda, sporcunun en güçlü motivasyon kaynaklarından biri dışarıdan gelen bu destektir. Ödül, alkış, prim, terfi gibi dış motivasyonların kişinin üzerindeki etkisi, süreklilikl erine ve miktarlarına bağlıdır. İnsanın iç motivasyonunun gücü yeterince kullanılmadan, dış motivasyon unsurlarının sürekli kullanılması, alışkanlık haline dönüşme riskini de beraberinde taşır. Her alışkanlık gibi bir yerden sonra artan dozlara ihtiyaç duyar. Dış motivasyonun en zayıf noktasını da bu durum oluşturur.

Annenizin, babanızın, çevrenizin hedeflerini değil, kendi istediğiniz, ama gerçekten istediğiniz hedefleri seçerseniz, motivasyonunuz da o oranda yüksek olacaktır. Etkili bir dış motivasyon elbette ki sizi çok iyi yerlere getirebilir, ama alışkanlık yapması ve tüm alışkanlıklar gibi bir yerden sonra daha fazla dozlara ihtiyaç duyması sebebiyle, sürekliliği ve sürdürülebilirliği değişkenlik gösterebilecektir. Bence en ideali, yapılması gereken işle ilgili hem iç hem de dış motivasyonumuzun uğraştığımız işte sürekliliği ve sürdürülebilirliği sağlayabilecek şekilde aynı anda ve ideal miktarlarda bulunabilmesidir.

Motivasyonu yarı yolda yitirmemenin sırrı, insanın yaptığı işten keyif alması ve bu işe inanmasıdır. İnsan sevdiği şeyi yaparken yorgunluk onu etkilemez. İşi odağıdır ve işini en iyi şekilde sonuçlandırmaya gayret eder. İşine saygı duyar ve işinde ilerlemekten keyif alır. İş hayatında mutluluk çok önemlidir, çünkü günümüzün önemli bir bölümü iş ortamında geçer. İnsanın burada kendini iyi hissetmesi tüm gününü ve hayatını da etkiler. İşinde başarılı bir insan buradaki tatminini tüm hayatına yansıtır.

Mutlu olduğumuzda daha iyimser oluruz, çevremize daha yapıcı bir gözle bakarız ve insanlarla daha rahat iletişim kurarız. Genelde etrafımıza da mutluluğumuzu yansıtırız. Sıkıntılar ve zorluklar karşısında mücadele için gerekli gücü ve motivasyonu içimizde daha kolay buluruz. Mutlu olduğumuzda daha coşkulu, ilgili ve yaratıcı oluruz. Yeni yollar aramak ve denemek konusunda daha istekli oluruz. Bütün bunlar seçeneklerimizi çoğaltır ve sonuçlarımızı da geliştirir.

Hayalinizde gerçekleştirmek istediğiniz şey hem ölçülebilir somut bir hedef hem de sizin için derin anlamları olan bir metafor olursa, o zaman iç motivasyonunuz en üst seviyeye çıkar. *K2* Dağı tırmanışı benim için hem o güne dek hayatımın en büyük ve iddialı somut hedefi hem de kendimle ve hayatla ilgili yeni ve özel şeyler deneyimleyeceğim bir metafordu. Bu tırmanışa gitmek için Türkiye'den ayrılmamdan bir gün önce yazdığım son yazıyı şu şekilde bitirmiştim:

Görünen o ki öğreneceğim yeni şeylerin sırası gelmiş ve beni K2'de bekliyor. Öğrenmek, kendimi geliştirmek ve daha sonra bunları sizlerle paylaşabilmek için bu tırmanışı yaşamam gerekiyor. Hayatım boyunca yaptığım her şeyden daha zor olan K2 Ekspedisyonu'nda, yeni bir dağa tırmanacak, yeni bir coğrafya ve kültür tanıyacak, yeni kitaplar okuyacak ve yeni şeyler öğreneceğim. Sonra da işin en güzel kısmına sıra gelecek; bütün bunları paylaşmaya.

YERYÜZÜ GÜNCESİ, s. 130

İç motivasyonumuz büyük oranda, kendi hedefimize kendi yüklediğimiz anlamlara bağlı olduğu için çok kişisel bir süreçtir. Bu nedenle kendimizle ilgili farkındalığımız ve neyi, neden, ne zaman, nerede ve ne kadar istediğimiz, motivasyonumuzun gücü ve direnci konusunda en önemli kaynaktır. 23-24 yaşında bir genç adamın, iyi bir üniversitede ve bölümde okurken ve sınıf arkadaşları en iyi şirketlerde işe başlamak için tüm dikkatlerini bu tür fırsatlara ve seçeneklere vermişken, o güne dek Türkiye'den hiç kimsenin gözüne kestiremediği, Türkiye'nin ilk 8000 metreden yüksek tırmanışını gerçekleştiren dağcı olmayı hedeflemesi, ancak içten gelen, bastırılamaz ve durdurulamaz bir istekle açıklanabilir. Bu tür bir iç motivasyon o kadar güçlü ve engel tanımazdır ki, yaralanma, sakat kalma, hatta geri dönmeme riskini bile göze aldırabilir insana. Üniversite yıllarında kurduğum bu büyük hayalimi, 3 yıl içinde, o güne dek Türkiye'den hiçbir dağcının denemediği kadar sıkı bir tırmanış programının ardından, *Everest* Dağı'na tırmanan ilk Türk dağcısı olarak gerçekleştirmiştim ve böylece hayatımda en çok istediğim şeylerden birini daha başarmıştım.

Üniversite mezuniyetimden hemen sonra gittiğim ilk 7000'lik tırmanışımda, ben yola çıktıktan sonra Türkiye Dağcılık Federasyonu tarafından iki dağcı daha yollanmıştı *Khan Tengri* Dağı'na. Dağda iki Türk daha olduğunu ve onların tırmanışı benden önce denediklerini ancak zirveye ulaşamadıklarını Ana Kampa vardığımda şaşkınlıkla öğrenmiştim, çünkü ben giderken böyle bir plan yoktu ortada. Uzunca bir süre dağda kaldıktan sonra Türk dağcılarla karşılaşmak beni çok sevindirmiş, heyecanlandırmış ve motive etmişti. Ancak Türk dağcıların bu tırmanışı sonuçlandıramamış olmaları ise omuzlarıma büyük bir de yük bindirmişti. 24 yaşındaki genç Nasuh Mahruki, *Khan Tengri* Dağı'nı deneme fırsatı bulan 3. Türk dağcı olarak çok heyecanlıydı o günlerde...

Tienşan'da ölümle burun buruna

Dünya'nın tepesindeki Türk

TÜRK BAYRAĞI ZİRVEDE

Hürriyet, 4 Eylül 1992

Bu bölgeye ilk defa olarak Türk dağcılar geldi, bir şekilde Khan Tengri'ye birimiz çıkmalı ve Türk bayrağını dikmeliyiz. İlk ikisi sırasını savdı ve sıra bana geldi, yarın 6400'e, hava iyi olursa oradan da zirveye çıkmayı deneyeceğiz. İnşallah başarırım.

BİR DAĞCININ GÜNCESİ, s. 75

Güçlü ve inançlı bir motivasyon, tıpkı kararlılık gibi, zorluklar ve engeller karşısında bile ilerlememizi sağlayacak en önemli güçlerimizden biridir. AKUT - Arama Kurtarma Derneği'nin kurucu kadrosu olan dağcıların, ülke ve insan sevgisi temeline dayalı olarak ortaya koyduğu emek ve gayret, o kadar güçlü bir iradeye dönüşmüştür ki pek çok zorluk, engel, hatta karalamaya rağmen bu lider kadro, dağcılık sporunun kendilerine kazandırdığı iç motivasyonla çalışmalarını artırarak sürdürmüş ve AKUT'u sürekli olarak büyütmeyi de başarmışlardır. Bunun en önemli sebebi ise AKUT projesinin ilk günden itibaren gönüllülük ve karşılıksız yardımseverlik ilkeleri üzerinde; sorumluluk duygusu, yurttaşlık bilinci, ülke ve insan sevgisi gibi tamamen içimizden gelen bu yüksek ve diğerkâm duygularla oluşturulmuş olmasıdır. Bu duyguların üzerimizde yarattığı motivasyon çok ama çok güçlü ve kendi kendini çoğaltan bir etkiye sahipti.

Bizim motivasyonumuz, kurtardığımız insanlar ve onların ailelerinin ve sevdiklerinin yaşamlarından uzak tutmayı başardığımız tarifi mümkün olmayan acılarıydı her zaman. Hak etmediğimizi düşündüğümüz muamelelerde tavrımız, bu saçmalıklarla karşı karşıya bırakıldığımız için çok üzülmekle birlikte gönüllü görevimize daha fazla odaklanmak olmuştu. Gönüllülük hem hepimizi bir arada tutmuş hem de kurtardığımız her canla bizi birbirimize daha çok bağlamıştı. Bu sayede hem bunların bizim moralimizi bozmasına izin vermedik hem de birbirimizden güç alarak motivasyonumuzu artırdık.

Ne yaparsanız yapın, ama yaşama karşı iç motivasyonunuzu asla yitirmeyin. *Zümrüd ü Anka* kuşunun her seferinde küllerinden yeniden doğması gibi, en sert düşüşten, en güçlü darbeden ve en ağır kayıptan sonra bile sizi yeniden ayağa kaldıracak ve kanatlandırıp uçuracak olan yine kendiniz olacaksınız. Aksini ise, aklınıza bile getirmeyin...

HAYATIN ZORLUKLARINA DAYANIN

Yaşam denilen mucize hiçbirimiz için kolay değildir. Kolay olmaması için tasarlanmıştır, çünkü *bir ömür* dediğimiz bütün bu süreçte yaptığımız ve yapmadığımız her şey, iyilikler ve kötülükler, kazanımlar ve kayıplar, doğrular ve yanlışlar, her şey, ama her şey ruhumuza işler ve birikerek bizi besler, büyütür, öğretir, geliştirir ve daha ileriye götürür veya tam tersini yapar. Aslında bütün bunlar bir bütün olarak bizi biz yapan şeydir.

Yaşam deneyimdir.

Hayatınızda en son ne zaman yeni bir şeyi ilk defa denediniz? Bu soruyu lütfen arada sırada kendinize sorun. Melih Arat'ın, *Sıradışı Yaşam Becerileri*'nin parolasındaki öğüdünü de ciddiye almak gerekir:

❄ Kuzey Alaska'da Arktik koşullarda hayatta kalma eğitiminden.

Denemediğini Dene!

Yemediğini Ye!

Gitmediğine Git!

Öğrenmediğini Öğren!

Konuşmadığınla Konuş!

Sevmediğini Sev!

Yaşamadığını Yaşa!

Önemli olan iyi-kötü, acı-tatlı, zor-kolay her deneyimden mümkün olduğu kadar çok şey öğrenebilmektir. Deneyimlerimizi biriktirebilmeli ve her seferinde altına çizgiyi çekip sonuçlarını çıkarabilmeli ve yanımızda götürebilmeliyiz. Bu deneyimlerde hayat bazen bizi ağır imtihanlara tabi tutacaktır. Tüm iyi niyetinize ve gayretinize rağmen hak ettiğiniz şeyleri elde edemeyebilirsiniz, hatta bazen asla hak etmediklerinizle de karşılaşabilirsiniz. Yaşamın içinde başarı, güzellik ve mutluluk olduğu kadar başarısızlıklar, çirkinlikler, kayıplar ve acılar, hatta ihanetler ve haksızlıklar da vardır.

Yaşamı olduğu gibi kabul etmeliyiz, ama onu değiştirebilecek güçlerimiz olduğunun farkında, yaşamdan sürekli öğrenebilmeliyiz. Her şey bir yana, yaşam yolculuğumuzda bir yandan da tekamül edebilmeliyiz ve tekamül etmenin yolu, sürekli öğrenen insan olabilmekten geçer. Yaşamda zorluklar, doğası gereği güzelliklerden daha öğreticidir. Zorlukları ve sıkıntıları da yaşamın bir parçası olarak kabullenebilmeliyiz. Bu hayatta herkesin başına çeşitli sıkıntılar gelebilir, her şey olabilir. Hayatın mucizesi de burada zaten. Sıkıntılar da tıpkı güzellikler gibi gelirler ve giderler. Önemli olan sizin bu sıkıntılı süreçleri nasıl yönettiğiniz, ne dersler çıkardığınız ve bundan sonrası için neler öğrendiğinizdir. Hiçbirimiz hayatın kötü sürprizlerine karşı efsunlu değiliz. Yaşamdaki zorluklarla sınandığınızı düşünürseniz, sınavla boğuşmaya değil sınavı geçmeye daha kolay odaklanabilirsiniz. Şuna inanın ki bu yolculuğun sonunda herkes sadece kendi sınavından sorumlu olacaktır.

Unutmayın ki;

Zor olan güçlü vurmak değil, güçlü vuruşa dayanabilmektir.

Zorluklarla başa çıkabilmek güçlü bir irade gerektirdiği kadar sabır da gerektirir. Zorluklardan ve sıkıntılardan daha inançlı ve daha güçlü olabildiğimiz ve yeteri kadar gayret edebildiğimiz sürece, her türlü zorluğu eninde sonunda aşabiliriz, aşamasak bile kendi içimizde yeni bir sınıra ulaşmış oluruz. İnsan kendini, bir yandan sınırlarını büyüterek de geliştirir.

Aksiliklerde, başarısızlıklarda veya haksızlığa uğradığımızda suçlayacak birilerini aramak sonucu değiştirmeyecektir. Önemli olan, karşılaştığımız aksilikler ve başarısızlıklar için dünyayı ve diğerlerini suçlamak yerine, kendimize inancımızı ve güvenimizi yitirmeden, her seferinde tekrar deneyebilecek ve bu kez daha fazla gayret edecek gücü içimizde bulabilmektir. Hayatta kurban rolünü asla kabul etmeyin, başaracağınıza inandığınız sürece asla vazgeçmeyin ve asla pes etmeyin. Zor oyunu bozar derler, yeteri kadar direnirseniz her zorluğu aşabileceğinize inanın. Siz yenildiğinizi kabul edinceye kadar sizi kimse yenemez. Hayatın zorlukları karşısında bile hayatı cesurca karşılayabilmeli ve her seferinde, "*Şimdi hamle sırası bende,*" diyebilmeliyiz.

Sonucu değiştirecek tek şey, tekrar ve bu kez daha gayretli denemektir.

1992 yılında, *Khan Tengri* Dağı'nın ilk Türk tırmanışını 24 yaşında gerçekleştirmemden 1999 Marmara Depremine dek, hayatımda her şey hedeflediğim gibi belirli bir plan ve strateji çerçevesinde son derece başarılı gidiyordu. Birbiri ardına öncü ve zorlu hedeflerime doğru ilerliyordum. Bu kitapta bir bütün olarak anlatmaya çalıştığım ve doğru olduğuna inandığım tüm yaklaşım ve yöntemleri, büyük bir dikkat ve disiplinle kendi hayatıma uyguluyor ve 20'li yaşlarım boyunca tüm hedeflerime birer birer ulaşmanın gururunu, coşkusunu ve mutluluğunu yaşıyordum.

Derken o büyük deprem yaşandı ve hepimizin hayatı alt üst oldu. Tüm kurumları ve kişileriyle son derece hazırlıksız yakalandığı, son 50 yılın belki de en ağır travmasıyla karşı karşıya kalan ülkemize sahip çıkmak için depremin haberini alır almaz enkazlara koşturmuştuk. Hayatımızın en zorlu ve acılı süreçlerinden biri olan bu depremde günlerce doğru dürüst bir şey yemeden, dinlenmeden, uyumadan çalışarak 220 yurttaşımızı enkazların altından çekip almayı başarmıştık. Arkasından da Değirmendere'de kurduğumuz lojistik kampıyla, en kritik günler olan ilk süreçte yardım dağıtımı çalışmalarını büyük bir başarıyla yürütmüştük. Bu kampta Türkiye'nin dört bir yanından gelen 1000'in üzerinde gönüllüyle birlikte çalışmıştık. Tüm bunlar tamamen doğaçlama gelişmişti. Yaşadığı zor günlerin ağır yükünü hafifletmek amacıyla, aydın ve sorumluluk sahibi gençler olarak, hiçbir karşılık beklemeden gönüllü gücümüzle devletimizin, milletimizin yanında olmaya çalışmış ve bu zor zamanında gücümüz yettiğince sahip çıkmıştık.

Hayatımdaki hiçbir başarı ve ödülden, AKUT ekibi olarak kurtardığımız canlardan duyduğum heyecanı ve mutluluğu duymadım. AKUT'un o günlerdeki çabaları nedeniyle, Türk Silahlı Kuvvetleri'yle birlikte Türkiye'nin en güvenilir kurumu seçilmesi ise hayatımızın en büyük gururu olmuştu. Hayat, başarılarımızı böylesi bir onurla da taçlandırmıştı. Mutluluğumuz, gururumuz, coşkumuz tarif edilemezdi. Cumhurbaşkanı'ndan Genelkurmay Başkanı'na, Başbakan'dan Bakanlara kadar en üst seviyede kabul gördük, takdir edildik ve onurlandırıldık. Neredeyse toplumun tüm kesimleri tarafından örnek olarak gösterildik.

Ancak bir anda, üniversiteden mezun olduğum 1992 yılından bu yana, her geçen yıl giderek daha değerli ve daha büyük başarılarla yürüyen kişisel kariyerimde, neden başladığına bir anlam veremediğim ve nereden yönlendirildiğini çözemediğim müthiş bir saldırı ve karalama kampanyasıyla karşı karşıya kaldım ve kaldık. Hiçbir karşılık beklemeden, kendi hayatımızı tehlikelere atarak kurtardığımız 220 canın ve Türkiye'nin en güvenilir kurumu seçilmenin bedeli çok pahalıya ödetildi bize.

Sağlık Bakanı Durmuş, sivil toplum kuruluşu için suç duyurusunda bulunacak

Bakanın hedefi AKUT

Cumhuriyet, 24 Ağustos 1999,

ÇAĞDIŞI YASALAR YÜZÜNDEN BİR KEZ DAHA REZİL OLDUK

Dünya alkışladı biz yargılıyoruz

AKUT'çular için "İsrail'e izinsiz temsilci göndermekten" bir yıl hapis isteniyor

SUÇ OLDUĞUNU BİLMİYORDUK

Yeni Asır, Mayıs 2001

İçişleri müdahale etti

AKUT'un hesaplarında geri adım

'AKUT'un parası aktarılmayacak'

Cumhuriyet, 1 Eylül 1999,

Daha enkazlarda aç, susuz, uykusuz, elimiz kolumuz kan içinde, betonlarla demirlerle boğuşurken, dönemin Sağlık Bakanı, *"AKUT'çular şov yapıyor, haklarında soruşturma açtıracağım,"* diyerek gönüllü çalışmalarımızı nasıl algıladığını gösterdi. Arama kurtarma çalışmaları sona erdikten sonra kurtardığımız canların gururuyla evimize döndük. Tüm gazetelerin bizden bahsettiği süreçte, dönemin İstanbul Valisi AKUT'un tüm banka hesaplarına el koydu. Bu duruma ciddi bir direnç gösterdik ve Vali beyle aramızda çok sert bir telefon konuşması geçti. Araya üst düzey siyasiler girdi ve hesaplarımız serbest bırakıldı.

Ülkemizdeki arama kurtarma eğitimleri konularındaki bilgi eksikliğini giderebilmek için öncü bir hamle yaptık ve 3 eğitmenimizi Amerika'ya, *FEMA*'nın kurslarına yolladık. Ancak Dernekler Kanunu'na göre, mevzuat gereği bir ay önceden Valiliğe haber vermediğimiz için bir yıl hapisle yargılandık. *(Gazete kupüründe Amerika yerine İsrail yazılmış yanlışlıkla.)* Savcılık soruşturmasında kolayca çözülebilecek bu mesele mahkemeye kadar taşındı. Bürokrasinin bize karşı ilk refleksi fazlasıyla tutucu olmuştu. Kendi ülkemizde kendimizi doğru olarak anlatabilmek ne yazık ki biraz zamanımızı aldı.

O süreçte birçok kaynaktan, kendimizi savunma hakkı verilmeden AKUT ve Nasuh Mahruki hakkında ipe sapa gelmez iftiralar, dedikodular, karalamalar, bazı medya organları ve etkili köşe yazarları kullanılarak yayılmaya başlandı. Bunların içerisinde benim aslında Ermeni olduğum, Yahudi olduğum, *(bu açıklamayı yapmak zorunda kaldığım için bir kez daha Ermeni ve Musevi vatandaşlarımızdan özür diliyorum)* diktatör olduğum, rant peşinde olduğumuz, AKUT'un şov yaptığı, enkazlardan ziynet eşyası topladığı, bizlerin zengin ço-

***

From: Ötüken
Sent: Tuesday, August 24, 1999 09:23
To:
Subject: benim geri zekalı kızım!

OKU BUNLARI ! HATTA GEL ÖTÜKEN'E http://www.otuken.net, diğer sayfaları da oku.

Yoksa sen de YAHUDİ misin ?? Mason?

Şunu bil yeter; Bunların her ikisi de asla İNSAN değillerdir! Burdan itibaren aşağıyı dikkatli oku geri zekalı budala!

AKUT !!!?

AKUT; Everest Tepesi'ne tırmanan ilk Yahudi dağcı Nasuh Mahruki tarafından kurulmuş, bir Yahudi örgütüdür.

AKUT sayfaları www.turk.net tarafından hazırlanmıştır.

Bu adrese gidildiğinde karşınıza çıkacak manzara YAHUDİ manzarasıdır, MASONİK bir manzaradır!

Ayrıca, AKUT veya www.turk.net KIZIL HAÇ'la ortak çalışma içindedir. Bu bilgiler ışığında AKUT konusunda görüşleriniz değişti mi, değişmedi mi bunu size bırakıyoruz...

Malum Medya paçavralarının, Sağlık Bakanımız Sayın Osman Durmuş'a ne için yüklendikleri gayet açık değil mi?

Ne garip!...

Dr. BARBUNYA da bir YAHUDİ idi...(!)

ismet.berkan@radikal.com.tr

Radikal, 25 Ağustos 1999

HINCAL ULUÇ

Hıncal'ın yeri

Telefon: (212) 502 83 89 Faks: (212) 502 87 52
İnternet: http://www.sabah.com.tr
e-mail:uluch@sabah.com.tr

Şovmen!..

Nasuh Mahruki'yi şovmenlikle suçlayanların sayısı son zamanlarda hızla artıyordu.. **"Şovu öylesine çalıyor ki, işi** 'Akut demek ben demek'**e kadar getirdi"** diyorlardı.

Nasuhçular da, bu eleştirilere fena halde kızıyorlardı..

Mahruki, işi resmen şovmenliğe, cambazlığa dökmüş.. Baktım gazetelerde boy boy resimler.. Yeşilköy'deki bir gökdelenin düz duvarına tırmanmış, tabii örümcek adam gibi değil. En gelişmiş çelik sistemlere asılı olarak..

Onu izleyen binanın inşaat işçileri gülmüşler:

"Ne olmuş yani, biz hergün tırmanıyoruz.."

Siz hergün tırmanıyorsunuz da, üç otuz paraya.. Hem de daha emniyetsiz malzeme ile..

Adınız Nasuh olsaydı, hem malı götürür, hem reklam yapar, hem de kendi reklamınızı yaptırırdınız..

Kader utansın!..

Sabah, 7 Mayıs 2000

AKUT'ta son gelişmeler

Fatih Altaylı'nın hazırlayıp sunduğu "Teke Tek"te bu akşam; 17 Ağustos depreminiden sonra tüm Türki-'nin dikkatini üzerine çeken AKUT'taki (Arama Kurtarma Takımı) son ge-meler ele alınıyor. Depre-nin yarattığı AKUT'ta dep-ı sürüyor. İstifa eden 3 kurucu ye ve usta dağcılar AKUT gerçeğini Fatih Al-..y'lıya anlatıyor. İskender Iğdır ölüme mi terk edildi? AKUT nasıl bu hale geldi? Arama Kurtarma Takımı'nı dağılma noktasına getiren sebepler neler? Bu tartışmalar Teke Tek'te noktalanıyor.

23.10

Yeniasır, 18 Nisan 2000

İstanbul'dan önce AKUT depremi

'AKUT, NAKUT oldu'

'Nasuh Mahruki ismini AKUT'un önüne çıkardı'

17 Ağustos depreminden sonra halkın sevgilisi haline gelen AKUT, Başkanı Nasuh Mahruki hakkındaki iddialarla sarsılıyor. Mahruki'nin AKUT'un prestijini kullanıp iş yaptığı iddia ediliyor

'Aldığı ücreti artırdı'

'Mahruki ve arkadaşları mal beyanında bulunur mu?'

Sabah, 26 Eylül 2002

cukları olduğu, AKUT'u kendi menfaatlerimiz için kullandığımız, benim *Everest* Dağı'na ve *K2* Dağı'na aslında tırmanmadığım, bırakın sebep olmayı, nasıl olduğunu bile görmediğim sevgili İskender'in (IĞDIR) kazasından sorumlu olduğum, üstüne üstlük sonrasında gerekli arama çalışmasını yapmadığım gibi son derece çirkin, ahlaksız ve yaralayıcı yakıştırmalar da vardı. Dağcılık camiasından, bana karşı 20'li yaşlarındaki kıskançlıklarını ve komplekslerini aşamamış bazıları da bu fırsatı kaçırmadılar ve bu medya kalemşörleriyle çeşitli televizyon programlarına çıkıp, çeşitli gazetelere beyanatlarda bulunup hiç utanmadan bir dolu yalan söylediler. Bu süreçte bazı medya kuruluşları ve basının bir kesimi bize neredeyse kapatıldı ve yıllarca AKUT ve Nasuh Mahruki'yle ilgili haberler yayınlanmadı. Ne kendimizi savunabildik ne de yaptıklarımızı duyurabildik, basbayağı sansürlendik.

Hiç beklemediğimiz, öylesine yoğun bir saldırı süreci yaşadık ki, bu kadar cephenin birbirinden kopuk ve bağımsız olarak nasıl peşisıra açıldığını anlayamadım. Statükocuların ve düzenin içindeki her türlü pisliğiyle devam etmesini isteyenlerin, birbiriyle doğrudan iletişimi olmasa da, dolaylı ola-

rak bu kayıplarla dolu sürecin devamında menfaati olanların ortak bilincinin ürünü olduğunu ancak yıllar sonra anlayabildim.

VATAN LAFLA DEĞİL EYLEMLE SEVİLİR, s. 290

Bundan sonrası, kendine ve yaptığının doğruluğuna inanan sorumluluk sahibi AKUT gönüllülerinin, kendileri hakkında çıkartılan dedikodulara kulaklarını tıkayarak, inandıkları yolda daha fazla gayret etmelerinin ve daha çok çalışmalarının sıradışı öyküsü oldu. Her şeye rağmen kendimize ve yaptığımızın doğru olduğuna inancımızı yitirmemek en büyük dayanağımız oldu. Çalışkanlığımız, istikrarımız ve sabrımızla, ama en önemlisi gerçek insan ve ülke sevgimizle, kim ne derse desin, inandığımız yoldan sapmadık ve yeni ekipler kurarak büyümeye devam ettik. Her geçen yıl daha fazla kurtarma çalışması gerçekleştirdik ve daha fazla insan kurtardık. Bize atılan tüm iftiraları da yıllar içerisinde istikrarımızla, çalışkanlığımızla ve ulaştığımız sonuçlarla boşa çıkardık, ama itiraf etmeliyim ki yaşaması çok zor ve çok ağır bir süreçti.

Birbiri ardına gelişen bütün bu anlamsız çatışmalar sırasında en büyük korkum; hemen hemen hayatım boyunca hiç yitirmediğim soğukkanlılığımı ve kontrolümü bir noktada kaybedip, karşımdakilere benzemek olmuştu. Ne yalan söyleyeyim; bu adamları bir akşamüstü ofislerinde teker teker ziyaret etmek bile aklımdan geçti... Nietzsche'nin bir sözü var: "Canavarlarla dövüşenler dikkat etmelidir ki, kendileri de bir canavara dönüşmesin." Nasıl olsa kazanacağım bu dövüşü, karşımdakilerin iğrençliğine ve seviyesizliğine düşmeden ve onlara benzemeden sürdürmek için azami gayret sarf etmem gerekti. Bu konuda en büyük desteği de, dostlarımın yanı sıra, hiç tanışmadığım, hiç görmediğim, ama hemen her gün çeşitli vesilelerle mesajlar yollayan duyarlı yurttaşlardan aldım. Sizlerden gelen son derece içten ve nesnel yorumlar sayesinde kendimi daha kolay kontrol edebildim ve neyse ki zor da olsa, öfkelenmeden, sabırla, medeniyet sınırları içinde idare edebildim.

VATAN LAFLA DEĞİL EYLEMLE SEVİLİR, s. 377-378

AKUT'tan RTÜK'e tazminat davası

ARAMA Kurtarma Derneği (AKUT), bağış toplama spotunun yayınlanmasına "hiçbir gerekçe gösterilmeden 14 aydır izin verilmemesi" dolayısıyla zarara uğradığı gerekçesiyle RTÜK hakkında 200 bin YTL'lik tazminat davası açtı. AKUT Yönetim Kurulu Başkanı Ali Nasuh Mahruki, yaptığı yazılı açıklamada, Mart 2006'da derneğin 10. yılı kutlamalarında başlatmak istedikleri bağış kampanyası için hazırladıkları 45 saniyelik bağış toplama kamu spotunun Türk televizyonlarında yayınlanmasına, RTÜK tarafından hiçbir gerekçe gösterilmeksizin 14 aydır izin verilmediğini savundu. 14 ay devam eden mahkeme süreçleri sonunda, "Ankara 5. İdare Mahkemesinin 14 Şubat 2007'de, RTÜK'ün, AKUT'un kamu spotunun yayınlanmasına izin vermemesinin hiçbir hukuki dayanağı olmadığı şeklinde karar verdiğini" belirten Mahruki, "Bu nedenle 8 Haziran 2007'de Ankara 5. İdare Mahkemesinde RTÜK'e 200 bin YTL'lik tazminat davası açmış bulunmaktayız" dedi. ■ A.A

Ali Nasuh Mahruki

Hürriyet, 14 Temmuz 2007

Arada yine çeşitli zorluklarımız olmuyor değil. 2006 yılında, AKUT'un 10. yılı nedeniyle TV kanalları için hazırladığımız bağış toplama kamu spotumuzu, RTÜK, anlaşılamaz bir şekilde televizyonlarımızda yayınlatmama kararı aldı. Hiçbir anlam veremediğimiz bu durumda, RTÜK'ü mahkemeye vermekten ve hakkımızı hukuk yoluyla aramaktan başka çare bulamadık. Mahkeme bizi haklı buldu, RTÜK'e ayrıca tazminat davası da açtık, sonuçlanmasını bekliyoruz.

İdealleri ve hedefleri olan insanlar, kendilerini bekleyen zorluklara da hazır olmalıdır.

Kimsenin hayatı elbette ki toz pembe gitmiyor. Hatta bazen en hak etmeyen kişilere ve kurumlara en olmadık yakıştırmalar da yapılabiliyor. Tüm kararlılığınıza ve çabalarınıza rağmen bazen bu gidişi durdurmaya gücünüz yetmeyebilir. Ancak yine de önemli olan başkalarını suçlayarak bir yere varamayacağımızın farkında olmak ve kim ne derse desin kendimize olan inancımızı ve güvenimizi yitirmeden, doğru bildiğimiz yolda ilerlemeye devam edebilmektir. Sabrın, çalışkanlığın ve istikrarın ödülü mutlaka olacaktır.

"Büyük olmak için;
Hiç kimseye iltifat etmeyeceksin,
Hiç kimseyi aldatmayacaksın.
Ülke için gerçek amaç ne ise onu görecek,
o hedefe yürüyeceksin.
Herkes senin aleyhinde bulunacaktır,
Herkes seni yolundan çevirmeye çalışacaktır,
Fakat sen buna direneceksin.
Önüne sonsuz engeller de yığacaklardır.
Kendini büyük değil küçük, zayıf, araçsız, hiç sayarak,
Kimseden yardım gelmeyeceğine inanarak,
Bu engelleri aşacaksın.
Bundan sonra da sana büyük derlerse, bunu söyleyenlere güleceksin."

ATATÜRK

Buraya kadar bu kitap boyunca bütün söylediklerim bir yana, yaşamda gerçek başarının sadece bir tek kuralı vardır; o da çok çalışmaktır.

ÇOK VE ETKİLİ ÇALIŞIN

Kim ne derse desin ve nereden bakarsanız bakın, hayatta gerçek başarının sadece bir tek sırrı vardır; çok ve etkili, verimli çalışmak. Sahip olduğumuz imkân ve kabiliyetleri ne kadar verimli kullanabilir ve sabırla, inançla, kararlılıkla yolumuzda yürüyebilirsek, hedeflerimize ulaşma olasılığımız da o kadar artar. Çok çalışmanın en kolay yolu yaptığımız şeyi sevmektir, onu severek yapmaktır. Çünkü insan sevdiği şeyi yaparken her anından keyif alır, işini yaparken beslenir. Zorluklarını aşacak gücü daha rahat bulur, yorgunluğundan da daha kolay dinlenir.

Çok çalışmanın sırrı yaptığınız işten keyif almanız, zevk almanızdır.

Ya sevdiğiniz işi yapın
ya da yaptığınız işi sevin.

❄ Muztag Ata Dağı'ndan.

Bir insan için en iyi şey işinden zevk almaktır. Eğer sizden sokakları süpürmeniz istenirse, Michelangelo'nun resim yaptığı, Beethoven'in beste yaptığı veya Shakespeare'in şiir yazdığı gibi süpürün. O kadar güzel süpürün ki, gökteki ve yerdeki herkes durup; 'Burada işini çok iyi yapan bir çöpçü yaşıyormuş' desin.

Martin Luther King Jr.

İlk yüksek irtifa tırmanışımı gerçekleştirdiğim *Khan Tengri* tırmanışından hayatımın en büyük dağcılık başarısı olan, 32 yaşında oksijen desteksiz olarak tırmandığım *K2* Dağı'na kadar katıldığım 7000 metrelik, 8000 metrelik tırmanış ekspedisyonlarını ve yaz kış tüm tırmanışlarımı üst üste koyduğumda, 24 ila 32 yaşım arasında tam iki yılımı, 2 x 365 günümü dağlarda uyku tulumunda, çadırda bazen de kar mağaralarında geçirdiğimi, bir yılımı 4000 metrenin üzerinde yükseklerde yaşadığımı görüyorum. Dağcılıkta bu kadar çok başarıya imza atabilmemin bir sebebi, doğuştan getirdiğim ve sonradan geliştirdiğim yeteneklerimse, diğeri de dağcılık sporuna çevremdeki herkesten daha fazla zaman ayırmış ve hedeflerimi doğru seçerek bu hedeflere bütün varlığımla odaklanmış olmamdır.

Karmaşık bir görevi mükemmel biçimde yerine getirmenin, asgari kritik düzeyde bir pratik gerektirdiğine ilişkin fikir, uzmanlıkla ilgili değerlendimelerde tekrar tekrar kendini gösteriyor. Hatta araştır-macılar gerçek uzmanlık için sihirli sayının 10.000 saat olduğuna ilişkin inançlarında fikir

Büyük Demirkazık Dağı kuzey duvarının ortasında gecelediğimiz dar sette

Aladağlar'da tırmanırken

birliğine varmış durumda. 10.000 saat pratik olmaksızın, profesyonelliğin en üst seviyelerine ulaşmak için gerekli becerilerde ustalık kazanmak mümkün olamıyor. Araştırmalar şunu gösteriyor ki bir öğrenci en iyi müzik okullarından birine girebilecek kadar yetenekliyse, onun performansını diğerlerinden ayıracak asıl şey, ne kadar çok çalıştığı oluyor. Zirvedeki insanlar sadece daha fazla çalışmakla kalmıyor, herkesten çok daha fazla çalışıyorlar.

"Bu tür çalışmalarda ortaya çıkan tablo -herhangi bir şeyde- dünya klasmanında bir uzman olmayı sağlayacak ustalık düzeyine ulaşmak için 10.000 saat pratik gerektiğine işaret ediyor" diyor nörolog Daniel Levitin. "Besteciler, basketbol oyuncuları, kurmaca yazarları, buz patencileri, konser piyanistleri, satranç oyuncuları ve diğerleri üzerinde ardı ardına yapılan çalışmalarda bu sayı tekrar tekrar ortaya çıkıyor. Hiç kuşkusuz bu, kimilerinin yaptığı pratikten neden diğerlerinden daha fazla şey sağladığını açıklamıyor. Ancak henüz hiç kimse, gerçek anlamda dünya klasmanında uzmanlığın daha kısa zamanda yakalandığı bir vakayla karşılaşmadı. Görünen o ki gerçek uzmanlığa ulaşmak için beynin bilmesi gerekenlerle kaynaşması bu kadar zaman alıyor."

Malcolm Gladwell,
Çizginin Dışındakiler, s. 34

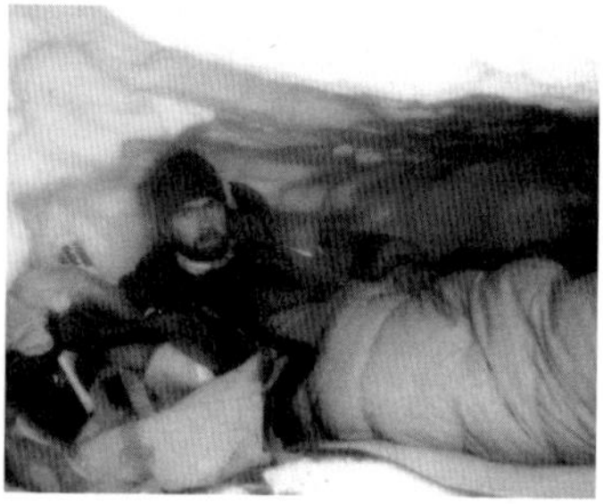

Kar mağarasında

32 yaşında *K2* Dağı tırmanışını başardığımda, tam iki yılımı, yani 17.520 saatimi dağlarda yaşamıştım, bunun yaklaşık 9000 saati de 4000 metre irtifanın üzerinde geçmişti. *Çizginin Dışındakiler* kitabının yazarı *Malcolm Gladwell*, gerçek uzmanlık ve mükemmellik için sihirli sayının 10.000 saat veya 10 yıl olduğuna dikkat çekiyor. Çünkü 10.000 saatlik somut pratiğe kabaca ancak 10 yılda ulaşabiliyorsunuz. Kendi adıma, 17.520 saatlik dağlar ve dağcılık pratiğine sadece 8 yılda ulaşmıştım. Yazı ve denizi çok sevdiğim halde yıllarca doğru dürüst denize bile girememiştim dağlara gitmekten, çünkü kelimenin tam anlamıyla hedeflerime odaklanmış ve kendimi bu hedeflere adamıştım. Sadece Türkiye'de değil, ama dünyada da bazı ilkleri ve enleri başarmamı sağlayan en önemli sebep bence budur. Hiçbir gerçek başarı kendi kendine gelmez. Başarmak için emek harcamanız, gözyaşı, ter, kan ne gerekiyorsa yeteri kadar dökmeniz ve en önemlisi kendinize ve başaracağınıza olan inancınızı hiçbir zaman yitirmeden çok ama çok çalışmanız gerekir.

İkinci kez Everest'in zirvesinde

Bazıları başarılı olmayı hayal ederler, diğerleri ise sabah kalkarlar ve bunun için çok çalışırlar.

Dağda performans konuşur, ben hep buna inandım. Profesyonel dağcılık kariyerimde, yüksek irtifada benden daha hızlı 10 dağcıyla tanışmamışımdır. Onların da birçoğu Rus milli takımının sporcularıydı. Dünyanın her yerinden gelen bu güçlü dağcıların arasında hak ettiğime inandığım yerde olabilmek için,

Lenin Dağı'nda

tırmanış öncesi dönemlerde, yıllarca her gün çok ağır antrenmanlar yaptım ve her bulduğum fırsatta dağlara gittim, doğaya çıktım. Defalarca kendimi sınırlarıma kadar zorladım ve hayalimdeki *Kar Leoparı*'nı adım adım inşa ettim. *Bernard Shaw*'un dediği gibi; Hayatın kendini bulmakla değil kendini yaratmakla ilgili olduğunu çoktan kavramıştım...

Unutmamalıyız ki;

Tanrı insanı, insan kendini yaratır.

Kendimizi gerçekleştirme ve içimizdeki *en iyi ben*'i ortaya çıkarma yolculuğumuzda muhakkak ki zaman zaman zorluklarımız, sıkıntılarımız, başarısızlıklarımız olacaktır. Başarılı insanlar, yaşadıkları başarısızlıklarda bahanelere değil, başarısızlığın nedenlerine odaklanırlar ve buralarda iyileştirmeler ve değişiklikler yaparak sonuçlarını geliştirirler. Zirve yolculuğunuzda en son ihtiyaç duyacağınız şey mazeret üretmektir. Bahaneler geçici bir rahatlama verse de sonucu etkilemeye yetmez, çünkü hayat sizin bahanelerinizle ilgilenmez. Sonucu değiştiren tek şey çalışmak, çok çalışmak ve yine çalışmaktır.

Hiçbir şeye ihtiyacımız yok,
yalnız bir şeye ihtiyacımız vardır;
çalışkan olmak.

ATATÜRK

İyi eğitimli, yetenekli ve çalışkan olmanız başarı için olmazsa olmazlardandır, ama bunlar da her zaman tek başına yetmeyebilir. Yaşamda büyük başarılara ulaşmak için çalışmak hem de çok çalışmak nasıl çok önemliyse, yaşamın içindeki fırsatları yakalayabilmek de en az o kadar önemlidir.

HAYATIN ŞANS VE FIRSATLARINI YAKALAYIN

Artık kendini gerçekleştirme patikamızın sonlarına yaklaşıyoruz. *Kendi Everest'inize Tırmanın* adlı kitabımda buraya kadar, hayatımızda verimlilikle kullanmamız gereken birçok kavramdan bahsettim. Bunların çoğu cesaret, kararlılık, disiplin veya risk gibi yaşam içindeki şakaya gelmez, atak ve iddialı kavramlardı. Kitabımızın sonlarında şans ve fırsat unsurlarını öne çıkarmam sizi şaşırtabilir, ama ben şansın ve fırsatları görebilmenin insan hayatında çok önemli bir yeri olduğuna inanıyorum.

Hayatın içinde sürekli birtakım karşılaşmalar vardır. Bu karşılaşmaların çoğu bizim için nötrdür, hayatımıza gözle görülür bir etkisi olmaz. Ancak bazı karşılaşmalar bize fırsat getirir, bazı karşılaşmalar ise tehdit. Hayatın beklenmedik tehditlerinden sakınabilme ve fırsatlarını yakalayabilme becerisi çok önemlidir ve herkesin kolaylıkla başarabileceği bir şey değildir. Bunun için hayatın içinde olmak, hayatı çok iyi gözlemlemek gerekir.

❄ Khan Tengri Dağı.

Hayatın ritmini yakalamak ve hayatla birlikte hareket edebilmek gerekir. Hepsinden önemlisi hayatı cesurca karşılamayı gerektirir. Başarılı insanların hemen hepsinde, hayatın bu tür fırsatlarını yakalayabilme ve tehditlerinden de uzak durabilme becerisi bir şekilde vardır.

İnsanın bir potansiyel olduğundan, çünkü geleceğinin sonsuz olasılıklarla dolu bir potansiyele sahip olduğundan bahsetmiştik. Bu potansiyelin gerçekleşmesinin ise koşullara bağlı olduğunu söylemiştik. Kişinin içinde taşıdığı potansiyeli performansa dönüştürmesi, bir diğer deyişle kişinin gerçek değerini keşfedip onu ortaya çıkarmayı hedeflemesi esas olmalıdır demiştik. Her şey bir yana bunların olabilmesi için, hayatın bize sunduğu fırsatları da mutlaka fark edebilmeli ve hayatımıza dahil edebilmeliyiz. Yaşamda karşımıza çıkan şans ve fırsatları değerlendirebilmeliyiz.

Üniversite hayatım ve Ankara, kelimenin tam anlamıyla bir dönüm noktası olmuştu hayatımda. Çok keyif almadığım bir lise hayatının ardından, üniversite için Ankara'ya gittiğimde, İstanbul'da alıştığımdan çok farklı, coşkulu, heyecanlı, sıklıkla doğaya çıkan, kendini geliştirmeye çalışan, hevesli ve üretken insanlarla tanıştım. Yaşça benden büyük ve deneyimli olan bu insanlar, doğa sporlarının yanı sıra şiir, tiyatro, edebiyat ve felsefeyle de ilgileniyorlar ve birlikte projeler yaparak, doğaya çıkarak hem bir şeyler üretmeye hem de kendilerini geliştirmeye çalışıyorlardı. Mağara Araştırma Derneği (MAD), ODTÜ Sualtı Topluluğu (ODTÜ SAT) ve çeşitli üniversitelerin dağcılık kulüpleri gibi dernek ve topluluklarda

ODTÜ SAT'la Çeşme'de bir batık dalışı sırasında (1992)

bu tür insanlarla tanıştığımda daha 20-21 yaşındaydım.

MAD'la Zonguldak'taki Cumayanı Mağarası'nda

Doğaya karşı heyecanları, aralarındaki sinerji, birlikte bir şeyler yapmaya çabalamaları beni hemen yakalamıştı. Yeni keşfedilen bir mağaranın haritasını çıkarabilmek veya derinlerdeki yeni bir batığı inceleyebilmek için ortaya koydukları çaba ve bu yöndeki amaç ve eylem birliktelikleri, aralarındaki ilişki ve iletişimin kalitesini müthiş heyecan verici bulmuştum. Sadece bu tür yeni ve öncü projelerle yetinmeyip, bir yandan da hayatın içinde de kendilerini geliştirmeye çalışan bu insanlardan, kelimenin tam anlamıyla feyz almıştım. Entelektüel birikimleri olan bu doğru insanların arasında kitap okuma, müzik dinleme, şiir, felsefe ve edebiyat zevkim yeniden şekillendi. Kendime, hayata ve her şeye bir başka türlü bakmayı öğrendim ve çok keyif aldım. Okudukça, öğrendikçe, tanıdıkça daha fazlasının mümkün olduğunu kavradım ve daha fazlasını istedim. Ankara ve Bilkent Üniversitesi bana sadece nitelikli bir akademik eğitim değil, tanışmama vesile olduğu değerli insanlarla kendimi daha iyi tanıma ve düzenli olarak geliştirebilme fırsatları da vermişti.

Ankara başlı başına bir fırsatlar denizi olmuştu benim için. Üç yıl başkanlığını yaptığım ve adını da benim koyduğum DOST adlı okulun Doğa Sporları Topluluğu bana takım çalışmasını, liderliği, sorumluluğu, rektörden dekana, öğrenci işlerinden öğrenci konseyine ve aramıza katılan yeni öğrencilere kadar çeşitli seviyelerdeki ilişkileri yönetebilmeyi öğretmiş ve sadece kendimi değil ülkemi ve insanlarımı da daha iyi tanımamı sağlamıştı. Ama en önemlisi sivil toplumun potansiyellerini, örgüt-

Bilkent'te 'Dost' sesi

Hürriyet Ankara, 20 Nisan 1992

lenmeyi ve örgütlenmenin sinerjisini öğretmişti.

Bir yandan kendimi geliştirmeye çalışırken diğer yandan da öğrendiklerimi, fark ettiklerimi başkalarıyla da paylaşabilmek için daha 22 yaşında *DOST* adlı bir dergi çıkartmıştım ki, bir üniversite kulübü dergisi olmakla birlikte doğa sporları temalı Türkiye'de çıkan ilk dergidir. *DOST* dergisini çıkartmak için yazıları toplamaktan reklam bulmaya, hatta sayfa tasarımına, matbaa işlerine kadar bütün detaylarıyla ben uğraşmıştım. Öyle ki bu dergiye ayırdığım zaman yüzünden okulum da bir yıl uzamıştı, ama bundan hiçbir pişmanlık duymadım, çünkü ülkemizde yine bir ilke imza atmıştık.

DOST dergisinin ilk sayısının önsözüne şunu yazmıştık 1990 yılında:

Değişen dünyamızda doğaya egemen olma çabasındaki insanoğlunun, beton ve çeliğe terk ettiği toprağa ve insanına hâlâ saygı duyanlara ve doğanın koynunda rahat edebilenlere merhaba.

DOST'un ilk sayısının kapağı

Doğa sporlarını yaygınlaştırabildiğimiz ölçüde ekolojik denge ve doğal hayata saygı konusunda duyarlı insanların artacağına inanıyoruz. Çünkü doğa sporları doğayı coşkuyla tadabilme ve bir olabilme yüceliğini verir. Bu ilişki zaten doğanın bir parçası olan insanın, bunu unutup robotlaşmasını önleyerek bütünleşmenin zevkini çıkartan duyarlı bir insan yaratır. Zannediyoruz çağımızın en acil ihtiyaç duyduğu insan grubu bunlardır.

Yıllığımızı, bu insanlara ulaşabilmek ve doğa sporlarını tanıtarak yaygınlaştırmak amacıyla çıkarttık. Bu çabamız, bir kişi de olsa onun doğayla barışmasıyla sonuçlanacaksa ne mutlu bizlere...

DOST, sayı 1

DOST dergisinin ikinci sayısında, 23 yaşındayken Neden Doğa Sporları? başlıklı makalemde aşağıdaki şekilde duygularımı dile getirmiştim:

İnsanoğlu, var olduğundan bu yana doğayla, dağlarla iç içe olmuş. Avcılık, hayvancılık, beslenme, barınma gibi temel ihtiyaçlarını hep doğadan karşılamış. Mitolojilerde, efsanelerde yüce dağlar, etkileyici ve doğal yapılar en güçlü tanrıların mekânı olmuş. Büyük dinlerde dağlar hep önemli bir yer tutmuş.

Şehirleşmenin ve betonlaşmanın artmasıyla kaçınılmaz olarak doğadan uzaklaşmaya başlayan insan, ona geri dönmek için farklı yöntemler geliştirmiş. Doğaya olan içgüdüsel tutku, zamanla bazıları için sportif bir içerik kazanmış. Dağcılık, mağaracılık, rafting, yamaç paraşütü, kanyonculuk, aletli dalış, yürüyüş ve benzeri sporlar, hem insanı doğaya çekip ona aslında özünde olan, ama zamanla unuttuğu ancak için için özlediği ilişkiyi yaşatmış hem de kişiye kendi ruhsal ve fiziksel yeteneklerini göstermiş. Hâlâ da bu duyguları yeni gelenlere yaşatıyor ve gösteriyor.

Doğa sporlarındaki risk ve tehlike, kişiye özgüven ve başarı duygusunu yaşattığı gibi, dostluk, paylaşım, ekip çalışması ve takım ruhu kavramları da kişisel yetenekleri geliştirir. Bu yüzden doğa sporlarını yalnızca bir vücut sporu olarak ele almak yan-

DOST'un 2. sayısının kapağı

lış olur. Doğa öylesine sonsuz bir kaynaktır ki onda herkes kendini çeken bir şeyler bulabilir. İnsanın doğayla sportif bir ilişkisi olmasa bile içgüdüsel olarak, doğa yalnızca görsel ve duyumsal olarak da onu tatmin etmeye yetecektir. Gören gözler ve tadabilen ruhlar için doğa en büyük öğretmendir.

Doğa sporlarının özü gereği içerdiği risk ve tehlike faktörleri, kişinin her zaman ve her koşulda hazır olmasını gerektirir. Bu yüzden iyi bir doğa sporcusu kararlı, disiplinli, özgüvenli, gözlem yeteneği olan, analiz yapabilen, inisiyatif kullanabilen, kısacası her koşulda kendine yetebilir biri olmak zorundadır. Kendi gibi güçlü karakterli ekip arkadaşlarıyla birlikte daha da güçlenir ve çok daha zorlu mücadelelerin altından kalkabilir.

İlk bakışta insan ve doğa arasında gibi görünen bu ruhsal ve fiziksel mücadele aslında insanın kendi içindedir. Doğa yalnızca bir seyircidir; oğullarının ve kızlarının kendilerini aşmak için giriştikleri bu onurlu mücadeleyi gözleri gururla parlayarak seyreden doğa, bu büyük savaşında çocuğunun yanındadır. Onun tüm ihtiyaçlarını karşılar, güneşiyle, yıldızlarıyla, yağmuruyla, rüzgârıyla onun yanında olduğunu fısıldar. Kazanan ya da kaybedenin olmadığı bu savaştan insanoğlu, kendisiyle ve dostlarıyla omuz omuza çıkar. Doğada yapılan her etkinlikten sonra insan, yeni tecrübeler ve daha geniş bir bakış açısıyla geri döner, doğayı, insanları ve kendisini daha iyi tanır.

Doğanın bu huzurlu ve dingin ortamında doğa sporcuları diğer insanlardan daha fazla kendileriyle baş başa kalırlar ve kendilerini daha iyi tanırlar. Bu yüzdendir ki doğa sporcularının çoğu tasavvufa ve zen budizmine; temelinde kişinin gerçeği kendisinde araması olan düşünce sistemlerine ilgi duyar. Bu yaşama sanatlarında belirli bir kuram ve öğreti yoktur, yalnızca içten gelen bir biliş vardır. Başından beri insandan hiçbir şey saklanmamıştır. Kendisidir kişinin gerçeğe gözlerini kapayan ve yine kendisidir sonunda aça-

bilen. Özgürlüğüne düşkün doğa sporcusu, doğanın huzurlu ortamındaki iç hesaplaşmaları sonucunda aradığının kendisinde olduğunu anlar.

Doğa sporları aslında doğayla uyum içinde yaşamayı öğrenmiş gezgin ruhlu insanların daha iyiyi ve mükemmeli arayışlarının bir dışavurumudur. Günler, hatta haftalar süren zorlu bir uğraşıdan sonra zirveye ulaşmak, bir kanyonu aşmak ya da bir mağaranın sonunu bulmak elbette ki yoğun bir duygudur ve insanın kendine olan güvenini ve saygısını artırır. Ama sıradan sporcular gibi bunu bir yarış ve üstünlük meselesi haline getirmek bu duygu yoğunlaşmasının değerini azaltır, saygınlığını yitirtir. Sıradan bir dağcı, zirveye ulaştığında bunu o dağı fethetmek, yenmek olarak yorumlar ve kendisine daha zorlu bir dağ, bir rakip arayışına girer. Gezgin ruhlu gerçek bir sporcu ise bunu o dağla olan dostluğunun sarsılmaz bir biçimde pekişmesi olarak görür ve yeni ve iyi dostlar edinmek için yükseklikleri arar.

Doğa sporları da sanat gibi, edebiyat gibi, kişinin kendisini tanımasına yardım eden bir okuldur. Bir heykeltıraş için bir taşı ya da ağacı yontarak kendisinden bir şeyler yaratması neyse, gerçek bir doğa sporcusu için de dağlara tırmanmak, kanyonları aşmak, tepelerden uçmak aynı şeydir. Nasıl bir heykeltıraş sanatçı ruhundaki fırtınaları elleriyle dindirirse, bir doğa sporcusu da serüvenci ruhundaki tehlikeye susamışlığı ve merak duygusunu dağlara tırmanarak, mağaralara girerek, kanyonları aşarak doyurur. İkisi de farklı yeteneklerle donatılmış gelişmiş ruhların gerçeği arayışlarındaki kendilerine has yaratıcılıklarının ürünleridir.

Doğanın ve varoluşun özünü kavrayamamış insanlar için doğa, alt edilip başında zafer çığlıkları atılacak bir rakiptir, gerçek bir doğa sporcusu için ise arayışın cevabına giden yoldur.

DOST, sayı 2

Mezun olmama çok az bir zaman kala tanıştığım, okulumuzda misafir profesör olarak bulunan ve Leningrad Üniversitesi dağcılık kulübü Club Bars'ın üyesi Dimitri Korotkin'le yaptığımız sohbetler ise önümde yepyeni, yabancı, ürkütücü, ama bir o kadar da cazip bir kapı açmıştı; Dünyanın en güzel dağlarından biri kabul edilen 7010 metrelik dev *KhanTengri* piramitini tırmanmak...

İşin ürkütucu yanını, bilinmezliğini düşünmedim bile. Türkiye'de çıktığım en yüksek dağların 3900 metreden biraz yüksek olan Kaçkar ve Erciyes Dağları olması, metabolizmamın yüksek irtifaya nasıl bir tepki vereceğini bilmemem ve yüksek irtifa dağcılığı hakkında yukarıda müthiş bir soğuk ve az oksijen olduğunun dışında en küçük bir fikrimin olmaması beni durduramadı. Bu tırmanışa gerekirse tek başıma katılacaktım. O dönemde benimle gelmeyi düşünen yedi sekiz kadar dağcı daha vardı ancak Türkiye'den ayrılma günü yaklaştıkça hepsinin teker teker engelleri çıktı ve sonunda yalnız ben kaldım.

Diploma törenimin üzerinden daha yirmi yirmi beş gün geçmeden, sağdan soldan topladığım kış dağcılığı malzemeleri ve bir çanta dolusu çikolata ve vitaminle Alma Ata uçağına bindim. Artık tek düşüncem Khan Tengri'ydi.

BİR DAĞCININ GÜNCESİ, s. 111-112

O gün tüm bilinmezliklere ve tehlikelere rağmen bu eşsiz fırsatı değerlendirmeye karar vermem, hayatımın geri kalanını bir daha asla eskisi gibi olmayacak şekilde değiştirmişti. Karşımıza çıkan fırsatları değerlendirmek aslında yaşamı cesaretle karşılamak demektir ve cesaret, çoğu zaman verimlilik getirir. Aslında hepimizin karşısına ama küçük ama büyük türlü fırsatlar çıkıyor. Oysa çoğu insan bu fırsatları fark etmiyor bile. Ama yine de kalabalıkların içinde, daha akıllı, daha cesur, yaşamdaki zor fark edilen fırsatları görebilen ve onları değerlendirebilecek yeteneğe sahip olan insanlar da vardır. Leonardo ustanın dediği gibi;

İşin sırrı görmeyi bilmektedir.

Leonardo da Vinci

Bakmayı ve görmeyi bilirseniz, dünyanın sonsuz güzelliklerle ve sonsuz fırsatlarla dolu harika bir yer olduğunu da görürsünüz. Hayatın fırsatlarına hazır olabilmek en önemli belirleyicidir. Dimitri Korotkin'le tanıştığımda, 23-24 yaşındaki Nasuh Mahruki'nin en büyük hayali, Türkiye'nin ilk 8000 metrelik tırmanışını yapan dağcı olmaktı. Bu tür öncü bir dağcılık projesi için, o günlerin Türkiye'sinin kısıtlı bilgi birikimiyle ve imkânlarıyla yüksek dağlara nasıl gidebilirim diye düşünüyordum, araştırıyordum ve böylesi bir projeye kendimi her açıdan hazırlamaya çalışıyordum. Dimitri bana *Khan Tengri* Dağı'na tırmanmak için bu sıradışı fırsatı sunduğunda, fırsat hazır olduğu kadar ben de o fırsata hazırdım.

Şans hazırlıkla fırsatın buluştuğu yerdedir.

Yaşamda başarılı olmak için kaynaklarımızı verimlilikle kullanmamız gerekir. Ancak asıl farkı yaratan, kaynak yönetiminden daha çok kaynak yaratımıdır. Her fırsat yeni bir kaynaktır da bir yandan. Var olan kaynaklar zaten bilindiği için sonuçları da kestirilebilir. Sonucu değiştirecek şekilde üretebilmek ve yapabilmek, biraz da henüz bilinmeyen kaynakları bulup çıkarabildiğimiz sürece gerçekleşir. Daha önce hiç denenmemiş projelerim için sponsorluk bulabilmek, daha önce hiç kullanılmamış kaynakların da bulunup ortaya çıkarılması projesi olmuştu bir yandan. Görmeyi bilirseniz hayatın gizli fırsatlarını fark edebilirsiniz ve bu fırsatları yakalayabildiğiniz ölçüde de bu yeni kaynakları da kullanılabilir hale getirebilirsiniz. Aramızdaki farkı yaratan biraz da budur.

İÖ 6. yüzyılda Batı Anadolu'da yaşamış olan Lidya kralı Karun'un (Croesus), hazinesi dillere destandır. Grek dünyasının en güçlü hükümdarı olan Karun'un doğu komşusu, Kızılırmak'ın doğusunda hüküm süren Kyros'un (Cyrus II) komutasındaki Perslerdir. İki güçlü devlet İÖ 547 yılında savaşa tutuşurlar, savaşın galibi Büyük Kyros olur.

Lidyalıların Perslere yenik düştüğü savaş sonrasında kral Karun, Pers kralı Kyros'a esir düşer. *Kyros, Karun*'a sorar: "*Kim sana söyledi benim topraklarıma saldırmanı ve benimle dost yerine düşman olarak karşılaşmayı?*" Büyük imparatorluğunu kaybeden kral *Karun*'un cevabı basit olur: "*Bunu yapan senin iyi talihin ve benim kötü talihimdir.*"

Karun, aslında Pers topraklarına saldırmadan önce, Peloponez yarımadasındaki *Delphi* Tapınağı'nın *Pyhtia* adı verilen ünlü kahinlerine danışır. Çeşitli hediyelerle yolladığı adamlarına, kahinlere şu soruyu sordurtur: "*Perslerle savaşalım mı?*" Sorunun cevabı basittir: "*Perslerle savaşa girerse büyük bir imparatorluğu devirecektir.*" *Karun* bu cevaba çok sevinir, kahinleri kutlar ve onlara büyük zenginlikler ve ayrıcalıklar tanır. Ancak *Karun* kendisine verilen çok önemli bilgiyi yanlış yorumlamıştır. Perslere savaş açması sonucunda 14 yıllık saltanatı sona erer. *Pythia*'nın bahsettiği yıkılacak imparatorluk kendi imparatorluğudur. Görmeyi bilmek ve şansımızı kendimiz yaratabilmek işte bu yüzden çok önemlidir.

Hayatın içinde bizim kontrolümüzün tamamen dışında kalan mucizevi bir yer var. Orası şans faktörünün işlediği ve bizim ölçemeyeceğimiz ve müdahil olamayacağımız bir alanı kapsar. Şans faktörü bizim için açıklaması mümkün olmayan bir yerde durur. Onu ne ölçebiliriz ne kavrayabiliriz ne de somutlaştırabiliriz, sadece zaman zaman varlığını deneyimleriz. Şans unsuru, bir Milli Piyango biletinin kime çıkacağı kadar bilinemez bir konudur. Hayatta şansa çok az iş bırakmak gerekir ancak yine de şans, hayatın içinde son derece önemli bir yere sahiptir. Olağanüstü bir değişim gücüne sahip, yaşamın içindeki bir *joker* gibidir. Kime dokunursa iyi gelir, kimden ayrılırsa da bela getirir. Yoğun olarak dağlara gittiğim yıllarda, dostlarımdan istediğim sadece bir tek şey vardı: *Bana şans dilemeleri...*

Tırmanıştan önce dostlarımdan sadece ve sadece şans dilemelerini isterim, yalnızca buna ihtiyacım olduğunu düşünüyorum, gerisi ise zaten benim işim. Kolay gelmesine gerek yok, isterse zor olsun, buna hazırlıklıyım. Başarı dileğine de gerek yok, hak ediyorsam başarı zaten gelecektir. Kendine dikkat et uyarılarına da gerek yok, her zaman kendime dikkat ederim, etmek zorundayım, bu sert oyunun kurallarını çok iyi biliyorum. Ancak şansa her zaman ihtiyacım var, bu yüzden dostlar, bana yalnızca şans dileyin.

Dağlarda tehlikelerden, zorluklardan hiçbir zaman korkmam, çünkü bunlara dikkat etmek benim elimde, ancak şansımın ters dönmesi beni her zaman ürkütür. Ufacık bir şanssızlığın çok ağır bedelleri olabileceğini çok gördüm dağlarda. Bana da öyle olmasını istemiyorum. Objektif tehlikelerden (çığ, taş düşmesi, serak çökmesi, vb) her zaman ürkerim. Bunca zamandır dostlarımın dilekleri sayesinde şansım hep yaver gitti, umarım bundan sonra da öyle olur.

BİR HAYALİN PEŞİNDE, s. 26

Dünyanın en iyi dağcılarının şansları yaver gitmediği için öldüğünü gördüm, o kadar iyi olmayan bazılarının da, bir şekilde ciddi badireleri atlatabildiğini de...

İnsanların küçük bir hatayla ne kadar kolay ölebileceklerini gördüm. Yüksek dağlarda yaşamla ölüm arasındaki çizginin ne kadar ince olduğunu ve şansın/Tanrı'nın çoğu zaman akıl ve cesareti birleştirebilen insanlardan yana olduğunu yaşadım.

BİR DAĞCININ GÜNCESİ, s. 125

Dağlardaki en büyük korkum, talihsiz bir kazaya denk gelmek olmuştur her zaman. Dağlardaki nesnel tehlikeler, yani tecrübeli dağcı acemi dağcı ayırımı yapmayan, tamamen bir piyango gibi işleyen tehlikeler beni tedirgin etmiştir oldum olası. Bunlar öyle risklerdir ki sizin başınıza gelme olasılığı düşük olmakla birlikte gerçekleşme olasılığı yüksektir. Bu nedenle bize de, ya benim başıma gelirse tedirginliğini yaşatır.

1994 yılında *Pobeda* tırmanışım sırasında, büyük bir şanssızlık oldu ve hepimizin başına gelebilecek talihsiz bir kaza yaşandı. Hepimizin defalarca kullandığı bir buz köprüsünün üzerinden Kazak dağcı *Galim* geçerken köprü çöktü ve 30 metrelik buzul çatlağına düştü. Sadece *Galim* geçerken o buz köprüsünü çökerten mekanizma her ne ise, benim dağlardaki tek korkum işte o olmuştur sadece. Hayatın bu tarafından kötü bir talih çekmemek için dostlarımdan bana şans dilemelerini istedim hep. Allah'a şükür ki yollarımız çoğu zaman iyi talihle kesişti, kötüsüne denk geldiğimizde de altından kalkabileceğimiz şekilde geldi.

Elbruz Dağı, 1993 yılının Şubatı. Daha 25 yaşındayım, son derece atılgan bir karakterim var ve Türkiye'nin en yüksek kış tırmanışını yapmak istiyorum. Rus dağcı arkadaşlarımla planladığımız gibi Şubat tatilinde, *Mineralniye Vodi* uçağına binerek Kafkaslara gidiyorum. Onlar da *Saint Petersburg*'dan trenle iki günde gelecekler ve buluşacağız. *Aeroflot* Havayolları'nın uçağı son derece kalabalık ve ağzına kadar bagajla doluydu. 1990'ların başında Sovyetler daha yeni dağılmış ve inanılmaz bir bavul ticareti furyası vardı o günlerde. Uçakta Rus olmayan ve bavul ticareti yapmayan tek kişi bendim ve bagaj olarak bir dağcı çantası olduğu her halinden belli olan bir sırt çantası verdim. Ancak *Mineralniye Vodi*'ye indiğimizde sırt çantam uçaktan çıkmadı. Saatler süren bir bekleyiş ve uğraşının sonunda anladık ki Rus pilot, uçakta fazla yük var diye bagajların bir kısmını bir sonraki uçak için bırakmış. Bu durum bavul ticareti yapanların alışkın olduğu bir durum, ama benim yanımda üzerimdekilerden başka hiçbir şey yok. Şubat tatilini kullanıyoruz ve bir sonraki uçağa kadar 4 günlük bu beklenmedik gecikme bizim tırmanışımızı çok zora sokuyor.

Terskol Kasabası'nda çığda yıkılan otel

İstanbul'la yaptığımız görüşmelerle durumu anladık ve çaresiz beklemeye başladık. Sonunda bir sonraki uçakla sırt çantam geldi ve hemen *Elbruz* Dağı'nın eteklerindeki *Terskol* kasabasına geçtik. Geldiğimizde karşılaştığımız manzara korkunçtu. *Terskol* son onyılların en ağır çığ faciasını yaşamıştı. Kasaba tamamen çığ altında kalmıştı, pek çok bina yıkılmış, elektrik direkleri bile ancak bir insan boyu kadar kar kütlesinin üstünde kalmıştı. Aslında Ruslar dağ ve kış sporlarını çok iyi biliyorlar ve çığ riskini azaltmak için düzenli olarak bu tür parkurları boşaltıyorlar. Ancak bu seferkinde yetkililer, yamaçlarda artan çığ riski konusunda defalarca uyarsalar da, Silahlı Kuvvetler, çığ düşürmede kullanılan bazukaların, bölgenin hassasiyetinden dolayı başkalarının eline geçmesi endişesiyle, bölgeye kontrolsüz olarak girişine izin vermemişler. Askeri panzerlerle birlikte bazukalar biz oradayken geldi ancak çok geç kalmışlardı. Kontrolsüz düşen çığ nedeniyle kasaba ağır hasara uğramıştı...

Bir sonraki uçak dört gün sonraydı ve böylece Rusya'daki ilk dört günümü yanımda hiçbir malzeme olmadan geçirmek zorunda kaldım. Uyku tulumu yerine de gruptaki dağcıların anoraklarını kullandım. Bu gecikme bütün programı aksattı, bir de sırt çantamdan kazmamı çalmışlar, böylece Khan Tengri'de kullandığım kazmayı kaybettim. Ancak bu gecikmenin hayatımızı kurtardığını daha sonra öğrendik, bu yıl bu bölgeye çok şiddetli kar yağışı olmuş ve bu da son yılların en fazla çığını oluşturmuş. Bizim kalacağımız otele düşen çığ dört kayakçının ölümüne sebep oldu, eğer sırt çantam zamanında gelseydi, otele çığ düştüğünde biz de içinde olacaktık.

BİR DAĞCININ GÜNCESİ, s. 97-98

Bu durum elbette ki ancak iyi talihle açıklanabilecek bir şey, söyleyecek çok fazla sözüm yok bu konuda. İşte bu yüzden, şansın bu hali için dostlarımdan hep şans diledim. Allah'a şükür hiç eksik olmadılar.

Şans doğru zamanda doğru yerde olmak, yanlış zamanda yanlış yerde olmamaktır da bir yandan ve bu da büyük oranda doğru bir ruhsal duruş ve doğru bir ruhsal enerjiyle ilgilidir. Şansımızın en büyük yaratıcısı yine biziz aslına bakarsanız.

Hem akıllı hem cesur davranarak eylemlerinizi yaparsanız, şans fırsatı da diğerlerinden daha fazla olarak sizin kapınızı çalabilir. Zor fark edilen fırsatları daha kolay görebilirsiniz. Önemli olan geniş bir vizyona sahip olabilmek, karşımızdaki sayısız fırsat içinden bizim için doğru olanları görmeyi bilmek ve girişimci bir ruhla bunları hayatımıza yansıtmaktır.

Unutmamalıyız ki;

Şans ancak hazırlıklı zihne güler.

Louis Pasteur

Şansla ilgili bir de çok sevdiğim ve ciddiye aldığım bir deyim var: *Zarı kendinize karşı yüklemek*. Her başarılı aktivitenin ardından, bir sonrakinde başarılı olma olasılığı bir öncekine göre daha düşük olur. Çünkü başarı hanemizden bir tane daha çekmemiz olasılık hesaplarına göre başarısızlık hanemizdeki matematik yükü artırmıştır. Eğer her şey sürekli ve düzenli olarak iyi gidiyorsa mutlaka her şeye daha fazla dikkat edin. Çünkü artık zarınızı kendinize karşı yüklüyorsunuz demektir. Bir olumsuzlukla karşılaşma olasılığınız artıyor demektir. Her şey iyi giderken madalyonun öbür yüzünde biriken bu negatif yük, beklenmedik bir yerde bir sorun çıkartabilecektir. Arada dinlenerek, ara vererek, başka şeylerle ilgilenerek zarınızı boşaltmanızı öneririm. *K2* Dağı tırmanışından sonra bir süre yüksek dağlara ara vermem, bir yandan dondurduğum ayak parmaklarımın hassasiyetinin kendini toparlaması için araya biraz zaman girmesini istemem olduğu kadar, sürekli başarılı tırmanışlarla kendime karşı yüklediğim zarımı boşaltmak istememdendir de...

Ama en önemlisi her zaman sağduyulu olabilmek, yaşamımızı sağduyuyla yönetebilmektir.

SAĞDUYULU OLUN

Sağduyulu olmaya gayret edin. Sağduyu sizi yolda bırakmayacaktır. Bence bu kitabın en değerli öğüdü, sağduyulu bir insan olmaya gayret etmemizdir. Sağduyu farkındalıkla gelişir. Sağduyu özetle, doğru ile yanlışı ayırt edebilme özelliğidir. Bu nedenle sağduyulu olabilmek öncelikle doğru insan olmayı gerektirir. Sağduyulu insanlar her zaman süreç içindeki doğruları ararlar ve aralarındaki en uygun bileşkeyi bulurlar. Sağduyulu insanlar doğru şeylere doğru değerler verirler. İnsanın ne kadar değerli olduğunun farkındadırlar. Sağduyulu insanlar kendilerini başkalarının yerine koyabilmeyi, onlarla empati kurabilmeyi de başarırlar. İnsan ilişkileri ve iletişim yetenekleri kuvvetlidir ve ilişkilerini yönetme becerileri yüksektir.

Kitabımın burasına kadar pek çok kavramı ele alıp irdelemeye ve kısmen kendi yaşamımdan kesitlerle kısmen de dünyadan beğendiğim gerçek öykülerle, bu kavramları yaşam içinde örneklendirmeye çalıştım. Buraya kadar bahsettiğim bütün kav-

❆ Sıkkımlı yaşlı Lama.

ramları bir parantez içine yerleştirmek istesek bu, sağduyu parantezi olurdu. Sağduyu, sadece analitik zekânız, IQ'nuzdan değil, aynı zamanda duygusal zekânız ve ruhsal zekânızdan da beslenir. Sadece sahip olduğunuz bilgi birikiminizden değil, aynı zamanda sezgileriniz ve duygularınızdan da gelir. Sağduyu aklınızı, mantığınızı ve vicdanınızı birlikte kullanabilmektir. Yaşamı bu tamlıkla, kendi içimizdeki bütünlükle yaşamak sağduyulu yaşamaktır. Sağduyu, bütün bunların farkında olarak, doğru değerlerle yaşamı yönetebilmektir. Sağduyu en doğal, en yalın ve en doğru halinizle olayları görebilmektir. Sağduyu hayatı nesnellikle algılayabilmektir. Sağduyu eylemlerinizi sonuçlarıyla birlikte düşünebilmektir. Sağduyu hayatı bir bütün olarak görebilmektir.

Egonuzu, şartlanmalarınızı, bağımlılıklarınızı, eksiklerinizi ve yanlışlarınızı süreçlere ne kadar az katmayı başarabilirseniz o kadar sağduyulu olursunuz.

Çünkü;

Sağduyu hayatın gözleriyle görebilmektir.

Zorluklara rağmen sağduyularını yitirmeyen insanlar her zaman takdir edilirler. Sağduyu, yaşamdaki deneyimlerimiz ve birikimimizle ve bunları doğru kullanmayı bilmekle güçlenir ve gelişir. Her şeyi öğrenmek, her şeyi bilmek mümkün de değildir, gerekli de değildir. Her acıyı, her mutluluğu, her başarıyı, her başarısızlığı, daha doğrusu her deneyimi yaşayarak öğrenmek gibi bir şey mümkün olamayacağına göre, bunları yaşayanlardan öğrenmeye çalışmalıyız. Sağduyumuzu geliştirebilmek için sadece kendi yaşam deneyimimizle, kendi tarihimizle yetinmemeli ve hayatın içindeki bütün deneyimlere de açık olabilmeliyiz. Faydalı, sıradışı ve başarılı yaşamlar kuran insanların yaşam deneyimlerinden de yararlanabilmeliyiz. Onların, iyi ve kötü olaylar, başarılar ve başarısızlıklar, büyük mutluluklar, acı ve kayıplar karşısındaki duruşları ve bütün bunları algılama, yönetme ve bunlarla beraber yaşadıkları öğrenme süreçlerini, hayat hikâyelerinden takip ederek kendi birikimimize katabiliriz.

Yaşamda gerçek başarıya ulaşmış insanların kendilerini gerçekleştirme yollarını, yeteneklerini kullanma biçimlerini, olaylar karşısındaki doğru duruşlarını, karşılaştıkları sorunları ve bunları çözme yöntemlerini, hatalarından ve başarısızlıklarından nasıl ders aldıklarını ve başarılarının arkasındaki ortak özelliklerini öğrenerek, kavrayarak ve içselleştirerek, sağduyulu ve olaylara daha nesnel bakabilen insanlar olabiliriz. Erdemli bir insan olmak da ancak sağduyuyla mümkün olur. Sizi pişmanlıklardan koruyacak tek formül sağduyudur.

Sağduyunuz yaşamdaki en büyük koruyucunuz olacaktır.

Siz onu bırakmadığınız sürece o sizi yarı yolda bırakmaz ve size her zaman doğruları göstermeye devam eder. O yüzden hedefleri olan her insan sağduyusunu geliştirmeye çalışmalıdır. Neyle karşılaşırsak karşılaşalım, yaşam karşımıza ne çıkarırsa çıkarsın, her zaman sağduyulu olmaya, sağduyuyla davranmaya, kararlarımızı sağduyuyla almaya çalışmalıyız.

İyi niyetle öğrenmeye ve anlamaya çalışan bir zihin, yaşamda doğruları seçerek ve yaşayarak sağduyusunu besleyebilir ve doğrularını çoğaltarak kendi değerini artırabilir. Zirvelere yolculuğunuzda hayatın karmaşıklığına, belirsizliğine ve tehlikelerine karşı en önemli gücünüz sağduyunuz olacaktır.

ZİRVEDE KENDİ İÇİNİZDEKİ ZİRVELERE DE ULAŞIN

Sağduyumuzun da yardımıyla karşımıza çıkan tüm zorlukları, engelleri, tehlikeleri aşıp kendi *Everest*'imize, kendi zirvemize ulaştığımızda, sadece bir hedefe ulaşmış olmakla kalmayıp aynı zamanda kendi zirvemizin seviyesine de yükseliyoruz. Artık zirvedesiniz, artık zirve sizsiniz. Daha öncekilerden daha iyisini yapma arzusuyla kendinize meydan okudunuz ve hedefinize vararak bunu başardınız, burayı hak ettiniz ve gerçek bir övgüyü de hak ediyorsunuz. Değerinizi ispat ettiniz, kendinizi gerçekleştirdiniz ve kendinizi aştınız, bir kez daha...

Open dergisi,
Temmuz-Eylül 2002

Artık kendi *Everest*'imizle birleşiyoruz ve kendimizi, kendi potansiyelimizin doruğunda, aradığımız şeyle birleştirerek gerçekleştiriyoruz, içimizdeki en iyi halimizi ortaya çıkarıyoruz, o hal oluyoruz. Bunun için kendinizi tebrik edebilirsiniz.

❆ Antarktika kıtasının en yüksek noktası Vinson Dağı'nın zirvesi.

Başarılı yaşam, kendi farkındalığına ulaşan ve varlığının potansiyelini bu farkındalıkla gerçekleştiren yaşamdır.

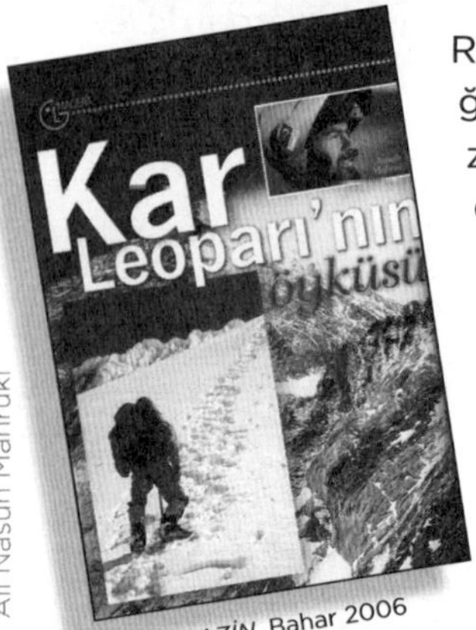

LG MAGAZİN, Bahar 2006

Rusya Dağcılık Federasyonu'nun verdiği *Kar Leoparı* unvanını, beşinci 7000'lik zirveme de tırmanıp seriyi tamamlayarak elde ettiğim andaki duygularımı aşağıdaki şekilde ifade etmiştim:

Pobeda'nın asıl zirvesi çok arkada kalıyor ve sonunda asıl zirveyi görüyorum. Gittikçe yaklaşıyorum, bir adım daha, bir adım daha ve artık ben dağım, rüzgârım, soğuğum, dağ ben, bulut ben, kaya ben, buz ben; BEN KAR LEOPARIYIM...

Kar Leoparı'nın Öyküsü, *Hürriyet*, 1-6 Ekim 1994

Everest Dağı'na giderken Enis Batur, tırmanışta günlüğümü tutmam için boş bir defter vermişti, ilk sayfasına da *Erasmus*'un ünlü *Festina Lente - Ağır Ağır Acele Et* öğüdünü yazmıştı.

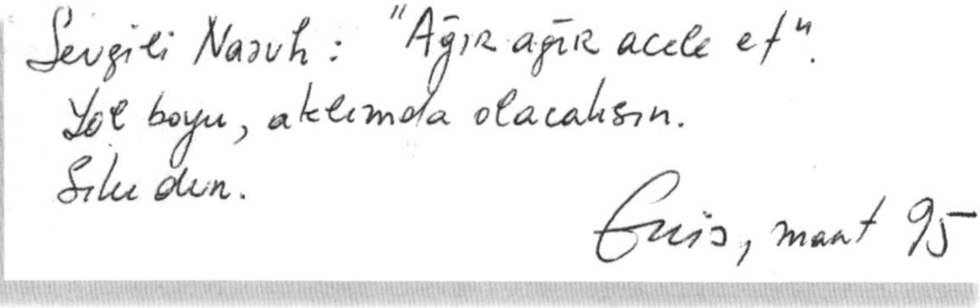
Sevgili Nasuh: "Ağır ağır acele et".
Yol boyu, aklımda olacaksın.
Sıkı dur.
Enis, mart 95

Tırmanıştan sonra çıkardığımız *Everest'te İlk Türk* adlı kitabımın önsözüne de şöyle yazmıştı: *"Nepal'e doğru yola çıkmasından önce bir defter verdim Nasuh'a, boş bir defter. Tırmanışın gölgesi beyaz sayfalarda ilerlesin istedim. Dilek tuttum, ona söylemedim: Defter bir tılsım, muska, nazar, dost bir göz olarak ona eşlik etsin, diye geçirdim aklımdan, gönlümden. Boştu defter, ama bomboş değildi: İlk sayfasına çok eski bir atasözünü eklemiştim: Festina lente. ... Sonra vakit geldi. Gidişiyle dönüşü arasında bir kez Nepal'den aradı beni, yüksek irtifa alıştırması yapıp döndüğü kamptan. Gelişmeleri dolaylı yollardan izledim sefer boyunca: Doruğa çıktığında, indiğini duyduğumda şaşırmadım, heyecanlanmadım, üzerimden yük kalkmadı: Ağır ağır acele ettiğine inanıyordum, işini sürdüreceğini biliyordum: 'Korkmadan ilerlemek' diye bir şey olmazdı."* Ve son cümlesinde de şunu dile getirmişti: *"Nasuh Mahruki her başarılı birey gibi, bundan böyle bir de başarısını taşıyacak: Ağır, ağır."* Bu cümlenin ne anlama geldiğini ve hayatımın geri kalanını tamamen kaplayacağını daha ilk okuduğumda bile hissetmiştim.

Çünkü;

Zirveye çıkmak zordur, ama zirvede kalmak daha zordur. Zirvede kalmanın yolu zirveyi, başarıyı layığıyla taşıyabilmekten geçer.

Bundan sonrasında, size hem güçlü bir özgüven ve özsaygı hem de sorumluluk verecek bu başarıyı da taşımanız gerekecektir. Başarı taşıması zor bir yüktür, genellikle hak etmeyenler taşımakta zorlanırlar. Bunu ne kadar iyi taşır ve üstüne de eklemeye devam ederseniz o kadar dolu, üretken ve kaliteli bir yaşamınız olur. Aslında yaşamınızın anahtarı sizin elinizde. Yaşamdaki seçimlerimiz ve tercihlerimizle, hepimiz büyük ölçüde kendi yaşamımızın mimarıyız. İyi bir mimar geride beğenmeyeceği bir eser bırakmak istemez.

Zirvedeki çok yoğun ve güçlü olan duygularımı aşağıdaki şekilde ifade etmiştim o günlerde:

Dağlarda hep yaptığım gibi, zirvedeki o 20 dakika boyunca kendimi dışarıdan izledim ve 27 yaşındaki bu yalnız genç adamın o anki duygularını bir başkasının gözleriyle görmeye çalıştım. Dünyadaki her şeyden büyük bu kütlenin zirvesinde, kumsalda bir kum tanesi kadar küçük bu bedenin ne kadar değersiz ve önemsiz olduğunu ve iç disipliniyle, kararlılığıyla, tutkusuyla, kendisini sınırlarına kadar zorlayan ve hayallerinin ötesine geçen bu insancığın ne kadar değerli olduğunu gördüm. Yaşamımda sorun ettiğim pek çok şeyin ne kadar anlamsız ve boş olduğunu, her şeyin ben olduğumu ve benim hiçbir şey olmadığımı, burasının son değil daha başlangıç olduğunu, yaşamanın çok ama çok güzel olduğunu ve dünyanın güzelliklerle dolu olduğunu öğrendim. Ve bu genç adamın, Dünyanın Ana Tanrıçası'nın zirvesinde, tüm yalınlığı, çıplaklığı ve kırılganlığıyla, gözyaşlarını gizleme ihtiyacı duymadan kendini bıraktığını gördüm ve öğrendim ki insan bir tanrıçanın önünde yalnızca ağlayabilirmiş.

Yalnızca 20 dakika için bile olsa, bu beden bu süre içinde dünyadaki herkesten ve her şeyden daha yüksekteydi. Bu çok güzel bir duygu, bunu kıyaslayabileceğim başka bir tecrübe hiç yaşamadım, ifade edemiyor, yalnızca tadını çıkarabiliyorum.

BİR HAYALİN PEŞİNDE, s. 16

Zirve elbette ki değerlidir, ama asıl değerli olan zirvelere adanmış hayatın kendisidir. Bence her birimiz kim olduğunu, burada ne yaptığını ve asıl önemlisi ne yapması gerektiğini kendine sormalı ve varlığının en üst potansiyelini, gerçek değerini ortaya koyabilmek için fazla da gecikmeden buna göre bir yol çizmelidir.

Başarının ödülü, biraz da başarıya giden o muhteşem yolculuğun kendisidir. Yolculuğun deneyimleri bizi beslemiş, büyütmüş ve geliştirmiş olacaktır. Ulaştığımız her zirve bizi daha da olgunlaştıracaktır. Her zirve, yeni zirveler ve yeni olgunlaşma fırsatları da getirir. Olgunlaşan zihnin potansiyeli de gelişir ve kendine yeni sınırlar çizer. Kendi zirvelerimizden birine daha ulaştığımızda, yaşamdaki potansiyelimizin doruğuna bir adım daha yaklaşmış oluruz.

27 NASUH MAHRUKİ
Everest'in tepesinde bir 'Kar Leoparı'
Dağcı. Asya'nın 7000 metrenin üzerinde beş dağına tırmanarak, (Khan Tengri, Lenin, Korjenevskoy, Communism, Pobeda) Rusya Dağcılık Federasyonu tarafından verilen 'Kar Leoparı' unvanını aldı. Everest Dağı'na tırmanan ilk Türk ve dünyadaki ilk Müslüman dağcı oldu. Motosikletle Türkiye, İran, Pakistan, Hindistan, Nepal ve Sikkim'i içeren 21 bin kilometrelik bir yolculuk yaptı. Dünyanın ikinci en yüksek dağı K2'ye ilk Türk tırmanışını oksijensiz olarak gerçekleştirdi. Arama Kurtarma Derneği-AKUT'un kurucu üyesi oldu ve başkanlığını üstlendi.

Tempo, En Başarılı 40, 26 Haziran 2008

HAYATIN İÇİNDE KENDİ YERİNİZİ BULUN

Kendi *Everest*'imize tırmanma yolculuğumuza, hayatın içinde kendi yerimizi ve içimizdeki *en iyi ben*'i arayarak başlamıştık. Doğru yol ve yöntemleri izleyerek sürdürdüğümüz bu arayış hem yaşamımıza değerli bir anlam verecek hem de kendimizle ve olan bitenle ilgili pek çok kavrayışı ve farkındalığı da beraberinde getirecektir. Bu kavrayış ve farkındalıklar ise, bizi yaşam içindeki gerçek yerimize yakınlaştıracaktır. İçindeki *en iyi ben*'e ulaşarak kendini gerçekleştirmeyi başaran insan hayatın içinde kendi yerini de bulmuş demektir.

En iyi yaptığınız şeyi yaptığınızda, en iyi olduğunuz şeyi olduğunuzda, en iyi halinize ulaştığınızda, hayatın içinde kendi yerinizi de bulmuşsunuz demektir. Bu yerin nasıl bir yer olacağı size, tercihlerinize ve en önemlisi gayretinize kalmıştır. Hayatın içindeki yerini bulmak demek, hayata kendinden bir şey katmaktır, hayata kendi gücünce yön vermektir. Hayatın, dünyanın, her şeyin daha

❁ 19 Mayıs törenleri, Antalya.

iyi olması için seyretmekle yetinmemek ve elinizden geleni yapmak demektir. Hayata faal ve üretken bir oyuncu olarak katılmak ve elimizden geldiği kadarıyla sonucu değiştirmek demektir. *Bernard Shaw*'un gerçekleştiren insanından olmak demektir, hatta mümkünse fark yaratarak gerçekleştiren insan olmaktır.

Arayış içinde gelişmiş ruhların dışavurumu da kendi yetenekleri doğrultusunda olur. Dışavurum ihtiyacı bir paylaşım isteği, bunun ötesinde farkında olmadan gerçekleştirilen bir misyon olabilir. Bize göre, sıradan insanlara üstün görünen, farklı gelen bütün insanlar-ruhlar bu gruptadır. Her biri gelişmiş ruhlarının yetenekleri doğrultusunda bir şeyler üreterek, yaparak kendilerini dile getirirler ve insanlığın gelişim zincirine bir halka daha ilave ederler.

Bence varoluşumuzun mütevazı sebebi bu; sonunu bilemediğimiz, ama mutlaka ulaşacağı bir son nokta olan insanlığın gelişim zincirine bir katkıda bulunmak, ama küçük ama büyük. Şundan emin olabiliriz ki; bizim bayrağı son ulaştırdığımız yerden alıp, daha ileriye taşıyacak gelişmiş ruhlar mutlaka olacaktır. Bu inancı Kant şu sözleriyle dile getirmiş: "Ben sadece incelemekle görevimi yerine getireceğim. Doğa sırası gelince, gerçeği açıklayacak olan adamı ortaya çıkaracaktır."

BİR DAĞCININ GÜNCESİ, s. 45

Kendi zirvelerine ulaşmayı, kendini gerçekleştirmeyi başarmış insanların, içten bir ilgiyle olan biteni de takip etmeleri ve hiç durmadan ilerleyen insanlık zincirinde, üzerlerine düşen katkıyı yapmaları gerektiğini düşünüyorum. Daha 24 yaşındayken de böyle düşünürdüm ve günlüğüme aşağıdaki satırları yazmıştım:

Misyon düşüncesi. Buna göre yaşamda herkesin kendi çapında, kendi potansiyeline uygun insanlığa karşı bir misyonu ya da misyonları var ve bizim yapmamız gereken şey, bir an önce bu misyonun ne olduğunu bulup onu gerçekleştirmeye çalışmak.

Hint felsefesinde buna benzer bir düşünce bulmuştum, Dharma düşüncesi: Dharma (yasa), ideal adaletin gerçekleşmiş halidir. Kendi doğruluk yolunda ilerleyen her olay, her varlık, Kozmos'un düzenine katkıda bulunur.

Ancak çoğu insan için bu misyon son derece belirsizdir ve insanın farkında olmaksızın gelişir, belli bir yerde belli bir zamanda olmak, belli bir şekilde davranmak ya da belli bir yerde ölmek gibi. İnsanlığın varoluşundan bu yana olan gelişimini bir zincir olarak düşünürsek, pek çoğumuz doğum, yaşam ve ölüm süreci içinde farkında olmadan yaptığımız şeylerle, bu zincirin çok önemsiz gibi görünen, ama aslında en önemli halkasından hiç de daha az önemli olmayan bir halkasında mütevazı bir yere sahibız.

Dharma'yı bireye uyguladığımızda Svadharma'yı buluruz. Bu şekilde Dharma, yani evrensel yasa; Svadharma'ya, yani doğal eğilimiyle uyumlu olmak üzere her bireye ait belirli bir göreve dönüşür. Bazı seçilmiş ruhlar, kendi başlarına birer halka oluşturacak potansiyele sahiptir. Çoğu biliminsanı, filozof, lider, kâşif, sanatkâr gibi özel ve üstün yetenekli insanlar bu gruba dahildir. Bu tür insanların insanlığa karşı misyonu son derece açık ve belirgindir. Geçmişe baktığımızda, tarihe damgasını vurmuş dediğimiz insanları hemen görebiliriz. Çoğunluğu oluşturan sıradan insanlar ise, farkında olmadan gerçekleştirdikleri ve bize son derece önemsiz gibi görünen misyonlarıyla insanlık zincirinin halkalarındaki yerlerini alırlar.

Eski Hindistan'ın en büyük destanı Mahabharata'nın bir bölümü olan Bhagavad Gita şöyle der: "Ve görevini (Svadharma) yerine getir, alçakgönüllü olsa da, büyük olmasa da, başka birininki olmasındansa, kişinin kendi görevinde ölmesi yaşamdır, başkasınınkinde yaşamak ölümdür." Her bireyin kendine özgü bir doğal yasası vardır ve her birey varlığının kusursuz durumunu elde etmek için rolünün bütün gereklerini yerine getirmelidir.

BİR DAĞCININ GÜNCESİ, s. 42-43

Çocukluğumdan getirdiğim, sevdiklerim için görev üstlenme ve sorumluluk duygusu, kendimi bildim bileli iliklerime kadar işlemişti. Her zaman bir görev insanı olduğuma inandım ve yaşamım boyunca birçok görev üstlendim. Yaşamımdaki kişisel tatminimin önemli bir bölümü buradan geldi.

Oldukça ilginç ve tanımaya değer bir karakter olarak gördüğüm Gurdjieff'in, hayatı boyunca sürdürdüğü arayışı sonucunda ulaştığı sonuca göre; insanın yeryüzündeki varoluş sebebi, hayat tarzıyla, çok yüksek amaçlar için gerekli tözleri, enerjileri üretmektir; başka bir deyişle, enerjilerin dönüştürülmesidir. Beelzebub adlı kitabında dile getirdiği gibi; insan ya yeryüzündeki varoluşunun sebebi olan belirli bir görevi yerine getirecek ya da aynı sonuçları istese de istemese de, kendisine rağmen doğuracak bir biçimde yaşamak ve ölmek zorunda kalacaktır. Burada, Krishna'nın Arjuna'ya söylediği bir sözü araya sokmak istiyorum. "... herkes çaresiz bir şekilde kendi karmasına bağlı hareketlere sürüklenir." Gurdjieff'e göre, bir amaç için yerine getirilen bilinçli eylemler, belirli bir tözün, enerjinin ortaya çıkmasını sağlar. Bu enerjinin bir bölümü, o eylemin gerçekleşmesi için harcanır, bir bölümü amaç her ne ise onun için saklanır, diğer bir parçası ise, kişinin iç gelişimi, tinselleşmesi, mükemmelleşmesi için kullanılacaktır.

Gurdjieff'e göre, bu dünyada gerçekleştirilmesi gereken bir "yapıt" vardır ve bunu yerine getirmek için bazı insanlar gerekli anlayış düzeyine ulaşmalıdır. Yapmamız gereken şey, üretkenlik kapasitemizi enerjiye dönüştürmek ve "yapıt"a, "sistem"e katılmaktır. Daha güçlü olanların diğerleriyle paylaşması gerekir. Maneviyatı güçlü insanların, pozitif enerjilerini diğer insanlarla paylaşmaları gibi. Buradaki temel ilke, insanın bu görevi yerine getirirken, hem diğer insanlara hizmet etmesi hem de kendi ruhunu kurtarmasıdır.

ASYA YOLLARI, HİMALAYALAR VE ÖTESİ, s. 216-217

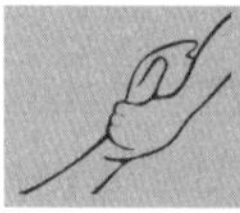

Bu yaşamda ileri gidenler geri kalanlara el vermelidir.

Bu inanç her türlü zorlukla, her türlü tehlikeyle daha kolay başa çıkmamı sağladı. Hem düşüncelerimi belirli bir çizgide tuttu hem de eylemlerimi korkusuzca yapmamı sağladı. Belki biraz da bu inanç sayesinde korkusuz oldum. Kendi ruhumun mutluluğu diğer insanların mutluluğuyla hep aynı yerde buluştu ve geleceğin belirsizliğinden kaynaklanan korkuları benden uzak tuttu.

Buddha'nın ölüm döşeğindeyken, herşeyin geçici olduğunu söyleyerek, insanın ruhunu kurtarmaya çalışması konusunda verdiği son öğüdü de bence ciddiye almak gerekir.

> **Birleşerek parçalardan var olan**
> **bütün şeyler bir gün yok olacaktır.**
> **Kendi kurtuluşunuz için çalışın.**
>
> Buddha

Bizim sorumluluğumuz kendimiz ve herkes için, hayatı daha iyi ve daha güzel yapabilmek ve daha yaşanılası kılmak için, kendi en iyi halimize ulaşarak elimizden geleni ve mümkünse daha fazlasını yapmaya çalışmaktır. Yaşama mümkün olduğu kadar doğru şeyler katabilmek, dünyayı elimizden geldiği kadarıyla değiştirmektir de bir yandan.

Diğergam duygularla hayatın içinde kendine bir anlam bulabilenler ve kendinden daha değerli olarak algıladıkları yüksek bir amaca kendini adayabilenler, hayatın içindeki yerini de bulmayı başarmış demektir. Hayatın içinde sizin için ayrılan yer, sorumluluğunuz olarak kabul ettiğiniz yerdir.

Yılın adamı: Mahruki

Herkesin gönlünde yılın adamı, yılın adamları farkı olabilir.. Bizim gönlümüzde yılın adamı **Nasuh Mahruki..** Yılın adamları ise iki Körfez depremine en önde koşan maden işçileriyle birlikte hem kurtarma hem yardım çalışmalarına katılan isimsiz ama kocaman yürekli insanlar...

Neden önce **Nasuh Mahruki?..** Çünkü sessiz sedasız koskoca devletin başaramadığını başardığından... AKUT'uyla yüzlerce can kurtardığından... Ve daha önemlisi aldığı onca alkış önünde ciddiyeti ve görev duygusundan ödün vermediği... Kendini şöhretin yalancı kollarına bırakmadığından... Gençlere örnek olacak bu soylu delikanlıyı yürekten kutluyoruz.

Milliyet,
Melih Aşık,
1 Ocak 2000

SORUMLULUKLARINIZI UNUTMAYIN

Son söyleyeceğim sözlerden biri sorumluluk duygusu üzerine olacak. Sosyal bir varlık olduğumun farkında olarak, insanın kendi dışındakileri ve kendisinden sonrakileri de düşünerek hareket etmesini hayatım boyunca çok önemsedim ve çok değerli buldum. Her zaman çevreme ve olan bitene karşı yüksek seviyede bir sorumluluk anlayışım oldu ve bundan hep gurur duydum.

Köklerim ve yetiştirilme tarzım, içimi hep vatan sevgisi ve vatana hizmet sorumluluğuyla doldurdu. Üniversiteden mezun olduğum ve ilk yüksek irtifa tırmanışımı gerçekleştirdiğim 1992 yılından bu yana, Türk Bayrağı'nı Pobeda gibi, K2 gibi dünyanın en zorlu 7000 metrelik, 8000 metrelik zirvelerinde ilk kez dalgalandırırken de, 1994 yılında "Kar Leoparı" unvanını alırken de, 1995 yılında Everest Dağı'na tırmanan ilk Türk ve dünyadaki ilk Müslüman dağcı olurken de, daha 28 yaşındayken "Yedi Zirveler" projesini tamamlayan dünyadaki 46. ve en genç dağcı olurken de, 1996 yılında Kalimantan'da ekip arkadaşımla birlikte ülkemi temsil ettiğim Camel Trophy'de "Takım Ruhu" değerlendirmesinde dünya ikinciliği elde ederken de ve 1996 yılında kurduğumuz AKUT derneğinde, dostlarımla birlikte

❄ Sarıkamış Şehitleri'ni anma etkinliklerinden.

dağların tepelerinde, depremlerde, sellerde can kurtarmak için korkusuzca genç bedenlerimizi tehlikelere atarken de, hep aynı vatan ve millet sevgisi ve sorumluluk anlayışıyla hareket ettim. Bu sayede hem ülkeme ve insanıma hizmet ettim hem de kendi ruhumu besledim, huzur buldum ve böylece büyüdüğümü, geliştiğimi, olgunlaştığımı, insan olduğumu hissettim...

VATAN LAFLA DEĞİL EYLEMLE SEVİLİR, s. 61

Sorumluluk duygusuna inanmamın sebebi, özgürlüğe ve özgür iradenin gücüne inanmamdır, çünkü özgürlük sorumluluğu da beraberinde getirir demiştim. İnsanı diğer canlılardan ayıran en önemli fark, kendi tercihlerini yapabileceği ve kendi yolunu çizebileceği özgür bir iradeye sahip olarak yaratılmış olmasıdır. Bu nedenle insanlar yaptıkları ve bazen de yapmadıkları şeylerden sorumludurlar. Zekâya ve düşünme yeteneğine sahip varlıklar olarak, hareketlerimizi içgüdülerle değil, muhakeme ederek, tercih ederek akıl yoluyla yaparız. Bu nedenle yaptıklarımıza karşı sorumluluğumuz vardır.

İnsanoğlunun varoluşu itibariyle tekil de olsa, özünde taşıdığı sevgi ve bilgelikle her şeye karşı bir sorumluluk taşıması gerektiğine inandım. Sorumluluk üstlenmekten, altına girmekten hiçbir zaman kaçınmadım.

VATAN LAFLA DEĞİL EYLEMLE SEVİLİR, s. 654

Dağcı arkadaşlarımla birlikte kurduğumuz AKUT derneğinin kuruluşundan, ki AKUT tam anlamıyla bir sosyal sorumluluk ve yurttaşlık sorumluluğu projesidir, 12 Ocak 2010 tarihinde *Haiti*'de meydana gelen depreme kadar 668 defa arama kurtarma görevine çıktık ve depremlerden sellere, orman yangınlarından kaybolma olaylarına, doğada meydana gelen kazalardan trafik kazalarına ve her tür doğa sporu kazasına kadar aklınıza gelebilecek her şart altında kurtarılmasına vesile olduğumuz 1000. canımızı da bu depremde kurtardık.

AKUT'tan 1000. kurtarış

KURULDUĞU günden günümüze kadar, 668 doğal afet ve kurtarma operasyonuna katılarak toplumda saygın bir yer edinen Arama Kurtarma Derneği AKUT, 999'uncu kurtarışını geçtiğimiz günlerde Bingöl'de yapmıştı.

AKUT, 1000'inci hayatı ise, deprem faciasıyla yıkılan Haiti'de kurtardı. Enkaz altında kalan Haitili bir kadın, depremden 7 gün sonra AKUT elemanlarınca kurtarıldı.

■ Aydın ARIK / BİNGÖL (AHT)

Gazete Habertürk, 24 Ocak 2010

Kuruluşumuzda bile görev tanımımızı sadece dağ ve doğa sporlarıyla sınırlandırmadık. Madem kendi başının çaresine bakabilen bir ekibiz ve ilkyardım, arama ve kurtarma gibi eğitimlerimiz var; ihtiyaç halinde deprem, sel gibi doğal afetlerde de gider gönüllü olarak çalışırız dedik. AKUT'un bu dönemde attığı en önemli adım da bu olmuştu. Tüzüğümüzde de belirttiğimiz gibi, yalnızca dağda değil, tüm doğa sporlarında ve ihtiyaç duyulduğu takdirde deprem, sel gibi doğal afetlerde de arama kurtarma yapmayı hedeflemiştik. Çünkü arama kurtarma konusunda bilgimizi ve kültürümüzü artırmaya çalışırken, coğrafi olarak bakıldığında ülkemizin % 92'sinin, nüfus olarak bakıldığında ise % 98'inin deprem riskiyle iç içe yaşadığını öğrenmiştik. Sorumluluk ve ilgi alanımız yalnızca çok sevdiğimiz dağlar değil, bir anda bütün Türkiye ve bütün Türk halkı oldu. Gün gelecek imkânlarımız ölçüsünde bütün dünya ve bütün dünya halkları da olacaktı.

VATAN LAFLA DEĞİL EYLEMLE SEVİLİR, s. 85

KAHRAMANLAR

Nasuh Mahruki liderliğindeki AKUT ekibi döndü. Kurtarma çalışmalarında büyük başarı gösteren 12 kahraman Türkiye'ye alkış ve gözyaşlarıyla uğurlandı

SAĞ KURTARILDI

TÜRKİYE'YE DÖNDÜ

Afyon'da 129

Hürriyet Akdeniz, 2 Şubat 2001

Tayvan'da da AKUT mucizesi

7 kat yeraltı

Marmara ve Atina depremiyle efsaneleşen kurtarma ekibimiz AKUT ile Türk Sivil Savunmacılar, Tayvan'da mucize yarattılar. AKUT, diğer ekiplerin giremediği yerin 7 kat altında bir Çinli kadını kurtardı.

Özel kutlama

7 katı yere gömülen 18 katlı binanın enkazına girip, 50 saat mahsur kalan kadını kurtaran Türk ekibine, bölgede inceleme yapan Tayvan Cumhurbaşkanı Lee Teng-Hui, 'şahsi teşekkür'ünü iletti.

● 7. sayfada

Hayata dönüş

Artçılarla sarsılan Chang Hua'da en tehlikeli enkaza AKUT'çular, korkusuzca girdi. Yerin metrelerce altında çalışan AKUT'çular, 45 yaşındaki Emily Liou'ya ulaşıp, hayata döndürdü. Sivil Savunmacılar da AKUT'a destek verdi.

Hürriyet, 24 Eylül 1999

Yaşamın bütünlüğünün ve bütüncüllüğünün, bize karşılıklı saygıyla ve sorumluluk duygusuyla örülmüş bir bağımsızlık verdiğini kavrayabildiğimiz ölçüde, sorumluluk anlayışımızı sağlıklı bir temele oturtabileceğimizi düşünüyorum. Biz öyle yaptık, sadece kendi yakın çevremize, ailemize, tanıdıklarımıza karşı değil kendimizi, elimizin, kolumuzun, gücümüzün yettiği her yere kadar

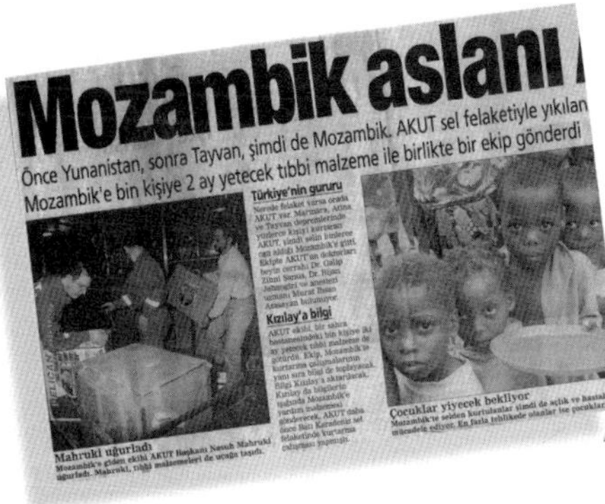

Mozambik aslanı

Önce Yunanistan, sonra Tayvan, şimdi de Mozambik. AKUT sel felaketiyle yıkılan Mozambik'e bin kişiye 2 ay yetecek tıbbi malzeme ile birlikte bir ekip gönderdi

Türkiye'nin gururu

Kızılay'a bilgi

Mahruki uğurladı

Çocuklar yiyecek bekliyor

Posta, 13 Mart 2000

AKUT'a sınır yok

Atina'ya koşan ilk kurtarma ekibi AKUT'a, Genelkurmay uçak sağladı

Kader ortağı

Milliyet, 9 Eylül 1999

ve her şeyden sorumlu hissettik ve gereğini de öyle yapmaya gayret ettik. Hayatımızda hiç görmediğimiz ve bir daha da hiç görmeyeceğimiz insanların sıkıntılarını, acılarını, zorluklarını kendimizinmiş gibi gördük ve onlar için kendi sağlığımızı, hayatımızı bile tehlikelere atarak mücadele ettik. Sadece yurdumuzun dört bir yanında değil, Yunanistan'da, Tayvan'da, Mozambik'te, Hindistan'da, İran'da, Pakistan'da ve Haiti'de de kurtarmalara katıldık.

Atatürk Anafartalar'da, "*Sorumluluk yükü her şeyden, ölümden bile ağırdır,*" der. Tarihin gördüğü en güçlü donanmaya ve en güçlü ordulara Çanakkale'yi geçirtmeyen de, her şeyin kaybedildiği düşünüldüğü bir ortamda Türkiye Cumhuriyeti'ni kurduran da, 100 yılda ancak yapılacak devrimleri 15 yıla sığdırmayı başaran da, işte bu ağır sorumluluk duygusudur. Atatürk, bu niteliği 1 Mart 1932 günü TBMM açış konuşmasında şöyle dile getirmiştir:

> *"Yetişecek çocuklarımıza ve gençlerimize, görecekleri öğrenimin sınırı ne olursa olsun, ilk önce ve her şeyden önce Türkiye'nin bağımsızlığına, kendi benliğine, milli geleneklerine düşman olan bütün unsurlarla mücadele etmek gereği öğretilmelidir."*

ATATÜRK

2001 yılında, sevgili Yılmaz'la (Sevgül) birlikte Çin'in Şincan bölgesinde, *Pamir* Dağları'nda yer alan 7546 metrelik *Muztag Ata* Dağı'nın ilk Türk tırmanışını yaparken yanımda götürdüğüm kitaplar arasında, Metin Aydoğan'ın *Yeni Dünya Düzeni Kemalizm ve Türkiye* adlı iki ciltlik kitabı da vardı. Bu kitap, o güne dek dağlarda koşturmaktan ve arama kurtarmanın bin türlü haliyle boğuşmaktan kafamı kaldıramadığım ve dağlarda, doğada bilgi, düşünce, felsefe ve sporu harmanlayarak kendime kurduğum mutlu ve hülyalı dünyadan bir anda dışarı çıkarttı beni. Canımdan çok sevdiğim ve uğruna göze alamayacağım hiçbir fedakârlığın olmadığı ülkeme, insanıma, vatanıma karşı aslında ne kadar bilgisiz, cahil ve eksik donanımlı olduğumu her satırda, her sayfada görmek beni derin düşüncelere itti. Ülkemle ilgili birçok rahatsız edici gerçeğin farkına vardığım bu okuma süreci, dağdan indiğimde beni başka biri yapmıştı.

Bunca yıl ben bunları nasıl kaçırdım ve farkına bile varmadım, nasıl oldu da yaygın medyada bize sürekli sunulan, hiçbiri işe yaramaz şeylerin arasında bu yaşamsal gerçekleri kaçırdım diye kendime kızdım. Hayatımda hiç yapmadığım bir şey yaptım ve kitabın yazarını, Metin Aydoğan'ı buldum, ona kitabı hakkındaki düşüncelerimi ilettim.

> *Sayın Metin Aydoğan,*
>
> *Size birkaç teşekkür borçlu olduğumu hissediyorum. Önce, bu ülkede 33 yıldır yaşayıp, yanlış yönlendirildiğimi(zi) fark edemediğimi bana gösterdiğiniz ve bende bilinçli bir kendimden utanma ve kızma duygusu yaşattığınız için. Sonra sürekli bombardıman edildiğimiz gereksiz bilgiler yüzünden perdelenmiş gözlerimin ve aklımın açılmasına yardımcı olduğunuz ve uluslararası arenada ilişkilerin nasıl ve ne üzerine kurgulandığını tarihsel kökenleriyle birlikte anlamamı sağladığınız için.*

'Yeni Dünya Düzeni Kemalizm ve Türkiye' kitabınızı, Çin Pamirlerinde bir ekspedisyon sırasında okudum. Ülkemden uzakta, çok sevdiğim dağlarda, tırmanıştan arta kalan zamanlarda çadırımın içinde elimden bırakamamacasına kendimi kitaba kaptırdım ve her satırda, her sayfada, Türkiye ve dünyayla ilgili yakın tarihimizin gerçeklerini kavradım; kavrayış arttıkça karmaşık duygular yaşadım. Bunları nasıl olur da bu kadar zaman bilmeden, duymadan, anlamadan yaşamış olduğuma şaşırdım, üzüldüm, kızdım. Ancak aynı zamanda, kitabınızla benim için böylesine özel bir ortamda buluştuğuma sevindim. Türkiye'ye her zaman duyduğum koşulsuz sevgi, bağlılık ve sorumluluk duygusu, beni derin düşüncelere itti.

Bilginin asıl kıymetinin, eyleme dönüşmesinde ve sonuca ulaşmasında olduğuna inananlardanım. Biz gençlerin de üzerimize düşeni yapmamız halinde, kitabınızda açıkça ortaya koyduğunuz gerçeklerin, Türkiye'nin geleceğinin çok daha bilinçli, planlı ve doğru şekillenmesine büyük katkıları olacağına inanıyorum.

Elinize, yüreğinize sağlık...

Daha sonra Metin Bey'le ve değerli ailesiyle dostluğumuz pekişti ve düzenli olarak görüşür olduk, tüm kitaplarını neredeyse çıkar çıkmaz okudum ve bu müthiş bilgi hazinesinden ve analiz yeteneğinden mümkün olduğu kadar çok şey öğrenmeye gayret ettim. Metin Aydoğan'ın kitaplarıyla birlikte, ülke ve ülke meseleleri hakkında okumalarımı derinleştirdim. Üniversite yıllarımda doğa, spor ve felsefe ağırlıklı okurdum, daha sonra dinler, kültürler ve coğrafyalara ilgi duydum ve bu alanlarda elimden geldiği kadarıyla kendimi yetiştirdim. 2000 sonrasında ise Türkiye ve dünya, siyaset, uluslararası ilişkiler ve küresel güçler konularında seçici oldum ve bilgilerimi artırdım.

Bu ilgimin en önemli adımı olarak da birtakım görüşmeler sonucunda, 2003-2004 yılları arasında Harp Akademileri Komutanlığı'na bağlı olarak eğitim veren *Milli Güvenlik Akademisi*'nin 55. dönemine, bu çok özel eğitime ilk kez kabul edilen bir sivil toplum örgütü lideri olarak katıldım ve 5 ay boyunca, ekonomik, politik, sosyo-kültürel, askeri ve askeri politik konularda en üst düzeyde akademik eğitim aldım.

....

Milli Güvenlik Akademisi'ne kabul edilen ilk Sivil Toplum Örgütü lideri ve 55. dönem müdavimlerinden biri olarak, burada kazandığım bilgi birikiminin hayatımın her alanında kullanabileceğim eşsiz bir fırsat olduğunu düşünüyorum. Burada geçirdiğim süre içerisinde, ulusal ve uluslararası ölçekteki olaylar ve olgular arasındaki bağları, analitik ve kavramsal düşünme becerileriyle kavramayı, değerlendirmeyi ve bu verilerden sonuç çıkarmayı öğrendim.

Konuları disiplinlerarası bir metodolojiyle derinlemesine irdeleyerek, yaşadığımız dünyayı ve zamanı artık çok daha iyi anlayabildiğimi ve ilk bakışta birbirleriyle ilişkisiz gibi görünse dahi, gelişmeler arasındaki bağlantıları çok daha sağlıklı kurabildiğimi düşünüyorum. Bunda en önemli payın, yılların tecrübesiyle, büyük bir bilgi envanterinin çok iyi hazırlanan bir eğitim öğretim programı çerçevesinde 5 ay içine sığdırılarak, disiplinlerarası bir metodolojiyle gerektiğinde makro gerektiğinde mikro ölçekli olarak aktarılması olduğunu düşünüyorum. Bu çerçevede, her gün derin bilgi birikimleriyle konularında uzman son derece kıymetli hocaların, küreselleşen dünyanın farklı bir penceresinden görünenleri, tamamen özgür ve serbest bir fikir zenginliğiyle paylaşmaları da, öğretimin yanı sıra ayrı bir zihinsel eğitim fırsatı oldu benim için.

Bu kadar çok konunun bu kadar kısa süreye sığdırılmasının pratik olarak ne kadar zor olduğunu, bu en üst düzey eğitimi alma fırsatını yakalamış ve şu beş ay boyunca, üniversite sıralarındayken bile bu kadar çalışmak zorunda kalmayan müdavim arkadaşlarımın da kabul edeceğini düşünüyorum. Ancak bütün zorluğuna rağmen hepimizin hayatında bir dönüm noktası olan, bu bir anlamda aydınlanma sürecimizin bize kazandırdığı değerlerin ve ülkemiz ve dünya hakkındaki açılımların, bundan sonraki hayatımıza çok daha doğru ve bilinçli bir yön vereceğini biliyorum.

Milli Güvenlik Akademisi'nin, genç Cumhuriyetimizde yarım yüzyılı aşan birikimiyle, ülkemizin sivil ve asker bürokratlarını yüklendikleri ve gele-

cekte yüklenecekleri önemli sorumluluklara hazırlamak amacıyla büyük fedakârlıklarla yürüttüğü bu programın, eldeki maddi ve manevi imkânlar en iyi şekilde kullanılarak çok daha geniş kitlelere yayılması gerektiğini düşünüyorum. Vatanını, milletini seven ve yurdu için üst düzeyde sorumluluk almak isteyen her Türk vatandaşının mutlaka bilmesi, öğrenmesi gereken konuların ve geliştirmesi gereken düşünce modellerinin öğretildiği bu Akademi'den yetişen bürokratlarımızın, Atatürk İlke ve İnkılapları'nı sadece kâğıt üzerinde teorik, kronolojik bilgi olarak değil, aynı zamanda özüne inerek içselleştireceğini, vatandaş olmanın sorumluluklarını en iyi şekilde kavrayacağını, çevresine de bu öz bilgileri aktarmak için elinden geleni yapacağını ve alacağı her kararda doğru analizler ve çıkarsamalar yapacağını düşünüyorum.

Her modern toplum gibi, bizim de en çok ihtiyaç duyduğumuz Milli Güç unsuru, ülkesinin hassasiyetlerini doğru değerlendirebilen, vatanının menfaatlerini her şeyin üzerinde tutan ve gerektiğinde en büyük fedakârlıklardan bile kaçınmayacak şekilde yurt ve insan sevgisi ve bunu taşıyabilecek sorumluluk duygusuyla yetişmiş bireylerdir. Bütün toplumlar vatandaşlarını benzer düşünceyle yetiştirir, çünkü geçmişte olduğu gibi gelecekte de en büyük güç insan gücü olacaktır. Sahip olduğumuz ve olabileceğimiz bütün güçler, ekonomik, politik, askeri veya sosyo kültürel, hangisi olursa olsun ancak eğitimli zihinlerin elinde tam potansiyeliyle değerlendirilebilir.

VATAN LAFLA DEĞİL EYLEMLE SEVİLİR, s. 490-491

Milli Güvenlik Akademisi diploması

Bu çok değerli eğitim ve öğretim kelimenin tam anlamıyla hayata bakışımı, kendi hayatımla ilgili kurguları, gelecekle ilgili düşüncelerimi, her şeyimi değiştirdi. Her şeyden önce ülkemi, kaynaklarını, hedeflerini, doğrularını, yanlışlarını, insanımı, risklerini, tehditlerini, dünyayı, küresel güçleri, perde arkasındaki güçleri, görünenle aslında olanı çok daha nesnel görmeyi öğrendim. Ülkemle, insanımla ve tarihimizle bir kez daha gurur duydum, çok daha iyisini de başarabileceğimize inancım ve güvenim arttı. Ama bütün bunların olabilmesinin bugünden çok çalışmamıza bağlı olduğu gerçeğini de gördüm. Tüm bunlara rağmen hiçbir şeyin göründüğü gibi olmadığının ve çok ama çok dikkatli olmamız gerektiğinin de farkına vardım. Bütün umudumuzun da aslında yetiştireceğimiz gençlerimizde olduğu gerçeğini bir kez daha öğrendim. 6. kitabımın adını *Vatan Lafla Değil Eylemle Sevilir* olarak koymamın sebebi biraz da, bazı şeylerin farkına vardığım bütün bu süreçtir.

Büyük önder Atatürk'ün kurduğu Türkiye Cumhuriyeti'nin geleceği için yetiştirmek zorunda olduğu insan özelliklerine baktığımızda, ilk anda şu nitelikleri alt alta yazabiliriz: Kendine güvenen, özgürce düşünen, düşündüğünü eyleme dönüştürebilen, vatandaşlık bilincine sahip, yurtta ve dünyada barışı benimseyen, cumhuriyet yönetimini yaşam biçimi olarak benimseyen, ekonomik yönden yapıcı ve etken, pozitif bilimi esas alan, güzel sanatları seven, fizik ve düşünce yönünden gelişmiş, erdemli, kendi benliğine, ulusuna ve vatanın bağımsızlığına düşman olan unsurlarla savaşma gereğine inanmış, insan-ulus ve yurt sevgisi olan, bağımsızlık onuruna sahip, dogmaya kapalı, bilime ve bilimsel düşünceye açık, dinamik düşünceyi, dinamik devrimi ve açık toplum idealini benimseyen. Kısacası devletimizin bekasını ve güvenliğini ve milletimizin refahını tesis etmek, bölgemizde lider ülke olmak, dünyanın geleceğinde geçmişte olduğu gibi yine etkin aktörlerden biri olmak amacıyla milli güç unsurlarımızı en verimli şekilde kullanabilmek istiyorsak, çağdaş insan modelinin tüm özelliklerine ve gereklerine sahip olan bireyler yetiştirmek zorundayız.

VATAN LAFLA DEĞİL EYLEMLE SEVİLİR, s. 509

Atatürk 1937 yılında Amerikalı bir gazetecinin *"Mutlu musunuz?"* sorusunu, *"Mutluyum, çünkü başardım,"* diyerek yanıtlamıştı. Atatürk'ün başardığı ulusunu yükseltmek ve daha da yükselerek gerçek gücüne ve değerine ulaşabilmesi için önünü açmaktı.

> *"Yaşamda tam zevk ve mutluluk ancak gelecek kuşakların şerefi, varlığı ve mutluluğu için çalışmakta bulunabilir."*
>
> ATATÜRK

Atatürk'ün sözünü ettiği bu duyguyu, hayatım boyunca hissedebildiğim için çok şanslı olduğumu düşünüyorum. Bugün bilimsel araştırmalar da gösteriyor ki insanın yaşamdaki mutluluğu başkalarına hizmet etmekle artıyor, çünkü insanın kendine saygısı, sevgisi, inancı, güveni artıyor. Bu yaşamda vermek almaktan daha değerlidir. Yaşamına değerli bir amaç bulan insanlar, bu dünyanın daha yaşanılası bir yer olduğuna inanarak ve üzerlerine düşeni yaparak daha huzurlu, daha faydalı ve daha kaliteli bir yaşam sürüyorlar. Bu duyguların her biri insanın ruhunu besliyor, yaşamdan aldığı tatmini yükseltiyor ve mutluluğunu artırıyor.

Başkalarının sorunlarıyla da içten duygularla ilgilenebilmek aslında vicdani bir zenginliktir. Başkalarının sevgisini içimizde hissedebilirsek, onların iyiliğini içtenlikle dileyebilirsek ve toplumu oluşturan bireyler olarak bunu karşılıklı olarak yapabilirsek, hayat hepimiz için daha yaşanılır olacaktır.

> *"İnsan, mensup olduğu milletin varlığını ve saadetini düşündüğü kadar, bütün cihan milletlerinin huzur ve refahını düşünmelidir. Kendi milletinin mutluluğuna ne kadar kıymet veriyorsa, bütün dünya milletlerinin saadetine hizmet etmeye de o kadar çalışmalıdır."*
>
> ATATÜRK

Yaşamın en kalıcı ve en acil sorusu; sen diğerleri için ne yapıyorsun?

Martin Luther King Jr.

Konfüçyüs, "insanın insana iyilikçi ilgisini" çok özel bir yere koyar. Ancak bu ilgiyi, bu sorumluluğu hissedersek ve gereklerini yerine getirebilirsek, önce yakın çevremizde ve kendi toplumumuzda sonra da bütün insanlık içinde sevgiyi, barışı, anlayışı, hoşgörüyü ve karşılıklı sorumluluk anlayışını güçlendirebiliriz. Böylece kendimizden sonraki kuşakların daha sağlıklı, daha huzurlu, daha mutlu olmasını sağlayabilir ve insanlığın daha ileriye gitmesine yardımcı olabiliriz.

Sağlıklı, akılcı, sağduyulu bir toplumda yaşamak isteyen aklı başında her insan, yaşadığı toplumun gelişmesi ve ilerlemesi için çaba gösterir. Karşılığını da, sadece kendi dünyasının değil çevresinin de güzel olmasıyla alır. İçi de dışı da güzelliklerle çevrilir.

VATAN LAFLA DEĞİL EYLEMLE SEVİLİR, s. 20

1999 Marmara Depremiyle birlikte, her şeyin devletten beklendiği devir sona erdi, artık herkesin üzerine düşeni yapması gereken çağdaş bir dönem başladı. Son on yılda ülkede gözlemlediğiniz sivil toplum hareketliliği bu dönemle başlamıştır. Çağdaş dünyada, yurttaş olmanın hakları olduğu gibi sorumlulukları da vardır. Devletle yurttaşlar arasında toplumsal yaşamı sağlıklı kılmayı sağlayacak gelenek, adet ve normlardan oluşan bir sosyal sözleşme vardır ve herkese çeşitli sorumluluklar yükler. Sadece vergi vermek, erkekseniz askere gitmek, trafik kurallarına uymak değildir yurttaşlık sorumluluğu. Yurttaş olmak, o yurdun sahibi olmaktır, kiracısı, misafiri ya da yoldan geçeni değil. Yurdun sahibi olan o yurda sahip çıkandır. Yurda sahip çıkmak da, yurdun meseleleriyle içten ve samimi, çözüm odaklı ilgilenmekle olur. Yurdu güzelleştirmeye, yanlışlarını düzeltmeye, eksiklerini gidermeye

Nasuh Mahruki sosyal sorumluluğu anlattı...

İZMİR - AKUT Arama ve Kurtarma Derneği Başkanı ünlü dağcı Nasuh Mahruki, İzmir Ekonomi Üniversitesi'nin konuğu oldu. Güzel Sanatlar ve Tasarım Fakültesi Endüstriyel Tasarımı Bölümü'nün ID451-Applied Workshop Dersi kapsamında öğrencilerle buluşan Nasuh Mahruki, "Sosyal Sorumluluk" konulu bir söyleşi gerçekleştirdi.

STK'ların (Sivil Toplum Kuruluşları) çağdaş ve modern bir toplum için çok önemli olduğunu belirten Nasuh Mahruki, "Bu kapsamda bir çok kuruluş var. Odalar, birlikler ve dernekler bunun içinde. Ancak Onların bir çoğu yine kanunlarla kuruluyor. Tam STK'lar tamamen bağımsız olanlardır. AKUT, AÇEV gibi gönüllülük esasına dayalı olanlar ve toplumsal dayanışma ile alanlarında başarı sağlayanlar. Belki acı bir tecrübe ama bu konunun önemi 17 Ağustos 1999 depremi ile ortaya çıktı. AKUT'un orada ki örgütlü, disiplinli çalışması bir çok şeyi değiştirdi. AKUT büyürken kamu ve özel sektörde benzeri yapılanmalara gitti" dedi.

Aslında STK'lara en iyi örneğin Vakıflar olduğunu ve dünyanın bu tür toplumsal dayanışma ve örgütlenmeyi Selçuklulardan ve bunu devam edip büyüten Osmanlılardan öğrendiğini vurgulayan Nasuh Mahruki, "Dünyanın neredeyse yarısına hükmeden Osmanlı İmparatorluğu bu sistemi çok iyi işletti. Bizim genlerimizde özümüzde olan bu örgütlenme maalesef zaman zaman büyük darbeler gördü."

çalışmakla olur, elini taşın altına koymakla, sorumluluk almakla olur.

Nazım Hikmet, "*Memleketinizi sevin,*" der. "*Ama sadece iyi ve güzel taraflarını sevip, kötü taraflarını sevmemek olmaz, yumurtadan çıkıp kabuğunu beğenmemek olmaz. Memleketinizi sevin, ama bütün pisliğiyle birlikte sevin,*" diye de ekler. Böylesi bir gerçek sevgi, insanın sevdiği şeye tam manasıyla sahip çıkmasını ve onu bir önceki günden daha güzel, daha sağlıklı, daha güçlü, daha nitelikli ve daha çok yapmaya çalışmasını da getirir.

Çok iyi anlamalıyız ki; Vatan lafla, sloganlarla sevilmez, Vatan eylemle sevilir. Askerlikle sınırlı olmamakla birlikte bütün askeri birliklerde yazdığı gibi; "Vatanını en çok seven görevini en iyi yapandır." Biz görevimizi herkesten iyi yapmaya çalışırız. Bugüne kadar da Allah'ın izniyle yüzümüzü hiç kara çıkarmadık.

Bugün sokakta kimi çevirseniz Türkiye'yi, Cumhuriyeti, Atatürk'ü sevdiğini söyler, ama bu kadarının yetmediği apaçık ortada. Demek ki Vatan sevgisi başka bir şey, Vatanı bir başka türlü sevmek gerekiyor. Vatan sevgisi; ona özel bir değer vermek, onu özel bir yerde konumlandırmaktır, onun için kararlı ve cesur bir duruştur; geçmişe saygı, geleceğe ise inançlı bir güvendir. Geçmiş ve geleceğin arasındaki bugünde ise anlamak, sahip çıkmak, sorumlu hissetmek, korumak ve yüceltmektir.

Vatanı sevmek âşık olmak gibi ciddi bir şeydir; başka sevgilere benzemez. Vatan uzaktan sevilmez, Vatan yemek sever gibi, renk sever, kıyafet sever gibi, takım tutar gibi sevilmez. Vatan öylesi de olur böylesi de olur, kazansak da olur kaybetsek de olur diyerek sevilmez, Vatan kerhen sevilmez. Vatan ruhla, bedenle, akılla, yürekle, bilekle, tepeden tırnağa insanı insan yapan her şeyle, her hücreyle sevilir.

Vatan tektir, birdir, vazgeçilmezdir, taviz verilmezdir, hiçbir şeyle kıyaslanamaz, yerine hiçbir şey konulamaz. Maldan mülkten, paradan puldan, candan canandan her şeyden geçilir, Vatandan geçilmez. Çünkü Vatan'ın içinde hayatınız, sevdikleriniz, milletiniz, atalarınız, tarihiniz, geçmişiniz, geleceğiniz, namusunuz, onurunuz, refahınız, mutluluğunuz, huzurunuz, hayalleriniz kısacası yaşama, insana ve ulusa dair ne varsa hepsi vardır.

Bütün bunların bir anlamı olabilmesi için önce bunları özgürce var edecek bir Vatan gerekir. Vatan sevgisi sevgi kelimesinin sınırlarını öylesine zorlar ki o sevginin içini ruhla, kararlılıkla, inançla, özveriyle, eylemle beslemezseniz, sevginizin Vatana bir faydası olmaz, o sevgi ancak egonuzu tatmin etmeye yeter, çoğumuzun yaptığı gibi...

Vatan sevgisi belirli günlerde, anma etkinliklerinde, törenlerde ya da sadece duygularda yaşanacak bir heyecan değildir. Vatanı sevmenin eylemsel bir karşılığı ve sonucu etkilemeyi hedefleyen tutarlı ve inançlı bir bütünlüğü olmalıdır. Büyük önderimiz; "Vatan sevgisi ona hizmetle ölçülür" diyerek bu konunun da ölçüsünü çizmiştir. Bence bugünün şartları gereği hepimizin bu ölçüye göre kendi samimiyetini değerlendirmesi ve vicdanıyla bir hesaba girmesi gerekir. Çoğumuzun iyi niyetinden şüphem yok, ama bugünkü şartlarda sonucu etkileyemediğimiz, değiştiremediğimiz sürece sadece iyi niyet yetmiyor.

Vatan sevgisi evlat sevgisi gibi olmalıdır. Bir anne, bir baba nasıl çocuğu her ne yaparsa yapsın, yaramazlık da yapsa, kötü bir şey de yapsa yine de sevgisinde bir azalma olmaz, ilk günkü gibi evlat sevgisiyle koşulsuz sever ve 24 saat, uykusunda bile evladının sağlığını, iyi okullara gitmesini, iyi imkânlara sahip olmasını, geleceğini, mutluluğunu düşünür ve bunu sağlamak için çalışır, araştırır, fedakârlık yapar, kendi yemez yedirir, kendi giymez giydirirse, gerçek vatan sevgisi de böyle olmalıdır. Ülkesini, insanları gerçekten, içten, samimiyetle seven kişi 24 saat, uykusunda bile böyle düşünür, her davranışında böyle hareket eder. Yaptıklarının, seçimlerinin, kararlarının ülkesine zarar vermemesine, ülke hassasiyetlerine dikkat eder, onun da ötesinde ülkesine, insanına faydalı olmasını, olan bitende kendisinin de yapıcı, geliştirici, iyileştirici bir payı olmasını ister.

17 Ağustos 1999 Gölcük Depremi'nde yaşananlarda, Türkiye'nin tamamı gibi bizler de çok üzüldük ve çok acı çektik. Ama biz içten bir üzüntüyle yetinmedik, derhal enkazlara koşup tutabildiğimiz kadarını, bulabildiğimiz kadarını, gücümüzün yettiği kadarını enkazların altından, ölümün kucağından çekip almaya uğraştık. Çoğumuzun televizyonda bile izlerken fena olduğu, artçı depremlerin yaşandığı, acıların, umutsuzluğun ve çaresizliğin hüküm sürdüğü o günlerde AKUT gönüllüleri, kalplerindeki Vatan ve millet sevgilerinin eylemsel karşılığını, korkusuzca enkazların altına girerek gösterebildiği için 220 insan, 220 aile, 220 dostluk çemberi yaşama şansını yeniden yakaladı. Vatan Lafla Değil Eylemle Sevilir adını verdiğim bu kitabın adındaki eylem çağrısı böylesine bir eylem çağrısıdır.

NASUH MAHRUKİ:

AKUT, vatan sevgisinden doğup büyüdü

■ AKUT Arama Kurtarma Derneği'nin kurucusu Nasuh Mahruki, dağcılığın maceralı bir ruhla açıklanabileceğini ancak AKUT'u ayırmak gerektiğini söyledi. Mahruki, "O tamamen bu ülkeye ve insanlarına olan sevgimizle alakalı" dedi.

BETÜL ALTINBAŞAK'LA PAZAR KAHVESİ 17'NCİ SAYFADA

Türkiye, 28 Ağustos 2009

Yoksa siz bizim spor olsun veya sakin hayatımızda biraz heyecan olsun diye mi dağlardaki kazalara, sellere, depremlere, çığlara, orman yangınlarına, afetlere koşarak gittiğimizi düşünüyordunuz... Biz bütün bu zorluklara ve mücadelelere Vatanımızı ve milletimizi çok ama çok sevdiğimiz için, kendimizi onlara karşı sorumlu hissettiğimiz için göğüs geriyoruz.

Yukarıda anlatmaya çalıştığım kavramlar aslında hiçbirimize uzak değil. Örneklerini yazılı, görsel ve işitsel medyamızda sürekli görüyoruz. İş konuşmaya gelince çoğu mangalda kül bırakmıyor, herkes ne kadar Atatürkçü olduğunu, ne kadar vatansever olduğunu, ne kadar fedakâr olduğunu o kadar iyi anlatıyor ki, dinlerken tüyleriniz ürperir, gözleriniz dolar. Ancak gerçek iman, inanç hakkında konuşmakta değil; eline bıçağı alıp Hz. İbrahim gibi biricik oğlunun boğazına dayamakta ve Hz. İsmail gibi bıçağın altında sessizce yatmaktadır. Gerçek iman, konuşulacak değil yaşanacak bir şeydir. Gerçek Vatan sevgisi de sorumluluk almaktır, üretmektir, çalışmaktır, gerçekleştirmektir, başarmaktır, elini taşını altına korkmadan (ya da korkarak, ama kaçmadan) koymaktır ve de bütün bunları namuslu, dürüst, ahlaklı, sorumlu yurttaşlar olarak yapmaktır.

Bu dersi yıllar bize iyi öğretti...

VATAN LAFLA DEĞİL EYLEMLE SEVİLİR, s. 142-143

Sevdiğini mertçe seven kişi,
Pervane gibi özler ateşi.
Sevip de yanmaktan korkanların,
Masal anlatmaktır işi.

Ömer Hayyam

Standart cevap, daha iyi liderlere ihtiyacımız olduğudur, gerçek cevap ise daha iyi yurttaşlara ihtiyacımız olduğu.

Thomas L. Friedman

Bizim bu yaşamda bence en büyük sorumluluğumuz, içine

doğduğumuz dünyayı daha da güzelleştirerek bizden sonrakilere bırakmaktır, ta ki insanoğlu hedefine varıncaya dek. Aksi bencil, hoyrat ve düşüncesiz bir hayat olacaktır ve mutlaka bir hesabı olacaktır. İstersek, ama gerçekten istersek, her şeye ve herkese rağmen üretebilir, yapabilir, değişebilir, değiştirebilir, gerçekleştirebilir, başarabilir ve kazanabiliriz; doğruları seçmekle hem kendi ruhumuzu kurtarırız hem de ülkemizi, belki de dünyamızı...

Büyük depremden önce 1998 yılında, daha iki yaşındaki AKUT'umuzun ilk gerçek deprem deneyimi olan Adana Ceyhan Depremi'nde, kurtardığımız iki candan sonraki duygularımı, *AKUT GERÇEKTE NE İFADE EDİYOR?* başlıklı makalemde aşağıdaki şekilde dile getirmiştim.

....

Çoğunuz bilirsiniz, ünlü bir yazarın Meksika kıyılarında tatil yaparken başından geçen olayı. Yazar, her sabah kaldığı yerin balkonundan, kıyıda koşup duran ve dans eder gibi hareketler yapan genç adamı izler ve ne yaptığını merak eder. Bir sabah onunla konuşmak için yanına gider. Genç adam, suların çekilmesinden dolayı kumda kalan on binlerce denizyıldızının arasında kumsal boyunca koşmakta ve onları denize atmaktadır. Yazar bu garip çabaya şaşırır, çünkü okyanus kumsalı çok uzundur ve kumda kalan denizyıldızları sayısızdır. Genç adama boşuna uğraştığını, hiçbir şeyi değiştiremeyeceğini söyler. Bunun üzerine genç, eğilir ve kumdan aldığı bir denizyıldızını okyanusa geri atar ve 'Onun için değiştirdim' der.

1932 Erzincan Depremi'nde, otuz iki bin dokuz yüz atmış iki kişi öldü. PKK bugüne dek otuz bin kişiyi katletti. Türkiye'de geçen yıl dört bin sekiz yüz elli iki kişi trafik kazalarında can verdi. İstanbul'da geçtiğimiz yıl çıkan yangınlarda atmış iki kişi hayatını kaybetti. AKUT ve Sivil Savunma Birlikleri,

Sercan'ın mucize kurtuluşu

Ceyhan'da enkaz altında 26 saat ölüm kalım savaş
veren 11 yaşındaki Sercan Güvercin, ünlü dağc
Mahruki'nin ekibi tarafından sağ olarak kurtarıldı

Akşam, 29 Haziran 1998

Ceyhan'da iki kişinin hayatını kurtardı.

İnsan hayatının bu kadar ucuz olduğu ülkemizde, Sercan'ı ve Hatice öğretmeni büyük bir enkazın altından, ölümün kucağından çekip aldık. Ülkemizde binlerle ölçülen ölümlerin yanında, iki can nedir ki?

İki can çok şeydir dostlar. İki can, insanın insana karşı en büyük sorumluluğudur. İki can, bireylerin isterlerse neler yapabileceklerinin bir göstergesidir. İki can, insanın isterse en umutsuz anda bile her şeyi değiştirebileceğinin kanıtıdır. Bizim kumsaldaki bütün denizyıldızlarını kurtarmak gibi bir ütopyamız yok. Biz de her şeyi değiştiremeyeceğimizi çok iyi biliyoruz, ama Ceyhan'da iki küçük denizyıldızı için değiştirdik.

Haydi dostlar, bizi bekleyen daha çok denizyıldızı var kumsalda, hepsine yetişemeyiz, ama hiç değilse bir avucunu daha denize geri atalım.

YERYÜZÜ GÜNCESİ, s. 246

AKUT'taki arkadaşlarımla birlikte ülkemizde eksikliğini, yanlışlığını veya yetersizliğini gördüğümüz çeşitli konularda da projeler üretiyoruz. Kendimizi sadece arama ve kurtarmayla sınırlandırmadan, ülkemize ve insanımıza fayda yaratacağına inandığımız birçok konuda da çalışmalar yapıyoruz. Bunların içerisinde üniversitelerde kurduğumuz AKUT Öğrenci Toplulukları, sualtı ve suüstünde yaptığımız çevre ve çöp temizlikleri, küresel ısınmaya karşı toplum bilinçlendirme çalışmaları, kan bağışı ve organ bağışı kampanyaları, Ermeni Soykırımı yalanlarına karşı yaptığımız basın duyurusu ve toplum bilinçlendirme çalışmaları ve 1. Dünya Savaşı'nda Doğu Cephesi'nde Sarıkamış Dramı'nda, düşmana değil, ama soğuğa yenik düşerek şehit olan, ancak ders kitaplarında sadece 7 satır bahsedilen, unuttuğumuz 90.000 Mehmetçiğin layık oldukları şekilde anılmalarını sağlamak ve fedakâr ruhlarını rahatlatmak amacıyla *Allahuekber* Dağları'nda yaptığımız yürüyüş faaliyetini sayabilirim.

Son yıllarda tam hayalimizdeki gibi gündeme giren Sarıkamış Şehitleri konusunu Türkiye'nin gündemine 2003 yılında getiren de AKUT'tur. Bir sü-

Hürriyet

PAZARTESİ, 22 Aralık 2003

Eyüphan KILIÇ/a.a.

Şehitler için yürüdüler

KARS'ın Sarıkamış İlçesi yakınlarındaki Allahuekber Dağları'nda 1914'te Rus ordusuna yönelik harekat sırasında donarak şehit olan Enver Paşa komutasındaki 40 bin Mehmetçik, Erzurum'dan Sarıkamış'a yapılan yürüyüşle anıldı. Yürüyüşe, AKUT Başkanı Nasuh Mahruki ile kalp cerrahı Prof. Dr. Bingür Sönmez'in de aralarında bulunduğu 100 kişi katıldı. 20 kilometreyi yaklaşık 2 saatte yürüyen katılımcılar Allahuekber Dağı üzerinden Kars'ın Sarıkamış İlçesi'ne ulaşmayı başardı. 25 kişilik AKUT ekibi, Allahuekber Dağı'nın 2 bin 540 rakımlı zirvesine anı tırmanışı yaptı. Mehmetçik ise Yukarı Sarıkamış Köyü'nde meydan savaşını temsili olarak canlandırdı. ■ **KARS/DHA**

Sarıkamış yürüyüşüne katılan gruba, 9. Piyade Tümen Komutanlığı Komando Taburu'ndan askerler de eşlik etti. Aşırı soğuk nedeniyle zorlu geçen yürüyüşte sık sık mola verildi.

Hürriyet, 22 Aralık 2003

redir aklımızda olan, ama nasıl hayata geçirebileceğimizi henüz bulamadığımız, 90. yılda tüm Türkiye'nin dikkatini çekmek amacıyla AKUT dağcılarının Sarıkamış Şehitleri'ni anmak için 89 yıl sonra aynı tarihlerde Allahuekber Dağları'nı aşması projesini, Ağrı Dağı'na by pass geçirmiş hastaları götürdüğümüz süreçte çok iyi anlaştığımız Prof. Dr. Bingür Sönmez'e açmıştım. Bingür hoca da bu konudan çok heyecanlanmış ve konuyu Sarıkamış'a bizim gibi büyük ilgi duyan arkadaşlarıyla birlikte son derece ciddi ve başarılı bir şekilde kamuoyunun gündemine taşımıştı. Başka birçok konuda olduğu gibi burada da yol göstericilik görevimizi bu fikri zamanında ortaya atarak ve öncülüğünü yaparak gerçekleştirdik ve yuvarladığımız kartopu Sarıkamış Dramı'nın 90. yılında bir çığa dönüşünce kendimizi geriye çektik ve Türk Milleti'nin geç kalınmış dahi olsa şehitlerine sahip çıkmasını izlemenin mutluluğunu yaşadık.

VATAN LAFLA DEĞİL EYLEMLE SEVİLİR, s. 162

....

Sarıkamış şehitlerini ülke gündemine taşımayı hedefleyen sivil bir inisiyatif olan Sarıkamış Dayanışma Grubu'nun ilk çalışmalarını, grubun başkanı Prof. Dr. Bingür Sönmez *Ateşe Dönen Dünya: Sarıkamış* adlı kitabında şu şekilde anlatıyor:

Aralık 2003'te Sayın Nasuh Mahruki'nin önerisiyle 17. Tümen'in 30 Aralık 1914 tarihinde Sarıkamış'a girip istasyonu işgal ettikleri yol izlenerek AKUT, Kars-Ardahan-Iğdır Vakıfları ve Erzurum Kalkınma Vakfı'yla birlikte organize edilerek 9 km'lik bir kar yürüyüşüyle Soğanlı Dağları aşıldı. Bu

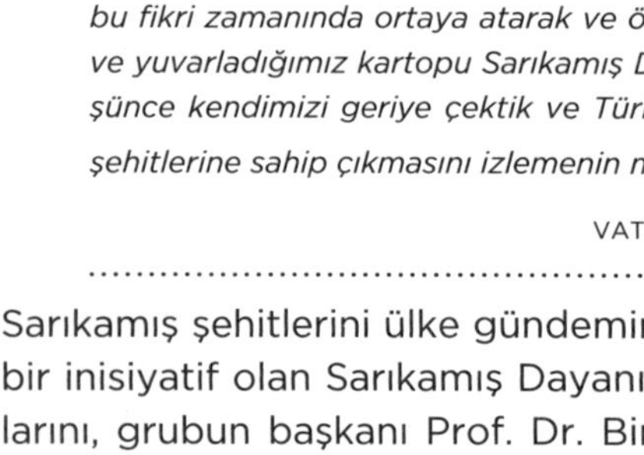

Sarıkamış Harekatı'nın 90. yılında Prof. Dr. Bingür Sönmez ile *yürüyüş ve ardından Yukarı Sarıkamış Şehitliği'ndeki anma töreni organize edildi.*

Aralık 2004'te "90. Yılda 90.000 Şehit Genelkurmay Başkanlığı'nın Himayelerinde Anılıyor" projesinin ana sponsoru olundu. Kiralanan canlı yayın araçları sayesinde etkinlikler ulusal kanallarda geniş yer aldı.

Ateşe Dönen Dünya: Sarıkamış, s. 212,
Prof. Dr. Bingür Sönmez-Reyhan Yıldız

Bugün sosyal yaşam kuralları içerisinde en önemli ve gerekli olanlardan biri, toplum ve toplumu ilgilendiren konular için toplumcu bir amaç ve yaklaşımla örgütlü olabilmektir. Türkiye'nin aslında en önemli eksiklerinden biri de örgütlü bir toplum olamamasıdır. Aslında çoğunluk benzer değerlere sahip olmasına ve hayatı benzer şekilde algılamasına rağmen, örgütlü toplum olmanın dinamiklerine sahip olamadığımız için bir türlü birlikte hareket etmenin sinerjisini ve dönüştürücü enerjisini toplumsal hayatımıza yansıtamıyoruz.

"Örgütlü toplum, güçlü toplumdur"

Arama Kurtarma Derneği (AKUT) Başkanı Nasuh Mahruki, 10 örgütlü kişinin 100 kişiye bedel olduğunu söyledi.

Akis, 11 Mart 2009

Birlikte hareket eden ve birbirini kollayan 10 kişi, birbirinden kopuk ve dağınık hareket eden 100 kişinin hakkından gelir. Tarih boyunca bu gerçek değişmemiştir. Gizli ya da açık, iyi niyetle veya kötü niyetle, güçlerini birleştirmenin sinerjisinin farkına varanlar, bu birliktelikleriyle diğerlerine karşı büyük avantajlar elde etmişlerdir. Ben örgütlenmenin ve örgütlü olmanın getirdiği imkânları ve potansiyeli, Bilkent Üniversitesi Doğa Sporları Topluluğu'nun başkanlığını yaptığım yıllarda öğrendim, daha sonra AKUT'un başkanlığını yaparken de bu deneyimin çok faydasını gördüm.

Unutulmamalıdır ki;

Örgütlü toplum güçlü toplumdur.

Katılımcı demokrasinin olmazsa olmazlarından biri örgütlü olabilmektir. Toplumu oluşturan katmanlar, çağdaş ve demokratik bir anlayışla hak ve payları için bir araya gelmeli ve hem kendi hem de başkalarının haklarına ve paylarına sahip çıkmalıdır. Bütün bunların dengeli dağılabilmesi için kendi üzerine düşen sorumluluğu taşıyabilmelidir. Toplum hayatı bir ortaklıktır ve bu ortaklıkta her birey hareketli ve etkili olmalıdır. Herkes bu ortak yaşamda üzerine düşeni yerine getirmelidir. Birlikte daha güzel bir gelecek yaratabileceğimize inanmalıyız. Büyük başarılar ve önemli değişimler bizler ancak birlikte hareket edersek gerçekleşebilirler.

İnsanoğlunun, hepimizin dünyayı getirdiği durum artık hiçbirimize sorumluluktan kaçacak aralık bırakmamaktadır. Bu nedenle ilişki ve işbirlikteliklerimizde eski vizyon olan kazan-kazan artık yeterli değildir. Artık herkes kendisi ve ortağı kazanırken dünyaya ve diğerlerine de ne olup bittiğine bakmalıdır. Bu nedenle yaşamdaki yeni paradigmamız sorumluluk duygusuyla da sınırlandırılmalıdır ve artık kazan-kazan değil, kazan-kazan-kazandır düşüncesi yol haritalarımızı belirlemelidir.

Unutmamalıyız ki kısa vadede nasıl görünürse görünsün, uzun vadede kaçınılmaz olarak sonuçlar hepimiz için benzer olacaktır. *Küresel Isınma* bunun en somut örneği

Mahruki'den gençlere çağrı

Toplumları güçlü kılan olgunun bireyler olduğunun altını çizen AKUT Başkanı Nasuh Mahruki, üniversiteli gençlere sorumluluk almaları çağrısında bulundu.

■ Kemal ÇOLAK

Uluslararası Öğrenci Değişim Programı (AIESEC) Bursa Şubesi'nin konuğu olarak Bursa'ya gelen ve Uludağ Üniversitesi'nde dün düzenlenen "Dünya vatandaşı olma yolunda" konulu sempozuma katılan Nasuh Mahruki, Türk aile geleneğindeki koruyucu yapının gençlerin erken yaşlarda sorumluluk almalarına engel olduğunu ve onların diğer kültürlerle kaynaşmalarını olumsuz etkilediğini ifade etti.

Everest'e tırmanan Türk dağcı kimliği ile tanınan ve 17 Ağustos'ta Türkiye'yi sarsan büyük depremde yüzlerce insanı enkaz altından çıkaran arama kurtarma çalışmalarıyla gündeme gelen AKUT Başkanı Nasuh Mahruki, Uludağ Üniversitesi'nde gençlere yeryüzündeki kültürel farklıklarla ilgili tespitlerini aktardı.

"İnsanlarla diyalog kurmaktan kaçmayın"

"En iyi tecrübenin gezerek, görerek ve yaşayarak" edinildiğinin altını çizen Mahruki, Avrupa ülkelerinde 17-18 yaş arasındaki gençlerin, üniversite eğitimlerinden önce mutlaka yabancı bir ülkeye giderek, orada yaşamaya çalıştıkları örneğini verdi.

Üniversitelilere, "Diğer insanlarla bağlar kurabildiğiniz ve bunları güçlendirdiğiniz sürece dünya vatandaşı olabilirsiniz" diyen Nasuh Mahruki, gençlere birey olma bilinci kazandıktan sonra bütünselliğin bir parçası olmalarını önerdi.

AKUT Başkanı Nasuh Mahruki, üniversiteli gençlere dünya vatandaşı olmanın önceliklerini anlattı.

Çok sayıda öğrencinin izlediği etkinlikte "Küreselleşme" kavramını irdeleyen Doçent Doktor Veysel Bozkurt, küreselleşmenin uluslararasılaşmak olarak algılanmaması gerektiğini belirtti.

Küreselleşme kavramının "dünyanın bütünleşmesi" anlamında kullanılmasının daha doğru olacağını kaydeden Bozkurt, yeni finansal piyasaların, teknolojik gelişmelerin ve yeni aktörlerin ortaya çıktığını ifade etti.

Yeni süreçten herkesin yararlanamadığını ileri süren Doçent Doktor Veysel Bozkurt, Koç, Sabancı ve Doğuş gibi holdinglerin Hindistan'dan "daha ucuz işgücü imkanı sağladıkları için" bilgisayar mühendisleri ithal ettiklerini hatırlatarak, "Küreselleşmeden yalnızca vasıf düzeyi yüksek olanlar yararlanıyor" dedi.

Risk ve çözüm yolları

Küreselleşmenin etkileriyle birlikte toplumsal çözülmenin arttığına da değinen Doçent Doktor Veysel Bozkurt, "Bu süreç, yeni riskler, belirsizlikler, eşitsizlikler ve kaygılar yarattı" dedi.

Yaşanılan sürece "çekidüzen verecek" kurumsallaşmanın henüz oluşmadığını belirten Bozkurt, bu eksikliği gidermeye çalışan "Dünya Ticaret Örgütü'nün meşruluğunun tartışılır olduğunu kaydetti. Türkiye'nin toplumsal küreselleşmenin oldukça gerisinde kaldığını ifade eden Bozkurt, 57. hükümetin bu konuda olumlu adımlar attığını söyledi.

Bursa 2000, 28 Mart 2000

olarak karşımızda tüm acı ve korkutucu gerçekliğiyle durmaktadır ve etkilerini giderek daha fazla hissettirmektedir.

Bence biz, bugünü yaşayan insanlar için üzerinde düşünülmesi gereken en önemli konu, bu değişim sürecinin bizim hayatımıza yapacağı muazzam etkileri olmalıdır. Bütün dünyamızı etkileyecek ölçekte bir iklim değişikliği gündeme geldiğinde, kim olduğunuz, kaç yaşında olduğunuz, nereli olduğunuz, nerede olduğunuz, ne kadar eğitimli olduğunuz, ne kadar paranızın olduğu, vb her şey anlamını yitirecektir. Böyle bir sonuçtan kurtulabilmemizin tek yolu ise, bu güzel dünyayı paylaştığımız tüm dünya vatandaşlarının ve devletlerinin, kendi dışındakilere karşı da sorumluluklarının farkına varması ve tercihlerini, kararlarını, eylemlerini bu farkındalıkla gerçekleştirmeleridir.

Dünyamızın hayatında belirli periyodlar halinde yaşanmış olmasına rağmen, bu kez insanoğlunun düşüncesiz ve hesapsız davranışları ve aşırıya varan tüketim alışkanlıkları yüzünden daha da hızlanan ve daha tehlikeli bir hale dönüşen, ilk etkilerinin artık açık olarak hissedilmeye başlandığı küresel iklim değişikliği ya da daha çok kullanılan adıyla küresel ısınma ve bunun sonucunda başlayacak olan buzul çağı süreci, bilim insanları ve konuyla ilgili duyarlı dünyalılar tarafından uzun bir süredir endişeyle izleniyor ve dünya çapında bir kamuoyu yaratılmaya çalışılıyordu. Ne duymaktan ne konuşmaktan ne de gerçekliğini kabul etmekten hoşlanacağımız, ama var olan ve gittikçe yaklaşan bu tehdite karşı tüm dünyanın el ele vermesi ve birtakım radikal adımları atması zorunluluğu konuları, 2007 yılına dek pek yüksek sesle olmasa da yıllardır dünya kamuoyunda konuşuluyor, tartışılıyor, bu konularda birtakım kanunlar, anlaşmalar ve uygulamalar geliştirilmeye çalışılıyordu. Ancak ne yazık ki bu çabaların sonucu etkileyecek bir seviyeye ulaştığı pek söylenemez.

VATAN LAFLA DEĞİL EYLEMLE SEVİLİR, s. 585

James Lovelock ünlü kitabı *Gaia'nın İntikamı*'nda Gaia teorisinden bahseder. Bir metafor olarak da bakılabilecek bu teoriye göre bütün dünya, atmosferiyle, biyosferiyle, okyanuslarıyla, üzerindeki her türlü oluşumlarıyla ve tüm yaşamla tıpkı bir canlı gibi, kendi kendini düzenleyebilen tek bir süperorganizma olarak varlığını sürdürür. Ancak bugün için bu dev canlı organizma, kendi doğal süreçlerinin ötesinde insan aktivitelerine bağlı olarak artan aşırı ısınma nedeniyle hastadır. Dünya, bu rahatsızlığına karşı, bizim insani ölçeğimize göre çok uzun bir süreç alacak şekilde kendisini yeniden düzenleyecektir ve bütün bu alışılmadık süreç insanoğlu için gerçek bir var olma testi olacaktır.

James Lovelock'a göre yaşayan ve kendi kendini düzenleyebilen canlı bir organizma olan *Gaia,* her zamanki gibi kendi başının çaresine bakacaktır. Her koşula uyum sağlayabilme konusunda çok becerikli olan insanoğlu ise mutlaka bu süreci de atlatacak ve varlığını sürdürebilecektir, ancak medeniyet büyük bir tehlike altındadır. Esas risk insanoğlunun 21. yüzyıla dek ulaştırdığı medeniyetin üzerindedir.

İstekle ihtiyaçları, zevkle mutluluğu, rahatlıkla huzuru karıştırmamamız gerekir. Buna göre algımızı ve ilgimizi en çoktan en iyiye, en büyükten en faydalıya dönüştürmeliyiz. Ruhumuzun gerçekten ihtiyaç duymadığı şeyleri bırakabilmeyi öğrenmeliyiz. Önemli olan en çok şeye sahip olmak değil, en az şeye ihtiyaç duymaktır.

Bu seviyede;

Az aslında çoktur.

"Beyazadam büyük ateş yakar; yanına yaklaşamaz, önü ısınırken arkası üşür. Kızılderili küçük ateş yakar; içine girer, her yeri ısınır."

Bu yaşamda daha az tüketerek de yine aynı kalitede, hatta daha kaliteli bir yaşam sürebiliriz. Gerçekten ihtiyaç duymadığımız şeylere sahip olmaya çalışmaktan kendimizi kurtarmalıyız. İsraf etmemeyi, daha verimli olmayı, daha az tüketmeyi, geri dönüşümü ve geri dönüşümlü ürünler kullanmayı öğrenmeliyiz. Dünyamızın içinde bulunduğu küresel iklim değişikliği ve küresel ısınma sürecine etkimizi en az düzeye indirecek şekilde nasıl daha az enerji tüketebileceğimizi ve enerji ekonomisini de mutlaka öğrenmeliyiz.

Everest'in Zirvesinde fotoğraf sergisi davetiyesi

AKUT'un Antalya Ekibi lideri sevgili Yılmaz'la (Sevgül) birlikte bu yıl yaptığımız *Everest* Dağı tırmanışında sloganımız, dünyamızın ihtiyaç duyduğu enerji ekonomisine dikkat çekmek için; *Enerjini Doğru Kullan Zirveye Tırman*'dı.

Unutmayın ki;

En temiz enerji tasarruf ettiğiniz enerjidir.

Yaşam içerisinde kullandığınız, tükettiğiniz, tercih ettiğiniz ürünlerle ve yaptığınız her şeyle birlikte bunların üretimi, nakliyesi, tüketimi ve en sonunda ayrışmalarıyla ilgili tüm döngüde, ortaya çıkan sera gazı miktarı açısından çevreye verdiğimiz zararın ölçüsü olan *Karbon Ayak İzi*'mizi en düşük seviyeye çekmenin yollarını araştırmalı ve bu konuda üzerimize düşeni yapmalıyız. Evrenle, bütünle uyum içinde olmalı, o bütünün bir parçası olduğumuzun bilincinde, hem bütünden almalı hem bütüne katmalıyız. Özgün bir birey olduğumuzun farkındalığını yitirmeden bütünle ve bütün için yaşamalıyız.

Bu dünyadaki her şey aslında sizin için, dilediğiniz kadarını alın, aldığınızdan daha fazlasını vermek kaydıyla...

Çünkü;

Yaşamda asıl başarı;
dünyanın sizin için yaptığından daha fazlasını
dünya için yapabilmektir.

SON SÖZ

İnsanlığın gelişiminde bazı kilit olaylar vardır ki kendisinden sonraki medeniyetin gelişmesinde ani bir sıçramayla, daha yüksek seviyede bir algı ve kabiliyet yaratırlar. İnsanlığın yükselişini, kendilerinden önceki dönemle kıyaslanamayacak kadar hızlandırırlar. İnsanoğlunu, içindeki potansiyele bir adım daha yaklaştıran bu sıçramalardan biri, bundan 5000 yıl kadar önce Sümerliler tarafından yazının bulunmasıyla yaşanmıştır. Yazının icadı, kendisinden sonraki tarihin şekillenmesinde bir *quantum* sıçraması etkisi yaratır. Yazıyla tanışan yaratıcı zihinler daha önce mümkün olmayan pek çok yeni şey geliştirirler. Hayal güçlerinin yeni sınırları ve yeni olanaklarıyla, insanların arasındaki çok yönlü etkileşim, insanlığın ortak üretkenlik ve yaratıcılığında yeni bir çağ başlatır. Bu çağ, bilginin kayıt edilmesi ve paylaşılabilmesini sağlayan yazının başlattığı birbirini izleyen olağanüstü gelişmeler çağı olur. Bir diğer örnek olarak, çok daha fazla bilgiyi çok daha hızlı işlemeye imkân veren bilgisayarlar ve tüm dünyayı bir ağ gibi sararak bilginin paylaşı-

❄ Afrika semalarında bir pelikan.

mını çok daha hızlı ve hareketli hale getiren internet de, yine yazı gibi kendisinden sonrası üzerinde bir *quantum* sıçraması etkisi yarattı ve yaratmaya devam ediyor. Dijital çağ, sonsuz olasılıklarıyla hayatımızda yerini alıyor ve daha önce hayali bile kurulmamış şeyleri gerçekleştiriyor.

Bazı kaynaklar, yaklaşmakta olduğumuz dönem içinde, büyük bir değişim ve dönüşümün yaşanacağı farklı bir sıçrama bekliyorlar. Buna göre bu sıçrama, tüm insanlık üzerinde etkileri görülecek olan bir algı değişimiyle beraber başlayacak ve arkası gelecek. Bu sıçramayı yaratacak tetikleme, belkı de insanoğlunun farkına varacağı potansiyeli ve onunla kendisini değiştirmeyi başardığı gibi dünyayı da değiştirmeyi ve daha güzel, daha yaşanılır bir hale dönüştürmeyi başarabileceğine olan inancı olacaktır. Bütün yaşanan ve görünenlerin aksini işaret etmesine rağmen belki hemen değil, ama bir an gelecek insanoğlu bunu da başaracaktır. Kendi farkındalığına ulaşan ve dünyadaki yerinin farkında olarak üzerine düşeni yerine getiren insanların sayısı arttıkça, bu geçiş daha kolay gerçekleşecektir. Ben bu konuda iyimser olmayı ve olumlu düşünmeyi tercih ediyorum.

Bence 2010'ların *quantum* sıçraması, yaratılış planından gelen aramızdaki görünmez bağın farkına vardığımızda yaşanacak. Bu dünyadaki varlığımız dünyanın geri kalanıyla da ilişkilidir. Kendi içimizdeki tamlığa ancak dünya, yaşam, diğer insanlar ve tüm diğer her şeyle aramızdaki bütünlüğü kavradığımızda ulaşabiliriz. Her birimiz tek, eşsiz ve benzersiz olarak yaratıldığımız halde hepimiz birbirimize bir şekilde bağlıyız, çünkü hepimiz özde aynıyız, yaşam denilen bu yolculukta aynı yerden geldik ve aynı amaçla aynı yere gidiyoruz. Evrendeki bu bütüncüllüğün ve bütünün farkına vardığımızda, hepimizin birbirine bağlı olduğunu ve karşılıklı olarak birbirimizi etkilediğimizi ve etkilendiğimizi de kavrayacağız.

Hepimiz birbirimize bağlıyız.

Yalnızca ruhsal olarak değil fiziksel olarak da birbirimize bağlıyız. Bu bağlılık karşılıklı olarak bizi birbirimize de bağımlı hale getiriyor. Bu öyle bir bağ ki, ilişki ve iletişim halinde olmasak da, hatta birbirimizin farkında olmasak dahi birbirimize bağlıyız. *Einstein*'ın, *"Eğer arılar yeryüzünden kaybolursa insanlığın 4 yıl ömrü kalmış demektir,"* şeklindeki bilimsel kehanetini, bu kadar karamsar olmadan ancak kısmen de olsa içindeki gerçeklik payını görerek yorumlamak gerekir. Arılar bir yandan bal üretmek için çiçekleri dolaşırken bir yandan da çiçeklerin tozlanmalarını, döllenmelerini sağlıyorlar. Herhangi bir sebeple bu mekanizma ortadan kalkarsa, doğanın dengesinin bozulacağı kesin, ancak doğa muhakkak ki bu duruma bir cevap verecek ve kendisine yeni bir sistem geliştirecektir. Yine de bu kadar önemli bir türün ortadan kalkmasının veya nüfusunun önemli ölçüde azalmasının olağanüstü sonuçları olacağı kesindir. Doğadaki besin zincirinin bir yerinde kırılma yaşaması yıkıcı sonuçlara yol açabilecektir, bazı türler ortadan kalkacak bazı türlerse dolaylı yoldan etkilenecektir.

Akıllı bir varlık olan insanoğlu şöyle bir çevresine baksa, bütün yaratılmış olanların aslında bir plan dahilinde ve birbiriyle ilişkili olarak var olduğunu görecektir. Bugün okyanusta yaşayan ve besin zincirinin en alt halkalarından biri olan küçücük 'krill'lerin, okyanus yüzeyindeki ısının değişimine bağlı olarak azalmaları, peşi sıra tetikleyeceği diğer gelişmelerin sonucunda, bu besin zincirinin en üst noktasında yer alan insanoğlu için bile bir felakete yol açabilecektir. Veya Amazon'da yaşayan bir kuş türünün ya da Afrika'da yaşayan küçük bir memeli türünün soyunun tükenmesi, beraberinde pek çok sorunu da kalan türlere getirecektir. Çünkü doğa rastgelelikle değil kurallarla ve olasılıklarla belirli bir sistem dahilinde işler ve bu sistem milyonlarca yıllık evrim süreci sonucunda bugünkü noktaya ulaşmıştır. Sistem içerisinde meydana gelebilecek herhangi bir aykırı değişim, beraberinde başka beklenmedik değişimleri de getirecektir. Bunların bize etkisi olumlu olabileceği gibi, bugünlerde gündemimize giren küresel ısınma sorununda olduğu gibi ölümcül de olabilecektir.

VATAN LAFLA DEĞİL EYLEMLE SEVİLİR, s. 19

İsveçli yazar *Rolf Edberg* sorunu şöyle tanımlıyor:

"Yanlışlık şuradadır; muhtemelen biz kendimizi büyük ve bölünmez bütünün bir parçası olarak görmeyi başaramadık. Uzun zaman yaşamlarımızı; 'Tanrı bizi, denizdeki balıklara, havadaki kuşlara ve dünya üzerindeki hareket eden her canlıya hakim kılmıştır' düşüncesine bağlı olarak yönlendirdik. Dünyamızın bize ait olmadığını, aksine bizim ona ait olduğumuzu anlamayı bir türlü başaramadık."

21. yüzyılın başlarında farkına vardığımız bütün bu çevreyle ilgili küresel sorunların özünde, doğaya karşı insanı yerleştirdiğimiz bu kibirli ve bencil konumlandırma yatıyor. İnsanoğlu elbette ki en değerli varlıktır. Allah ona ruhundan üflemişti, ama bu ona doğayı, dünyayı sorumsuzca tüketme hakkı vermez. Buradaki eksik ve hatalı yorumlarımız ve bu anlayışla doğaya, hayata, dünyaya ve diğer insanlara karşı kendimizi konumlandırdığımız ilişki biçimi, tarih boyunca sebep olduğu tüm acılar ve savaşlar bir yana, yüzlerce yıl sonra küresel iklim değişikliği adı verilen, kayıtlı insanlık tarihinin en büyük ve en korkutucu tehditinin de ortaya çıkmasına sebep olmuştur.

İnsanoğlu kendisini doğadan ayrı bir varlık olarak konumlandırdığı için doğayı istediği gibi ve ölçüsüzce tüketebileceği sınırsız bir kaynak olarak algılıyor. İnsana dilediği gibi tüketmesi için verilen, dolayısıyla diğerlerinden daha hızlı davranarak, bu talanda daha fazla ele geçirmesini sağlayacak her yolu mübah sayan bu anlayışın, eninde sonunda bir çıkmaza gireceğini öngörmek için hiç de uzmanlığa gerek yok. İnsan nüfusunun katlanarak artması ve teknolojideki gelişmelerle birlikte, dünyamızın kendisini yenileyebileceğinden daha hızlı tüketebilmesi, insan ve doğayı birbirinden ayrı konumlandıran algıyla birleşince, sadece bencil hırslarına ve isteklerine odaklanan ve geleceği hesap etmeyen bir yaşam biçimi oluşturmuş. Bu yaşam biçiminin anlık zevkleri yüksek olmakla birlikte sürdürülebilir olmadığı açıktır.

Bu bağlılığı doğru algılayanlar ise, kendi istek ve tutkularını dünyanın geri kalanını rahatsız etmeden adil, etik, ölçülü ve doğru şekilde talep etmeyi ve paylaşmayı da öğrenirler. Hakkaniyete ve adalete inanırlar. Hak yemekten, haksızlık etmekten sakınırlar. Bu değerlerin toplumdaki gücü, yaşam denilen paylaşımı, herkes için daha sağlıklı ve daha kaliteli kılar.

Bu dünyada;

İyi olmak kolaydır, zor olan adil olmaktır.

Victor Hugo

Bu insanlar, doğaya ve insana saygı duyarlar, kendi haklarını bildikleri gibi başkalarının haklarını da bilirler ve özen gösterirler. Kendi dışındakilere de kendilerine gösterilmesini istedikleri anlayışla ve saygıyla yaklaşırlar. Tercihleri herkes ve her şey için en iyi ve en doğru olandan yana olur. Sadece kazan-kazan ilişkisiyle yetinmezler, kazan-kazan-kazandır üzerine kurarlar tüm ilişkilerini ve işbirlikteliklerini. Yaptıkları her işi, sadece kâr odaklılık olarak değil diğer insanlar, çevre, doğa ve dünya üzerine olan etkileri açısından da değerlendirirler. Sadece diğer insanlara değil, doğadaki tüm canlılara ve doğanın tümüne dönük yaklaşımları bu şekilde olur.

Varlığımın bir anlam kazanabilmesi için sizlerin de orada var olmanız gerektiğini, aslında bizlerin karşılıklı olarak birbirimizi var ettiğimizi, daha da ötesinde aslında hepimizin aynı tanrısal özün parçaları olduğumuzu ve bunun da karşılıklı olarak bizlere sorumluluk yüklediğini ve eğer üzerimize düşenleri yerine getirebilirsek yaşamımızın çok daha anlamlı, mutlu ve tamamlanmış olacağı gerçeğini, pek çok farklı olayda deneyimleyerek öğrendim.

VATAN LAFLA DEĞİL EYLEMLE SEVİLİR, s. 655

Ufuk çizgisi
"Gezdikçe görüyorsunuz ki hepimiz insanız, aynı düşün parçasıyız"

+1 dergisi, Temmuz 2009

Ben insanların farklılıklarını görünce bütünlüklerini kavradım. Yaşamın çeşitliliği yaşamın bütüncüllüğünün de sırrıymış aslında. Bu sonsuz çeşitliliğin evrende ve doğada dengeye ulaşabilmesi ancak aralarındaki ezelden gelen ve sonsuza uzanan bağla açıklanabilir. Bu çeşitliliğin ve zenginliğin oluşabilmesinin önşartı, doğadaki her bir türün diğerleriyle de bağlantılı olması, diğerlerine de bağımlı olmasıdır. Bu bağlılık ve bağımlılık kaçınılmaz olarak karşılıklıdır ve işin bütün sırrı da aslında buradadır. Bu ilişkiyi kavramak ve bu farkındalığa ulaşmak büyük bir zihinsel adımdır ve bu adım bizi bilgi çağından bilinç çağına, bilgiden bilgeliğe ulaştıracaktır. Kendini keşfeden ve evrendeki yerini kavrayan insan, hem kendiyle hem de evrenle ilişkisini geliştirecektir. Kitabımın ilk başında bahsettiğim ulaşmamız gereken farkındalık bu farkındalıktır. Dünyanın özlediği barışın anahtarı da bence bu *yeni paradigma* olacaktır.

İnsanoğlu, dünyaya ve diğerlerine karşı olan tutumunda, hep daha fazlasını ve her gördüğünü isteyen, şımarık ve bencil, hatta biraz vicdansız erkek çocuğu ruh halinden çıkmalı ve artık büyümeye başlamalıdır. İnsanoğlu ulaştığı yüksek teknolojiye ve yarattığı medeniyete rağmen ruhen hâlâ çok eksiktir. İnsan ruhu artık olgunlaşmak zorundadır ve bu *yeni paradigma*yla bence olgunlaşacaktır. Kendisini bencillikten uzaklaştıracak ve her şeyi bir bütün olarak görebilecektir.

Bence gerçekten isteyen herkes bu evrende, evrenden bağımsız yalnız bir varlık olmadığının ve evren dediğimiz bütünün bir parçası olduğunun farkına varabilir. Kendini *ego*sundan, *dualist* ve *maddeci* bakış açısının kısıtlayıcılığından kurtarabilir ve doğaya, evrene, yaşama bütüncül bakmayı başararak doğa içindeki yerini daha iyi kavrayabilir. Evrendeki gerçek yerinin farkına vararak üzerine düşene daha fazla sahip çıkacak gücü içinde bulabilir. Algısındaki ve farkındalığındaki değişimle ben ve diğerleri ayırımını aşacak ve her şeyin aynı özün yansımaları olduğunu kavrayacaktır. Yaşamının merkezine evrenle, doğayla ve hayatla daha uyumlu olmayı yerleştirecek ve tüm yaşamını da bu anlayışa göre yeniden şekillendirecektir. Bu kavrayışın anahtarı sevgi, şefkat ve aşktır, çünkü aslında tüm bu olan bitenin kaynağı, başladığı yer aşktır.

Dağlarla, doğayla, gökyüzüyle ve denizlerle tanıştığım ve kendimi onların kardeşi olarak görmeye başladığım, 19-20 yıl önceki (1988 sonları) en atılgan çağlarımdan bu yana hayatımı; insanoğlunun yaradılışı itibariyle sahip olduğu algılarıyla hissedebileceği en yüksek duygu olan "aşk" üzerine kurmuş olduğumu, ancak son yıllarda kelimelerle ifade edebilecek olgunluğa eriştiğimi görüyorum. Aslında o günlerde de benzer duygularla, müthiş bir tutku ve bastırılamaz bir coşkuyla aklımı ve bedenimi oradan oraya savuruyordum, ancak adını şimdiki gibi koyup tanımlayamıyordum. Geçmişte doğal-içsel coşkusuyla, kardeşlerinin bağrında her şeyi, her zorluğu ve her tehlikeyi göze alıp, özgür ve çırılçıplak oradan oraya koşturan bu genç ruh, ancak 35-36 yaşlarında yaşadığının "aşk" olduğunu, yaşamının "aşk" olduğunu tanımlayabildi, hatta neredeyse elleriyle bile tutabildiğini gördü. Bir insan bundan daha fazla nasıl mutlu olabilir ki...

VATAN LAFLA DEĞİL EYLEMLE SEVİLİR, s. 650

bAŞKa, bAŞKa hep bAŞKa
AŞK, AŞK hep AŞK
sadece AŞK
AŞK

Bir gün aşkı buldum, aşka inandım ve her şeyi aşkla yapmaya, aşkla yaşamaya başladım. Aşk, aşk, aşk, hayatımda sadece aşk var. Dağlara tırmanırken de, motosikletimle uzak coğrafyaları aşarken de, denizlerde yelkenlerimi doldururken de, bir canı daha ölümün elinden almaya çalışırken de, kitaplarımı yazarken de, sevdiğim insanlarla bir şeyler paylaşırken de, hep aynı özün parçaları arasındaki aşktı yaşadığım.

VATAN LAFLA DEĞİL EYLEMLE SEVİLİR, s. 656

İşte aşk bu; iyi-kötü, güzel-çirkin, doğru-yanlış, az-çok, hızlı-yavaş demeden, yargılamadan her şeyi sevmek, sadece var oldukları için sevmek, sadece sevmek için sevmek ve bunun için hiçbir karşılık beklememek...

Aragon'un aşk için söylediği çok hoş bir söz var: "Aşk, bize güç veren tek özgürlük yitimidir." İşte kişiye sonuçta sadece güç katan böylesine bir aşkla sevmeli insan; gözün görebildiği, kulağın duyabildiği, elin dokunabildiği her şeyi. Sebepsiz, sorgusuz, koşulsuz ve öncesiz. Dağı dağ, ormanı orman, denizi deniz, rüzgârı rüzgâr, insanı insan olduğu için, yaratılmışı yaratandan ötürü sevmeli insan. Sevmek için başka bir koşul aramamalı.

CALLED TO SERVE

Turkish rescuer's message: Do it for love

Daily Camera, 7 Kasım 2004

Ne kadar mütevazı olursa olsun yaşamın her türlüsüne saygı duymayı öğrendiğim günü, kişisel gelişim sürecimin bir atlama taşı olarak değerlendiriyorum. En küçük böcekten, en garip hayvana, en değişik bitkiye kadar her şeyin en az bizim kadar yaşama hakkı olduğunu düşünüyorum. Eğer bu dünyada kutsal olan bir şey varsa, bence 'hayat'ın ta kendisi olmalı.

Hatta bu hayatı illa bizim anlayabildiğimiz bir yaşam formu olarak sınırlandırmaya bile gerek yok. Dağların da, denizlerin de, yıldızların da, uzayın da kendine göre bir yaşam döngüsü olduğunu düşünüyorum. Bizim gibi nefes almasalar da hareket etmeseler de, onların da kendilerine özgü çok farklı bir zaman ve mekân ölçeğinde, bizim algılama araçlarımızın ölçemeyeceği hızda-yavaşlıkta-titreşimde bir yaşam formları olduğuna inanıyorum. Bu yüzden de dünyadaki ve evrendeki her şeye saygı duyarak bakıyorum. Boyutu, rengi, kokusu, tadı, temas ettiğimde verdiği hissi ne olursa olsun. Sadece varlığı, yaratılmış olması benim ona saygı duymama yetiyor.

VATAN LAFLA DEĞİL EYLEMLE SEVİLİR, s. 652

Kendilerini doğanın bir parçası olarak konumlandıran halklar, doğaya ve çevreye bütüncül bakış açısıyla, kendilerini doğadan ayırmadan, içten ve inançlı bir saygı ve sevgiyle yaklaşırlar. Bütüncül bakış ve bütüne karşı duyulan sonsuz, sınırsız sevgi, beraberinde güzelleştirmeyi, korumayı, sahip çıkmayı ve daha iyi yerlere ulaştırmak için gayret etmeyi de getirir. Bütün için daha iyi olanı tercih etmeyi, bütünün mutluluğundan ve başarısından mutlu olmayı öğretir. Kendi dışındaki her şeyi kapsayan bu bütün için, yaşam içinde çeşitli özverilerde bulunmanın değerini gösterir.

Özden gelen bu anlayış, var olan her şeye karşı içten ve inançlı bir sevgi, hoşgörü ve sorumluluk duygusu geliştirir. Üzerinde yaşadığımız bu topraklar; Anadolu görgüsüyle sulanmış, Anadolu kültürüyle bereketlenmiştir. Bu topraklar, Yunus Emre'lerin, Mevlânâ'ların, Hacı Bektaş-ı Veli'lerin; *"Yaradılanı sevdik yaradandan ötürü"*, *"Gel, gel, ne olursan ol yine gel"*, *"Benim Kâbem insandır"* öğretilerini çıkarmış topraklardır. Bu topraklarda Allah sevgisi; duygularımızda, düşüncelerimizde ve davranışlarımızda, Allah'ın yarattıklarına karşı sevgi, şefkat ve merhamet olarak somutlaşmıştır. Bunları yeniden hatırlamamız, bence tüm sorunlarımızı çözecek anahtardır.

İçiniz hayata karşı aşkla dolu olmalı, içinizde aşk cevheri yanmalı, çünkü aşksız ne kendinizi sevebilirsiniz ne hayatı ne dünyayı ne başkalarını ne de hayallerinizi. Hayatı, dünyayı, insanları, yaratanı, yaratılanı, her şeyi olduğu gibi ve kavrayabildiğiniz kadarıyla, ama en önemlisi de kendinizi olduğunuz gibi sevebilin ki, bu mavi gezegende insanoğluna en yakışanın en yukarıya tırmanmak olduğuna inanın ve içinizdeki kendi *Everest*'lerinizi bulup kendi zirvelerinize bıkmadan, usanmadan, yorulmadan, pes etmeden ve inancınızı asla yitirmeden adım adım tırmanın.

Sigorta Dünyası,
Aralık 2005, sayı 535

Bu kitaba, "*Önce insan* ve *her şeyin başı, her şeyin sonu insandır,*" diyerek başlamıştım. Her şey insanla, insanın etkisiyle bir anlama kavuşur. Bu nedenle öncelikle anlamlı değerler yaratabilen iyi bir insan olmaya çalışmalıyız. İçimizde insana ait her şeyin bulunduğunun ve insana ait olan hiçbir şeyin bize yabancı olmadığının farkında, ancak bunlardan hangilerinin ortaya çıkacağının da bizim elimizde olduğunu unutmamalıyız.

Stoacı Epictetos insanın tamamıyla farklı iki doğadan oluştuğunu söyler: Hayvanlarla ortak olarak sahip olduğu bir beden ve tanrılarla ortak olarak sahip olduğu bir ruhtan oluşur.

Bundan beş bin yıl önce Mısır'da yaşayan ermiş Hermes ise, "İnsanlar ölümlü tanrılar, tanrılar ölümsüz insanlardır," demiş. Buna göre, insanca ölümlü olmak da, tanrıca ölümsüz olmak da elimizdedir.

Son çözümlemede bence en doğrusu, hayvansal yanımızın da, tanrısal yanımızın da güçlü ve bastırılmamış olması ve Platon'un, bal akıtan haz çeşmesiyle sert, ama iyi edici bir suyu olan bilgelik çeşmesinin en iyi şekilde birbirine karıştığı bir yaşama ulaşmaya çalışmaktır.

Bence en üretken, en faydalı ve en mutlu insanlar her iki yönü de güçlü olanlar ve bu iki farklı yönü akıl yardımıyla, erdem ölçüsüyle kendi doğasına uygun olarak birbiriyle uzlaştırabilenlerdir.

BİR DAĞCININ GÜNCESİ, s. 61

İnsanın arkasından güzel şeyler söylenmesi de yaşamda başarının, başarılı bir yaşam kurmuş olmanın bir diğer göstergesidir. Arkamızdan söylenecekler yaşarken yaptıklarımızın sonucu olacaktır. Bu sonucu bence her birimiz ciddiye almalıyız. Arkamızda nasıl bir iz bıraktığımız, nasıl bir yaşam sürdüğümüzü de gösterecektir. Diğer insanların sizin hakkınızda güzel şeyler söylemesi ve güzel düşüncelerle hatırlaması, yaşamın bu kesitinde de kendi *Everest*'inize ulaşmış olduğunuzu gösterir bir yandan. Ve aslında bu kesit, yaşamın tüm diğer alanlarındaki başarılardan daha değerlidir.

Bu konuda size yine kendi ailemden bir örnek vermek istiyorum. Kaptan-ı Derya Ali Paşa'nın torunu, büyükbabamın babası Eşref Cafer Bey; *Galatasaray* ve *Mülkiye*'yi bitirdikten sonra *Sorbonne* Üniversitesi'nde okumuş, 6 lisan öğrenmiş, Mülkiye'de öğretmenlik yapmış, çeşitli Kafkas ülkelerinde ve Hindistan'da Konsolosluk görevlerini sürdürmüş ve Balkan Savaşı yıllarında Hint Müslümanlarından Türkiye'ye önemli yardımlar sağlamıştır.

Mahrukizade Eşref Cafer Bey

Vefatıyla ilgili, *İkdam* gazetesinde hatıralar yazan Abdurahman Adil Bey şunları yazar:

*"Ölümüne bedayi perestanı Osmaniye ağlamalıdır; Cafer, Cafer değil cevherdi, cevher değil definei cevahirdi; İstanbul halkının bir sınıfı var idi ki, dostlukda, vefakarlıkda, bir seciyei milliyei mahsusa ibraz ederlerdi, Cafer o sınıfı latifin son simalarındandır."**

İstanbul Ansiklopedisi, 6. cilt, s. 3334

İnsanlarla geçinmek, hatta onları idare etmek kolaydır, zor olan onların kalbini kazanarak bunu yapmaktır.

Çünkü;

**İnsanın kalbini kazanmak,
Tanrı'nın kalbini kazanmaktır.**

Bir kez gönül yıktın ise
Bu kıldığın namaz değil
Yetmiş iki millet dahi
Elin yüzün yumaz değil

Bir gönülü yaptın ise
Er eteğin tuttun ise
Bir kez hayır ettin ise
Binde bir ise az değil

YUNUS EMRE

Doğrusal bir zaman kurgusuna sahip dünyamızdaki hayatımızı, geçmiş, bugün ve gelecek hattı üzerinde yaşıyoruz. Bu kurgudaki en önemli an, sürekli olarak hayatın içerisinde birlikte ilerlediğimiz içinde bulunulan andır. Ancak içinde bulunduğumuz an, ne geçmişten ne de gelecekten bağımsızdır. Geçmişin izle-

* "Ölümüne Osmanlı'nın bütün sanatseverleri ağlamalıdır. Cafer, Cafer değil cevherdi, cevher değil bir cevherler hazinesiydi; İstanbul halkının bir sınıfı vardı ki dostlukta, vefakârlıkta, kendilerine özgü bir karakter sergilerlerdi. Cafer, o seçkin sınıfın son simalarındandı."

ONLARIN MUTLULUK LİMANLARI

"Üretmekten mutluluk duyuyorum"

Nasuh Mahruki'yi hepimiz tanıyoruz. Mahruki, Everest'e tırmanarak rekor kıran, doğaya hayran, kendisiyle barışık ve huzurlu bir insan. İlk anda akla gelen "Zirvelerde acaba huzuru mu arıyor?" sorusu. Ancak o, "Sadece doğada huzuru buluyorum demek doğru olmaz" diye düzeltiyor sözlerimizi. "Ben üretmekten mutluluk duyuyorum" diyor. Onu en çok üzen mutsuz ve insanca yaşamak için yeterince imkânı olmayan insanlar. Çok üzüldüğü ve içinden nasıl çıkacağını bilemediği durumlarda Mahruki yalnız kalıp düşünmeyi tercih ediyor. Enine boyuna düşündükten sonra mutlaka bir çıkış noktası bulabileceğine inanıyor.

Sabah, 31 Ekim 1998

rini taşır ve geleceği şekillendirir. Geçmiş, bugün ve gelecek ayrılamaz bir şekilde bağlantılıdır. Bu nedenle zaman, sürekliliği itibariyle aslında hayattır. Zamanımızı iyi değerlendirmek hayatımızı iyi değerlendirmektir. Hayatta mutluluğu yakalayabilmek ise, geçmişimizden getirdiklerimizle birlikte bugünü yaşarken, aynı anda hem bugüne hem de geleceğe odaklanabildiğimiz, hem bugün hem de gelecek için yaşayabildiğimiz ve en önemlisi, bütün bunları hem kendimiz hem de diğerleri için yapabildiğimiz oranda mümkün olur.

Unutmayın ki mutluluk sadece zirvelerde gizli bir hazine değildir; mutluluk, insanın kişisel zirvelerine ulaşma yolculuğunda saklıdır. Yaşamda gerçek mutluluk, zirveye ulaşmakta değil zirveye ulaşma tecrübesinden zevk almaktadır.

Mutluluk, varılacak bir istasyon değil, bir yolculuk biçimidir.

Montesquieu

2010 yılı Everest tırmanışında Khumbu buzulunda

Hayallerinizi süsleyen zirvelere ulaşmak için gereken her şeye sahip olduğunuza inanın ve bugünün, hayatınızın geri kalanının ilk günü olduğunu bilerek, çıkın ve hayata meydan okuyun. Daha iyisini de, daha fazlasını da yapabileceğinize inanarak kendi hayatınızın başrol oyuncusu olun. Her anından zevk alarak bir usta gibi oyununuzu oynayın ve kendi *Everest*'lerinize tırmanın. Tırmanın ki insanlar sıradışı bir başarı öyküsü de sizden dinleyip ilham alsınlar ve kendi zirvelerine ulaşacak tutkuyu, inancı, kararlılığı ve gücü kendi içlerinde arayıp bulabilsinler.

Var mısınız?

Yolunuz ve bahtınız açık olsun,

Allah yar ve yardımcınız olsun...

Hayır! Yetmiyor aşkları,
ayrılıkları ve büyük
serüvenleri anlatmaya
iyi bir şiir bile bazen.

Ama ben yine de hep
anlatıp durdum ne varsa
ve neyi yaşamışsam
Dövüşmesini bildiğim kadar.

Ahmet Telli, *Anlatıp Durdum*

NASUH MAHRUKİ

YERYÜZÜ GÜNCESİ

ALFA®

HERKES EVEREST'E TIRMANAMAYABİLİR
AMA HERKESİN TIRMANABİLECEĞİ BİR EVEREST'İ VARDIR
KENDİ
EVEREST'İNİZE
TIRMANIN
NASUH MAHRUKİ
Hayatın İçinde
Kendi Yerinizi Arayın
ÖZEL BASKI
9.90 TL
ÖZEL FİYAT
ALFA